AF752879

Entscheidungsunterstützung für ein operatives Supply Chain Risikomanagement

Wertschöpfungsmanagement

Herausgegeben von Hans-Dietrich Haasis

Band 15

Zur Qualitätssicherung und Peer Review der vorliegenden Publikation

Die Qualität der in dieser Reihe erscheinenden Arbeiten wird vor der Publikation durch den Herausgeber der Reihe geprüft.

Notes on the quality assurance and peer review of this publication

Prior to publication, the quality of the work published in this series is reviewed by the editor of the series.

Claudia Breuer

Entscheidungsunterstützung für ein operatives Supply Chain Risikomanagement

PL ACADEMIC RESEARCH

Bibliografische Information der Deutschen Nationalbibliothek
Die Deutsche Nationalbibliothek verzeichnet diese Publikation in der Deutschen Nationalbibliografie; detaillierte bibliografische Daten sind im Internet über http://dnb.d-nb.de abrufbar.

Zugl.: Bremen, Univ., Diss., 2015

D 46
ISSN 1863-169X
ISBN 978-3-631-67388-1 (Print)
E-ISBN 978-3-653-06712-5 (E-Book)
DOI 10.3726/978-3-653-06712-5

© Peter Lang GmbH
Internationaler Verlag der Wissenschaften
Frankfurt am Main 2016
Alle Rechte vorbehalten.
PL Academic Research ist ein Imprint der Peter Lang GmbH.

Peter Lang – Frankfurt am Main · Bern · Bruxelles · New York · Oxford · Warszawa · Wien

Das Werk einschließlich aller seiner Teile ist urheberrechtlich geschützt. Jede Verwertung außerhalb der engen Grenzen des Urheberrechtsgesetzes ist ohne Zustimmung des Verlages unzulässig und strafbar. Das gilt insbesondere für Vervielfältigungen, Übersetzungen, Mikroverfilmungen und die Einspeicherung und Verarbeitung in elektronischen Systemen.

Diese Publikation wurde begutachtet.

www.peterlang.com

Für Max, Lasse, Erik und Mara

Inhaltsverzeichnis

Abbildungsverzeichnis

Tabellenverzeichnis

Abkürzungsverzeichnis

BB	Betriebsbeginn
BBK	Bundesamt für Bevölkerungsschutz und Katastrophenhilfe
BE	Bewegliches Element
BCM	Business Continuity Management
BMI	Bundesministerium des Innern
BMU	Bundesministerium für Umwelt, Naturschutz und Reaktorsicherheit
BPMN	Business Process Model and Notation
BSI	Bundesamt für Sicherheit in der Informationstechnik
DR	Durchsatz im Risikofall
DGG	Deutsche GVZ-Gesellschaft mbh
E	Eigenmittelanteil
eEPK	erweiterte Ereignisgesteuerte Prozesskette(n)
F	Fremdmittelanteil
GVZ	Güterverkehrszentrum, -zentren
GVZ-E	Güterverkehrszentrum-Entwicklungsgesellschaft
ID	Identifikationsnummer
ISL	Institut für Seeverkehrswirtschaft und Logistik
IT	Informationstechnologie
KatS-Dv	Katastrophenschutz-Dienstvorschrift
KEP	Kurier, Express und Paket
KIM	Kölner Integrationsmodell
KMU	kleine und mittlere Unternehmen
KV-Terminal	Umschlaganlage bzw. Terminal des Kombinierten Verkehrs
LDL	logistischer Dienstleister
LUB	Logistik und Betriebswirtschaft im Verkehrswesen Consulting GmbH
OMG	Object Management Group
RD	Rückkehrdauer
SCC	Supply Chain Council
SCEM	Supply Chain Event Management
SCOR-Modell	Supply Chain Operations Reference-Modell
TEU	Twenty-foot Equivalent Unit
UML	Unified Modeling Language
VD	Verweildauer

wF	wartende Fahrzeuge
XML	Extensible Markup Language
Z	Anteil der zeitlichen Verzögerung
ZF	Zeitfenster
ZPR	Zeitpunkt mit Rückwirkungen auf das GVZ

Symbolverzeichnis

Lateinische Symbole

a	Handlungsalternative
A	Menge aller Handlungsalternativen
e	Kante eines Graphen
E	Menge aller Kanten
$G(V, E)$	Graph mit Knotenmenge V und Kantenmenge E
h	Zeitpunkt
k_i	Anzahl der Teilcluster innerhalb des i-ten Clusters
K	Menge aller Teilcluster in einem GVZ
n	Cluster in einem GVZ
N	Menge aller Cluster in einem GVZ
p	Wahrscheinlichkeit
r	Zielausprägung
t	Verkehrsträger
u	Nutzenwert
v	Knoten eines Graphen
V	Menge aller Knoten
x	Konsequenz bzw. Ergebnis
z	Umweltzustand
Z	Zustandsraum aller relevanten Umweltzustände

Griechische Symbole

Φ	Präferenzfunktion
$\Phi(a)$	Präferenzwert für eine Handlungsalternative

1 Einleitung

1.1 Problemstellung

Risiken sind Bestandteil einer jeglichen Geschäftstätigkeit und können nicht komplett vermieden werden. Vielmehr erfahren Unternehmen eine weitere Zuspitzung ihrer Risikosituation durch die schnellen Veränderungen im Wirtschaftsumfeld, welche immer kürzere Reaktionszeiten erfordern.[1] Für weiteres Risikopotential sorgen zudem die enge Kopplung von Unternehmen und die damit verbundene Synchronisation von Logistikprozessen. Dies spiegelt sich auch in der im September und Oktober 2012 unter 189 Unternehmen durchgeführten Umfrage „Risikomanagement in Transport und Logistik 2015" wider. Diese kommt zu dem Ergebnis, dass 82% der Verlader und 60% der Transport- und Logistikdienstleister einen Anstieg der Supply Chain Risiken erwarten.[2] Mit der internationalen Kopplung von Unternehmen in Supply Chains gehen komplexere und störanfälligere Prozesse über Landesgrenzen hinweg einher, welche durch lokale Ereignisse wie einen Streik oder einen Brand in einer Fabrikhalle unterbrochen werden und zu weltweiten Kettenreaktionen führen können.

Für die Existenzsicherung und somit den Fortbestand der Unternehmen sowie ganzer Supply Chains ist ein achtsamer und systematischer Umgang mit Risiken daher unumgänglich.[3] Neben den unternehmensinternen Risiken sind insbesondere auch die sich aus der Supply Chain Organisation heraus ergebenden Risiken in die Betrachtungen mit einzubeziehen.[4] Eine systematische und koordinierte Auseinandersetzung mit Risiken zur Lenkung und Steuerung eines Unternehmens erfolgt durch das Risikomanagement.[5] Während die Notwendigkeit eines Risikomanagements von den Unternehmen durchaus erkannt wird, mangelt es hingegen an der Umsetzung in die Praxis.[6] Zu diesem Ergebnis kommen auch Kersten, Hohrath und Winter (2008) in ihrer unter 21 Experten aus dem Bereich Logistik und Einkauf durchgeführten Befragung: Der Bedarf an einem Risikomanagement ist sowohl auf Unternehmensebene als auch auf Ebene des Wertschöpfungsnetzwerkes erkannt. Allerdings wird ein unternehmensweites Risikomanagement bei erkannter Notwendigkeit häufiger umgesetzt als ein als notwendig erachtetes unternehmensübergreifendes Risikomanagement.[7] Da sich jedoch viele auf ein Unternehmen

1 Vgl. Schneck, O., 2010, S. 16–19.
2 Vgl. Wittenbrink, P., 2012, S. 7.
3 Vgl. Löffler, H. F./ Bömelburg, P./ Augsten, T., 2011, S. 5.
4 Vgl. Hotwagner, B., 2008, S. 25.
5 Vgl. DIN ISO 31000, 2011, S. 9; Schawel, C./ Billing, F., 2012, S. 222; Falkinger, A. M., 2007, S. 42.
6 Vgl. Löffler, H. F./ Bömelburg, P./ Augsten, T., 2011, S. 6.
7 Vgl. Kersten, W./ Hohrath, P./ Winter, M., 2008, S. 14 f.

einwirkende Risiken gerade aus der Supply Chain ergeben, ist ein auf die gesamte Supply Chain ausgerichtetes Risikomanagement dringend erforderlich.[8] Dies zeigt sich insbesondere auch daran, dass es nicht nur Katastrophenereignisse sind, die ernsthafte Bedrohungen für Unternehmen darstellen, sondern vielmehr auch kleinere Probleme in der Supply Chain, die unter Umständen zu einer bedenklichen Unternehmensschieflage führen können.[9] Durch den Einsatz eines effizienten Supply Chain Risikomanagements kann hier die Qualität der zu treffenden Entscheidungen erhöht und damit zu einer langfristigen Sicherung der Unternehmensfortbestände beigetragen werden.[10]

Vor dem Hintergrund der aufgezeigten Zuspitzung der unternehmerischen Risikolage ist ein Handlungsbedarf für die Bewältigung von Risiken zur Sicherstellung der Wertschöpfung in Supply Chains gegeben. Speziell unvorhergesehene Risiken stellen Supply Chains dabei vor große Herausforderungen und erfordern im Risikofall schnelle Entscheidungen und Reaktionen.[11] Für die Auswahl geeigneter Maßnahmen und Strategien zur Risikobewältigung besteht somit ein Bedarf an Entscheidungsunterstützung, um eingetretene Risiken zügig zu bewältigen und den mit ihnen verbundenen negativen Auswirkungen adäquat zu begegnen.

Wichtige Elemente von Supply Chains sind dabei Logistikknoten. Diese sind in die Wertschöpfungsprozesse verschiedener Supply Chains eingebunden und tragen zu deren Effizienz und Effektivität bei. Kennzeichnend für die in dieser Arbeit betrachteten Logistikknoten ist die räumlich konzentrierte Ansiedlung von Logistikunternehmen auf einem begrenzten Areal.[12] Innerhalb dieser Logistikknoten laufen Transport-, Lager-, Umschlag-, Kommissionier- und Verpackungsprozesse sowie Informations- und Kommunikationsprozesse ab. Dort auftretende Risiken haben Auswirkungen auf viele Unternehmen und können sich über zahlreiche Supply Chains ausbreiten.

1.2 Zielsetzung und Lösungsweg der Arbeit

Ziel dieser Arbeit ist es, Entscheidungsträgern in Logistikknoten ein Instrument an die Hand zu geben, das ihnen im Falle eines unvorhergesehenen Risikoereignisses Entscheidungsunterstützung bietet und schnelle Entscheidungen zur **Bewältigung der Risikoauswirkungen** ermöglicht.

Dazu sollen einem Entscheidungsträger zeitnah **situationsgerechte Handlungsempfehlungen** zur Verfügung gestellt werden. Die Maßnahmen der Risikobewältigung zielen dabei auf die **Aufrechterhaltung des Geschäftsbetriebs**

8 Vgl. Götze, U./ Mikus, B., 2007, S. 29; Kajüter, P., 2007, S. 13 f.
9 Vgl. Waters, D., 2011, S. 49.
10 Vgl. Schneck, O., 2010, S. 31.
11 Vgl. Waters, D., 2011, S. 3 f.; Engel, H., 2009, S. 86.
12 Vgl. Gouvernal, E./ Lavaud-Letilleul, V./ Slack, B., 2011, S. 65; Wiesinger, G. F., 2010, S. 190; Kujath, H. J., 2003, S. 2 f.

bei eingeschränkter Leistungsfähigkeit und damit auf die Sicherstellung der Wertschöpfung. Dadurch sollen auch die schnelle Rückkehr in den Normalzustand und ein geringeres Schadensausmaß erreicht werden.

Die Aufrechterhaltung des Geschäftsbetriebs bei eingeschränkter Leistungsfähigkeit beinhaltet sowohl die Fortführung des laufenden Betriebs als auch den schnellen Wiederanlauf der Geschäftstätigkeit nach Eintritt eines Risikoereignisses. Zusätzlich sind die aus den unvorhergesehenen Risikoereignissen gegebenenfalls resultierenden negativen Konsequenzen für Güter und Dienstleistungen der betroffenen Wertschöpfungsprozesse aufzuarbeiten.

Voraussetzung für die Leistungserstellung sind intakte Ressourcen und Infrastrukturen zur Ausführung der Wertschöpfungsprozesse sowie die im Rahmen dieser Prozesse eingesetzten Güter und Dienstleistungen. Intakte Ressourcen basieren auf technischen Bedingungen und werden in dieser Arbeit als Zustandsgrößen behandelt, während die Steuerung der Wertschöpfungsprozesse und die daraus resultierenden Geschäftsabläufe zur Erzielung einer bestmöglichen Leistungserstellung als Veränderungsgrößen angesehen werden. Durch die Steuerung der Wertschöpfungsprozesse soll zudem vermieden werden, dass sich Risiken weiter ausbreiten und sich auf nachfolgende Partner in der Supply Chain auswirken.

Aufgrund dieser Erläuterungen ergibt sich für diese Arbeit die in Abbildung 1 dargestellte Zielsetzung.

Abbildung 1: Zielsetzung der Arbeit [Quelle: Eigene Darstellung]

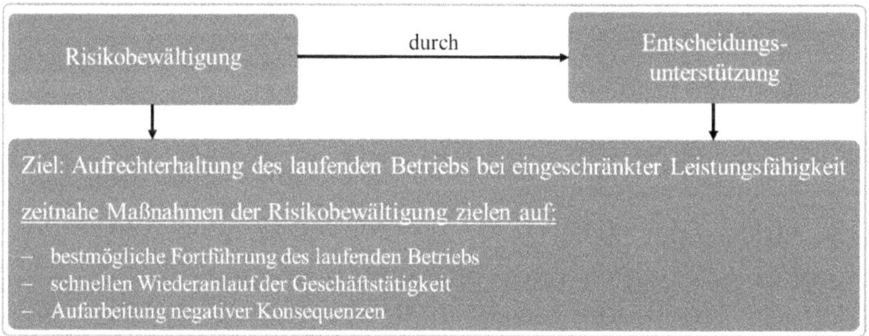

Wie im Laufe dieser Arbeit noch gezeigt wird, sind für eine **schnelle Entscheidungsfindung** eine **Reduktion der Komplexität** sowie die **Beherrschung von Dynamiken** in Entscheidungssituationen ausschlaggebend. Zur Berücksichtigung dieser beiden Aspekte können verschiedene Strategien verfolgt werden. Diese werden im Rahmen der **Konzeptionsentwicklung** aufgegriffen, analysiert und ausgestaltet.

Die daraus gewonnenen Erkenntnisse fließen in ein **Modell der Entscheidungsunterstützung**. Die Abbildung der risikorelevanten Sachverhalte, der Interdependenzen zwischen verschiedenen Einflussfaktoren in Risikosituationen, aber auch die

Abbildung von intertemporalen Interdependenzen erfolgen über die ereignisorientierte Simulation. Durch diese können auch dynamische Veränderungen abgebildet werden. Gerade im Kontext mit Supply Chains ist eine dynamische Betrachtung unerlässlich, da sich Risiken über nachfolgende Partner fortsetzen und so den wirtschaftlichen Schaden vergrößern können.[13] Auch Risikoereignisse lassen sich gut in ein Modell der ereignisorientierten Simulation integrieren und somit einer Auswertung zugänglich machen.

Voraussetzung für die Entwicklung eines **interaktiven Instruments zur Entscheidungsunterstützung** ist die Analyse des Simulationsmodells. Dadurch sind die Bewertung der verschiedenen Einflussfaktoren in Risikosituationen, aber auch die Überprüfung von Handlungsmaßnahmen und -strategien sowie deren jeweilige Eignung in verschiedenen Situationen möglich. Auf Basis der erzielten Erkenntnisse erfolgen die Formulierung von Handlungsempfehlungen und die Umsetzung dieser in dem interaktiven Instrument zur Entscheidungsunterstützung.

Zur Überprüfung der dargelegten Methodik auf ihre Anwendbarkeit werden **Güterverkehrszentren** (GVZ) herangezogen. Diese sind als eine spezielle Ausprägungsform von Logistikknoten anzusehen, in welchen „sich verkehrswirtschaftliche Betriebe, logistische Dienstleister, ergänzende Serviceeinrichtungen sowie logistikintensive Industrie- und Handelsunternehmen als selbstständige Betriebe ansiedeln".[14] Weiterhin werden in einem GVZ mehrere, jedoch mindestens zwei Verkehrsträger über ein Terminal des Kombinierten Verkehrs (KV-Terminal) zusammengeführt.[15] GVZ stellen zentrale logistische Knotenpunkte in der deutschen Infrastruktur dar und übernehmen wichtige Aufgaben bei der Warenversorgung.[16] Tritt dort ein Risikoereignis ein, kann es regional, national und sogar international zu Produktionsausfällen und zu Versorgungsengpässen für die Industrie, den Handel und die Bevölkerung kommen.[17]

Die Umsetzung der soeben skizzierten Methodik erfolgt daher beispielhaft für die durch ein Risikoereignis ausgelösten Auswirkungen in einem GVZ.

1.3 Aufbau der Arbeit

Die für die Erreichung der Zielsetzung entwickelte Vorgehensweise umfasst vier Punkte: die Vorstellung der theoretischen Grundlagen, die Entwicklung der Konzeption, die Umsetzung der Konzeption in eine Methodik sowie die Evaluation und Bewertung der dabei erzielten Ergebnisse. Die Vorgehensweise ist am Ende dieses Kapitels in Abbildung 2 dargestellt.

---

13 Vgl. Jüttner, U./ Peck, H./ Christopher, M., 2003, S. 198.

14 DIN SPEC 91291, 2013, S. 5.

15 Vgl. Rall, B., 2008, S. 778.

16 Vgl. Nobel, T., 2004, S. 67.

17 Vgl. Wildebrand, H./ Haasis, H.-D./ Zimmermann, F./ Plöger, M., 2011, S. 479.

Zunächst werden in **Kapitel 2** die entscheidungstheoretischen **Grundlagen** für die beschleunigte Entscheidungsfindung im Umgang mit Risiken beschrieben und das Risikomanagement in Supply Chains behandelt. Dabei wird insbesondere auf den Begriff der Entscheidung, auf die Elemente des Entscheidungsmodells, auf die strukturierte Darstellung von Entscheidungssituationen sowie auf den Prozess und auf die Unterstützung der Entscheidungsfindung eingegangen. Bei der Darlegung der theoretischen Grundlagen des Risikomanagements erfolgt die Auseinandersetzung mit den Supply Chain Risiken und dem Supply Chain Risikomanagement. Zudem wird in Kapitel 2 auf logistische Strukturen, insbesondere auf die Vernetzung von Unternehmen in logistischen Netzwerken, und sensible Logistikknoten eingegangen. GVZ als spezielle Ausprägungsform von Logistikknoten stellen den Anwendungsfall dieser Arbeit dar und werden auch in Kapitel 2 thematisiert.

Aufbauend auf den theoretischen Grundlagen wird in **Kapitel 3** die **Konzeption für das Modell der Entscheidungsunterstützung** entwickelt. Die Methodik basiert auf der Zielformulierung der Konzeption und beinhaltet vier Module, die im Rahmen der Konzeptionsentwicklung analysiert werden. Teile der Konzeption basieren dabei auf den unter Mitwirkung der Verfasserin erzielten Ergebnissen des BMBF-Projektes PreparedNET.[18] Aus der Zusammenführung der Ergebnisse in einem Zwischenfazit erfolgt die Formulierung der Anforderungen an ein Modell der Entscheidungsunterstützung.

In **Kapitel 4** erfolgt die **Umsetzung des Modells der Entscheidungsunterstützung**. Dabei wird zunächst auf die Operationalisierung der Ziele mittels Kennzahlen eingegangen. Im Mittelpunkt der Betrachtungen stehen in dieser Arbeit die logistischen Wertschöpfungsprozesse in GVZ. Diese werden ermittelt, modelliert und in einem prozessorientierten Referenzmodell strukturiert erfasst. Darauf aufbauend erfolgt die Konstruktion des Simulationsmodells. Es werden die Beziehungs- und Prozessstrukturen in einem GVZ sowie die zeitlichen Veränderungen des Warenflusses implementiert. Ein weiteres Kapitel befasst sich mit der Implementierung verschiedener Risikoereignisse. Auch erfolgt die Implementierung von zeitpunktbezogenen Handlungsmaßnahmen und zeitraumbezogenen Handlungsstrategien, welche nach dem Eintritt von Risikoereignissen in einem GVZ zur Verfügung stehen. Abschließend wird ein interaktiver Entscheidungsbaum zur Unterstützung eines Entscheidungsträgers in Risikosituationen entwickelt.

Kapitel 5 umfasst die **Evaluation der Simulationsergebnisse**. Es werden die Auswirkungen von Risikoereignissen betrachtet und die dabei vorhandenen Einflussfaktoren hinsichtlich ihres Beitrags zu diesen Auswirkungen bewertet. Zudem erfolgt

18 Das Verbundprojekt PreparedNET wurde im Zuge der Bekanntmachung „Sicherung der Warenketten“ des Bundesministeriums für Bildung und Forschung (BMBF) im Rahmen des Programms „Forschung für die zivile Sicherheit“ der Bundesregierung gefördert. Es ist Bestandteil der „Hightech-Strategie der Bundesregierung“. Die Projektleitung des Teilvorhabens „Referenzmodellbildung und Simulation von GVZ-Prozessen zur Unterstützung eines Supply Chain Risk Managements“ lag bei der Hochschule Furtwangen. Förderkennzeichen: 13N11136.

die Bewertung verschiedener Handlungsmaßnahmen hinsichtlich ihrer Wirkungen in verschiedenen Risikosituationen und die Bewertung von Handlungsstrategien, die verschiedene Maßnahmen im Zeitverlauf miteinander verknüpfen. Die Ergebnisse aus den Evaluationen fließen in die Gestaltung interaktiver Entscheidungsbäume.

Abschließend werden in **Kapitel 6** die vorgestellten Ergebnisse zusammengefasst und es wird ein Ausblick gegeben.

Abbildung 2: Aufbau der Arbeit [Quelle: Eigene Darstellung, Layout in Anlehnung an Schorr, M., 2011, S. 17.]

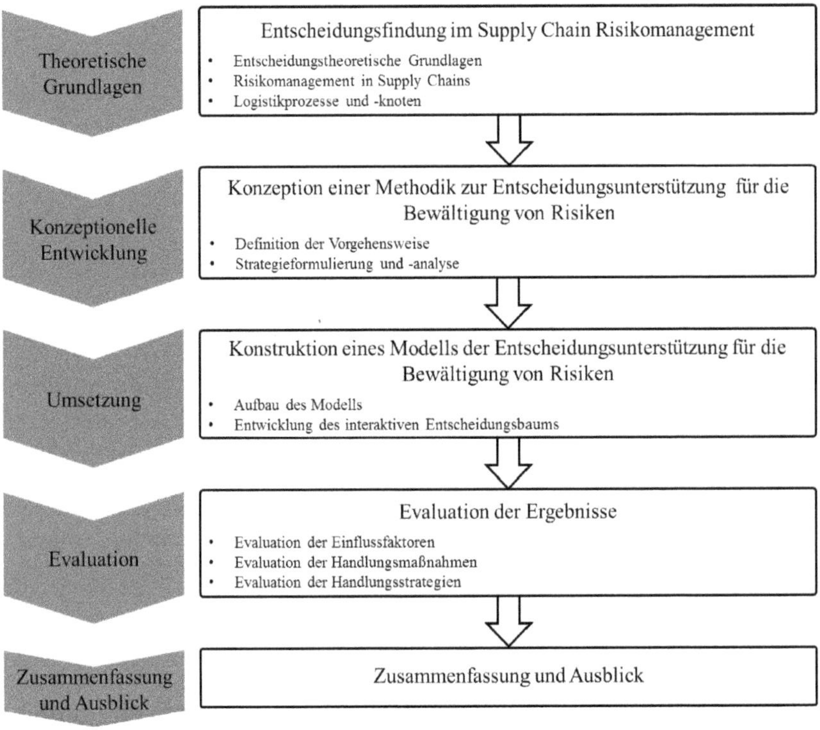

2 Entscheidungsfindung im Supply Chain Risikomanagement

Betriebliche Entscheidungen in Alltagssituationen werden in der Regel intuitiv oder unter Verwendung von Standardlösungen getroffen. Treten jedoch unvorhergesehene Ereignisse und Situationen auf, erschweren verschiedene Faktoren die Entscheidungsfindung.[19] Dies sind insbesondere die wirtschaftlichen Konsequenzen und die Zeit: Neben den unter Umständen erheblichen wirtschaftlichen Auswirkungen sind betriebliche Entscheidungen in unvorhergesehenen Situationen häufig unter einem großen Zeitdruck zu treffen, weshalb eine strukturierte und zielgerichtete Analyse der Entscheidungssituation nicht möglich ist.[20]

Um eine differenzierte und sorgfältige Entscheidungsfindung in solchen Situationen zu erreichen, sind aktuelle und zuverlässige Informationen erforderlich. Die Versorgung der Entscheidungsträger mit risikorelevanten Informationen zur Unterstützung ihrer Entscheidungsprozesse erfolgt dabei im Rahmen des Risikomanagements.[21] Am Ende des Risikomanagementprozesses steht die Entscheidung über eine risikobeseitigende oder risikomindernde Maßnahme.[22] Die theoretische Fundierung von Entscheidungsprozessen und die in diesem Prozess durchzuführenden Schritte erfolgen durch die Entscheidungstheorie. In Kapitel 2.1 wird daher zunächst auf die entscheidungstheoretischen Grundlagen eingegangen, welche die Ausgangsbasis für das Risikomanagement in Supply Chains bilden. Dieses wird im sich daran anschließenden Kapitel 2.2 näher betrachtet, bevor sensible Logistikknoten in Supply Chains sowie GVZ als Anwendungsbereich in Kapitel 2.3 thematisiert werden.

2.1 Entscheidungstheoretische Grundlagen

In der Betriebswirtschaftslehre werden für die Vorbereitung praktischer Entscheidungen häufig Entscheidungsmodelle angewandt.[23] Daher wird in diesem Kapitel zunächst eine Einordnung der Entscheidungstheorie in die Betriebswirtschaftslehre vorgenommen, bevor auf den Begriff der Entscheidung eingegangen wird. Die wesentlichen Elemente von Entscheidungsmodellen zur Strukturierung von Entscheidungsproblemen werden nachfolgend ebenso vorgestellt wie die strukturierte Darstellung von Entscheidungssituationen. Im Anschluss daran wird auf den Prozess der Entscheidungsfindung und auf die Unterstützung der Entscheidungsfindung eingegangen.

19 Vgl. Gahlen, M./ Kranaster, M., 2008, S. 71.
20 Vgl. Mesarović, M. D./ Macko, D./ Takahara, Y., 1970, S. 43.
21 Vgl. Diederichs, M., 2012, S. 163.
22 Vgl. Ausschuss für Gefahrstoffe, 1998, S. 4.
23 Vgl. Jung, H., 2010, S. 40.

2.1.1 Einordnung der Entscheidungstheorie in die Betriebswirtschaftslehre

Ist ein Handlungs- und Entscheidungsbedarf gegeben, so stellt sich die Frage, wie zu entscheiden ist. Die Beantwortung dieser Frage ist zentrales Thema vieler wissenschaftlicher Disziplinen, wie beispielsweise der Psychologie, Philosophie, Politikwissenschaft, Ökonomie, Soziologie, Mathematik und Spieltheorie.[24] Als interdisziplinärer Forschungsschwerpunkt hat sich darüber hinaus die Entscheidungstheorie entwickelt, welche sich mit der Analyse von menschlichem Verhalten bei Einzel- und Gruppenentscheidungen befasst und den Ausgangspunkt betrieblicher Entscheidungsprozesse bildet.[25] Daher wird die Entscheidungstheorie auch als Grundlage der Betriebswirtschaftslehre verstanden[26], da dieser die Aufgabe zukommt, betriebliche Entscheidungsprobleme zu analysieren und zu systematisieren. Die dabei erlangten Erkenntnisse erlauben es, Handlungsempfehlungen zur Optimierung betrieblicher Prozesse an Entscheidungsträger zu formulieren.[27] Die Betriebswirtschaftslehre hat somit eine entscheidungsunterstützende Funktion inne und wird auch häufig als angewandte Entscheidungstheorie bezeichnet.[28] Die **entscheidungsorientierte Sichtweise der Betriebswirtschaftslehre** geht dabei auf Edmund Heinen zurück.[29]

Je nach Zielsetzung der Untersuchung menschlichen Entscheidungsverhaltens wird zwischen der deskriptiven und der präskriptiven Entscheidungstheorie unterschieden.[30] Gegenstand der deskriptiven Entscheidungstheorie ist die Beschreibung des tatsächlichen, menschlichen Entscheidungsverhaltens.[31] Dabei geht es um die Feststellung, wie Entscheidungen getroffen werden und warum gerade so. Aus empirischen Beobachtungen gewonnene Hypothesen sollen Aussagen über den in der Realität vorzufindenden Entscheidungsprozess ausdrücken und für die Erstellung von Prognosen über die zu erwartenden Entscheidungen herangezogen werden.[32] Im Gegensatz dazu besagt die präskriptive Entscheidungstheorie, wie man sich bei der Auswahl von verschiedenen Handlungsalternativen im Hinblick auf eine bestmögliche Zielerreichung rational entscheiden soll.[33] Sie liefert Regeln und Verfahren

---

24 Vgl. Jungermann, H./ Pfister, H.-R./ Fischer, K., 2005, S. 4–6.

25 Vgl. Laux, H./ Gillenkirch, R. M./ Schenk-Mathes, H. Y., 2012, S. 3; Bamberg, G./ Coenenberg, A. G./ Krapp, M., 2012, S. 11.

26 Vgl. Bamberg, G./ Coenenberg, A. G./ Krapp, M., 2012, S. 11; Heinen, E., 1991, S. 12.

27 Vgl. Wöhe, G./ Döring, U., 2010, S. 4.

28 Vgl. Laux, H./ Gillenkirch, R. M./ Schenk-Mathes, H. Y., 2012, S. 4.

29 Vgl. Töpfer, A., 2007, S. 30.

30 Vgl. beispielsweise Grünig, R./ Kühn, R., 2013, S. 15 ff.; Bamberg, G./ Coenenberg, A. G./ Krapp, M., 2012, S. 1; Domschke, W./ Scholl, A., 2005, S. 47 f.; Eisenführ, F./ Weber, M., 2003, S. 2.

31 Vgl. Eisenführ, F./ Weber, M., 2003, S. 2.

32 Vgl. Laux, H./ Gillenkirch, R. M./ Schenk-Mathes, H. Y., 2012, S. 3 f.; Saliger, E., 2003, S. 1.

33 Vgl. Domschke, W./ Scholl, A., 2005, S. 47; Rennemann, T., 2007, S. 75.

zur Strukturierung und Verarbeitung von Informationen und sieht ihre Aufgabe darin, Menschen bei schwierigen und komplexen Entscheidungen zu unterstützen.[34]

Die im Mittelpunkt dieser Arbeit stehende Entscheidungsunterstützung zielt auf eine beschleunigte Entscheidungsfindung zur Bewältigung von Risiken, welche durch einen Erkenntniszuwachs über Wertschöpfungsprozesse und Risikosituationen erreicht werden soll. Der Erkenntniszuwachs erfolgt durch die Strukturierung und Verarbeitung von risikobezogenen Informationen. Auf Basis von adäquaten Handlungsmaßnahmen für einen zügigen Wiederanlauf bzw. die Aufrechterhaltung des Betriebes nach Eintritt eines Risikoereignisses soll eine situationsgerechte Handlungsempfehlung formuliert werden. Der in dieser Arbeit verfolgte Ansatz ist somit schwerpunktmäßig der präskriptiven Entscheidungstheorie zuzuordnen.

Die Entscheidung als Voraussetzung für die Umsetzung einer Handlungsempfehlung ist Gegenstand des nächsten Kapitels.

2.1.2 Begriff der Entscheidung

Bewusstes Handeln kann als wichtige Voraussetzung in kritischen und komplexen Situationen gesehen werden. Die **Entscheidung** selbst ist dabei definiert als die **bewusste Auswahl** einer von mehreren Handlungsmöglichkeiten zur Lösung eines Problems.[35] Die Auswahl einer Handlungsmöglichkeit geschieht zielorientiert und steuert das zukünftige Verhalten.[36] Handlungen, die infolge von Gewohnheiten oder instinktiv vollzogen werden, werden nicht als Entscheidung aufgefasst.[37]

Entscheidungen können anhand verschiedener Kriterien unterteilt werden. Mögliche **Unterteilungskriterien** sind die hierarchische Zuordnung sowie die **zeitliche Reichweite** einer Entscheidung, die Auftrittshäufigkeit einer Entscheidung, der Grad der Information über künftige Entwicklungen, die Anzahl der zu berücksichtigenden Ziele und die Anzahl der Entscheidungsträger.[38] Eine Entscheidung kann anhand ihres Geltungszeitraumes einer **Hierarchieebene** zugeordnet werden, wobei zwischen langfristigen Entscheidungen mit strategischem Charakter, mittelfristigen Entscheidungen mit taktischem Charakter und kurzfristigen Entscheidungen mit operativem Charakter unterschieden wird.[39] In Bezug auf die **Auftrittshäufigkeit** einer Entscheidung wird zwischen konstitutiven Entscheidungen und Ablaufentscheidungen unterschieden. Konstitutive Entscheidungen betreffen grundsätzliche betriebliche Entscheidungen und sind einmalig oder nur sehr selten

34 Vgl. Jungermann, H./ Pfister, H.-R./ Fischer, K., 2005, S. 6; Eisenführ, F./ Weber, M., 2003, S. 4.

35 Vgl. beispielsweise Laux, H./ Gillenkirch, R. M./ Schenk-Mathes, H. Y., 2012, S. 3; Jungermann, H./ Pfister, H.-R./ Fischer, K., 2005, S. 3.

36 Vgl. Riesenhuber, M., 2006, S. 9.

37 Vgl. Riesenhuber, M., 2006, S. 9.

38 Vgl. Wöhe, G./ Döring, U., 2010, S. 26, S. 92 ff. und S. 217 sowie Jung., H., 2010, S. 50 und S. 61.

39 Vgl. Jung, H., 2010, S. 61.

zu treffen. Ablaufentscheidungen fallen dagegen regelmäßig im laufenden Betrieb an.[40] Besteht vollkommene **Information über künftige Entwicklungen**, so spricht man von Entscheidungen bei Sicherheit. Sind verschiedene künftige Umweltzustände möglich und besteht Unsicherheit darüber, welche Entwicklung eintritt, so wird zwischen Entscheidungen unter Risiko sowie Entscheidungen unter Ungewissheit unterschieden.[41] Entscheidungen unter Risiko sind durch verschiedene mögliche Umweltzustände gekennzeichnet, denen Eintrittswahrscheinlichkeiten zugeordnet werden können.[42] Bei Entscheidungen unter Ungewissheit sind lediglich verschiedene Umweltzustände bekannt, Eintrittswahrscheinlichkeiten können jedoch nicht näher spezifiziert werden.[43] Wird eine Entscheidung von einem einzelnen **Entscheidungsträger** getroffen, so spricht man von einer Individualentscheidung. Bei Gruppenentscheidungen ist ein Entscheidungsgremium für die Entscheidungsfindung zuständig.[44] Für die Entscheidungsfindung kann ein **einzelnes Ziel** relevant sein, häufig sind aber **mehrere Ziele** zu berücksichtigen.[45] Die einzelnen Unterteilungskriterien sind mit ihren Ausprägungsmerkmalen in Tabelle 1 dargestellt.

Tabelle 1: Ausgewählte Ausprägungsmerkmale von Entscheidungen [Quelle: Eigene Darstellung]

<table>
<tr><th>Kriterium</th><th colspan="4">Ausprägungsmerkmal</th></tr>
<tr><td>Zeitliche Reichweite</td><td>langfristig</td><td colspan="2">mittelfristig</td><td>kurzfristig</td></tr>
<tr><td>Hierarchieebene</td><td>strategisch</td><td colspan="2">taktisch</td><td>operativ</td></tr>
<tr><td>Auftrittshäufigkeit</td><td colspan="2">regelmäßig</td><td colspan="2">einmalig bis sehr selten</td></tr>
<tr><td>Informationsgrad</td><td>Sicherheit</td><td colspan="2">Risiko</td><td>Ungewissheit</td></tr>
<tr><td>Entscheidungsträger</td><td colspan="2">Individualentscheidung</td><td colspan="2">Gruppenentscheidung</td></tr>
<tr><td>Anzahl der Ziele</td><td colspan="2">Einfachzielsetzung</td><td colspan="2">Mehrfachzielsetzung</td></tr>
</table>

Allen Entscheidungen gemeinsam ist, dass sie eine auf Informationsverarbeitung beruhende Reaktion darstellen. Entscheidungen sind Ereignisse, die den Zustand eines Systems vom zeitlich nachfolgenden Zustand trennen.[46] Ausgelöst wird eine Entscheidung durch eine erkannte Abweichung des Istzustands von einer Sollvorstellung.[47] Auch die Erhaltung eines gefährdeten Istzustandes kann als Sollzustand gelten.[48] Von

40 Vgl. Wöhe, G./ Döring, U., 2010, S. 26.
41 Vgl. Bamberg, G./ Coenenberg, A. G./ Krapp, M., 2012, S. 19.
42 Vgl. Bamberg, G./ Coenenberg, A. G./ Krapp, M., 2012, S. 67.
43 Vgl. Laux, H./ Gillenkirch, R. M./ Schenk-Mathes, H. Y., 2012, S. 81.
44 Vgl. Laux, H./ Gillenkirch, R. M./ Schenk-Mathes, H. Y., 2012, S. 26.
45 Vgl. Eisenführ, F./ Weber, M., 2003, S. 115.
46 Vgl. Pfohl, H.-C., 1977, S. 21.
47 Vgl. Grünig, R./ Kühn, R., 2013, S. 7; Pfohl, H.-C., 1977, S. 21 f.
48 Vgl. Pfohl, H.-C., 1977, S. 23.

einem **Entscheidungsproblem** wird gesprochen, wenn die Diskrepanz zwischen Soll und Ist auf verschiedene Weise verringert werden kann.[49] Prinzipiell wird die Entscheidungsfindung schwieriger, je nachhaltiger die Folgen einer Entscheidung[50] und je mehr Faktoren bei einem Entscheidungsproblem zu beachten sind.[51] Auch die konkrete Ausgestaltung der einzelnen Ausprägungsmerkmale von Entscheidungen spielt dabei eine wichtige Rolle und lässt eine Differenzierung in einfache und komplexe Entscheidungsprobleme zu. Dabei lassen insbesondere unsichere zukünftige Entwicklungen, die Anzahl der zu berücksichtigenden Ziele sowie die Anzahl der zu berücksichtigenden Entscheidungsvariablen Entscheidungssituationen komplex werden.[52]

Die einzelnen Faktoren, die auf die Entscheidungsfindung einwirken und eine Entscheidung schwierig machen können, lassen sich unterteilen in Primär- und Sekundärdeterminanten. Während durch die Sekundärdeterminanten die Eigenschaften des Akteurs sowie die Eigenschaften der durch den Akteur zu beachtenden Umweltrestriktionen charakterisiert werden, bestimmen die Primärdeterminanten das Entscheidungsmodell.[53] Die Aufgabe eines Entscheidungsmodells ist die logische Ableitung einer Entscheidung und der mit ihr verbundenen durchzuführenden Aktionen zur Realisierung bestimmter Ziele.[54] Wesentliches Charakteristikum eines Entscheidungsmodells ist dabei die Forderung nach Vereinfachung der Abbildung realer Tatbestände. Zur Reduzierung der Komplexität von Entscheidungsproblemen werden daher nur die im Hinblick auf eine bestimmte Fragestellung relevanten Elemente erfasst.[55]

Wesentliche Grundelemente des Entscheidungsmodells sind das Entscheidungsfeld und die Entscheidungsregel[56], welche im nächsten Kapitel ausführlicher dargestellt werden.

2.1.3 Elemente des Entscheidungsmodells

2.1.3.1 Entscheidungsfeld

Das Entscheidungsfeld setzt sich aus den Elementen Handlungsalternativen, Umweltzustände und Konsequenzen zusammen.[57]

Handlungsalternativen stellen dabei den durch den Willensakt des Entscheidungsträgers direkt oder indirekt beeinflussbaren Teil des Entscheidungsfeldes dar[58]

---

49 Vgl. Grünig, R./ Kühn, R., 2013, S. 7.
50 Vgl. Laux, H./ Gillenkirch, R. M./ Schenk-Mathes, H. Y., 2012, S. 3.
51 Vgl. Eisenführ, F./ Weber, M., 2003, S. 3.
52 Vgl. Grünig, R./ Kühn, R., 2013, S. 7–10.
53 Vgl. Riesenhuber, M., 2006, S. 12.
54 Vgl. Bamberg, G./ Coenenberg, A. G./ Krapp, M., 2012, S. 15; Laux, H./ Gillenkirch, R. M./ Schenk-Mathes, H. Y., 2012, S. 29.
55 Vgl. Bamberg, G./ Coenenberg, A. G./ Krapp, M., 2012, S. 13–15.
56 Vgl. Laux, H./ Gillenkirch, R. M./ Schenk-Mathes, H. Y., 2012, S. 30.
57 Vgl. Riesenhuber, M., 2006, S. 13.
58 Vgl. Engels, W., 1962, S. 94.

und bezeichnen Aktionen und Strategien, die einem Entscheidungsträger zu einem bestimmten Zeitpunkt zur Verfügung stehen.[59] Die Menge der m möglichen Handlungsalternativen, auch Aktionsfeld, Alternativenmenge oder Entscheidungsraum genannt, wird formal durch $A = \{a_1, a_2, \ldots, a_m\}$ dargestellt.[60] Ein Entscheidungsproblem ist nun dadurch charakterisiert, dass mindestens zwei Handlungsalternativen a_i und a_j bestehen, zwischen welchen eine Auswahl zu treffen ist, da sie ein Ziel mehr oder weniger gut erreichen. Handlungsalternativen sind so zu definieren, dass sie sich gegenseitig ausschließen.[61] Auch die Unterlassungsalternative zählt zur Alternativenmenge A.[62]

Im Allgemeinen setzen sich Handlungsalternativen aus einer Kombination von mehreren Einzelaktionen zusammen, auch **Entscheidungsvariablen** genannt, die verschiedene Ausprägungen annehmen können. Die einzelnen Handlungsalternativen sind dann durch Tupel von Ausprägungen dieser Variablen charakterisiert.[63]

Umweltzustände beeinflussen den Erfolg der Willensakte eines Entscheidungsträgers und stellen den unbeeinflussbaren Teil des Entscheidungsfeldes und somit Daten für den Entscheidungsträger dar.[64] Eine Kombination von relevanten Umweltfaktoren in einer bestimmten Situation wird Zustand genannt; die einander ausschließenden relevanten Umweltzustände Z_j mit $j = 1, \ldots, n$ werden durch den Zustandsraum $Z = \{z_1, z_2, \ldots, z_n\}$ beschrieben. In Abhängigkeit von der Erwartungsstruktur eines Entscheidungsträgers bezüglich des Umweltzustandes wird zwischen den folgenden charakteristischen Situationen unterschieden:

- **Entscheidungssituationen unter Sicherheit**: Der wahre Umweltzustand und damit die Ausprägungen der entscheidungsrelevanten Daten wie auch die Konsequenzen von Alternativen sind bekannt.[65]
- **Entscheidungssituationen unter Unsicherheit**, bei denen mindestens zwei Zustände für möglich gehalten werden:[66]
  - **Entscheidungssituationen unter Risiko**: Es liegen subjektive oder objektive Eintrittswahrscheinlichkeiten für die möglichen Umweltzustände vor.[67]
  - **Entscheidungssituationen unter Ungewissheit**: Es ist lediglich bekannt, dass einer der Umweltzustände z_j eintreten wird.[68]

---

59 Vgl. Fleßa, S., 2010, S. 92; Bamberg, G./ Coenenberg, A. G./ Krapp, M., 2012, S. 15 f.
60 Vgl. Bamberg, G./ Coenenberg, A. G./ Krapp, M., 2012, S. 15 f.
61 Vgl. Laux, H./ Gillenkirch, R. M./ Schenk-Mathes, H. Y., 2012, S. 5; Eisenführ, F./ Weber, M., 2003, S. 18.
62 Vgl. Bamberg, G./ Coenenberg, A. G./ Krapp, M., 2012, S. 15 f.
63 Vgl. Laux, H./ Gillenkirch, R. M./ Schenk-Mathes, H. Y., 2012, S. 31; Riesenhuber, M., 2006, S. 14.
64 Vgl. Engels, W., 1962, S. 94.
65 Vgl. Laux, H./ Gillenkirch, R. M./ Schenk-Mathes, H. Y., 2012, S. 33.
66 Vgl. Laux, H./ Gillenkirch, R. M./ Schenk-Mathes, H. Y., 2012, S. 33.
67 Vgl. Riesenhuber, M., 2006, S. 14.
68 Vgl. Bamberg, G./ Coenenberg, A. G./ Krapp, M., 2012, S. 18 f.

Die dargelegten Situationen resultieren aus den unterschiedlichen Kenntnisständen eines Entscheidungsträgers in Bezug auf die Umweltzustände, wobei die jeweiligen Kenntnisstände durch den Einsatz eines Informationssystems verbessert werden können.[69]

Konsequenzen bzw. Ergebnisse stellen den dritten Bestandteil des Entscheidungsfeldes dar und resultieren aus der Kombination einer Handlungsalternative a_i und einem Umweltzustand z_j.[70] Die zugeordneten Handlungskonsequenzen werden auch als Ergebnisfunktion $g(a_i, z_j)$ bezeichnet und sind definiert als:

$$x_{ij} = g(a_i, z_j).^{71} \quad (1)$$

Welche Konsequenzen relevant sind, wird durch die Ziele eines Entscheidungsträgers bestimmt.[72] Orientiert sich ein Entscheidungsträger an mehreren Zielgrößen, so handelt es sich bei dem Ergebnis um einen Vektor mit mehreren Zielgrößenausprägungen.[73]

Die Elemente Handlungsalternativen, Umweltzustände und Konsequenzen des Entscheidungsfeldes sind nicht isoliert zu sehen. Insbesondere die Auswahl möglicher Handlungsalternativen hat Einfluss auf die Elemente Umweltzustände und Konsequenzen.[74] Die einzelnen Elemente des Entscheidungsfeldes, die zwischen ihnen bestehenden Interdependenzen sowie die aus den Informationsständen eines Entscheidungsträgers resultierenden charakteristischen Entscheidungssituationen sind in Abbildung 3 dargestellt.

Abbildung 3: Entscheidungsfeld [Quelle: Eigene Darstellung, in Anlehnung an Laux, H./ Gillenkirch, R. M./ Schenk-Mathes, H. Y., 2012, S. 30.]

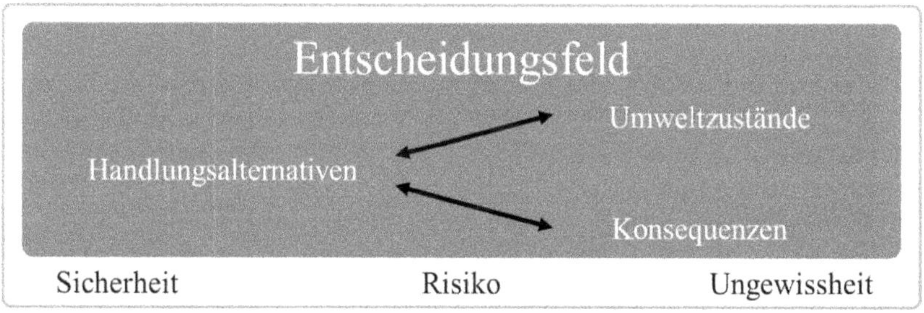

69 Vgl. Riesenhuber, M., 2006, S. 16.
70 Vgl. Heinen, E., 1991, S. 27.
71 Vgl. Bamberg, G./ Coenenberg, A. G./ Krapp, M., 2012, S. 22 f.; Heinen, E., 1991, S. 22.
72 Vgl. Dietrich, J., 2006, S. 18.
73 Vgl. Laux, H./ Gillenkirch, R. M./ Schenk-Mathes, H. Y., 2012, S. 32.
74 Vgl. Laux, H./ Gillenkirch, R. M./ Schenk-Mathes, H. Y., 2012, S. 30.

2.1.3.2 Entscheidungsregel

Bei der Entscheidungsfindung ist weniger das Ergebnis an sich, sondern vielmehr der mit einem Ergebnis verbundene Nutzen für einen Entscheidungsträger ausschlaggebend.[75] Die alleinige Kenntnis über die Elemente Handlungsalternativen, Umweltzustände und Ergebnisse erlaubt somit noch keine Lösung eines Entscheidungsproblems. Erst die Kenntnis über die **Zielsetzungen** des Entscheidungsträgers gestattet eine Bewertung und damit den Vergleich der Ergebnisse und macht die Entscheidungsfindung möglich.[76] Hat ein Entscheidungsträger keine Ziele, so liegt auch kein Entscheidungsproblem vor, da keine Kriterien für die Auflösung einer schwierigen Situation vorliegen.[77]

Nach Eisenführ und Weber (2003) wird unter einem Ziel eine Eigenschaft bzw. eine **Zielvariable** verstanden, die mit einer gewissen **Präferenz** des Entscheiders verbunden ist. Was die Entscheidungsfindung erschwert, ist die Existenz mehrerer Ziele, die miteinander in Konflikt stehen.[78] Werden mehrere Ziele angestrebt, so ist eine Bewertung der mit den Eigenschaften verbundenen Präferenzen notwendig, um den Vergleich der Ergebnisse zu ermöglichen.[79] Dies kann mit Hilfe einer Präferenzfunktion Φ erfolgen, welche die Zielvorstellungen eines Entscheiders zum Ausdruck bringt und es ermöglicht, vorhandene Alternativen a_i miteinander zu vergleichen, indem für diese Präferenzwerte $\Phi(a_i)$ bestimmt werden.[80] Welche Ausprägung für einen Präferenzwert angestrebt wird, wird durch ein Optimierungskriterium festgelegt.[81] Die vier typischen Optimierungskriterien sind dabei die Maximierung, Minimierung, Satisfizierung, also das Erreichen eines Mindestwertes, sowie die Fixierung, die für das Erreichen einer genau definierten Ausprägung steht. Eine **Entscheidungsregel** bildet nun die Zielvorstellungen eines Entscheidungsträgers ab und besteht aus einer **Präferenzfunktion** und dem **Optimierungskriterium**. Sie ist neben dem Entscheidungsfeld der zweite Bestandteil im Grundmodell der Entscheidungstheorie[82] und legt fest, wie aus einer Menge an Handlungsalternativen diejenige ausgewählt wird, die eine größtmögliche Bedürfnisbefriedigung des Entscheidungsträgers, ausgedrückt durch Nutzenwerte, verspricht. Für die formale Darstellung der Entscheidungsregel in einem Entscheidungsmodell wird häufig auch der Begriff **Zielfunktion** verwendet.[83]

Nutzenwerte werden durch eine Transformation der Ergebniswerte erzielt und sind das Resultat der Abbildung der Präferenzen eines Entscheidungsträgers mittels

---

75 Vgl. Riesenhuber, M., 2006, S. 19; Fleßa, S., 2010, S. 93.
76 Vgl. Riesenhuber, M., 2006, S. 17 f.
77 Vgl. Jungermann, H./ Pfister, H.-R./ Fischer, K., 2005, S. 24.
78 Vgl. Eisenführ, F./ Weber, M., 2003, S. 31.
79 Vgl. Bamberg, G./ Coenenberg, A. G./ Krapp, M., 2012, S. 28.
80 Vgl. Laux, H./ Gillenkirch, R. M./ Schenk-Mathes, H. Y., 2012, S. 40.
81 Vgl. Laux, H./ Gillenkirch, R. M./ Schenk-Mathes, H. Y., 2012, S. 34.
82 Vgl. Riesenhuber, M., 2006, S. 13.
83 Vgl. Laux, H./ Gillenkirch, R. M./ Schenk-Mathes, H. Y., 2012, S. 33–35.

Präferenzfunktionen.[84] Während Präferenzen relative Bewertungen der Konsequenzen darstellen, erfolgt durch die Transformation der Ergebniswerte in Nutzenwerte eine absolute Bewertung der Handlungskonsequenzen.[85]

Die Bewertung der Ergebnisse mit Nutzenwerten und damit die Auswahl einer Handlungsalternative erfolgt in Abhängigkeit von der betrachteten Entscheidungssituation:

Im Fall **sicherer Erwartungen** ist der eintretende Umweltzustand sicher bekannt[86] und mit der Auswahl einer Alternative ein eindeutiges Ergebnis verbunden.[87] Orientiert sich ein Entscheidungsträger nur an einer Zielgröße, ist eine Umwandlung der Ergebniswerte in Nutzenwerte nicht unbedingt notwendig und es ist diejenige Handlungsalternative zu wählen, die zum besten Ergebniswert führt.[88] Bei der Berücksichtigung verschiedener Zielgrößen ergibt sich der Nutzenwert einer Konsequenz aus der Aggregation der bewerteten Zielgrößen zu einem Präferenzwert.[89]

Formal gilt für die Zuordnung eines Nutzenwertes u_{ij} zu einem Ergebnis x_{ij} durch die Nutzenfunktion u:[90]

$$u_{ij} = u(x_{ij}). \tag{2}$$

Wird ein Ergebnis x_{ij} als mindestens genauso gut eingeschätzt wie ein Ergebnis x_{kj}, gilt also die strikte Präferenz mit $x_{ij} \succcurlyeq x_{kj}$, so muss für die Nutzenfunktion u gelten:

$$x_{ij} \succcurlyeq x_{kj} \Leftrightarrow u(x_{ij}) \geq u(x_{kj}). \tag{3}$$

Wird ein Ergebnis x_{ij} gegenüber einem Ergebnis x_{kj} präferiert, so gilt entsprechend:

$$x_{ij} \succ x_{kj} \Leftrightarrow u(x_{ij}) > u(x_{kj}). \tag{4}$$

Bei Indifferenz zwischen zwei Ergebnissen x_{ij} und x_{kj} gilt formal:

$$x_{ij} \sim x_{kj} \Leftrightarrow u(x_{ij}) = u(x_{kj}). \tag{5}$$

Liegen **unsichere Erwartungen** vor, so gilt die Annahme, dass die Menge Z der möglichen Umweltzustände bekannt ist.[91] Bei **Entscheidungssituationen unter Risiko** sind im Gegensatz zu Entscheidungssituationen unter **Ungewissheit** weiterhin noch subjektive oder objektive **Eintrittswahrscheinlichkeiten** der Umweltzustände bekannt.[92] Für die Bewertung der Ergebnisse ist die Unsicherheit bei der Formulierung der Präferenzfunktion zu berücksichtigen.[93] Für die Ermittlung der

84 Vgl. Eisenführ, F./ Weber, M., 2003, S. 33.
85 Vgl. Jungermann, H./ Pfister, H.-R./ Fischer, K., 2005, S. 49.
86 Vgl. Heinen, E., 1991, S. 29; Fleßa, S., 2010, S. 94.
87 Vgl. Laux, H./ Gillenkirch, R. M./ Schenk-Mathes, H. Y., 2012, S. 35.
88 Vgl. Heinen, E., 1991, S. 28.
89 Vgl. Eisenführ, F./ Weber, M., 2003, S. 32.
90 Vgl. Bamberg, G./ Coenenberg, A. G./ Krapp, M., 2012, S. 33.
91 Vgl. Fleßa, S., 2010, S. 94.
92 Vgl. Bamberg, G./ Coenenberg, A. G./ Krapp, M., 2012, S. 67.
93 Vgl. Laux, H./ Gillenkirch, R. M./ Schenk-Mathes, H. Y., 2012, S. 34.

Präferenzfunktionen werden je nach Informationsstand eines Entscheidungsträgers unterschiedliche Regeln angewandt. Bei gegebenen Wahrscheinlichkeiten können die Bayes-Regel oder das sogenannte Bernoulli-Prinzip angewandt werden, bei vorliegender Ungewissheit kommen beispielsweise die Laplace-, Minimax- und Savage-Niehans-Regel in Betracht. Für die konkrete Vorgehensweise bei der Bildung von Präferenzfunktionen nach diesen Regeln sei auf die weiterführende Literatur verwiesen. Die in den Gleichungen (3) bis (5) dargestellten Zusammenhänge zwischen Präferenzen und Nutzenfunktionen gelten auch im Falle unsicherer Erwartungen.[94]

Die Elemente der Entscheidungsregel sowie die aus den unterschiedlichen Informationsständen eines Entscheidungsträgers resultierenden charakteristischen Entscheidungssituationen sind in Abbildung 4 dargestellt.

Abbildung 4: Entscheidungsregel [Quelle: Eigene Darstellung]

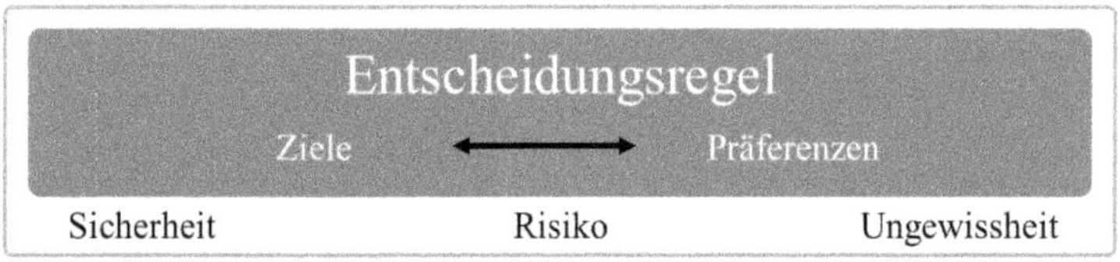

Die Bestandteile Entscheidungsfeld und Entscheidungsregel des Grundmodells der Entscheidungstheorie sind nicht unabhängig voneinander zu sehen, es bestehen vielmehr enge Interdependenzen: Erst durch die Zielgrößen wird die Menge an Handlungsalternativen, Konsequenzen und zu betrachtenden Umweltzuständen auf die für einen Entscheidungsträger relevanten Möglichkeiten eingegrenzt.[95] Andererseits können sich die Ziele im Laufe des Entscheidungsprozesses ändern.[96]

Die gesamten Elemente des Grundmodells der Entscheidungstheorie, welche eine Entscheidungssituation charakterisieren, sowie die Interdependenzen zwischen diesen Elementen sind in Abbildung 5 dargestellt.

94 Vgl. beispielsweise Laux, H./ Gillenkirch, R. M./ Schenk-Mathes, H. Y., 2012, S. 83–87 und S. 109–135; Bamberg, G./ Coenenberg, A. G./ Krapp, M., 2012, S. 71–80, S. 91 f. und S. 111–115; Fleßa, S., 2010, S. 105 und S. 113–120.

95 Vgl. Jungermann, H./ Pfister, H.-R./ Fischer, K., 2005, S. 24.

96 Vgl. Eisenführ, F./ Weber, M., 2003, S. 33.

Abbildung 5: Elemente des Entscheidungsmodells [Quelle: Eigene Darstellung, in Anlehnung an Eisenführ, F./ Weber, M., 2003, S. 34.]

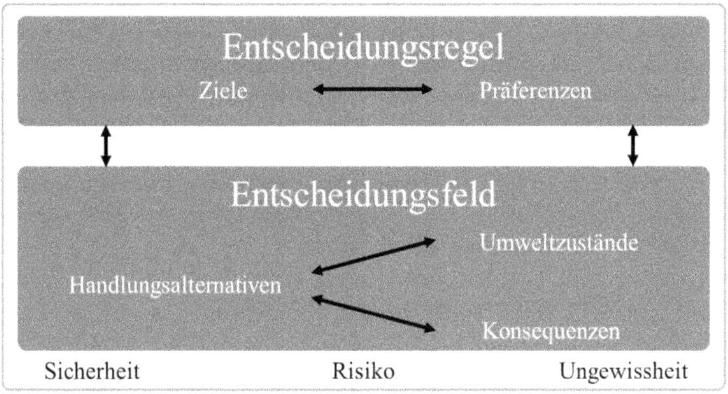

2.1.4 Strukturierte Darstellung von Entscheidungssituationen

Ein Hilfsmittel für die angemessene Begrenzung und Strukturierung der Entscheidungselemente und zur Illustration von Zusammenhängen in einer Entscheidungssituation ist die Verwendung **graphischer Darstellungsformen**. Diese zwingen zu Klarheit und fördern ein größeres Verständnis für die Situation.[97] Die häufigsten Darstellungsformen sind die Entscheidungsmatrix, der Entscheidungsbaum und das Einflussdiagramm.[98] Jungermann, Pfister und Fischer (2005) verweisen in diesem Zusammenhang noch auf die Attributmatrix,[99] während Recke (2005) Entscheidungsnetze mit anführt.[100] Sollen lediglich Umweltzustände dargestellt werden, so eignen sich Ereignis- und Ursachenbäume, wobei letztere auch Fehlerbäume genannt werden.[101]

Im Folgenden sollen Entscheidungsmatrizen, Entscheidungsbäume und Einflussdiagramme vorgestellt werden; die Attributmatrix wird nicht weiter beachtet, da diese lediglich Konsequenzen und deren Attribute als Elemente enthält und die Zusammenhänge zwischen den Elementen nicht berücksichtigt.[102] Aus denselben Gründen werden im Folgenden auch Ereignis- und Ursachenbäume vernachlässigt. Entscheidungsnetze werden im Folgenden vernachlässigt, da bei diesem Verfahren

97 Vgl. Eisenführ, F./ Weber, M., 2003, S. 35.
98 Vgl. Recke, G., 2005, S. 31.
99 Vgl. Jungermann, H./ Pfister, H.-R./ Fischer, K., 2005, S. 18.
100 Vgl. Recke, G., 2005, S. 31.
101 Vgl. Eisenführ, F./ Weber, M., 2003, S. 24–27.
102 Vgl. Jungermann, H./ Pfister, H.-R./ Fischer, K., 2005, S. 43.

die Kenntnis über die Struktur eines Entscheidungsproblems nicht das Ziel, sondern vielmehr die Voraussetzung für normative Analysen ist.[103]

Einflussdiagramme als graphische Darstellungsform für die Strukturierung von Problemen bilden die Entscheidungselemente bzw. Mengen von Entscheidungselementen ab und verbinden diese durch Einflusspfeile miteinander.[104] Als Symbole werden für die Alternativenmenge Vierecke, für die Ereignismenge Kreise und für die Zielgrößen Rauten verwendet. Ein Pfeil, der zwei Symbole miteinander verbindet, verdeutlicht einen Wirkungszusammenhang zwischen diesen beiden Elementen. Besteht keine Verbindung zwischen Elementen mittels Pfeil, so sind diese unabhängig voneinander.[105] In Abbildung 6 ist ein Einflussdiagramm für eine Alternative, einen Umweltzustand sowie einer Konsequenz skizziert.

Abbildung 6: Einflussdiagramm [Quelle: Eigene Darstellung]

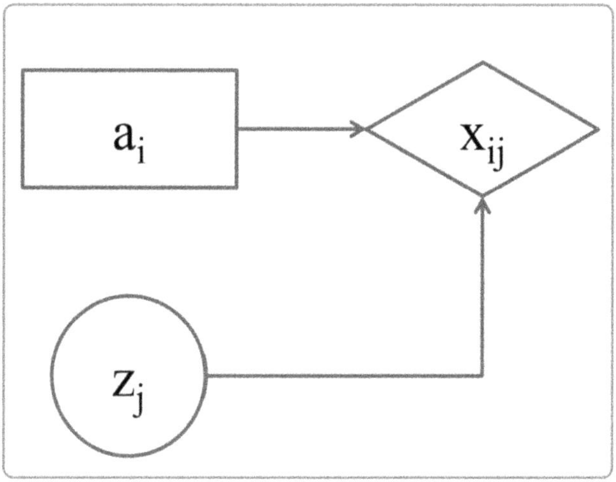

Neben der Darstellung von Abhängigkeiten können in Einflussdiagrammen auch Sequenzen dargestellt werden. Diese treten auf, wenn ein Pfeil auf eine Alternative weist. In Zielgrößen und Ereignisse eingehende Pfeile symbolisieren Abhängigkeiten.[106] Ein Vorteil der Einflussdiagramme ist, dass diese durch die Zusammenfassung von Elementen und Elementtypen in einer Menge eine große Transparenz bieten und so auch bei komplexen Problemen eine übersichtliche Darstellung bieten.

103 Vgl. Recke, G., 2005, S. 1 f. und S. 37.
104 Vgl. Klein, R./ Scholl, A., 2011, S. 336.
105 Vgl. Eisenführ, F./ Weber, M., 2003, S. 43.
106 Vgl. Recke, G., 2005, S. 36.

Bei der Ausgestaltung der **Entscheidungsmatrix** gibt es verschiedene Ansätze: Eine Möglichkeit ist die gegenüberstellende Erfassung der Alternativen und Zielkriterien in einer Tabelle mit dem Ziel, die einzelnen Alternativen bezüglich verschiedener Ziele zu bewerten und in eine Rangordnung zu bringen.[107] Da bei dieser Darstellungsform jedoch der Zusammenhang zwischen Umweltzuständen und Alternativen sowie Umweltzuständen und Konsequenzen nicht berücksichtigt wird, wird diese Art der Entscheidungsmatrix im Folgenden nicht weiter verfolgt.

Eine weitere Möglichkeit für die Gestaltung der Entscheidungsmatrix ist die Erfassung der Alternativen a_i, der Zustände z_j und der daraus resultierenden und mit einem Nutzen u_{ij} bewerteten Konsequenzen x_{ij} in einer Tabelle. Dabei werden in der Grundform die Alternativen a_i spaltenweise, die Zustände z_j zeilenweise und die Nutzenwerte $u(x_{ij})$ in die Zellen der Matrix eingetragen.[108] Mögliche Erweiterungen bei der Strukturierung von Entscheidungssituationen unter Risiko mit Hilfe einer Entscheidungsmatrix ergeben sich durch die **Berücksichtigung von Wahrscheinlichkeiten** p_j für den Eintritt eines Umweltzustandes z_j.[109]

Weitere Merkmale, die in einer Entscheidungsmatrix erfasst werden können, sind verschiedene zu berücksichtigende Zielattribute und die Einbeziehung verschiedener Zeitpunkte.[110] Sind **verschiedene Zielattribute** bei der Entscheidungsfindung zu berücksichtigen, so ist jede Konsequenz durch einen Vektor mit den verschiedenen Zielausprägungen beschrieben, in einer Zelle befinden sich also mehrere Werte.[111] Werden r Zielausprägungen berücksichtigt, so lassen sich die Handlungskonsequenzen bei Ergreifung der Alternative a_i und Eintritt des Zustandes z_j durch den Wert x_{ij}^l charakterisieren mit $l = 1, \ldots, r$. Werden die Handlungskonsequenzen zudem zu **verschiedenen Zeitpunkten** h erfasst, so werden Handlungskonsequenzen formal durch den Wert x_{ij}^{ql} dargestellt, wobei $q = 1, \ldots, h$ gilt. Insgesamt können über die Entscheidungsmatrix somit die zu verschiedenen Zeitpunkten zur Verfügung stehenden Alternativen, die mit Wahrscheinlichkeiten bewerteten Umweltzustände sowie die Konsequenzen mit ihren Merkmalen Ergebnishöhe und -art erfasst werden.[112] Die zu verschiedenen Zeitpunkten erfassten Konsequenzen bauen dabei nicht aufeinander auf, sondern geben den Ergebniswert für einen bestimmten Zeitpunkt an, ohne dass zwischendurch verschiedene Alternativen ergriffen werden. Es werden somit einstufige Entscheidungen mit verschiedenen Zeithorizonten betrachtet.

Abbildung 7 zeigt eine allgemeine Darstellung der Entscheidungsmatrix für Entscheidungssituationen unter Risiko. Handelt es sich um Ungewissheitssituationen, so sind die Wahrscheinlichkeiten wegzulassen.

---

107 Vgl. Fleßa, S., 2009, S. 22.

108 Vgl. beispielsweise Laux, H./ Gillenkirch, R. M./ Schenk-Mathes, H. Y., 2012, S. 116 f.; Jungermann, H./ Pfister, H.-R./ Fischer, K., 2005, S. 40 f; Eisenführ, F./ Weber, M., 2003, S. 36 f.

109 Vgl. Eisenführ, F./ Weber, M., 2003, S. 36.

110 Vgl. Bamberg, G./ Coenenberg, A. G./ Krapp, M., 2012, S. 25.

111 Vgl. Eisenführ, F./ Weber, M., 2003, S. 36.

112 Vgl. Bamberg, G./ Coenenberg, A. G./ Krapp, M., 2012, S. 25 f.

Abbildung 7: Entscheidungsmatrix [Quelle: Eigene Darstellung, in Anlehnung an Bamberg, G./ Coenenberg, A. G./ Krapp, M., 2012, S. 26.]

Eintrittswahrscheinlichkeit (Zustand), Zustand		$p_1(z_1), z_1$				…	$p_n(z_n), z_n$			
Zielausprägung		1	2	…	r	…	1	2	…	r
Alternative	Zeitpunkt									
a_1	1	x_{11}^{11}	x_{11}^{12}	…	x_{11}^{1r}	…	x_{1n}^{11}	x_{1n}^{12}	…	x_{1n}^{1r}
	2	x_{11}^{21}	x_{11}^{22}	…	x_{11}^{2r}	…	x_{1n}^{21}	x_{1n}^{22}	…	x_{1n}^{2r}
	⋮	⋮	⋮	⋱	⋮	…	⋮	⋮	⋱	⋮
	h	x_{11}^{h1}	x_{11}^{h2}	…	x_{11}^{hr}	…	x_{1n}^{h1}	x_{1n}^{h2}	…	x_{1n}^{hr}
a_2	1	x_{21}^{11}	x_{21}^{12}	…	x_{21}^{1r}	…	x_{2n}^{11}	x_{2n}^{12}	…	x_{2n}^{1r}
	2	x_{21}^{21}	x_{21}^{22}	…	x_{21}^{2r}	…	x_{2n}^{21}	x_{2n}^{22}	…	x_{2n}^{2r}
	⋮	⋮	⋮	⋱	⋮	…	⋮	⋮	⋱	⋮
	h	x_{21}^{h1}	x_{21}^{h2}	…	x_{21}^{hr}	…	x_{2n}^{h1}	x_{2n}^{h2}	…	x_{2n}^{hr}
⋮	⋮	⋮	⋮	⋮	⋮	⋱	⋮	⋮	⋮	⋮
a_m	1	x_{m1}^{11}	x_{m1}^{12}	…	x_{m1}^{1r}	…	x_{mn}^{11}	x_{mn}^{12}	…	x_{mn}^{1r}
	2	x_{m1}^{21}	x_{m1}^{22}	…	x_{m1}^{2r}	…	x_{mn}^{21}	x_{mn}^{22}	…	x_{mn}^{2r}
	⋮	⋮	⋮	⋱	⋮	…	⋮	⋮	⋱	⋮
	h	x_{m1}^{h1}	x_{m1}^{h2}	…	x_{m1}^{hr}	…	x_{mn}^{h1}	x_{mn}^{h2}	…	x_{mn}^{hr}

Die Entscheidungsmatrix eignet sich insbesondere für Entscheidungsprobleme mit gegebenen Alternativen und unsicheren Konsequenzen. Zudem ist die Entscheidungsmatrix für einstufige Entscheidungen geeignet.[113] Sind dagegen mehrstufige Entscheidungen abzubilden, so eignet sich der **Entscheidungsbaum** als graphische Darstellungsform. Dieser enthält Entscheidungsknoten und, ebenso wie die Entscheidungsmatrix, Handlungsalternativen, Umweltzustände und Konsequenzen. Entscheidungsknoten werden in einem Entscheidungsbaum als Vierecke, Umweltzustände als Kreise und Konsequenzen als Dreiecke symbolisiert, während Handlungsalternativen als Äste aus Entscheidungsknoten hervorgehen. Äste, die aus Umweltzuständen hervorgehen, stellen mögliche Folgen dieser Umweltzustände dar.[114]

113 Vgl. Deutscher Manager-Verband, 2004, S. 185.

114 Vgl. Jungermann, H./ Pfister, H.-R./ Fischer, K., 2005, S. 41 f.

Ein Entscheidungsbaum wird links mit einem Entscheidungsknoten beginnend aufgebaut, aus welchem die verschiedenen Handlungsalternativen als Äste hervorgehen und in einen Zustandsknoten oder eine Konsequenz münden. Aus einem Zustandsknoten treten wiederum die verschiedenen Folgen dieser Umweltzustände aus; bei der Darstellung der Konsequenzen sind die einzelnen Zielvariablen notiert. Entscheidungen und Umweltzustände werden immer abwechselnd abgebildet und stellen **mehrstufige Entscheidungen** dar, welche mit einer Konsequenz abschließen. Durch die Abfolge von Entscheidungen und Umweltzuständen wird in einem Entscheidungsbaum eine **Handlungsstrategie** abgebildet.[115]

Mit einem Entscheidungsbaum können Entscheidungssituationen unter Ungewissheit und Risiko dargestellt werden. Bei Entscheidungssituationen unter Risiko werden **Wahrscheinlichkeiten** an die ausgehenden Äste von Zustandsknoten notiert, während bei Ungewissheitssituationen keine Wahrscheinlichkeiten berücksichtigt werden. Auch die Beachtung von **verschiedenen Zielvariablen** ist möglich, welche in einem Entscheidungsbaum bei den Konsequenzen notiert werden. Verschiedene Zeitpunkte können auf zweierlei Arten integriert werden: Sind lediglich die einzelnen Umweltzustände zu verschiedenen Zeitpunkten bei einstufigen Entscheidungen zu erfassen, so können diese als verschiedene Umweltzustände auf einer Stufe des Entscheidungsbaumes abgebildet werden. Sind Entscheidungen zu **mehreren Zeitpunkten**, also zeitlich nacheinander, zu treffen, so können diese als Handlungsstrategie in einem Entscheidungsbaum dargestellt werden. Prinzipiell ist somit jede Entscheidungsmatrix in einen Entscheidungsbaum überführbar. Umgekehrt lassen sich Handlungsstrategien in einem Entscheidungsbaum als zusammengesetzte Handlungsalternative und aufeinanderfolgende Umweltzustände als zusammengesetzte Ereignisse bzw. Szenarien formulieren, wodurch auch jeder Entscheidungsbaum in eine Entscheidungsmatrix überführt werden kann.[116] Die Übertragung der in Abbildung 7 dargestellten Entscheidungsmatrix in einen Entscheidungsbaum ist in Abbildung 8 dargestellt.

---

115 Vgl. Eisenführ, F./ Weber, M., 2003, S. 38 f.

116 Vgl. Eisenführ, F./ Weber, M., 2003, S. 41 f.

Abbildung 8: Einstufiger Entscheidungsbaum [Quelle: Eigene Darstellung]

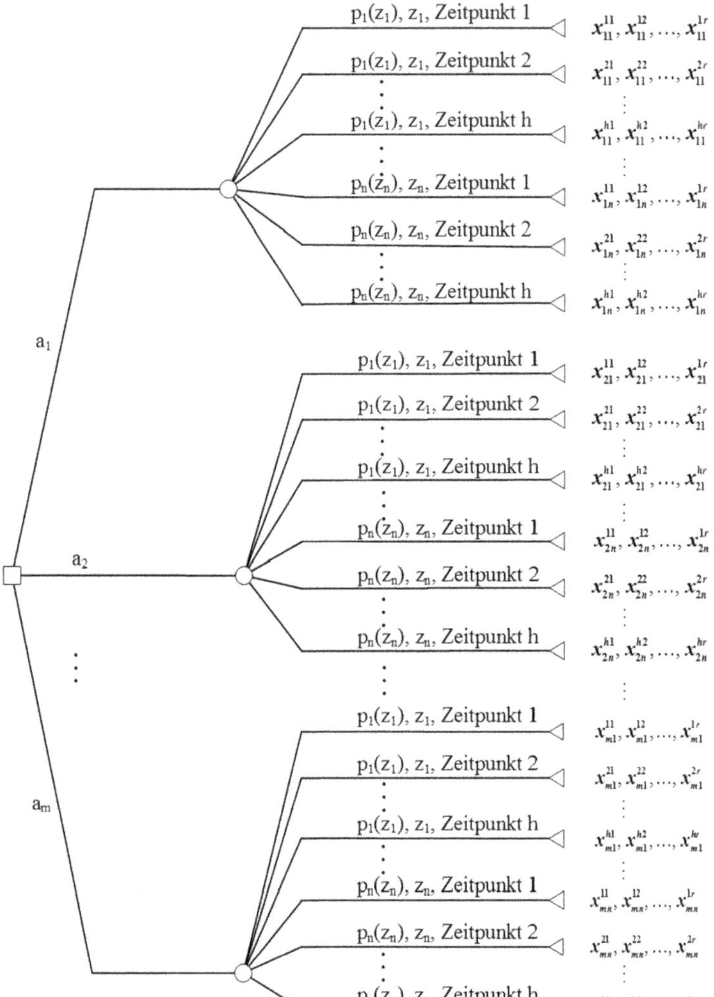

Für die Analyse von einfachen und einstufigen Entscheidungsproblemen werden in der Regel Entscheidungsmatrizen eingesetzt. Die Stärken des Entscheidungsbaumes dagegen liegen in der möglichen Abbildung von dynamischen sowie nacheinander zu treffenden und aufeinander aufbauenden Entscheidungen.[117] Dieser Fall eines

117 Vgl. Rosenkranz, F./ Missler-Behr, M., 2005, S. 57.

mehrstufigen Entscheidungsbaumes ist in Abbildung 9 skizziert. Da mehrstufige Entscheidungen für das Ergreifen verschiedener Handlungsalternativen im Zeitverlauf stehen, wird durch die Handlungsalternative $a_{i,s}$ ausgedrückt, dass Alternative a_s mit $s = 1, \ldots, k$ zeitlich nach der Ausführung von Alternative a_i ergriffen wird. Dasselbe gilt für die Eintrittswahrscheinlichkeiten der Umweltzustände, der Umweltzustände selbst sowie der Konsequenzen: Ein Umweltzustand $z_{j,w}$ mit $w = 1, \ldots, u$ folgt mit einer Wahrscheinlichkeit von $p_{j,w}$ auf einen Umweltzustand z_j. Durch $x^l_{i,s;j,w}$ wird die Konsequenz für eine Zielausprägung l bei Ergreifung der Alternative $a_{i,s}$ und dem Eintreten des Zustands $z_{j,w}$ ausgedrückt. Dieser Sachverhalt ist in Abbildung 9 dargestellt.

Abbildung 9: Mehrstufiger Entscheidungsbaum [Quelle: Eigene Darstellung]

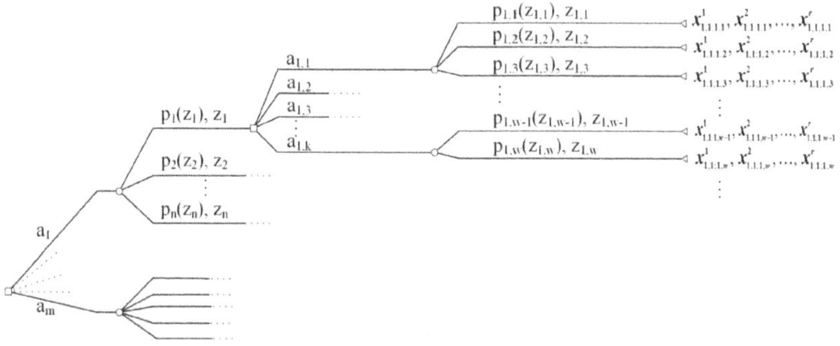

Insgesamt kann gesagt werden, dass Einflussdiagramme geeignet sind, um einen ersten Überblick über eine Problemstellung zu geben. Entscheidungsmatrizen eignen sich für einstufige Entscheidungsprobleme. Für die Entwicklung einer Handlungsstrategie können Entscheidungsbäume herangezogen werden, durch welche mehrstufige Entscheidungen und die im Zeitverlauf zu ergreifenden Handlungsmaßnahmen abbildbar sind.

2.1.5 Prozess der Entscheidungsfindung

Die Entscheidungsfindung ist weniger ein zeitpunktbezogenes Ereignis, sondern vielmehr ein aus **verschiedenen Komponenten** zusammengesetzter, sich im Zeitablauf vollziehender Prozess. Ausgelöst wird der Prozess der Entscheidungsfindung entweder aus dem Bedürfnis heraus, einen unbefriedigenden Zustand zu verlassen und in einen gewünschten Zustand überzuführen, oder aus der Erkenntnis heraus, dass zwei oder mehr Handlungsalternativen vorliegen. Je nach Begriffsverständnis endet der Prozess durch die Entscheidung, also durch die Auswahl einer Handlungsalternative, oder durch die rückblickende Kontrolle und Bewertung der getroffenen Entscheidung.[118] Auch hat sich in der betriebswirtschaftlichen Literatur

118 Vgl. Jungermann, H./ Pfister, H.-R./ Fischer, K., 2005, S. 3 f.

kein einheitliches Gliederungsschema für diesen Prozess und auch kein einheitliches Begriffsverständnis über die Komponenten des Entscheidungsprozesses herausgebildet.[119] Während Laux, Gillenkirch und Schenk-Mathes (2012) den Entscheidungsprozess als Problemlösungsprozess mit den Aktivitäten Problemformulierung, Präzisierung des Zielsystems, Erforschung möglicher Handlungsalternativen, Auswahl einer Handlungsalternative und Realisation der Entscheidung auffassen,[120] versteht Lassmann (2006) den Entscheidungsprozess als Teil eines übergeordneten Problemlösungsprozesses mit der Einteilung in eine Such-, Entwicklungs- und Auswahlphase. Die Realisation der Entscheidung ist nach seinem Verständnis im Entscheidungsprozess nicht enthalten.[121] Domschke und Scholl (2005) sehen den Entscheidungsprozess als Teil des Managementprozesses,[122] während Simon (1960) den Prozess der Entscheidungsfindung in drei Phasen einteilt: die Suchphase mit der Suche nach Kriterien, welche Entscheidungen verlangen, die Entwicklungsphase mit dem Auffinden möglicher Handlungsalternativen und die Auswahlphase, welche die Auswahl einer der gefundenen Handlungsalternativen beinhaltet.[123] Heinen (1991) unterteilt den Entscheidungsprozess in die beiden Hauptphasen Willensbildung und Willensdurchsetzung, welche sich aus den Phasen Planung, Vollzug und Kontrolle zusammensetzen. Die Planung wiederum setzt sich, ähnlich wie bei Simon (1960), aus einer Anregungs-, Such- und Auswahlphase zusammen.[124] Dieser Sachverhalt ist in Abbildung 10 dargestellt.

Abbildung 10: Phaseneinteilung des Entscheidungsprozesses nach Heinen [Quelle: Eigene Darstellung, in Anlehnung an Heinen, E., 1991, S. 36.]

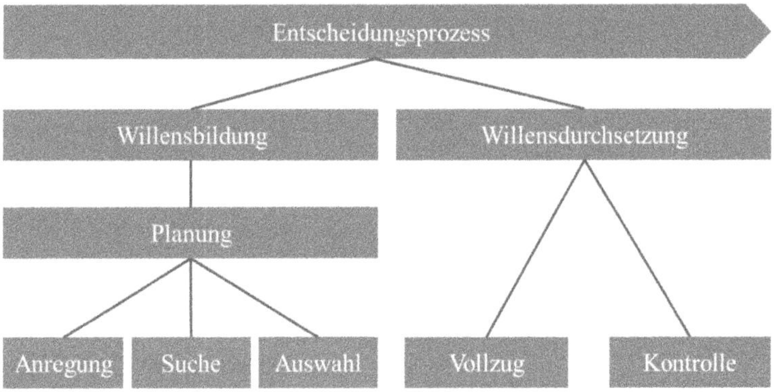

119 Vgl. Riesenhuber, M., 2006, S. 25.
120 Vgl. Laux, H./ Gillenkirch, R. M./ Schenk-Mathes, H. Y., 2012, S. 12.
121 Vgl. Lassmann, W., 2006, S. 413 f.
122 Vgl. Domschke, W./ Scholl, A., 2005, S. 342.
123 Vgl. Simon, H. A., 1960, S. 1–3.
124 Vgl. Heinen, E., 1991, S. 35–37; Simon, H. A., 1960, S. 1–3.

Um eine möglichst genaue Zuordnung des Einsatzbereiches der Entscheidungsunterstützung vornehmen zu können, wird im Folgenden der in Abbildung 10 dargestellte Entscheidungsprozess detailliert vorgestellt. Es wird der in der Literatur vorherrschenden **phasenbasierten Einteilung** des Entscheidungsprozesses gefolgt. Die nach Laux, Gillenkirch und Schenk-Mathes (2012) vorzunehmenden Aktivitäten des Entscheidungsprozesses werden dabei den einzelnen Phasen zugeordnet.

Wie bereits beschrieben, umfasst der Prozess der Entscheidungsfindung die beiden grundlegenden Phasen der Willensbildung und der Willensdurchsetzung. Im Rahmen der **Willensbildung** findet dabei die Planung statt. Diese ist definiert als systematischer, zukunftsbezogener Prozess, der eine bessere Zielerreichung beabsichtigt.[125] Der Begriff der **Planung** ist in der betriebswirtschaftlichen Literatur unterschiedlich weit abgesteckt. Nach einem engeren Begriffsverständnis wird unter Planung die systematische Entscheidungsvorbereitung als gedankliche Vorbereitung zielgerichteter Entscheidungen verstanden, wobei die eigentliche Entscheidung aus der Planung ausgeklammert wird.[126] Nach einem weiteren Begriffsverständnis wird die Entscheidung in die Planungsphase integriert.[127] Eine **Entscheidung** ist das Ergebnis der Willensbildung. Gleichzeitig ist sie Bindeglied und Ausgangspunkt der Willensdurchsetzung. In dieser Arbeit wird dem engeren Begriffsverständnis gefolgt und die Entscheidung explizit aus der Planung exkludiert. Die Willensbildung wird somit in die beiden Phasen Planung und Entscheidung unterteilt. Der Planungs- und Entscheidungsprozess lässt sich dann wiederum in die Phasen Problemstellung, Alternativenermittlung sowie Bewertung und Auswahl unterteilen.[128]

Ausgehend von vorhandenen Anregungsinformationen erfolgen die Problemerkenntnis mit anschließender Ursachenanalyse und die Beschreibung des Problems.[129] In dieser Phase werden Aussagen zur Dringlichkeit der Problemlösung getroffen, Veränderungsmöglichkeiten analysiert sowie die zu beachtenden Ziele und Restriktionen formuliert.[130] Diese Phase beinhaltet somit die ersten beiden von Laux, Gillenkirch und Schenk-Mathes (2012) beschriebenen Aktivitäten des Entscheidungsprozesses, die **Problemformulierung** und die Präzisierung des Zielsystems.[131] Die Phase der **Alternativenermittlung** beinhaltet die der Entschlussfassung vorausgehenden Maßnahmen und befasst sich mit der Erforschung, Konkretisierung und Formulierung geeigneter Handlungsalternativen sowie den zu erwartenden Konsequenzen.[132] Diese

---

125 Vgl. Domschke, W./ Scholl, A., 2005, S. 24.

126 Vgl. beispielsweise Jung, H., 2010, S. 178; Wöhe, G./ Döring, U., 2010, S. 76.

127 Vgl. Domschke, W./ Scholl, A., 2005, S. 26.

128 Vgl. Domschke, W./ Scholl, A., 2005, S. 26. Diese Einteilung entspricht auch dem Phasenschema von E. Heinen, der diese jedoch als Anregungs-, Such- und Auswahlphase bezeichnet, vgl. Heinen, E., 1991, S. 35 f.

129 Vgl. Heinen, E., 1991, S. 35.

130 Vgl. Domschke, W./ Scholl, A., 2005, S. 27.

131 Vgl. Laux, H./ Gillenkirch, R. M./ Schenk-Mathes, H. Y., 2012, S. 12.

132 Vgl. hierzu auch Laux, H./ Gillenkirch, R. M./ Schenk-Mathes, H. Y., 2012, S. 12; Heinen, E., 1991, S. 35.

Phase dient auch der Willenskonkretisierung eines Entscheidungsträgers.[133] Innerhalb der Phase der Bewertung erfolgt die vergleichende **Beurteilung der Handlungskonsequenzen**. Je nach betrachteter Entscheidungssituation sowie nach der Anzahl der zu berücksichtigenden Zielgrößen ergeben sich unterschiedliche Vorgehensweisen, siehe auch Kapitel 2.1.3.2. In der Auswahlphase wird die Entscheidung zugunsten derjenigen Handlungsalternative getroffen, durch welche die beste Zielerreichung ermöglicht wird.[134] Mit der **Entscheidung** ist der Prozess der Willensbildung beendet und es folgt die **Realisation** der Entscheidung im Rahmen der **Willensdurchsetzung**. Diese ist auch durch verschiedene Phasen gekennzeichnet: die Durchführungs- bzw. Umsetzungsphase sowie die Kontrollphase. Während in der Durchführungsphase die getroffene Entscheidung in der realen Entscheidungssituation realisiert wird, erfolgt im Rahmen der Kontrollphase eine **Überwachung** der tatsächlichen Ergebnisse und gegebenenfalls die Ergreifung von Anpassungsmaßnahmen zur Zielverbesserung oder als Reaktion auf neue Umweltentwicklungen.[135] Dieser Sachverhalt verdeutlicht, dass die einzelnen Phasen des Entscheidungsprozesses nicht strikt sequentiell und voneinander unabhängig zu durchlaufen sind. Empirische Untersuchungen haben vielmehr ergeben, dass die einzelnen Phasen oft parallel ausgeführt werden bzw. ein ständiger Wechsel zwischen diesen stattfindet.[136] Dies ergibt sich aus den bestehenden Interdependenzen zwischen den einzelnen Phasen sowie der Rückmeldung von neu gewonnenen Informationen oder unbefriedigenden Teillösungen, die zu Revisionsentscheidungen führen.[137] Beispielsweise bestehen Interdependenzen zwischen Handlungsalternativen und Konsequenzen: Durch eine grobe Bewertung der Alternativen kann eine erste Eingrenzung auf zweckmäßige Alternativen vorgenommen werden. Im Rückkehrschluss kann dagegen bei unbefriedigenden Konsequenzen die erneute Suche nach Alternativen erforderlich werden.[138] Auf den Zusammenhang zwischen der Präzisierung von Zielen im Verlauf des Entscheidungsprozesses auf der einen Seite und Handlungsalternativen und Konsequenzen als Ausdruck relevanter Möglichkeiten bezüglich vorgegebener Zielgrößen auf der anderen Seite wurde bereits in Kapitel 2.1.3.2 eingegangen. Die Bedeutung des Entscheidungsprozesses ist daher weniger in der direkten sequentiellen Übertragung der einzelnen Phasen und Tätigkeiten zu sehen. Er ist vielmehr als Strukturierungshilfe für die anfallenden Tätigkeiten zu verstehen und dient als Grundlage für die Schaffung eines Entscheidungsverständnisses.

Ein weiterer wichtiger Aspekt des Entscheidungsprozesses bezieht sich auf die Tatsache, dass vor der eigentlichen Entscheidung ständig Einzelentscheidungen in Form von Vor- bzw. Teilentscheidungen zu treffen sind, sei es in Bezug auf die Problemformulierung, die Auswahl der Handlungsalternativen oder die Bewertung der

---

133 Vgl. Heinen, E., 1991, S. 35.
134 Vgl. Laux, H./ Gillenkirch, R. M./ Schenk-Mathes, H. Y., 2012, S. 14.
135 Vgl. Heinen, E., 1991, S. 36; Lassmann, W., 2006, S. 415.
136 Vgl. Pfohl, H.-C., 1977, S. 60.
137 Vgl. Heinen, E., 1991, S. 36 f.
138 Vgl. Laux, H./ Gillenkirch, R. M./ Schenk-Mathes, H. Y., 2012, S. 15 f.

Konsequenzen. Es laufen also innerhalb eines Entscheidungsprozesses zahlreiche weitere Entscheidungsprozesse zur Lösung von Einzelentscheidungsproblemen ab.[139]

Der Entscheidungsprozess ist nachfolgend in Abbildung 11 dargestellt. Unterstellt ist ein idealtypischer Verlauf ohne Berücksichtigung von Rückkopplungen.

Abbildung 11: Prozess der Entscheidungsfindung [Quelle: Eigene Darstellung, in Anlehnung an Breuer, C./ Siestrup, G./ Haasis, H.-D., 2014, S. 272.]

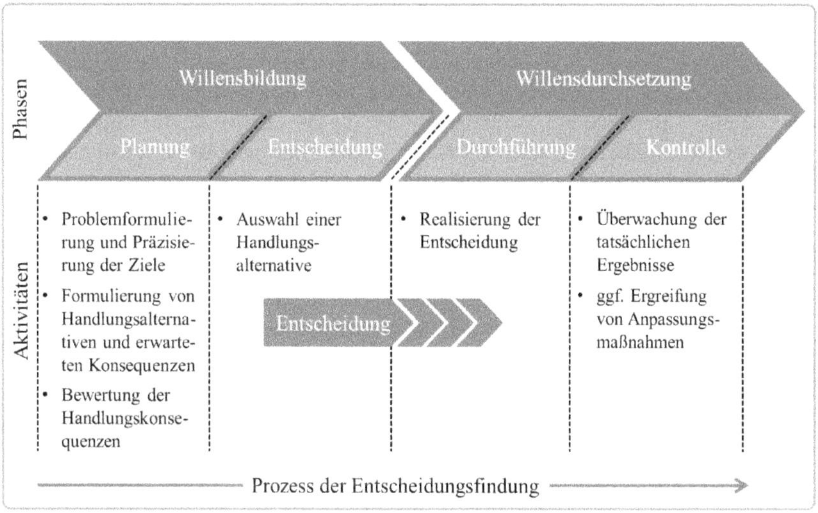

2.1.6 Unterstützung der Entscheidungsfindung

Die Entscheidungsunterstützung zielt auf eine adäquate Entscheidungsfindung, insbesondere in schwierigen Entscheidungssituationen. Sie umfasst die Ergreifung von Maßnahmen zur Verbesserung der Entscheidungseffizienz.[140] Unter der Effizienzverbesserung einer Entscheidung wird sowohl die Erhöhung der Entscheidungsqualität als auch die Senkung des Entscheidungsaufwandes verstanden.[141]

Von wesentlicher Bedeutung für die Verbesserung der **Entscheidungseffizienz** sind dabei die Informationsversorgung des Entscheidungsträgers sowie die Verarbeitung dieser Informationen im Rahmen des Entscheidungsprozesses.[142] Dies ist möglich, wenn aus verfügbaren internen und externen Daten die relevanten Informationen generiert und diese dann im Entscheidungsprozess zielorientiert genutzt

139 Vgl. Heinen, E., 1991, S. 36 f.; Laux, H./ Gillenkirch, R. M./ Schenk-Mathes, H. Y., 2012, S. 15.

140 Vgl. Pfohl, H.-C., 1977, S. 44.

141 Vgl. Lassmann, W., 2006, S. 415.

142 Vgl. Klesse, M./ Melchert, F./ von Maur, E., 2003, S. 115.

werden können.[143] Informationen spielen in allen Phasen des Entscheidungsprozesses eine wichtige Rolle:

Im Rahmen der Willensbildung sind in der Planungsphase Anregungsinformationen aus internen und externen Informationsquellen notwendig, um Probleme frühzeitig zu erkennen.[144] Weitere benötigte Informationen betreffen die zielrelevanten Merkmale einer Entscheidungssituation sowie die Entwicklungen dieser Merkmale im Zeitverlauf.[145] Für die Identifikation von Handlungsmöglichkeiten sowie deren Bewertung sind Informationen über bereits gemachte Erfolge, Misserfolge und Schwierigkeiten in ähnlichen Situationen sinnvoll, sofern diese Informationen vorliegen.[146] In der Phase der Willensdurchsetzung bedarf es zunächst der Information über die getroffene Entscheidung sowie der Informationsübermittlung der konkreten Anweisungen an diejenigen Personen, die für die Durchführung der Entscheidung verantwortlich sind. Laufende Kontrollen in der Phase der Willensdurchsetzung lassen Abweichungen zwischen den erzielten und den erwünschten Ergebnissen erkennen, welche als Informationen an den Entscheidungsträger zurückfließen und Anpassungsmaßnahmen oder Revisionsentscheidungen auslösen können.[147] Insgesamt kann der Entscheidungsprozess auch als ein Prozess der Informationssammlung, -verarbeitung und -übertragung angesehen werden.[148]

Informationsdefizite in einer Entscheidungssituation können zur Folge haben, dass Entscheidungen nur unter einem erhöhten Risiko getroffen werden können. Zur weiteren Fundierung von Entscheidungen sind dann zusätzliche Informationen zur Schaffung eines soliden und umfassenden Informationsstandes zu sammeln. Werden zu viele Informationen eingeholt, kann sich dies allerdings auch nachteilig auf die Entscheidungsfindung auswirken, da die Masse an Informationen eher zur Verwirrung statt zu einer Entscheidungsverbesserung beiträgt. Dies gilt insbesondere dann, wenn es sich um problemunspezifische oder redundante Informationen handelt.[149] Neben der Verfügbarkeit entscheidungsrelevanter Informationen ist die Dringlichkeit und der damit verbundene Zeithorizont für das Treffen einer Entscheidung ein weiterer wichtiger Aspekt im Rahmen der Entscheidungsunterstützung. Der Zusammenhang zwischen Informationsbedarf und Zeithorizont für die Entscheidungsfindung ist als Entscheidungspfad in Abbildung 12 dargestellt.

143 Vgl. Gluchowski, P./ Gabriel, R./ Dittmar, C., 2008, S. 31 f.
144 Vgl. Klesse, M./ Melchert, F./ von Maur, E., 2003, S. 117.
145 Vgl. Heinen, E., 1991, S. 247 f.
146 Vgl. Klesse, M./ Melchert, F./ von Maur, E., 2003, S. 117.
147 Vgl. Heinen, E., 1991, S. 248 f.
148 Vgl. Heinen, E., 1991, S. 37.
149 Vgl. Gluchowski, P./ Gabriel, R./ Dittmar, C., 2008, S. 34 f.

Abbildung 12: Zusammenhang zwischen dem Informationsstand eines Entscheidungsträgers und dem Entscheidungszeitpunkt ohne Entscheidungsunterstützung [Quelle: Eigene Darstellung, in Anlehnung an Gluchowski, P./ Gabriel, R./ Dittmar, C., 2008, S. 34.]

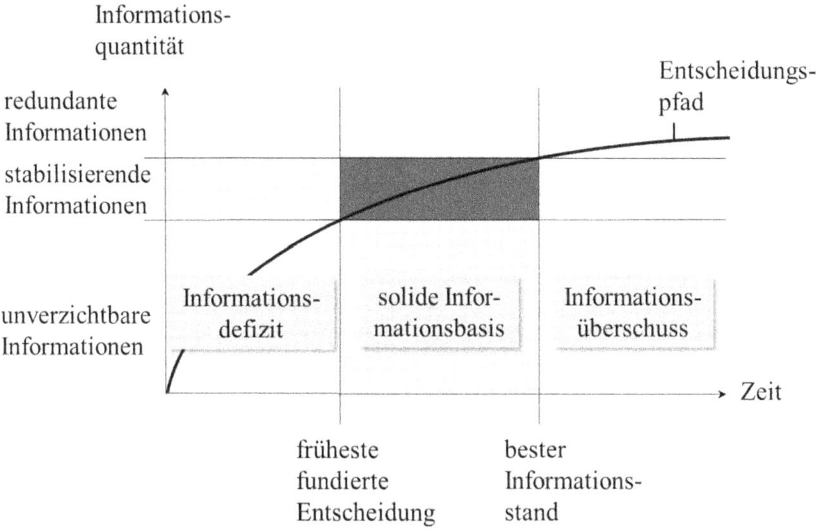

Sind **Entscheidungen unter Zeitdruck** zu treffen, so ist die Beschaffung entscheidungsrelevanter Informationen zur gründlichen Einschätzung der Entscheidungssituation unter Umständen nicht möglich. Dies wird von Mesarović, Macko und Takahara (1970) auch als das fundamentale **Dilemma der Entscheidungsfindung** bezeichnet: „On the one hand there is a need to act without delay, while on the other, there is an equally great need to understand the situation better".[150]

Aufgrund der Tatsache, dass sich Umweltbedingungen im technischen, wirtschaftlichen und sozialen Bereich immer schneller wandeln, sind Unternehmen allerdings immer häufiger einer kürzeren Reaktionszeit ausgesetzt und herausgefordert, schneller zu entscheiden und zu handeln.[151] Bezogen auf Entscheidungen zeigt sich die hohe Umweltdynamik bei Veränderungen der Entscheidungselemente und bei den zwischen ihnen bestehenden Beziehungen sowie bei den Veränderungsgeschwindigkeiten dieser Elemente im Zeitverlauf.[152] Erschwerend kommt noch ein psychologischer Aspekt hinzu: Bei Entscheidungen unter Zeitdruck können kognitive Verzerrungen beim Entscheidungsträger auftreten, da Informationen nur selektiv und nicht logisch konsistent verarbeitet werden. Die unter Zeitdruck entstehenden potentiellen Fehler

150 Mesarović, M. D./ Macko, D./ Takahara, Y., 1970, S. 43.
151 Vgl. Gluchowski, P./ Gabriel, R./ Dittmar, C., 2008, S. 35.
152 Vgl. Riesenhuber, M., 2006, S. 28 f.

im Ablauf des Entscheidungsprozesses beeinflussen die Entscheidungsqualität: Bei der Bewertung von Handlungsalternativen wird Informationen zu negativen Aspekten unter Umständen mehr Bedeutung beigemessen als Informationen zu positiven Aspekten.[153] Abgesehen von den nachweisbaren kognitiven Verzerrungen eines Entscheidungsträgers und der steigenden Anzahl an zu treffenden Entscheidungen unter Zeitdruck nimmt auch die Kompliziertheit der zu lösenden Entscheidungsprobleme zu. Durch die zunehmende Kompliziertheit von Entscheidungsproblemen wäre jedoch eigentlich eine längere Reaktionszeit erforderlich.[154] Das von Mesarović, Macko und Takahara (1970) beschriebene Dilemma der Entscheidungsfindung[155] vergrößert sich somit durch die hohe Umweltdynamik.

Eine Verbesserung der Entscheidungssituation ist dann zu erreichen, wenn eine frühzeitige Zusammenführung von Informationsangebot, -nachfrage und -bedarf erfolgt.[156] Hier setzt die **Entscheidungsunterstützung bei Eintritt unvorhergesehener Risikoereignisse** an: Sind in der Phase der Willensbildung die aktuellen entscheidungsrelevanten Informationen schneller verfügbar und in problemspezifischer Form aufbereitet, so können diese direkt verarbeitet werden und zu einer fundierten Entscheidungsbasis beitragen. Dies wiederum kann die Entscheidungsfindung beschleunigen und so schnellere Reaktionen ermöglichen. Informationen aus der Phase der Willensdurchsetzung haben Einfluss auf die Vorbereitung von Folge- und Revisionsentscheidungen und sind nicht zu vernachlässigen. Der Einfluss der Entscheidungsunterstützung auf den Informationsstand eines Entscheidungsträgers ist in idealisierter Form in Abbildung 13 dargestellt. Graphisch kann dies durch die Fläche zwischen den beiden Entscheidungspfaden visualisiert werden. Durch die Entscheidungsunterstützung ist der Bereich mit stabilisierenden Informationen für eine solide Informationsbasis früher erreicht. Folglich rückt auch der Zeitpunkt für das Treffen einer fundierten Entscheidung nach vorne.

Insgesamt kann gesagt werden, dass die Entscheidungsunterstützung bei der Willensbildung ansetzt. Die in der Phase der Willensdurchsetzung gesammelten Erfahrungen aus anderen Entscheidungsprozessen haben dabei Einfluss auf die Entscheidungsfindung. Weiterhin fließen auch durch Rückkopplungen innerhalb eines Entscheidungsprozesses Informationen aus der Phase der Willensdurchsetzung in die Phase der Willensbildung ein.

---

153 Vgl. Jungermann, H./ Pfister, H.-R./ Fischer, K., 2005, S. 281 f.
154 Vgl. Gluchowski, P./ Gabriel, R./ Dittmar, C., 2008, S. 35.
155 Vgl. Mesarović, M. D./ Macko, D./ Takahara, Y., 1970, S. 43.
156 Vgl. Gluchowski, P./ Gabriel, R./ Dittmar, C., 2008, S. 35.

Abbildung 13: Zusammenhang zwischen dem Informationsstand eines Entscheidungsträgers und dem Entscheidungszeitpunkt mit Entscheidungsunterstützung [Quelle: Eigene Darstellung, in Anlehnung an Gluchowski, P./ Gabriel, R./ Dittmar, C., 2008, S. 34.]

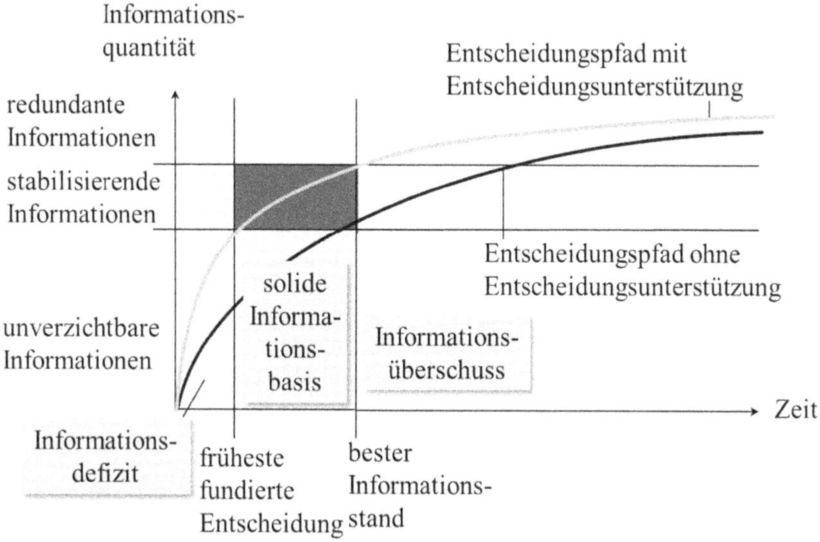

2.2 Grundlagen des Risikomanagements in Supply Chains

Der Prozess der Entscheidungsfindung kann als strukturierte Vorgehensweise für das Risikomanagement angesehen werden, durch welchen der zeitliche und logische Ablauf abgebildet wird. Die inhaltliche Ausgestaltung dieses Prozesses erfolgt durch das Risikomanagement auf der anwendungsbezogenen Ebene.[157] Dazu gehört beispielsweise die Versorgung der Entscheidungsträger mit risikorelevanten Informationen zur Unterstützung ihrer Entscheidungsfindung im Rahmen des Risikomanagements.[158]

Nach einer definitorischen Eingrenzung des Risikobegriffs, der Systematisierung von Supply Chain Risiken und der begrifflichen Abgrenzung verschiedener Arten von Risikoereignissen erfolgt die theoretische Auseinandersetzung mit dem Management von Risiken in Supply Chains.

157 Vgl. Dinkelbach, W., 2005, http://www.uni-saarland.de/fak1/fr13/emeriti/dinkelbach/introduction/efp.html, Zugriff am 17.10.2013.

158 Vgl. Diederichs, M., 2012, S. 163.

2.2.1 Supply Chain Risiken

2.2.1.1 Risikobegriff

Für den Begriff Risiko existieren zahlreiche Definitionen.[159] Dies resultiert u. a. aus den verschiedenen wissenschaftlichen Disziplinen, welche sich mit Risiken befassen, sowie den betrachteten Problemen.[160] Eine Auflistung von verschiedenen Definitionen mit größtenteils betriebswirtschaftlichem Hintergrund findet sich beispielsweise in A. Jonen;[161] die Definitionen heben dabei verschiedene Ausprägungsmerkmale des Begriffs Risiko hervor.

Aus etymologischer Sicht bedeutet Risiko „Wagnis" und beinhaltet die Möglichkeit eines negativen Ausgangs bzw. eines Verlustes bei einem Vorhaben.[162] Dieses Begriffsverständnis knüpft an den Auswirkungen von Risiken an und betont die Gefahr, ein gesetztes Ziel nicht zu erreichen.[163] Neben dem **wirkungsbezogenen** Risikobegriff wird in den verschiedenen Definitionen häufig auch ein **ursachenbezogener** und ein **entscheidungstheoretischer Risikobegriff** herangezogen:[164] Unter ursachenbezogenen Risiken werden dabei diejenigen Risiken subsumiert, welche aus den unvollkommenen Informationszuständen der Entscheidungsträger resultieren;[165] sie können durch bestimmte Entscheidungen, Ereignisse, Störpotentiale, aber auch aus der allgemeinen wirtschaftlichen Tätigkeit heraus entstehen.[166] Der Risikobegriff in der Entscheidungstheorie ergibt sich aus der Tatsache, dass Entscheidungen stets mit Unsicherheit verknüpft sind, aus welcher Risiken entstehen: Der Eintritt eines bestimmten Ereignisses ist mit einer Wahrscheinlichkeit belegt, welche das Maß für die Unsicherheit ist.[167] Das Ausmaß eines Risikos kann in diesem Fall formal durch den sogenannten Risikoerwartungswert ermittelt werden:

$$\text{Risikoerwartungswert} = \text{Eintrittswahrscheinlichkeit} \cdot \text{Schadenshöhe}. \tag{6}$$

Die Schadenshöhe stellt dabei die quantifizierbaren Auswirkungen eines Risikoeintritts in Form von finanziellen Konsequenzen dar.[168]

Häufig verknüpfen existierende Definitionen auch die drei Ausprägungsmerkmale Eintrittswahrscheinlichkeit, Ursache und Auswirkung.[169]

---

159 Vgl. Kajüter, P., 2007, S. 14; Ritchie, B./ Brindley, C., 2009a, S. 252.
160 Vgl. Ritchie, B./ Brindley, C., 2009b, S. 10.
161 Vgl. Jonen, A., 2007, S. 84–105.
162 Vgl. Duden, 2002, S. 736.
163 Vgl. Pfohl, H.-C./ Köhler, H./ Thomas, D., 2010, S. 34; Brühwiler, B., 2011, S. 23.
164 Vgl. Winkler, H./ Kaluza, B., 2007, S. 321 f.
165 Vgl. Kajüter, P., 2007, S. 14; Winkler, H./ Kaluza, B., 2007, S. 321; Czaja, L., 2009, S. 80.
166 Vgl. Jonen, A., 2007, S. 16 f.
167 Vgl. Winkler, H./ Kaluza, B., 2007, S. 322; Brühwiler, B., 2011, S. 24.
168 Vgl. Schneck, O., 2010, S. 24 f.
169 Vgl. Ritchie, B./ Brindley, C., 2009a, S. 252 f.

Eine erweiterte Charakterisierung des Risikobegriffs versteht **Risiko als Chance und Gefahr**; neben einer negativen Abweichung wird auch eine positive Abweichung von Zielen berücksichtigt.[170] Diese Charakterisierung ergibt sich aus der Tatsache heraus, dass Risiken eingegangen werden müssen, um Chancen wahrzunehmen.[171] Auch aus dem entscheidungstheoretischen Verständnis heraus wird Risiko durch die Standardabweichung als positive und negative Abweichungen von einem Erwartungswert ausgedrückt.[172] Im persönlichen und gesellschaftlichen Bereich dagegen überwiegt die Auffassung von Risiko als einer negativen Abweichung von Zielen.[173] Empirisch konnte zudem gezeigt werden, dass Manager unter Risiko meist eine negative Abweichung von einem Ziel verstehen.[174]

In dieser Arbeit wird für die weiteren Ausführungen die folgende Definition für den **Risikobegriff** zugrunde gelegt:

Risiken resultieren aus der Unsicherheit zukünftiger Ereignisse, aus Entscheidungen oder Handlungen, meist einhergehend mit unvollständigen Informationsständen,[175] *und wirken sich als negative Abweichungen von angestrebten Zielen oder Strategien aus.*[176]

Zukünftige Ereignisse, Entscheidungen und Handlungen stellen dabei die ursachenbezogenen Aspekte, negative Abweichungen von angestrebten Zielen oder Strategien die wirkungsbezogenen Aspekte des Risikobegriffs dar. Da für die Risikobetrachtung in dieser Arbeit nicht relevant ist, *ob* ein Risikoereignis eintritt, sondern wie mit den nachteiligen Folgen eines Risikoereignisses umzugehen ist, *wenn* dieses eintritt, wird das Merkmal Eintrittswahrscheinlichkeit in dieser Risikodefinition nicht berücksichtigt.

Bezogen auf **Supply Chains** kann die dieser Arbeit zugrunde liegende **Risikodefinition** weiter spezifiziert werden:

Supply Chain Risiken resultieren aus der Unsicherheit zukünftiger Ereignisse, aus Entscheidungen oder aus Handlungen innerhalb eines Unternehmens, einer Supply Chain oder der Umwelt und gehen meist einher mit unvollständigen Informationsständen. Sie wirken sich als negative Abweichungen von angestrebten Zielen oder Strategien der Supply Chain aus.[177]

Losgelöst von der Risikodefinition können Risiken anhand verschiedener Merkmale beschrieben und klassifiziert werden.

170 Vgl. Wagner, S. M./ Bode, C., 2007a, S. 62; Kajüter, P., 2007, S. 15; Pfohl, H.-C./ Köhler, H./ Thomas, D., 2010, S. 34.
171 Vgl. Schneck, O., 2010, S. 25 f.
172 Vgl. Altenähr, V./ Ngyuen, T./ Romeike, F., 2009, S. 2.
173 Vgl. Jonen, A., 2007, S. 26.
174 Vgl. Wagner, S. M./ Bode, C., 2007a, S. 62.
175 Vgl. Wolf, K./ Runzheimer, B., 2003, S. 30.
176 Vgl. Diederichs, M., 2012, S. 9.
177 Vgl. Wolf, K./ Runzheimer, B., 2003, S. 30; Kersten, W./ Böger, M./ Hohrath, P./ Späth, H., 2006, S. 5; Diederichs, M., 2012, S. 9.

2.2.1.2 *Systematisierung von Risiken in Supply Chains*

In der Literatur werden zahlreiche Systematisierungsmöglichkeiten für Supply Chain Risiken vorgeschlagen. Unter der Annahme, dass Risiken in einem Unternehmen Auswirkungen auf weitere Unternehmen in der Supply Chain haben können, werden in diesem Kapitel sowohl Systematisierungsvorschläge für allgemeine Unternehmensrisiken als auch für Supply Chain Risiken vorgestellt. Ebenso zahlreich wie die Kategorisierungsvorschläge für Risiken in der Literatur sind auch die inhaltlichen Abgrenzungen innerhalb der vorgeschlagenen Kategorien sowie die in diesem Zusammenhang verwendeten Begrifflichkeiten.

Eine mögliche Systematisierung von Risiken betrifft deren Ausmaß: Hierbei verwendet Brühwiler (2011) den Begriff Risikostufe für das **Ausmaß** von Risiken, während Pfohl (2002) in diesem Zusammenhang von Risikograd spricht. Brühwiler (2011) nimmt in der von ihm vorgeschlagenen Kategorisierung eine Einteilung in die fünf Stufen unbedeutend, gering, spürbar, kritisch oder katastrophal vor. Pfohl (2002) führt dagegen die Begriffe geringfügige bzw. Bagatellrisiken, kleine, mittlere, große und existenzielle Risiken für den Risikograd ein.[178] Neben dem Ausmaß eines Risikos kann auch eine Einordnung nach der **Art** der Risikowirkung in kumulative, additive und singuläre Risiken vorgenommen werden. Kumulative Risiken sind voneinander abhängig und verstärken sich entlang der Supply Chain in ihrer Wirkung. Additive Risiken sind dagegen unabhängig voneinander, summieren sich in ihren nachteiligen Wirkungen jedoch auf. Bei singulären Risiken findet keinerlei Verknüpfung von nachteiligen Wirkungen verschiedener Risiken statt.[179] Ein weiterer wirkungsbezogener Klassifizierungsvorschlag bezieht sich auf die **Ergebnisabweichung** und unterscheidet zwischen reinen und spekulativen Risiken.[180] Reine Risiken sind ausschließlich durch Verlustmöglichkeiten gekennzeichnet, während spekulative Risiken sowohl Verlust- als auch Gewinnmöglichkeiten enthalten und somit dem erweiterten Risikobegriff entsprechen.[181] Wie bereits in Kapitel 2.2.1.1 erwähnt findet in dieser Arbeit lediglich eine Betrachtung von Risiken mit nachteiligen Konsequenzen und somit der reinen Risiken statt.

Risiken können auch nach der **Form des Verlustes** klassifiziert werden in finanzielle, materielle, psychologische, soziale, zeitliche und leistungsbezogene Verluste.[182] Eine weitere Systematisierungsmöglichkeit differenziert Risiken nach ihren Auswirkungen auf bestimmte **Zielbereiche** von Unternehmen.[183] Dieser Sichtweise folgt Brühwiler (2011), der bei der Bestimmung der Risikokriterien von den Unternehmenszielen als Bezugsgröße ausgeht und eine Einteilung der Risikokriterien anhand ihrer Auswirkungen auf die Zielbereiche Leistung, Finanzen, Sicherheit und

178 Vgl. Brühwiler, B., 2011, S. 114 f; Pfohl, H.-C., 2002, S. 11.
179 Vgl. Kajüter, P., 2003, S. 330.
180 Vgl. Pfohl, H.-C., 2002, S. 11.
181 Vgl. Kless, T., 1998, S. 93.
182 Vgl. Harland, C./ Brenchley, R./ Walker, H., 2003, S. 52 f.
183 Vgl. Diederichs, M., 2012, S. 55.

Gesundheit von Menschen, Reputation und Zeit vornimmt. Diese fünf allgemeinen Risikokriterien sind je nach Anwendungsgebiet weiter spezifizierbar.[184] Schneck (2010) unterteilt beispielsweise die leistungswirtschaftlichen Risiken in Betriebs-, Absatz- und Beschaffungsrisiken.[185] Werden Risiken nach ihrem **Wirkungsort** in einer Supply Chain kategorisiert, so kann zwischen unternehmensbezogen wirkenden Risiken und unternehmensübergreifend wirkenden Risiken differenziert werden.[186] In Lasch und Janker (2007) findet sich die Kategorisierung der Risiken nach ihrem **zeitlichen Kontext**: Risiken stehen in engem Zusammenhang zu Zielen, die sich wiederum auf einen bestimmten Zeithorizont beziehen. Dadurch sind auch Risiken in Verbindung mit einem zeitlichen Rahmen zu sehen und es ergibt sich die Differenzierung in permanente und zeitlich begrenzte Risiken.[187] In Abhängigkeit von den Zielen und dem betrachteten Zeithorizont lassen sich Risiken auch anhand der **Entscheidungsebenen** in strategische, taktische und operative Risiken unterteilen; strategische Risiken wirken sich in der Regel auf langfristige, globale Ziele der Supply Chain aus, während taktische und operative Risiken eher die Erreichung mittel- bis kurzfristiger Ziele beeinträchtigen und sich beispielsweise als Gefahr von Störungen des Wertschöpfungsprozesses äußern.[188]

Eine in der Literatur häufig anzutreffende Kategorisierung von Risiken stammt von Jüttner, Peck und Christopher (2003). Sie bezieht sich auf die Risikoursache bzw. die Risikoquelle. Ganz allgemein werden unternehmensbezogene, netzwerkbezogene und umfeldbezogene Risiken unterschieden.[189] Eine ähnliche und ebenfalls oft zitierte Systematisierung findet sich in Christopher und Peck (2004), welche drei Kategorien umfasst und auch bei den Risikoquellen als **Entstehungsort** ansetzt. Es werden unternehmensinterne Risiken, unternehmensexterne, aber dennoch Supply Chain-interne Risiken sowie Supply Chain-externe Risiken betrachtet.[190] Cavinato (2004) dagegen verfolgt eine **flussorientierte Sichtweise** und unterscheidet Material-, Finanz-, Informations-, Beziehungs- bzw. Verbindungsflüsse zwischen den Supply Chain Partnern sowie Innovationsflüsse.[191] Eine ähnliche Klassifikation schlagen auch Spekman und Davis vor.[192]

Als Unterscheidungsmerkmal beziehen sie sich auf verschiedene **Dimensionen** von Risiken, welche mit den Waren-, Informations- und Geldflüssen in Supply Chains verknüpft sind. Diese werden um die drei folgenden Dimensionen ergänzt: Sicherheit der Informationssysteme, die Beziehungen zwischen den Supply Chain

184 Vgl. Brühwiler, B., 2011, S. 114 f.
185 Vgl. Schneck, O., 2010, S. 57 f.
186 Vgl. Götze, U./ Mikus, B., 2007, S. 38.
187 Vgl. Lasch, R./ Janker, C. G., 2007, S. 114.
188 Vgl. Götze, U./ Mikus, B., 2007, S. 38.
189 Vgl. Jüttner, U./ Peck, H./ Christopher, M., 2003, S. 201 f.
190 Vgl. Christopher, M./ Peck, H., 2004, S. 4 f.
191 Vgl. Cavinato, J. L., 2004, S. 384 f.
192 Vgl. Spekman, R. E./ Davis, E. W., 2004, S. 417–419.

Partnern sowie die soziale Unternehmensverantwortung und daraus resultierende Effekte auf die Reputation.

Weiterhin ist eine Risikoeinteilung nach den Objekten von Supply Chain Entscheidungen möglich. Typische **Entscheidungsobjekte** sind dabei Produkte, Prozesse, Ressourcen und Kooperationen zwischen Supply Chain Partnern.[193]

Hinsichtlich der Prozesse ist eine weitere Detaillierung nach den **Prozessarten** zweckmäßig. Ausgehend vom Supply Chain Operations Reference-Modell (SCOR-Modell) können sich Risiken auf die Prozessarten Planen, Beschaffen, Herstellen, Liefern und Entsorgen beziehen.[194]

Eine Zusammenfassung der beschriebenen Systematisierungsmöglichkeiten findet sich in Tabelle 2. Die Risiken werden aus ursachenbezogener Sicht (*wo* treten die Risiken auf) und aus wirkungsbezogener Sicht (*wie* wirken die Risiken) eingeteilt, wobei in der Praxis nicht immer eine klare Abgrenzung möglich ist.

Tabelle 2: Systematisierungsmöglichkeiten von Supply Chain Risiken [Quelle: Eigene Darstellung]

Sicht	Kriterium	Ausprägungsmerkmale					
wirkungsbezogene Sicht	Ausmaß	geringfügig	klein	mittel	groß	existenziell	
	Art	kumulativ	additiv	singulär			
	Ergebnis-abweichung	rein	spekulativ				
	Verlustformen	finanziell	materiell	psychologisch	sozial	zeitlich	leistungsbezogen
	Zielbereich	Leistung	Finanzen	Menschen	Reputation	Zeit	
	Wirkungsort	unternehmensbezogen	unternehmensübergreifend				
	zeitlicher Kontext	permanent	zeitlich begrenzt				
	Entscheidungs-ebene	strategisch	taktisch	operativ			
ursachenbezogene Sicht	Entstehungsort	unternehmens-intern: Prozess, Steuerung	unternehmensextern, aber Supply Chain-intern: Beschaffung, Nachfrage	Supply Chain-extern: Umfeld			
	Flussorientierung	Material	Finanzen	Information	Beziehung	Innovation	
	Dimensionen	Ware	Information	Geld	Sicherheit IT-Systeme	Beziehung	Reputation
	Entscheidungs-objekt	Produkte	Prozesse	Ressourcen	Kooperationen		
	Prozessart	Planen	Beschaffen	Herstellen	Liefern	Entsorgen	

193 Vgl. Götze, U./ Mikus, B., 2007, S. 36.
194 Vgl. Götze, U./ Mikus, B., 2007, S. 36 f.

Welche der Unterscheidungskriterien im Rahmen des Risikomanagements für die Systematisierung von Risiken verwendet werden und inwiefern diese Kategorisierungen noch weiter zu verfeinern sind, ist individuell verschieden und hängt von den spezifischen Risikoprofilen einer Unternehmung oder einer Supply Chain ab.[195] Weiterhin ist zu beachten, dass Risiken nicht isoliert betrachtet werden dürfen, sondern dass Interdependenzen zwischen den einzelnen Risikoarten bestehen können.[196] Infolgedessen ist die Kenntnis über potentielle Risikoverkettungen von großer Wichtigkeit.[197]

2.2.1.3 Risikoereignisse

Risiken können als Erwartungen über eventuell in der Realität auftretende Ereignisse oder Entwicklungen angesehen werden und resultieren aus Unsicherheiten im Zusammenhang mit zukünftigen Ereignissen, Handlungen und Entscheidungen (siehe Kapitel 2.2.1.1). Risikoereignisse sind dagegen reale Phänomene und Zustände, hervorgerufen durch wahr gewordene bzw. eingetretene Risiken. Im Folgenden werden, ausgehend von der in Kapitel 2.2.1.1 festgelegten Definition des Risikobegriffes, unter Risikoereignissen diejenigen Ereignisse subsumiert, die plötzlich und unerwartet auftreten und negative Auswirkungen mit sich bringen.

In der Literatur finden sich im Zusammenhang mit Risikoereignissen verschiedene Begrifflichkeiten, allerdings ist ein einheitlicher Gebrauch dieser Begriffe nicht gegeben. Einerseits werden diese unterschiedlich abgegrenzt, andererseits werden einheitlich abgegrenzte Begriffe auch unterschiedlich definiert:

Werden beispielsweise die Begriffe Risiko, Gefahr, Bedrohung und Gefährdung betrachtet, so sieht Brühwiler (2011) Risiken als Gefährdungen an und versteht Risiko als Überbegriff von Chance und Gefahr. Der Begriff der Gefahr wiederum wird mit dem der Bedrohung gleichgesetzt.[198] Das Bundesministerium des Innern (BMI, 2005) dagegen verwendet die Begriffe Bedrohung und Gefährdung synonym und differenziert zwischen Gefahr und Gefährdung. Während die Gefährdung bzw. Bedrohung als die Möglichkeit von Beeinträchtigungen durch den Eintritt eines Ereignisses definiert ist, bezeichnet der Begriff der Gefahr die konkreten Auswirkungen dieses Ereignisses. Unter Risiko wird dabei die Erwartung einer ernsten Gefahr verstanden.[199] In einer weiteren Veröffentlichung des BMI (2008) wird ebenfalls zwischen Gefahr und Gefährdung differenziert, allerdings sind diese genau umgekehrt definiert im Vergleich zu der Veröffentlichung des BMI von 2005: Die Gefahr wird als Ursache einer möglichen Beeinträchtigung und die Gefährdung als die negative Auswirkung einer Gefahr betrachtet; Risiko wird als Funktion der Gefährdung angesehen.[200] Die soeben

---

195 Vgl. Romeike, F., 2003, S. 170.
196 Vgl. Schneck, O., 2010, S. 58.
197 Vgl. Diederichs, M., 2012, S. 58 f.
198 Vgl. Brühwiler, B., 2011, S. 23 und S. 187.
199 Vgl. BMI, 2005, S. 51.
200 Vgl. BMI, 2008, S. 40.

vorgestellten Abgrenzungsmöglichkeiten der Begriffe Risiko, Gefahr, Bedrohung und Gefährdung sind in Abbildung 14 dargestellt.

Abbildung 14: Übersicht zur Abgrenzung der Begriffe Risiko, Gefahr, Gefährdung und Bedrohung [Quelle: Eigene Darstellung]

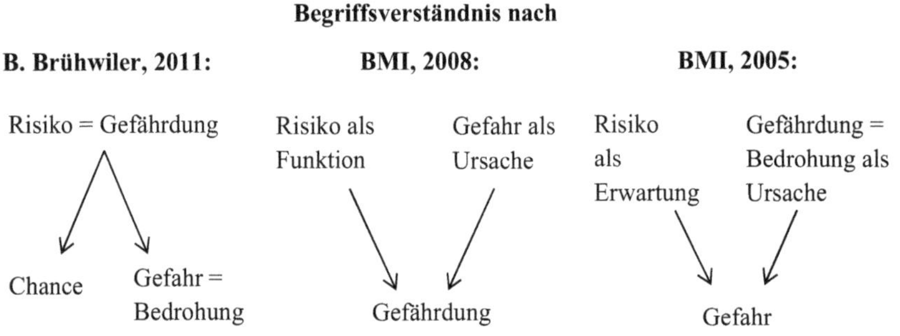

Für die Schaffung eines besseren Überblicks über die im Zusammenhang mit Risikoereignissen verwendeten Begriffe soll eine **Systematisierung** dieser Termini vorgenommen werden. Dies kann über verschiedene Charakteristika von Risikoereignissen wie beispielsweise Risikoursache, Ort des Risikoeintritts oder Risikoauswirkung erfolgen. Da Risikoereignisse zu gewissen Entwicklungen, umgekehrt aber auch Entwicklungen zu bestimmten Risikoereignissen führen können,[201] wird für die folgenden Ausführungen die **Zeit als Ansatzpunkt** zur Systematisierung von Risikoereignissen herangezogen, um einen möglichst umfassenden Überblick zu erzielen. Zur besseren Abgrenzung der eigentlichen Risikoereignisse werden daher auch Begrifflichkeiten vorgestellt, die sich auf die einem Risikoereignis zeitlich vor- bzw. zeitlich nachgelagerten Entwicklungen beziehen.

Betrachtet man die einem Risikoereignis **zeitlich vorgelagerten Entwicklungen**, so finden sich in der Literatur die Begriffe Gefahr, Gefährdung und Bedrohung. Im Folgenden wird für den Begriff der **Gefährdung** dem Begriffsverständnis von Regenfus und Vieweg (2010) gefolgt, welche darunter eine potentielle Schadensquelle verstehen.[202] In Anlehnung an die Veröffentlichung des BMI (2005) wird der Begriff der Gefährdung im Folgenden mit dem der **Bedrohung** gleichgesetzt.[203] Liegen mehrere Gefährdungen vor, so verwenden Regenfus und Vieweg (2010) in diesem Zusammenhang den Begriff der Gefährdungssituation. Tritt in einer solchen Situation ein Ereignis ein, das einen Schaden verursachen kann, so wird dieses Ereignis als Gefährdungsereignis bezeichnet. Die Gefährdung entwickelt sich in diesem Fall zu einer **Gefahr**, also einem Zustand, bei welchem mit hinreichender

201 Vgl. Brühwiler, B., 2011, S. 27.
202 Vgl. Regenfus, T./ Vieweg, K., 2010, S. 133.
203 Vgl. BMI, 2005, S. 51.

Wahrscheinlichkeit ein Schadenseintritt zu erwarten ist. Entsteht tatsächlich ein Schaden, so handelt es sich bei dem eingetretenen Ereignis um ein Schadensereignis.[204] Dieser Sachverhalt ist in Abbildung 15 dargestellt.

Abbildung 15: Entwicklungen vor Eintritt eines Schadensereignisses [Quelle: Eigene Darstellung]

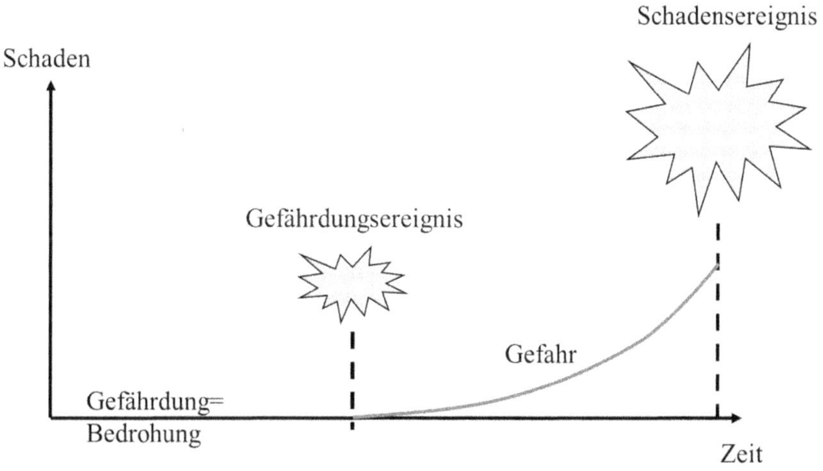

Streng genommen sind Gefährdungsereignisse keine Risikoereignisse, da bei diesen an sich noch kein Schaden entsteht. Risiken und somit Risikoereignisse sind aber mit negativen Auswirkungen verknüpft (vgl. Kapitel 2.2.1.1). **Gefährdungsereignisse** werden im Folgenden dennoch als Ausprägungsform von Risikoereignissen verstanden. Dies wird dadurch begründet, dass Unsicherheit über die durch Gefährdungsereignisse ausgelösten zukünftigen Entwicklungen besteht, welche auch ein Merkmal von Risiken ist. Zudem kann die zeitliche Spanne zwischen Gefährdungsereignis und Schadensereignis unter Umständen nur wenige Sekunden betragen. **Schadensereignisse** als weitere Ausprägungsform von Risikoereignissen wiederum umfassen diejenigen Ereignisse, durch welche ein Schaden entsteht.[205] Risikoereignisse lassen sich somit zunächst in Gefährdungs- und Schadensereignisse unterteilen, welche, in Abhängigkeit von der Ausprägungsform, spezifischer benannt werden können.

Betrachtet man den **Zeitpunkt des Risikoeintritts**, so werden Risikoereignisse ganz allgemein durch technisches oder menschliches Versagen, kriminelle Handlungen oder natürliche Ereignisse ausgelöst.[206] Je nach Art des Ereignisses

204 Vgl. Regenfus, T./ Vieweg, K., 2010, S. 133.
205 Vgl. Duden, 2011, S. 1501 sowie Regenfus, T./ Vieweg, K., 2010, S. 133.
206 Vgl. BMI, 2005, S. 5.

kann dabei u. a. zwischen Unfall, Zwischenfall, Störung und Störfall differenziert werden.[207] Sowohl unter dem Begriff des **Unfalls** als auch unter dem Begriff des Zwischenfalls werden unerwartet eintretende Vorkommnisse oder Vorfälle verstanden, die den normalen Ablauf unterbrechen. Während bei einem **Zwischenfall** nicht notwendigerweise ein Schaden entsteht, dieser als Ausprägungsform also sowohl den Gefährdungs- als auch den Schadensereignissen zugeordnet werden kann, ist ein Unfall mit Personen- und/oder Sachschaden verbunden und wird daher den Schadensereignissen zugerechnet.[208] **Störungen** sind Ereignisse, die unbeabsichtigt und unerwünscht eintreten und die Funktionstüchtigkeit von Ressourcen wie Maschinen oder maschinellen Anlagen beeinträchtigen.[209] Ein **Störfall** ist als Unterfall der Störung anzusehen und wird in Anlehnung an die Störfall-Verordnung des Bundesministeriums für Umwelt, Naturschutz und Reaktorsicherheit (BMU) im Zusammenhang mit Störungen bei technischen Anlagen und dem Vorhandensein von gefährlichen Stoffen verwendet.[210]

Betrachtet man die im Kontext von Risikoereignissen verwendeten Begrifflichkeiten, welche sich auf die **zeitlich nach einem Risikoeintritt** auftretenden Konsequenzen und Entwicklungen beziehen, so führt beispielsweise das Bundesamt für Sicherheit in der Informationstechnik (BSI) die Begriffe Schadensfall, Betriebsunterbrechung, Notfall, Krise und Katastrophe an.[211] Der Begriff des **Schadensfalls** steht dabei ganz allgemein für das Eintreten eines Schadens, beispielsweise in Form von Verlusten, Beschädigungen, Nachteilen, Ausfällen oder in Form von Beeinträchtigungen.[212] **Betriebsunterbrechungen** äußern sich in Unterbrechungen der Leistungserstellung bzw. des Geschäftsbetriebs in einem Unternehmen und resultieren aus Störungen der Geschäftsprozesse, welche dadurch in ihrer Funktionsfähigkeit eingeschränkt sind.[213] Diese können sich zu einem **Notfall** ausweiten.[214] Charakteristisch für einen Notfall ist, dass innerhalb einer geforderten Zeit die Verfügbarkeit von Prozessen oder Ressourcen nicht wieder hergestellt werden kann und schwerwiegende Folgen auftreten, die ein rasches Eingreifen erfordern.[215] Während ein Notfall in der Regel nur auf eine Organisationseinheit begrenzt ist, stellt die **Krise** eine Situation dar, die organisationsweit gesonderte Maßnahmen erfordert und mit der normalen Aufbau- und Ablauforganisation eines Unternehmens nicht

---

207 Vgl. beispielsweise Engel, H., 2009; Hotwagner, B., 2008; BMI, 2008; Wagner, S. M./ Bode, C., 2007a; BMI, 2005; Geldermann, J./ Bertsch, V./ Gering, F., 2008.

208 Vgl. Duden, 2011, S. 1831 und S. 2098.

209 Vgl. Duden, 2011, S. 1689; Pulter, N./ Nimis, J./ Lockemann, P. C., 2010, S. 132; Czaja, L., 2009, S. 222; Fürst, R./ Sattelberger, T./ Heil, O. P., 2007, S. 14.

210 Vgl. BMU, 2005, S. 2 f.; Geldermann, J./ Bertsch, V./ Gering, F., 2008, S. 5.

211 Vgl. beispielsweise Brühwiler, B., 2011; Engel, H., 2009; BSI, 2008.

212 Vgl. Duden, 2011, S. 1501.

213 Vgl. Brühwiler, B., 2011, S. 233; Engel, H., 2009, S. 76.

214 Vgl. BSI, 2008, S. 4 f.

215 Vgl. Brühwiler, B., 2011, S. 246; BSI, 2008, S. 5.

bewältigt werden kann.[216] Weist ein Schadensereignis großflächige Auswirkungen mit existenzbedrohendem Ausmaß auf, so wird von einer **Katastrophe** gesprochen.[217] Risikoereignisse im Ausmaß von Krisen oder Katastrophen sind hier der Vollständigkeit halber aufgeführt, werden im Rahmen dieser Arbeit jedoch nicht weiter berücksichtigt.

Eine Übersicht über die in diesem Kapitel vorgestellten Begrifflichkeiten befindet sich in Abbildung 16.

Abbildung 16: Übersicht zu verwendeten Begrifflichkeiten im Zusammenhang mit Risikoereignissen [Quelle: Eigene Darstellung]

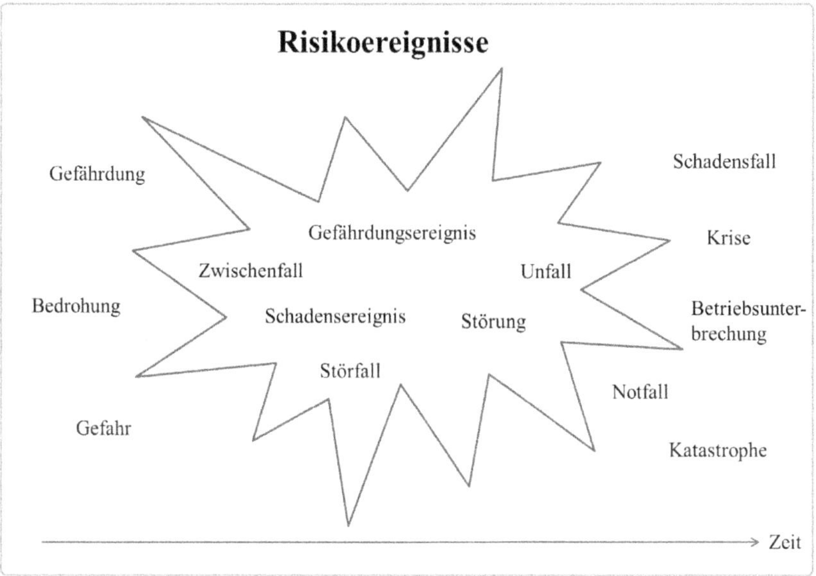

Die Auswahl einer adäquaten Handlungsmaßnahme als Reaktion auf eingetretene Risikoereignisse erfolgt durch das Risikomanagement. Dieses wird im nächsten Kapitel vorgestellt.

216 Vgl. Brühwiler, B., 2011, S. 146; BMI, 2008, S. 40.
217 Vgl. BMI, 2008, S. 40; BSI, 2008, S. 5.

2.2.2 Risikomanagement und Risikobewältigung in Supply Chains

2.2.2.1 Begriffliche Abgrenzung

Zum Begriff des Risikomanagements existieren in der Literatur zahlreiche Definitionen. Gleißner und Romeike (2005) bezeichnen ganz allgemein alle Aktivitäten eines Unternehmens im Umgang mit Risiken als Risikomanagement.[218] Diese Definition wurde durch Gleißner (2011) weiter konkretisiert als systematisches Denken und Handeln im Umgang mit Risiken.[219] Waters (2011) betont in seiner Definition den Prozesscharakter des Risikomanagements und führt darin die Tätigkeiten Identifikation, Analyse und Bewältigung von Risiken an.[220] Auch Kajüter (2007) verweist in seiner Definition auf verschiedene Tätigkeiten im Rahmen des Risikomanagements und versteht darunter die Identifikation, Bewertung, Steuerung, Kontrolle und Kommunikation von Risiken. Zudem sieht er das Risikomanagement als integralen Bestandteil der Planungs- und Kontrollprozesse an.[221]

Brühwiler (2011) dagegen versteht Risikomanagement in erster Linie als Führungstätigkeit, die darauf ausgerichtet ist, ein Unternehmen im Hinblick auf seine Risiken zu steuern.[222] Ähnlich drückt sich Falkinger (2007) aus, der unter Risikomanagement eine risikobewusste Unternehmensführung versteht, welche in einem weiten Verständnis alle Entscheidungen, die mit Risiken behaftet sind, umfasst. Risikobewusstsein bedeutet nach seinem Verständnis, dass ein Entscheidungsträger darum weiß, dass er Risiken in seinem Handeln beachten muss, dass aber auch Risiken durch sein Handeln entstehen können.[223]

Eine die Aspekte Prozesscharakter und Führungsfunktion des Risikomanagements umfassende Definition findet sich bei Diederichs (2012).[224] Für die folgenden Ausführungen wird in Anlehnung an diese Auffassung **Risikomanagement** wie folgt definiert:[225]

Risikomanagement ist als risikobewusste Führungstätigkeit anzusehen, welche den systematischen und planvollen Umgang mit Risiken beinhaltet und alle Maßnahmen und Prozesse umfasst, die sich mit der Identifikation, Bewertung, Steuerung und Kontrolle von Risiken beschäftigen und Transparenz über die Risikosituation eines Unternehmens schaffen.

---

218 Vgl. Gleißner, W./ Romeike, F., 2005, S. 28.
219 Vgl. Gleißner, W., 2011, S. 11.
220 Vgl. Waters, D., 2011, S. 75.
221 Vgl. Kajüter, P., 2007, S. 15.
222 Vgl. Brühwiler, B., 2011, S. 29 und S. 247.
223 Vgl. Falkinger, A. M., 2007, S. 48.
224 Vgl. Diederichs, M., 2012, S. 13.
225 Vgl. Diederichs, M., 2012, S. 13; Gleißner, W., 2011, S. 12.

Betrachtet man den Begriff des Risikomanagements in Supply Chains, so herrscht auch hier eine Definitionsvielfalt in der Literatur vor.[226] Beispielsweise versteht Paulsson (2004) Supply Chain Risikomanagement als die Schnittmenge zwischen Supply Chain Management und Risikomanagement und definiert dieses als gemeinschaftlich oder alleinig angewandten Risikomanagementprozess zur Handhabung von Risiken und Unsicherheiten, verursacht durch oder sich auswirkend auf logistikbezogene Aktivitäten und Ressourcen in der Supply Chain.[227] Auch Kersten, Hohrath und Winter (2008) sehen einen Zusammenhang zwischen Supply Chain Risikomanagement und Supply Chain Management und definieren das Supply Chain Risikomanagement als Baustein eines Supply Chain Managements. Nach ihrem Verständnis umfasst das Supply Chain Risikomanagement alles Wissen sowie alle Strategien, Maßnahmen, Prozesse, Institutionen und Technologien, die für die Risikoreduktion innerhalb einer Supply Chain geeignet sind.[228] Jüttner, Peck und Christopher (2003) sprechen in diesem Zusammenhang von der Reduktion der Vulnerabilität, also der Reduktion der Verwundbarkeit bzw. Anfälligkeit einer Supply Chain gegenüber Gefährdungen.[229] Supply Chain Risikomanagement beinhaltet in diesem Sinne die Identifikation potentieller Risikoursachen sowie die Umsetzung geeigneter Maßnahmen für die Vermeidung oder Eindämmung der Anfälligkeit von Supply Chains gegenüber Risiken durch ein koordiniertes Vorgehen der Supply Chain Mitglieder.[230]

Im Vergleich zum unternehmensinternen Risikomanagement ist für das Supply Chain Risikomanagement neben der unternehmensübergreifenden Zusammenarbeit somit auch die Konzentration auf Risiken im Kontext von Supply Chains und deren Auswirkungen auf die Supply Chain Ziele kennzeichnend.[231] Allerdings weist das Risikomanagement in Supply Chains gegenüber dem Risikomanagement in Einzelunternehmen einige besondere Rahmenbedingungen auf, die für eine höhere Komplexität sorgen.[232] Die höhere Komplexität resultiert hauptsächlich aus dem erweiterten Handlungsrahmen des Risikomanagements sowohl auf Unternehmensebene, als auch auf Ebene der Supply Chain, den oftmals sehr heterogenen Unternehmen in einer Supply Chain und den damit verbundenen unterschiedlichen Einstellungen zu Risikobereitschaft und Risikotragfähigkeit sowie den zwischen den Unternehmen bestehenden Informationsasymmetrien. Weiterhin existieren möglicherweise unterschiedliche nationale regulatorische Anforderungen an das Risikomanagement.[233]

Insgesamt gestaltet sich die Risikoanalyse durch komplexe Wechselbeziehungen innerhalb der Supply Chain schwieriger als in einem Einzelunternehmen, und

226 Vgl. Ritchie, B./ Brindley, C., 2009b, S. 16.
227 Vgl. Paulsson, U., 2004, S. 80.
228 Vgl. Kersten, W./ Hohrath, P./ Winter, M., 2008, S. 13 f.
229 Vgl. Bürkner, H.-J., 2010, S. 6; Jüttner, U./ Peck, H., Christopher, M., 2003, S. 201.
230 Vgl. Jüttner, U./ Peck, H., Christopher, M., 2003, S. 201.
231 Vgl. beispielsweise Kajüter, P., 2007, S. 15; Wagner, S. M./ Bode, C., 2007a, S. 67.
232 Vgl. Kajüter, P., 2007, S. 16; Steven, M./ Pollmeier, I., 2007, S. 277.
233 Vgl. Kajüter, P., 2007, S. 16; Steven, M./ Pollmeier, I., 2007, S. 277.

Entscheidungsträgern in Supply Chains stehen weniger Instrumente zur Auswahl als Risikomanagern in einem Unternehmen. Außerdem werden Gegenmaßnahmen oftmals zu spät ergriffen, da der Risikoeintritt nicht erkannt wird.[234]

Aufgrund der vorgestellten Definitionen und in Anlehnung an die festgelegte Definition zum Risikomanagement in Einzelunternehmen wird **Supply Chain Risikomanagement** wie folgt abgegrenzt:

Supply Chain Risikomanagement ist der risikobewusste, systematische, unternehmensübergreifende und gemeinschaftliche Umgang mit Supply Chain Risiken. Es beinhaltet alle Strategien, Maßnahmen und Prozesse, die sich mit der Identifikation, Bewertung, Steuerung und Kontrolle von Supply Chain Risiken beschäftigen. Das Supply Chain Risikomanagement zielt auf die Vermeidung unerwünschter, sich aus Supply Chain Risiken ergebenden Konsequenzen, indem es Transparenz über die Risikosituation einer Supply Chain schafft und geeignete Maßnahmen für die Vermeidung oder Eindämmung der Anfälligkeit von Supply Chains gegenüber Risiken umsetzt.

Neben der Schaffung eines Risikobewusstseins in der Supply Chain sowie der Umsetzung risikopolitischer Grundsätze aus der Supply Chain Strategie heraus erfolgt durch das Supply Chain Risikomanagement der systematische Umgang mit Risiken. Die dafür notwendige Abstimmung aller das Risikomanagement betreffenden Maßnahmen und Entscheidungen muss dabei zwischen der strategischen und der operativen Planungsebene erfolgen.[235] Im nächsten Kapitel wird daher zunächst auf das strategische und das operative Risikomanagement eingegangen.

2.2.2.2 Strategisches und operatives Risikomanagement

Der risikobewusste und systematische Umgang mit Risiken kann auf verschiedenen Entscheidungsebenen ausgeführt werden, was zu einer weiteren Unterscheidung des Supply Chain Risikomanagements in strategisches und operatives Supply Chain Risikomanagement führt.[236] Nach Romeike (2003) beinhaltet das strategische Risikomanagement die Formulierung der Ziele des Risikomanagements in Form einer Risikopolitik, welche beispielsweise auf die Reduktion der Risikokosten oder den Unternehmensfortbestand zielt. Grundsätzliches Ziel des strategischen Risikomanagements ist dabei die nachhaltige Steigerung des Unternehmenswertes.[237] Außerdem bestimmt das strategische Risikomanagement die organisatorische Einbettung des Risikomanagements in ein Unternehmen bzw. eine Supply Chain sowie die Risikokommunikation von risikopolitischen Grundsatzentscheidungen.[238] Das strategische Risikomanagement ist dabei an der durch das strategische Management vorgegebenen Unternehmens- bzw. Supply Chain Strategie ausgerichtet.[239]

234 Vgl. von Haaren, B., 2008, S. 87.
235 Vgl. Fiege, S., 2006, S. 78.
236 Vgl. beispielsweise Servatius, 2006, S. 70; Ritchie, B./ Brindley, C., 2009b, S. 15 f.
237 Vgl. Gleißner, W., 2011, S. 52.
238 Vgl. Romeike, F., 2003, S. 147–152; Brunner, A./ Luthiger, J., 2009, S. 11.
239 Vgl. Brühwiler, B., 2011, S. 59.

Im Zusammenhang mit Supply Chains konstatieren Rajamani, Sriskandarajah, Pickens und Hameed (2006), dass durch das **strategische Supply Chain Risikomanagement** die risikobewusste Gestaltung der Supply Chain bestimmt wird.[240] Daneben wird durch das strategische Supply Chain Risikomanagement festgelegt, vor welchen Risiken die Supply Chain zu schützen ist, welche Risiken eingegangen werden und wie hoch die für den Schutz der Supply Chain benötigten Risikokosten sein dürfen.[241] Zudem erfolgt durch das strategische Supply Chain Risikomanagement die Betrachtung von eher qualitativen Risikoaspekten wie beispielsweise der Führungsstil.[242]

Das **operative Risikomanagement** dagegen umfasst nach Romeike (2003) den Prozess der kontinuierlichen und systematischen Risikoanalyse der Geschäftsabläufe mit Fokus auf der Erfassung von Risikoquellen, Schadensursachen und den daraus erwachsenden möglichen Auswirkungen.[243] Ziel des operativen Risikomanagements ist es nach Brunner und Luthiger (2009), weniger die maximale, sondern vielmehr die betriebswirtschaftlich optimale Sicherheit zu erreichen. Die prozessorientierte Vorgehensweise ist dabei unabdingbare Voraussetzung für die vollständige Erfassung von Risiken.[244] Ähnlich stellt auch Romeike (2003) fest, dass einzelne oftmals unwesentliche Risikoereignisse Dominoeffekte nach sich ziehen, welche zu tiefgreifenden Auswirkungen führen können. Daher sind im Rahmen des operativen Risikomanagements insbesondere diejenigen Stellen in den Geschäftsprozessen zu identifizieren, welche die Fortführung der Geschäftstätigkeit beeinträchtigen.[245]

Etwas anders sehen das Rajamani, Sriskandarajah, Pickens und Hameed (2006), nach deren Verständnis das operative Supply Chain Risikomanagement neben der Risikoidentifikation auch die Kommunikation risikorelevanter Informationen, die Kollaboration der Supply Chain Partner zur Bewältigung von Risiken sowie die proaktive Überwachung möglicher Risikoereignisse umfasst. Ziel ist dabei die schnelle Reaktion auf eingetretene Risikoereignisse, um das Schadensausmaß möglichst gering zu halten, sowie die kontinuierliche Verbesserung des Risikomanagements in Supply Chains durch Integration der gemachten Erfahrungen in den Prozess des operativen Supply Chain Risikomanagements.[246]

Für die weiteren Ausführungen ist das **operative Supply Chain Risikomanagement** wie folgt definiert:

Das operative Supply Chain Risikomanagement umfasst all diejenigen risikorelevanten Aktivitäten, die sich auf die unternehmensübergreifenden Geschäftsprozesse beziehen. Die durch das operative Supply Chain Risikomanagement durchgeführten Aktivitäten gehen dabei konform mit den durch das strategische Supply Chain Risikomanagement

240 Vgl. Rajamani, D./ Sriskandarajah, C./ Pickens, T./ Hameed, S., 2006, S. 4.
241 Vgl. Gleißner, W., 2011, S. 53.
242 Vgl. Rajamani, D./ Sriskandarajah, C./ Pickens, T./ Hameed, S., 2006, S. 5 f.
243 Vgl. Romeike, F., 2003, S. 152 f.
244 Vgl. Brunner, A./ Luthiger, J., 2009, S. 11.
245 Vgl. Romeike, F., 2003, S. 156.
246 Vgl. Rajamani, D./ Sriskandarajah, C./ Pickens, T./ Hameed, S., 2006, S. 11.

formulierten risikopolitischen Grundsätzen. Ziel des operativen Supply Chain Risikomanagements ist die Umsetzung geeigneter Handlungsmaßnahmen zur Vermeidung oder zur Reduzierung unerwünschter, sich aus Supply Chain Risiken ergebenden Konsequenzen. Im Fokus stehen Maßnahmen, welche die Anfälligkeit der Supply Chain Prozesse gegenüber Risiken eindämmen. Dies kann durch die Schaffung von Transparenz über die Risikosituation einer Supply Chain erreicht werden.

Der systematische Umgang mit Risiken im Rahmen des operativen Risikomanagements wird durch den Risikomanagementprozess unterstützt.[247] Dieser besteht aus mehreren Phasen und wird im nächsten Kapitel ausführlicher dargelegt.

2.2.2.3 Prozess des Risikomanagements

In der Literatur herrscht weitgehend Einigkeit über die wesentlichen Phasen des Risikomanagementprozesses, allerdings werden diese unterschiedlich bezeichnet und auch unterschiedlich abgegrenzt.[248]

Ähnlich den in Kapitel 2.2.2.1 genannten Tätigkeiten des Risiko- sowie des Supply Chain Risikomanagements verweisen beispielsweise Wagner und Bode (2007) auf die Phasen der Risikoidentifikation, Risikoanalyse und -bewertung, Risikohandhabung und -steuerung sowie Risikoüberwachung und -kontrolle.[249] Diederichs (2012) verwendet in seinen Ausführungen dagegen die Bezeichnungen Risikoidentifikation, Risikobeurteilung, Risikosteuerung sowie Risikoüberwachung.[250] Brühwiler (2012) orientiert sich in seinen Ausführungen zum Risikomanagementprozess an dem von der International Standard Organization (ISO) veröffentlichten Standard ISO 31000 und beschreibt die Phasen der Risikoidentifikation, Risikoanalyse, Risikobewertung, Risikobewältigung, Risikokommunikation sowie Risikoüberwachung und -überprüfung.[251] Da in der Literatur unter dem Begriff der Risikoanalyse häufig die beiden Phasen Risikoidentifikation und Risikobewertung zusammengefasst werden,[252] erfolgt für den weiteren Verlauf der Arbeit eine Einteilung des Risikomanagementprozesses in die Phasen der Risikoidentifikation, Risikobewertung, Risikosteuerung und Risikoüberwachung.[253] Aufgrund sich ständig ändernder Rahmenbedingungen sind die einzelnen Phasen des Risikomanagementprozesses nicht nur einmal, sondern immer wieder zu durchlaufen,

---

247 Vgl. beispielsweise Diederichs, M., 2012, S. 49; Voigt, K.-I., 2010, S. 10; Romeike, F., 2003, S. 152 f.

248 Vgl. Ritchi, B./ Brindley, C., 2009b, S. 16; Wagner, S. M./ Bode, C., 2007a, S. 68; Norrman, A./ Lindroth, R., 2004, S. 20.

249 Vgl. Wagner, S. M./ Bode, C., 2007a, S. 68.

250 Vgl. Diederichs, M., 2012, S. 14.

251 Vgl. Brühwiler, B., 2012, S. 103.

252 Vgl. Voigt, K.-I., 2010, S. 10; Götze, U./ Mikus, B., 2007, S. 40; Gleißner, W./ Romeike, F., 2005, S. 396; Schierenbeck, H./ Lister, M., 2002, S. 328.

253 Vgl. beispielsweise Voigt, K.-I., 2010, S. 10; Kajüter, P., 2007, S. 15; Fiege, S., 2006, S. 95 f.

weshalb der Risikomanagementprozess einen Kreislaufcharakter besitzt.[254] Der in dieser Arbeit verwendete Risikomanagementprozess ist mit seinen Phasen in Abbildung 17 dargestellt.

Abbildung 17: Risikomanagementprozess [Quelle: Eigene Darstellung, in Anlehnung an Diederichs, M., 2012, S. 14.]

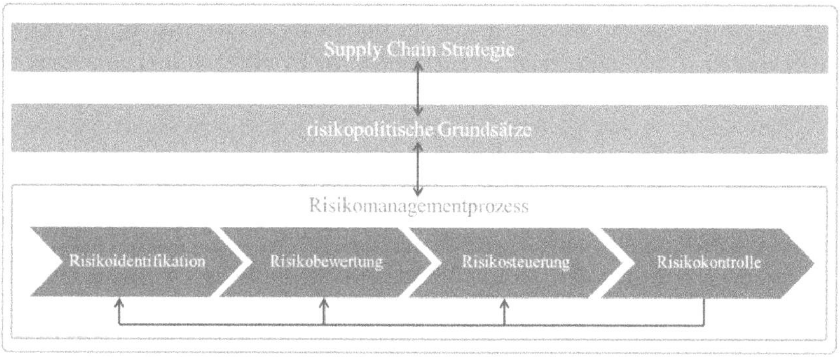

Die Phase der **Risikoidentifikation** als Ausgangspunkt des klassischen Risikomanagements dient der Erkennung möglicher unternehmensübergreifender Gefahren, Ereignisse oder Entwicklungen, die festgelegte Ziele oder definierte Strategien gefährden.[255] Ziel ist die Vermeidung existenzbedrohender Situationen durch nicht erkannte oder zu spät erkannte Risiken. In dieser Phase bedarf es daher der systematischen und strukturierten Erfassung aller Risiken sowie potentieller Ursache-Wirkungs-Zusammenhänge.[256] Im Rahmen der **Risikobewertung** erfolgt die Beurteilung der identifizierten Risiken hinsichtlich ihres erwarteten Schadenspotentials sowie ihrer Eintrittswahrscheinlichkeit.[257] Ziel ist es, durch eine fundierte Risikobewertung die Gefahr von Fehlentscheidungen zu verringern und eine optimale Risikosteuerung zu gewährleisten[258] sowie einen ökonomischen Nutzen durch die Unterstützung von Entscheidungen unter Unsicherheit zu schaffen.[259] In der Literatur herrscht etwas Uneinigkeit über die grundsätzlichen Tätigkeiten in der Phase der Risikobewertung. Beispielsweise bezeichnet Brühwiler (2011) dieses Begriffsverständnis als falsch und versteht unter Risikobewertung den Beschluss, ob ein Risiko akzeptierbar ist oder

254 Vgl. Diederichs, M., 2012, S. 49; Hotwagner, B., 2008, S. 37; Fiege, S., 2006, S. 96.
255 Vgl. Diederichs. M., 2012, S. 50; Brühwiler, B., 2011, S. 120; Wagner, S./ Kemmerling, R./ Kersten, W./ Böger, M., 2010, S. 102.
256 Vgl. Diederichs, M., 2012, S. 50; Wagner, S. M./ Bode, C., 2007a, S. 68.
257 Vgl. Wagner, S./ Kemmerling, R./ Kersten, W./ Böger, M., 2010, S. 103.
258 Vgl. Diederichs, M., 2012, S. 87.
259 Vgl. Gleißner, W., 2011, S. 113.

nicht.[260] Gleißner (2011) folgt dem hier beschriebenen Verständnis über die Risikobewertung, zählt die Beurteilung eines Risikos als akzeptabel oder nicht akzeptabel jedoch im weiteren Sinne zur Risikobewertung dazu.[261] Diesen Sichtweisen wird hier nicht gefolgt. Die Beurteilung eines Risikos als akzeptabel oder nicht erfolgt vielmehr in der Phase der **Risikosteuerung**, welche die Umsetzung verschiedener Strategien und Maßnahmen für die Handhabung von Risiken in Supply Chains umfasst.[262] Gesteuert werden können dabei diejenigen Risiken, die identifiziert werden, wobei sich die Gesamtheit der Risiken, denen ein Unternehmen oder eine Supply Chain ausgesetzt ist, aus identifizierten und nicht identifizierten Risiken zusammensetzt.[263] Sind die Risiken bekannt, so kann im Rahmen der Risikosteuerung zwischen den beiden elementaren Strategien der Risikovermeidung sowie der Risikoverminderung unterschieden werden. Daneben können aber auch die Strategien der Risikoübertragung sowie der bewussten Risikoakzeptanz verfolgt werden.[264] Während unter der Strategie der Risikovermeidung der Verzicht auf riskante Geschäftstätigkeiten und mithin die Vermeidung von Risiken zu verstehen ist[265], ist es das Ziel der Risikoverminderung, ursachenbezogen die Eintrittswahrscheinlichkeit oder wirkungsbezogen die Schadenshöhe eines Risikoereignisses zu vermindern.[266] Wird die Strategie der **Risikoübertragung** verfolgt, so werden Risiken an Dritte transferiert.[267] Dabei wird einerseits unterschieden zwischen der Risikoübertragung auf Versicherungsunternehmen durch Zahlung einer Prämie, andererseits ist aber auch die Verlagerung von Risiken auf Geschäftspartner durch vertragliche Bedingungen möglich.[268] Bei der Strategie der Risikoakzeptanz werden Risiken aus Gründen der Praktikabilität oder zur Wahrnehmung von Chancen in Kauf genommen.[269] Ein Risiko zu akzeptieren bedeutet somit, dieses zu tragen, falls es eintritt. Ist ein Risiko nicht tragfähig, so ist eine der anderen drei Strategien der Risikosteuerung zu verfolgen. Es ist zu berücksichtigen, dass neben den identifizierten und bewusst getragenen Risiken auch nicht identifizierte Risiken zu tragen sind.[270]

Nach Götze und Mikus (2007) lassen sich die Maßnahmen, welche zur Erreichung der beabsichtigten Ziele dieser Strategien ergriffen werden können, in ursachenbezogene und wirkungsbezogene Maßnahmen unterteilen.[271] **Ursachenbezogene**

260 Vgl. Brühwiler, B., 2011, S. 133.
261 Vgl. Gleißner, W., 2011, S. 111.
262 Vgl. Schneck, O., 2010, S. 29; Wagner, S. M./ Bode, C., 2007a, S. 68.
263 Vgl. Schneck, O., 2010, S. 30; Federal Aviation Administration, 2000, S. 15–6 f.
264 Vgl. Kersten, W./ Hohrath, P./ Winter, M., 2008, S. 14.
265 Vgl. Henke, M., 2009, S. 113 f.; Götze, U./ Mikus, B., 2007, S. 48 f.
266 Vgl. Gleißner, W., 2011, S. 181 f.; Schneck, O., 2010, S. 30.
267 Vgl. Kummer, S./ Sudy, I., 2007, S. 269 f.
268 Vgl. Diederichs, M., 2012, S. 127.
269 Vgl. Brühwiler, B., 2011, S. 133.
270 Vgl. Breuer, C./ Siestrup, G./ Haasis, H.-D., 2012, S. 129 f.; Schneck, O., 2010, S. 30.
271 Vgl. Götze, U./ Mikus, B., 2007, S. 46; siehe auch Wagner, S. M./ Bode, C., 2007a, S. 69.

Maßnahmen streben die Beseitigung der Risikoursachen oder zumindest die Verringerung der Eintrittswahrscheinlichkeit eines Risikos an.[272] **Wirkungsbezogene Maßnahmen** bezwecken die Verringerung des Schadensausmaßes, welches sich aufgrund von eingetretenen Risiken ergibt.[273] Zu den wirkungsbezogenen Maßnahmen zählen somit die Risikoübertragung und die Risikoakzeptanz sowie auch teilweise die Maßnahmen der Risikoverminderung, welche beim Schadensausmaß ansetzen. Ursachenbezogene Maßnahmen erfolgen im Rahmen der Risikovermeidung sowie in Teilen bei der Risikoverminderung, wenn die dort ergriffenen Maßnahmen ihren Ausgangspunkt bei den Eintrittswahrscheinlichkeiten von Risikoereignissen haben. In der nachfolgenden Abbildung 18 sind die Strategien und Maßnahmen der Risikosteuerung dargestellt.

Abbildung 18: Zusammenhang zwischen Strategien, Maßnahmen und Risiken im Rahmen der Risikosteuerung [Quelle: Eigene Darstellung, vgl. Breuer, C./ Siestrup, G./ Haasis, H.-D., 2012, S. 131, in Anlehnung an Romeike, F., 2005, S. 30.]

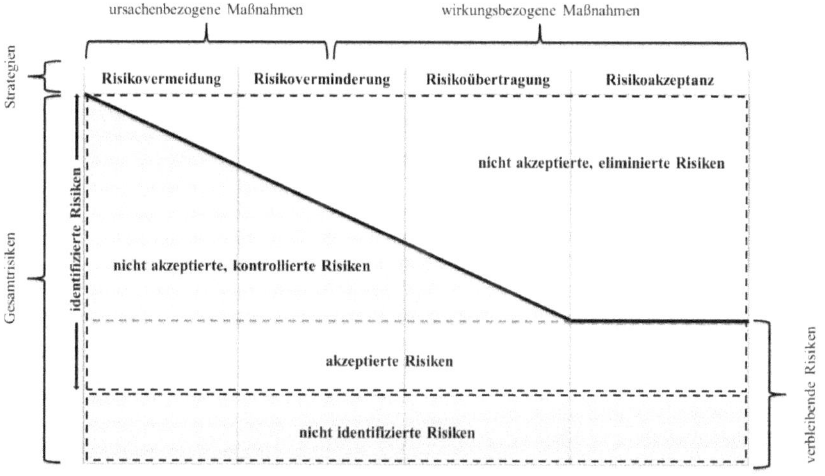

Die Phase der **Risikokontrolle** dient sowohl dem fortlaufenden Überblick über die Risikolage auf Ebene der Supply Chain als auch auf Unternehmensebene und beinhaltet einen Soll-Ist-Vergleich der aktuellen Situation mit den Strategien und Zielen der Supply Chain.[274] Weiterhin beinhaltet diese Phase die Erfassung und Kommunikation bestandsgefährdender Risiken sowie ihre Veränderungen im Zeitverlauf.[275]

272 Vgl. Hotwagner, B., 2008, S. 37; Götze, U./ Mikus, B., 2007, S. 46.
273 Vgl. Czaja, L., 2009, S. 95.
274 Vgl. Wagner, S./ Kemmerling, R./ Kersten, W./ Böger, M., 2010, S. 104.
275 Vgl. Gleißner, W., 2011, S. 223.

Der Gesamtzusammenhang der in diesem Kapitel vorgestellten Phasen des Risikomanagementprozesses sowie der in den einzelnen Phasen durchzuführenden Tätigkeiten ist in Abbildung 19 dargestellt. Auf die Darstellung der Rückkopplungen wird aus Gründen der Übersichtlichkeit an dieser Stelle verzichtet.

Abbildung 19: Phasen und Tätigkeiten des Risikomanagementprozesses [Quelle: Eigene Darstellung]

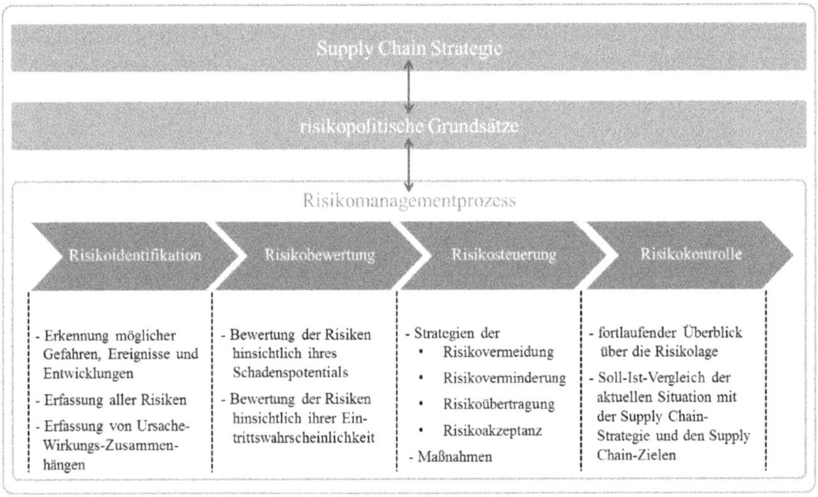

Im Rahmen dieser Arbeit liegt der Anwendungsschwerpunkt in der Phase der Risikosteuerung und darin auf der Strategie der wirkungsbezogenen Risikoverminderung, also der zügigen Bewältigung von Risiken im Falle eines Risikoereignisses, um das Schadensausmaß möglichst gering zu halten. Die weiteren Strategien der Risikosteuerung werden im Folgenden vernachlässigt.

An dieser Stelle sei noch hervorgehoben, dass auch der Begriff der **Risikobewältigung** in der Literatur nicht einheitlich verwendet wird. Je nach Begriffsverständnis werden unter Risikobewältigung die Strategien nach Schadenseintritt,[276] die Phase der Risikosteuerung,[277] der gesamte Risikomanagementprozess[278] oder sämtliche Strategien und Maßnahmen verstanden, die auf Risiken bezogen sind.[279] Für weitere Ausführungen sei an dieser Stelle auf Breuer, Haasis und Siestrup (2015) verwiesen.[280] In Anlehnung an Hopp, Iravani und Liu (2012) werden in dieser Arbeit

276 Vgl. Hopp, W. J./ Iravani, S. M. R./ Liu, Z., 2012, S. 28.
277 Vgl. Gleißner, W., 2011, S. 181; Fiege, S., 2006, S. 185.
278 Vgl. Sudy, I./ Kummer, S./ Lehner, E., 2013, S. 157; Brühwiler, B., 2011, S. 139.
279 Vgl. Waters, D., 2011, S. 152–160.
280 Vgl. Breuer, C./ Haasis, H.-D./ Siestrup, G., 2015, S. 107–120.

unter dem Begriff der Risikobewältigung verschiedene risikobezogene Strategien und Maßnahmen verstanden. Die Strategien der Risikobewältigung werden vor Schadenseintritt festgelegt. Nach Eintritt eines Schadensereignisses werden die aus den Strategien abgeleiteten Maßnahmen zur Vermeidung oder zur Verringerung möglicher negativer Auswirkungen ergriffen.

2.2.2.4 Einordnung und Abgrenzung verschiedener Konzepte der Risikobewältigung

Neben dem Risikomanagement gibt es noch weitere Konzepte, deren Betrachtungsgegenstand Risiken sind: In einer von Tandler und Eßig (2011) unter Einsatz des Schneeballsystems durchgeführten Literaturanalyse wurden unter Verwendung der Suchbegriffe Risiko, Risikomanagement, Supply Chain Risiko und Supply Chain Risikomanagement sowie deren englischen Entsprechungen (Risk, Risk Management, Supply Chain Risk, Supply Chain Risk Management) neben Risiko- und Supply Chain Risikomanagement über zwanzig weitere Konzepte identifiziert, die sich mit Risiken befassen.[281] Wird das Hauptaugenmerk auf die Bewältigung von Risiken gelegt, können diese Konzepte weiter eingegrenzt werden. Ausgehend von den in Kapitel 2.2.1.3 vorgestellten Begrifflichkeiten für die zeitlich nach einem Risikoereignis auftretenden Entwicklungen lassen sich die folgenden Konzepte für die Bewältigung von Risiken nennen: Im Zusammenhang mit der Unterbrechung operativer Abläufe sind dies das Supply Chain Event Management sowie das Business Continuity Management. Aus den Begriffen des Notfalls, der Krise und der Katastrophe folgen entsprechend das Notfallmanagement, das Krisenmanagement sowie das Katastrophenmanagement.

Das **Supply Chain Event Management** (SCEM) ist ein operatives Konzept für die Steuerung von Wertschöpfungsnetzwerken. Es basiert auf IT-Systemen zur Erfassung und Überwachung von Prozesszuständen in der Wertschöpfungskette und informiert Entscheidungsträger bei Planabweichungen.[282] Anwendungsgebiete des SCEM sind die Transport- und Lieferungsverfolgung beispielsweise in Form von Statusverfolgungen für den Kunden, der Steuerung von kollaborativen Prozessen oder der Schaffung von Transparenz über Logistikprozesse durch die Bereitstellung aktuellerer, umfangreicherer und genauerer Informationen zu den überwachten Prozessen.[283]

Die sich aus Störungen der Geschäftsprozesse ergebenden Beeinträchtigungen der Leistungserstellung[284] sind Gegenstand des **Business Continuity Managements** (BCM), welches auf die Aufrechterhaltung bzw. den Wiederanlauf

---

281 Vgl. Tandler, S./ Eßig, M., 2011, S. 59–63. Für eine weitere Erläuterung dieser Konzepte sei auf die Literatur verwiesen, insbesondere auf Tandler, S./ Eßig, M., 2013, S. 7–27.

282 Vgl. Hegmanns, T., 2008, S. 481 f.

283 Vgl. Nissen, V., 2002, S. 478 f.

284 Vgl. Brühwiler, B., 2011, S. 233.

des Geschäftsbetriebes zur Sicherstellung der Wertschöpfung und des Unternehmensfortbestandes und damit auf die Rückkehr zum Normalbetrieb zielt.[285] Durch die frühzeitige Umsetzung von Maßnahmen durch das BCM sollen Notfälle, Krisen oder Katastrophen vermieden und die vollständige Funktionsfähigkeit schnell zurückerlangt werden.[286] Ursprünglich wies das BCM eine technikorientierte Sichtweise auf und wurde lediglich bei Unterbrechungen der Informationssysteme angewandt. Inzwischen wird es jedoch ganzheitlicher verstanden und es werden auch wertschöpfende Geschäftsprozesse im Rahmen des BCM berücksichtigt.[287] In der deutschen Literatur werden für den Begriff Business Continuity Management die Bezeichnungen Kontinuitätsmanagement[288] und Notfallmanagement[289] verwendet, wobei im Rahmen dieser Arbeit der Bezeichnung des BCM als Notfallmanagement nicht gefolgt wird. **Notfallmanagement** soll hier vielmehr das planmäßige und kurzfristige Handeln nach Eintritt eines Notfalls sein; es ist auf die Bewältigung des eingetretenen Notfalls ausgerichtet.[290]

Auch das **Krisenmanagement** weist einen eher reaktiven Charakter auf und zielt auf die Bewältigung von Unternehmenskrisen.[291] Neben der Bewältigung von durch Risikoereignisse ausgelösten Krisen ist auch die Bewältigung von operativen Fehlleistungen Gegenstand des Krisenmanagements.[292]

Das **Katastrophenmanagement** umfasst sowohl den Katastrophenschutz als auch die Katastrophenbewältigung zur Begrenzung von Schäden und ist typischerweise durch chaotische Zustände und zerstörte Strukturen als Rahmenbedingungen gekennzeichnet.[293]

Die Abgrenzung der einzelnen Konzepte voneinander ist nicht immer trennscharf möglich und wird auch in der Literatur uneinheitlich gehandhabt. Ausdruck findet dieser Sachverhalt beispielsweise bei Waters (2011)[294], aber auch bei Norrman und Lindroth (2004), die darauf hinweisen, dass das BCM manchmal ein Teilbereich des Risikomanagements ist, manchmal aber auch umgekehrt das Risikomanagement ein Teilbereich des BCM zu sein scheint. Weiterhin sehen sie das BCM als Konzept an, welches das Krisenmanagement beinhaltet.[295] Auch Smith (2003) sieht das BCM als Prozess an, welcher verschiedene Konzepte wie Risikomanagement, Notfallmanagement und Krisenmanagement vereint.[296] Dagegen versteht Schmitt

---

285 Vgl. Engel, H., 2009, S. 76; Brühwiler, B., 2011, S. 147; Waters, D., 2011, S. 216.
286 Vgl. Thiel, C./ Thiel, C., 2010, S. 404; BMI 2005, S. 25.
287 Vgl. Tandler, S./ Eßig, M., 2013, S. 13; Engel, H., 2009, S. 78.
288 Vgl. beispielsweise Brühwiler, B., 2011, S. 147; von Rössing, R., 2005, S. 18.
289 Vgl. BSI 2008, S. 1.
290 Vgl. Brühwiler, B., 2011, S. 246; Schmitt, M., 2010, S. 31.
291 Vgl. Fiege, S., 2006, S. 192 f.
292 Vgl. Brühwiler, B., 2011, S. 147.
293 Vgl. Adam, V., 2006, S. 90 f.
294 Vgl. Waters, D., 2011, S. 215 f.
295 Vgl. Norrman, A./ Lindroth, R., 2004, S. 22 f.
296 Vgl. Smith, D., 2003, S. 27 f.

(2010) das BCM als Teil des Notfallmanagements,[297] während Brühwiler BCM als Teilbereich des Risikomanagements und als logische Fortsetzung eines Notfall- und Krisenmanagements ansieht.[298] Da eine für die Bewältigung von Risiken zweckmäßige Abgrenzung der verschiedenen Konzepte vorgenommen werden soll, wird im Folgenden nicht mehr auf die in der Literatur bestehende Vielfalt an Sichtweisen eingegangen. Es wird vielmehr eine eigene Systematisierung entwickelt: Da die Bewältigung unvorhergesehener Risikoereignisse im Mittelpunkt der in dieser Arbeit verfolgten Zielsetzung steht, ist es zweckmäßig, zunächst eine Abgrenzung der verschiedenen Konzepte zur Bewältigung von Risiken in Bezug auf das Risikomanagement vorzunehmen.

Wie bereits in Kapitel 2.2.2.3 ausgeführt, ist die Risikobewältigung der Risikosteuerung zuzurechnen und somit direkt als Bestandteil des Risikomanagements anzusehen. Daher wird im Rahmen dieser Arbeit das **Risikomanagement** als dasjenige Konzept verstanden, unter welchem weitere Konzepte für die Bewältigung von Risiken vereint sind. Damit wird auch der Sichtweise von Waters (2011) und Brühwiler (2011) gefolgt, die sowohl das BCM als auch das Krisenmanagement als Komponente des Risikomanagements betrachten.[299]

Die Auswahl der in diesem Kapitel vorgestellten Konzepte ist bereits in Anlehnung an die in Kapitel 2.2.1.3 vorgestellten Risikoereignisse erfolgt. Wird die Art des Risikoereignisses als Charakteristikum herangezogen, so sind die Konzepte des Notfall-, Krisen- und Katastrophenmanagements eindeutig abgrenzbar und können als gleichwertige und eigenständige Konzepte angesehen werden. Dagegen befasst sich das SCEM mit der Festlegung und Durchführung von Handlungsmaßnahmen als Reaktion auf abweichende Ist-Prozesszustände von Prozessdefinitionen.[300] Die Bewältigung von Risiken ist somit lediglich ein Teilbereich des SCEM, dessen Schwerpunkt vielmehr auf der vorbeugenden Überwachung von Prozessen liegt, um die Entstehung von Risiken zu vermeiden.[301] Während beim SCEM in Prozesse eingegriffen wird, möglichst bevor ein Schadensfall entsteht, bezieht sich das BCM auf unerwartete Ereignisse, welche die Prozesse und damit den Geschäftsbetrieb unterbrechen, und unter Umständen ein großes Schadensausmaß annehmen können.[302] Betrachtungsgegenstand sind die betroffenen, für die Wertschöpfung verantwortlichen Prozesse, welche sich unter Umständen über die gesamte Lieferkette erstrecken und deren Funktionalität durch das BCM wieder zurückerlangt werden soll.[303]

Für die Anwendung des BCM ist somit in erster Linie nicht die Art des Risikoereignisses ausschlaggebend, sondern die von Unterbrechungen betroffenen wertschöpfenden Prozesse und das Ausmaß der sich daraus ergebenden Beeinträchtigungen der

297 Vgl. Schmitt, M., 2010, S. 12.
298 Vgl. Brühwiler, B., 2011, S. 233 und S. 245.
299 Vgl. Waters, D., 2011, S. 217; Brühwiler, B., 2011, S. 140.
300 Vgl. Nissen, V., 2002, S. 480.
301 Vgl. Hegmanns, T., 2008, S. 481.
302 Vgl. beispielsweise Waters, D., 2011, S. 215; Engel, H., 2009, S. 75.
303 Vgl. Brühwiler, B., 2011, S. 147; Engel, H., 2009, S. 75 f.

Betriebsfunktionen. Da weiterhin häufig ein fließender Übergang von einer Betriebsunterbrechung zu einem Notfall besteht, welcher sich auch zu einer Krise ausweiten kann, soll im Rahmen dieser Arbeit das BCM als konzeptübergreifender Ansatz verstanden werden. Das BCM findet somit Anwendung im Rahmen des SCEM, wenn tatsächlich Betriebsunterbrechungen eintreten, sowie im Zuge des Notfall-, Krisen- und Katastrophenmanagements, wenn es um die Wiedererlangung von Betriebsfunktionen und die Aufrechterhaltung wertschöpfender Prozesse geht. Es bestehen somit Überschneidungsbereiche zwischen dem BCM und den anderen vier hier vorgestellten Konzepten zur Bewältigung von Risiken.

Der Gesamtzusammenhang der verschiedenen Konzepte, welche sich neben dem Risikomanagement auch mit der Bewältigung von Risiken befassen, ist in Abbildung 20 dargestellt.

Abbildung 20: Strukturierung verschiedener Konzepte zur Bewältigung von Risiken [Quelle: Eigene Darstellung, Layout in Anlehnung an Wildemann, H., 2009.]

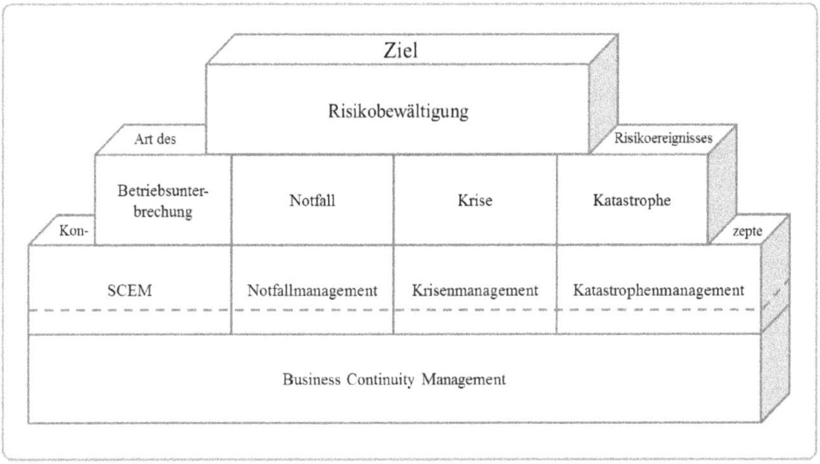

Logistikknoten als Anwendungsbereich der in dieser Arbeit betrachteten Bewältigung von Risiken werden im nächsten Kapitel vorgestellt.

2.3 Risikobewältigung in sensiblen Logistikknoten

Die Sicherstellung der Wertschöpfung in Logistikknoten zielt neben der Verringerung des Schadensausmaßes innerhalb eines solchen Knotens insbesondere auch auf die Vermeidung einer Ausbreitung von Risiken über nachfolgende Partner in der Supply Chain. Zwar ist die angestrebte Aufrechterhaltung und Fortführung des laufenden Betriebes bzw. der schnelle Wiederanlauf der Geschäftstätigkeit nach Eintritt eines Risikoereignisses auf einen logistischen Knotenpunkt ausgerichtet, sie haben jedoch auch Einfluss auf die Effizienz und Effektivität verschiedener Supply Chains, in deren Wertschöpfungsprozesse ein Logistikknoten eingebunden ist. Daher wird im Folgenden zunächst auf die Vernetzung von Unternehmen in Supply Chains eingegangen, bevor Logistikknoten als Elemente von Supply Chains und deren Charakterisierung als sensibel thematisiert werden. Anschließend werden GVZ als spezifische Ausprägungsform von Logistikknoten und die in diesen stattfindenden logistischen Prozesse vorgestellt.

2.3.1 Vernetzung von Unternehmen in Supply Chains

Unternehmensübergreifende Kooperationen in Supply Chains entlang der Wertschöpfungskette versprechen die Erschließung von Erfolgspotentialen durch die Verknüpfung der Material-, Informations- und Finanzflüsse und der Entwicklung unternehmensübergreifender Geschäftsprozesse.[304] Die Wettbewerbsvorteile sollen dabei u. a. durch die **Ausschöpfung von Verbesserungspotentialen** an den Schnittstellen zwischen den einzelnen Partnern, die zeitliche Synchronisation von Angebot und Nachfrage, den Abbau von Beständen entlang der Wertschöpfungskette, eine verbesserte kundenorientierte Leistung und eine bedarfs- und umweltgerechte Produktion erzielt werden.[305]

Da Unternehmen zumeist **multilaterale Kooperationen** mit verschiedenen Unternehmen eingehen, die wiederum in weitere Supply Chains integriert sind, entsteht so ein Netzwerk mit verschiedenen, stark verzweigten Supply Chains als Subsystemen.[306]

Die Struktur von Netzwerken kann visuell durch Graphen repräsentiert werden, welche aus Knoten und Kanten bestehen.[307] Bei der Übertragung eines Netzwerkes auf einen Graphen symbolisieren die Knoten dabei verschiedene Akteure, etwa Zulieferunternehmen, Produzenten, Groß- und Einzelhändler, Speditionen, Logistikdienstleister, Zentral- und Regionallager, Warenverteilzentren, Umladepunkte und Kundenstandorte.[308] Die sie verbindenden Kanten stellen Flüsse, beispielsweise Material-, Güter- und Informationsflüsse bzw. ganz allgemein ökonomische Austauschbeziehungen dar.[309]

---

304 Vgl. beispielsweise Fandel, G./ Giese, A./ Raubenheimer, H., 2009, S. 6, Schmelzer, H./ Sesselmann, W., 2008, S. 212.

305 Vgl. beispielsweise Werner, H., 2013, S. 5; Schönsleben, P., 2011, S. 59; Schmelzer, H./ Sesselmann, W., 2008, S. 212 f.; Hegmanns, T., 2008, S. 459.

306 Vgl. beispielsweise Werner, H., 2013, S. 5; Fandel, G./ Giese, A./ Raubenheimer, H., 2009, S. 11; Haasis, H.-D., 2008a, S. 60 f.; Hegmanns, T., 2008, S. 459.

307 Vgl. Werner, H., 2013, S. 51.

308 Vgl. Bretzke, W.-R., 2010, S. 47; Sucky, E., 2008, S. 934 f.; Wildemann, H., 2007, S. 1722.

309 Vgl. Bretzke, W.-R., 2010, S. 47; Hegmanns, T., 2008, S. 465; Müssigmann, N., 2007, S. 30 und S. 34.

Formal wird ein Graph durch eine nichtleere Knotenmenge V und eine Kantenmenge E mit $G = (V, E)$ definiert, wobei jeder Kante e aus E genau ein Knotenpaar v_i und v_j zugeordnet ist.[310] Die Knoten und Kanten eines Graphen können mit verschiedenen Parametern zur Beschreibung von Merkmalen und Merkmalsausprägungen bewertet werden, beispielsweise Transportkosten, Transportkapazitäten, Entfernungen zwischen zwei Standorten oder Liefer- und Transportzeiten.[311]

Für die Analyse logistischer Netzwerke lassen sich verschiedene Partialnetze, auch Ebenen genannt, identifizieren.[312] Die Einteilung eines Logistiknetzwerkes in verschiedene Ebenen wird in der Literatur jedoch nicht einheitlich gehandhabt. Beispielsweise unterscheiden Fandel, Giese und Raubenheimer (2009) zwei Betrachtungsebenen, die institutionelle und die Prozessebene. Die organisatorische Einbindung der Unternehmen in die Wertschöpfungskette sowie die Ausgestaltung der vertragsrechtlichen Beziehungen erfolgt auf der institutionellen Ebene. Auf der Prozessebene sind die Abläufe der Leistungserstellung Gegenstand der Betrachtung. Ortsgebundene Wertschöpfungsprozesse sind dabei durch raumübergreifende Material-, Informations- und Finanzflüsse miteinander verbunden.[313] Werner (2013) differenziert Netzwerke dagegen in Güter-, Informations-, Sozial-, institutionelle und Finanznetze. Während das Güternetz die logistischen Kernprozesse beinhaltet, umfasst das Informationsnetz sämtliche IT-Systeme. Fachliche und persönliche Beziehungen werden durch das Sozialnetz berücksichtigt, die zwischen Unternehmen bestehenden Rechte und Pflichten werden durch Kooperationsverträge im Rahmen der institutionellen Ebene betrachtet. Auf der Finanzebene stehen die Auswirkungen von Logistikaktivitäten auf Prozesskosten, Anlage- und Umlaufvermögen im Mittelpunkt.[314] Sucky (2008) wiederum berücksichtigt in seinen Ausführungen lediglich drei Ebenen, die institutionelle, die Informations- sowie die Prozess- und Ressourcenebene.

Die Sozial- und die Finanzebene werden im Folgenden nicht weiter betrachtet. Das Hauptaugenmerk liegt vielmehr auf der Güter- bzw. Prozessebene und auf der Aufrechterhaltung des Güterflusses. Es sollen jedoch die zu der institutionellen Ebene und der Informationsebene bestehenden Interdependenzen Berücksichtigung finden: Im Falle eines Schadenseintritts werden die Rahmenbedingungen für die Verantwortlichkeiten durch die institutionelle Ebene vorgegeben; die auf der Informationsebene betrachteten Informationssysteme werden für die Bewältigung von Risiken herangezogen. Grundlage für die weiteren Ausführungen ist daher die Ebeneneinteilung von Sucky (2008).[315]

---

310 Vgl. Domschke, W./ Drexl, A., 2005, S. 65.

311 Vgl. Sucky, E., 2008, S. 935; Müssigmann, N., 2007, S. 37; Domschke, W./ Drexl, A., 2005, S. 66.

312 Vgl. Werner, H., 2013, S. 54: Sucky, E., 2008, S. 934; Fandel, G./ Giese, A./ Raubenheimer, H., 2009, S. 9 f.

313 Vgl. Fandel, G./ Giese, A./ Raubenheimer, H., 2009, S. 10.

314 Vgl. Werner, H., 2013, S. 54 f.

315 Vgl. Sucky, E., 2008, S. 934–938.

Die koordinierte, **unternehmensübergreifende Leistungserstellung** ist Gegenstand der **institutionellen Ebene**. Bei der Darstellung der institutionellen Ebene in einem Graphen repräsentieren die Knoten die Unternehmen der Supply Chain und die Kanten die zwischen diesen Unternehmen bestehenden rechtlichen und finanziellen Beziehungen.[316] Die zwischen den Unternehmen bestehenden Beziehungen legen auch die Art der Koordination der in eine Supply Chain eingebundenen Unternehmen zur Sicherstellung eines reibungslosen Güterflusses an den unternehmensübergreifenden Schnittstellen und die Ausrichtung der Prozesse und Einzelaktivitäten auf das Gesamtziel der Supply Chain fest. Dabei kann grundsätzlich zwischen zwei Arten, dem hierarchischen und dem heterarchischen Prinzip, differenziert werden.[317]

In **hierarchisch** geprägten Beziehungen richten sich sämtliche Wertschöpfungspartner nach einem dominierenden Unternehmen, dem fokalen Unternehmen, aus.[318] Das fokale Unternehmen ist mit einer großen Marktmacht ausgestattet, hat meist direkten Zugang zu den Absatzmärkten und steuert die Supply Chain zentral. Die Supply Chain Partner befinden sich in Abhängigkeit zum fokalen Unternehmen und sind durch langfristige Verträge an dieses gebunden.[319] Die durch das fokale Unternehmen koordinierte zentrale Steuerung, Planung und Kontrolle der unternehmensübergreifenden Leistungserstellungsprozesse beinhalten auch die zentrale Abstimmung interdependenter Entscheidungen. In Form von Weisungen, Programmen und Plänen werden Vorgaben durch das fokale Unternehmen festgelegt und an die anderen Supply Chain Partner weitergegeben. Beispielsweise legt das fokale Unternehmen auch fest, wie auf verschiedene Ereignisse zu reagieren ist.[320]

Im Gegensatz dazu ist die **heterarchische** Koordination durch dezentrale, gleichberechtigte Machtverhältnisse der vorherrschenden Autonomie der Partner sowie durch Kompromisslösungen gekennzeichnet.[321] Entscheidungen zur Organisation unternehmensübergreifender Geschäftsprozesse erfolgen gleichberechtigt und dezentral.[322]

Alternativ sind auch Kombinationen zentraler und dezentraler Koordination möglich, indem manche Unternehmen der Supply Chain hierarchisch koordiniert werden und gleichzeitig in heterarchischer Beziehung zu anderen Unternehmen der Supply Chain stehen.[323]

Während die Vereinbarungen zu der in einer Supply Chain vorherrschenden Koordinationsform auf der institutionellen Ebene getroffen werden, sind **zentrale**

---

316 Vgl. Sucky, E., 2008, S. 937.
317 Vgl. Werner, H., 2013, S. 27; Sucky, E., 2008, S. 942.
318 Vgl. Werner, H., 2013, S. 26.
319 Vgl. Werner, H., 2013, S. 26; Bretzke, W.-R., 2010, S. 33; Fandel, G./ Giese, A./ Raubenheimer, H., 2009, S. 22.
320 Vgl. Sucky, E., 2008, S. 942.
321 Vgl. Werner, H., 2013, S. 27; Fandel, G./ Giese, A./ Raubenheimer, H., 2009, S. 23.
322 Vgl. Sydow, J., 2010, S. 384.
323 Vgl. Fandel, G./ Giese, A./ Raubenheimer, H., 2009, S. 21 f.

Informationssysteme für den netzwerkweiten Einsatz Gegenstand der **Informationsebene**. Diese unterstützen die Planung, Steuerung und Kontrolle der Wertschöpfungsprozesse und können auch zur Erstellung neuartiger Logistikleistungen sowie für die netzwerkweite, gemeinsame Nutzung von Informationsbeständen herangezogen werden. Bei der Darstellung der Informationsebene als Graphen repräsentieren Knoten die Standorte von informationsverarbeitenden Systemen und die Kanten die Datenflüsse.[324] Als Beispiel für unternehmensübergreifende Informationssysteme können Advanced Planning Systems angeführt werden.[325]

Auf der **Prozess- und Ressourcenebene** erfolgt schließlich die Strukturplanung der Supply Chain. Diese umfasst die **Konfiguration** der Supply Chain hinsichtlich der Standortplanung sowie die **Ausgestaltung der Wertschöpfungskette** und nimmt die räumliche Zuordnung von Ressourcen sowie die Abbildung von Prozessstrukturen vor.[326] Für die Abbildung von Prozessstrukturen einer Supply Chain kann das SCOR-Modell als standardisierter und branchenübergreifender Ansatz herangezogen werden. Dieses ist hierarchisch gegliedert und charakterisiert die Supply Chain anhand der Prozesselemente Planen, Beschaffen, Herstellen, Liefern und Entsorgen bzw. Rückliefern.[327] Ziel des SCOR-Modells ist die Unterstützung einer flexiblen und integrativen Gestaltung unternehmensinterner und -übergreifender Supply Chain Prozesse.[328]

Wird die Prozess- und Ressourcenebene in einem Graphen abgebildet, so verkörpern die Knoten Standorte, an denen Ressourcen zur Durchführung von Wertschöpfungsprozessen bereitgestellt werden. Die Wertschöpfungsprozesse zwischen den einzelnen Standorten werden durch die Kanten eines Graphen repräsentiert. Beispiele für standortgebundene Wertschöpfungsprozesse können dabei Produktions-, Lager-, Umschlag- und Kommissionierprozesse sein, Wertschöpfungsprozesse zwischen den einzelnen Standorten sind beispielsweise Transportverbindungen.[329] Die Merkmale der einzelnen Ebenen sind in Tabelle 3 zusammenfassend dargestellt.

---

324 Vgl. Sucky, E., 2008, S. 937.
325 Vgl. Dangelmaier, W./ Pape, U./ Rüther, M., 2004, S. 16.
326 Vgl. Fandel, G./ Giese, A./ Raubenheimer, H., 2009, S. 47.
327 Vgl. Bolstorff, P. A./ Rosenbaum, R. G./ Poluha, R. G., 2007, S. 15 f. und S. 19.
328 Vgl. Bolstorff, P. A./ Rosenbaum, R. G./ Poluha, R. G., 2007, S. 341.
329 Vgl. Sucky, E., 2008, S. 934 f.

Tabelle 3: Überblick über die Ebenen in Netzwerken [Quelle: Eigene Darstellung]

Ebene	Aufgaben	Darstellung als Graph	
		Knoten	Kanten
Institutionelle Ebene	- Koordination der unternehmensübergreifenden Leistungserstellung - Ausrichtung der Prozesse und Aktivitäten auf das Gesamtziel der Supply Chain	Unternehmen der Supply Chain in hierarchisch und/ oder heterarchisch geprägten Beziehungen	rechtliche und finanzielle Beziehungen zwischen den Unternehmen
Informationsebene	- Unterstützung der Planung, Steuerung und Kontrolle von Prozessen - Erstellung neuartiger Logistikleistungen - gemeinsame Nutzung von Informationen	zentrale Informationssysteme	Datenflüsse
Prozess- und Ressourcenebene	- räumliche Zuordnung von Ressourcen - Abbildung von Prozessstrukturen	Standorte der Ressourcen	Wertschöpfungsprozesse zwischen den Unternehmen

Der **Betrachtungsschwerpunkt** dieser Arbeit liegt auf der Ressourcen- und Prozessebene. Innerhalb dieser Ebene liegt das Augenmerk auf den Ressourcenknoten eines Netzwerkes, speziell auf GVZ als **sensible logistische Knoten**. Eine wichtige Ressource für die Unterstützung des Güterflusses ist eine Umschlaganlage bzw. ein Terminal des Kombinierten Verkehrs (KV-Terminal), welche in GVZ oder zumindest verkehrsnah zu GVZ gelegen sind.[330] Ein GVZ selbst ist wiederum ein Konglomerat aus mehreren rechtlich selbständigen, logistikintensiven Unternehmen. Diese sind durch die in einem GVZ stattfindenden logistischen Prozesse und durch Abstimmungsprozesse miteinander verbunden.[331] GVZ können als Subnetzwerk innerhalb eines Netzwerkes angesehen werden, welche zur Steigerung der Leistungsfähigkeit in die unternehmensübergreifenden Geschäftsprozesse eingebunden sind und an der Gestaltung verschiedener Supply Chains mitwirken. Dieser Sachverhalt ist in Abbildung 21 dargestellt.

330 Vgl. Koch, H./ Münch, S./ Nestler, S./ Nobel, T., 2010, S. 8.
331 Vgl. Altendeitering, M. et al., 2011, S. 18.

Abbildung 21: GVZ als Element eines logistischen Netzwerkes [Quelle: Eigene Darstellung]

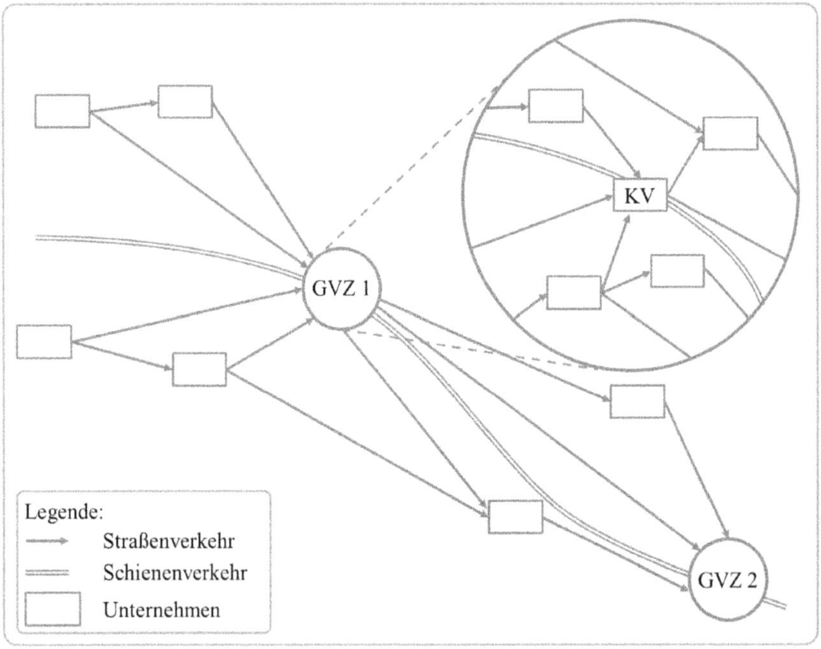

Bevor GVZ ausführlicher thematisiert werden, wird im nächsten Kapitel zunächst auf allgemeine Kennzeichen von Logistikknoten eingegangen, und es werden Kriterien für die Charakterisierung von Logistikknoten als sensibel erläutert.

2.3.2 Sensible Logistikknoten

Logistikknoten stellen eine Teilmenge der Ressourcenknoten in einem Netzwerk dar, bei welchen es sich u. a. auch um Lagerhäuser, Umschlagpunkte, Lieferanten oder Produktionsstätten handelt.[332] Im Zusammenhang mit Logistikknoten finden sich in der Literatur verschiedene Begrifflichkeiten, wie beispielsweise Logistikstandorte und Logistikparks,[333] Logistikzentren, Logistikzonen und Logistikcluster,[334] Logistik-Hubs[335] sowie Logistikagglomerationen[336]. Diese Begriffe werden oft synonym

332 Vgl. Bretzke, W.-R., 2010, S. 47.

333 Vgl. Koch, H./ Münch, S./ Nestler, S./ Nobel, T., 2010, S. 3; Leung, K./ Forster, P., 2007, S. 255.

334 Vgl. Kujath, H. J., 2003, S. 14 und S. 18 f.

335 Vgl. Gouvernal, E./ Lavaud-Letilleul, V./ Slack, B., 2011, S. 65.

336 Vgl. Breuer, C./ Dotzlaff, R./ Siestrup, G., 2012, S. 54; DIN SPEC 91291, 2013, S. 4.

verwendet,[337] wobei ein einheitlicher Gebrauch nicht gegeben ist. Die synonyme Verwendung verschiedener Begrifflichkeiten für den gleichen Sachverhalt lässt sich beispielsweise anhand von GVZ belegen, welche in der Literatur als Logistikzentren,[338] als Gewerbegebiet,[339] als Logistikstandort[340] und als Logistikagglomeration[341] bezeichnet werden.

Da im Rahmen dieser Arbeit GVZ als spezielle Ausprägung von Logistikknoten näher betrachtet werden, wird hier auf eine Gegenüberstellung und Differenzierung der einzelnen Begrifflichkeiten verzichtet. Vielmehr sollen in diesem Kapitel die im Folgenden geltenden allgemeinen charakteristischen Merkmale für Logistikknoten und verschiedene spezifische Ausprägungsformen herausgearbeitet werden. Die oben vorgestellten Begrifflichkeiten werden in dieser Arbeit daher synonym verwendet, wobei schwerpunktmäßig die Termini Logistikknoten und Logistikagglomerationen benutzt werden.

Grundsätzlich können Logistikknoten als **infrastrukturelle Verknüpfungspunkte** des Verkehrs in Logistiknetzwerken definiert werden.[342] Sie haben einen maßgeblichen Einfluss auf die Güterverkehrsentwicklung,[343] sind aber auch mögliche Standorte für eine weitere logistische Wertschöpfung. Kennzeichen von Logistikknoten ist die räumlich konzentrierte Ansiedlung von Logistikunternehmen in spezifischen Standortgemeinschaften.[344] Zu erwartende Vorteile resultieren aus Effizienzverbesserungen für Supply Chains durch die Bündelung logistischer Aktivitäten wie etwa die Zulauf-, Bestands- und Distributionsbündelung innerhalb dieses begrenzten Areals.[345] Außerdem erfolgt in Logistikknoten die gemeinsame, unternehmensübergreifende Nutzung der dort vorhandenen Infrastruktur zur Reduktion von Kosten.[346]

Es gibt verschiedene Arten logistischer Knoten, die unterschiedliche logistische Funktionen innehaben.[347] Arnold (2008) weist logistischen Knotenpunkten neben den hauptsächlichen Funktionen Transportieren, Umschlagen und Umladen auch weitergehende logistische Aktivitäten im Dienstleistungsbereich zu wie Auspacken, Kommissionieren, Etikettieren, Sortieren und Palettieren.[348] Sowohl Huber, Klauenberg

337 Vgl. Wiesinger, G. F., 2010, S. 10.
338 Vgl. Koch, H./ Münch, S./ Nestler, S./ Nobel, T., 2010, S. 8; Wiesinger, G. F., 2010, S. 185; Kessler, S./ Krause, S./ Nagel, L., 2009, S. 272; Kujath, H. J., 2003, S. 2.
339 Vgl. Schulte, C., 2013, S. 214; Nobel, T., 2004, S. 60; DIN SPEC 91291, 2013, S. 5.
340 Vgl. Koch, H./ Münch, S./ Nestler, S./ Nobel, T., 2010, S. 3.
341 Vgl. Breuer, C./ Dotzlaff, R./ Siestrup, G., 2012, S. 54; DIN SPEC 91291, 2013, S. 4.
342 Vgl. Huber, S./ Klauenberg, J./ Lenz, B., 2013, S. 76.
343 Vgl. Thaller, C./ Klauenberg, J./ Clausen, U./ Lenz, B., 2013, S. 49.
344 Vgl. Gouvernal, E./ Lavaud-Letilleul, V./ Slack, B., 2011, S. 65; Wiesinger, G. F., 2010, S. 190; Kujath, H. J., 2003, S. 2 f.
345 Vgl. Wiesinger, G. F., 2010, S. 185 f.; Leung, K./ Forster, P., 2007, S. 255.
346 Vgl. Haasis, H.-D., 2008b, S. 269 f.
347 Vgl. Huber, S./ Klauenberg, J./ Lenz, B., 2013, S. 76.
348 Vgl. Arnold, D., 2008, S. 727.

und Lenz (2013) als auch Bretzke (2010) unterscheiden in diesem Zusammenhang dagegen zwischen bestandsführenden Distributionsknoten, welche eine Pufferfunktion ausüben, und bestandslos geführten Transportknoten, in welchen hauptsächlich der Umschlag von Waren stattfindet.[349]

Neben der Unterscheidung von Logistikknoten anhand ihrer hauptsächlichen logistischen Funktionen können diese auch mittels betriebs- und verkehrsspezifischer Merkmale charakterisiert werden. Betriebsspezifische Merkmale beziehen sich beispielsweise auf die Art, die Anzahl, die Branche und die Organisationsstruktur der in einem Logistikknoten ansässigen Unternehmen.[350] Hinsichtlich der vorhandenen Verkehrsinfrastruktur und der Anzahl an vorhandenen Verkehrsträgern in einem Logistikknoten kann zwischen mono-, bi-, tri- und multimodalen Knoten differenziert werden.[351]

Durch die Einbettung von logistischen Knotenpunkten in Supply Chains ist durch den Eintritt eines Risikoereignisses in einem solchen Knoten unter Umständen nicht nur dieser selbst betroffen. Je nach betroffener logistischer Funktion, der Ausgestaltung betriebs- und verkehrsspezifischer Merkmale sowie der Bedeutung eines Logistikknotens für das logistische Netzwerk können negative Beeinträchtigungen für mehrere nachfolgende Supply Chain Partner, für eine komplette Supply Chain oder auch für mehrere durch die Bündelung logistischer Aktivitäten in einem Logistikknoten vernetzte Supply Chains entstehen. Übernehmen Logistikknoten durch die in ihnen vorhandenen Infrastrukturen wichtige Wertschöpfungs- und Warenversorgungsfunktionen in einer Supply Chain, so kann ein in einem Logistikknoten eintretendes lokales Risikoereignis zu großen leistungswirtschaftlichen Verlusten mit regionalen, nationalen und sogar internationalen Produktionsausfällen und zu Versorgungsengpässen in der Industrie, dem Handel und der Bevölkerung führen.[352]

Für die in dieser Arbeit verwendete Charakterisierung von Logistikknoten als „sensibel" ist nun ausschlaggebend, wie empfindlich diese auf Risikoereignisse reagieren. Es steht weniger die Risikoursache oder auch die Anfälligkeit eines Logistikknotens gegenüber Risikoereignissen im Vordergrund. Vielmehr ist die Charakterisierung eines Logistikknotens als sensibel durch die Intensität der durch ein Risikoereignis ausgelösten Auswirkungen begründet. Es soll damit ausgedrückt werden, dass ein dort eintretendes, gegebenenfalls relativ kleines und lokales Risikoereignis, zu signifikanten Konsequenzen für Wirtschaft und Öffentlichkeit führen kann. Eng einhergehend mit der Charakterisierung von Logistikknoten als sensibel sind die häufig in

349 Vgl. Huber, S./ Klauenberg, J./ Lenz, B., 2013, S. 76 f.; Bretzke, W.-R., 2010, S. 47.
350 Vgl. Thaller, C./ Klauenberg, J./ Clausen, U./ Lenz, B., 2013, S. 49–52.
351 Vgl. Thaller, C./ Klauenberg, J./ Clausen, U./ Lenz, B., 2013, S. 72.
352 Vgl. Wildebrand, H./ Haasis, H.-D./ Zimmermann, F./ Plöger, M., 2011, S. 479.

der Literatur verwendeten Begrifflichkeiten „Verwundbarkeit“ bzw. „Vulnerabilität“[353] und „Resilienz“[354].

Der Begriff der **Verwundbarkeit** bzw. der **Vulnerabilität** ist in der Literatur nicht einheitlich definiert.[355] Je nach Definition wird darunter das Gefahrenpotential gegenüber gravierenden Störungen,[356] die Anfälligkeit einer Supply Chain gegenüber Störungen, welche durch ihre Eintrittswahrscheinlichkeit und die Schwere ihres Ausmaßes beschrieben werden,[357] oder auch die Fähigkeit zur Bewältigung negativer Auswirkungen[358] verstanden. Inhaltlich bestehen zwischen den Begriffen sensibel und verwundbar somit durchaus Überschneidungsbereiche, allerdings wird der Begriff der Vulnerabilität vielseitiger und breitgefächerter verwendet und weist einen multidisziplinären Charakter auf.[359] In dieser Arbeit wird daher der Begriff der **sensiblen Logistikknoten** verwendet. Diese sind wie folgt definiert:

Sensible Logistikknoten sind infrastrukturelle Verknüpfungspunkte des Verkehrs mit verschiedenen Verkehrsträgern und der räumlich konzentrierten Ansiedlung zahlreicher logistikintensiver Unternehmen. Weitere wichtige Merkmale sind:

- *eine hohe Empfindlichkeit gegenüber Veränderungen und Risikoereignissen,*
- *eine verhältnismäßig hohe Intensität der Auswirkungen als Reaktion auf Risikoereignisse*
- *und die damit einhergehenden unter Umständen signifikanten wirtschaftlichen und gesellschaftlichen Konsequenzen.*

Unter dem Begriff der **Resilienz** wird die Fähigkeit eines Systems verstanden, nach Eintritt eines Risikoereignisses in den ursprünglichen Zustand oder in einen neuen, erstrebenswerteren Zustand zu gelangen.[360] Resilienz wird neben der Anfälligkeit und Exposition gegenüber Gefahren von manchen Autoren auch als Komponente der Verwundbarkeit gesehen.[361] Insgesamt fokussiert der Begriff der Resilienz auf die Reaktionen nach Eintritt eines Risikoereignisses und die Bewältigung der daraus entstehenden Folgewirkungen.

Nach dem dargelegten Begriffsverständnis leistet diese Arbeit somit einen Beitrag für die resiliente Gestaltung von Logistikknoten mit dem Ziel, dass es innerhalb

---

353 Vgl. beispielsweise Birkmann, J. et al., 2010; Wagner, S. M./ Neshat, N., 2009; Wagner, S. M./ Bode, C., 2007b; Christopher, M./ Peck, H., 2004; Svensson, G., 2002.

354 Vgl. Pfohl, H.-C./ Köhler, H./ Thomas, D., 2010; Birkmann, J. et al., 2010; Dani, S., 2009; Christopher, M./ Peck, H., 2004.

355 Vgl. Birkmann, J. et al., 2010, S. 23; Wagner, S. M./ Bode, C., 2007b, S. 304.

356 Vgl. Christopher, M./ Peck, H., 2004, S. 6.

357 Vgl. Gould, J. E./ Macharis, C./ Haasis, H.-D., 2010, S. 291; Wagner, S. M./ Bode, C., 2009, S. 278.

358 Vgl. Birkmann, J. et al., 2010, S. 25 f.

359 Vgl. Birkmann, J. et al., 2010, S. 24.

360 Vgl. Pfohl, H.-C./ Köhler, H./ Thomas, D., 2010, S. 35; Christopher, M./ Peck, H., 2004, S. 4.

361 Vgl. Birkmann, J. et al., 2010, S. 28.

eines betrachteten Logistikknotens möglich ist, nach einem Risikoereignis in den Normalzustand oder einen anderen wünschenswerten Zustand zu gelangen. Davon profitieren auch diejenigen Supply Chains, welche Aktivitäten in den logistischen Knotenpunkten ausführen und die dort vorhandenen Infrastrukturen nutzen, da die Effizienz und der Erfolg einer Supply Chain durch das schwächste Glied in der Versorgungskette bestimmt wird.[362]

GVZ als spezifische Ausprägungsform von in die Versorgungskette integrierten sensiblen Logistikknoten haben Einfluss auf die Effizienz einer Supply Chain und werden im folgenden Kapitel betrachtet.

2.3.3 Anwendungsbeispiel Güterverkehrszentren als sensible Logistikknoten

2.3.3.1 Merkmale, Funktionen und Ziele von Güterverkehrszentren

Das Konzept der GVZ wird seit Ende der 1980er Jahre unter ökonomischen und ökologischen Gesichtspunkten zur Bewältigung des steigenden Verkehrsaufkommens diskutiert.[363] GVZ stellen logistische Knotenpunkte dar und sind definiert als ein „Gewerbegebiet, in dem sich verkehrswirtschaftliche Betriebe, logistische Dienstleister, ergänzende Serviceeinrichtungen sowie logistikintensive Industrie- und Handelsunternehmen als selbstständige Betriebe ansiedeln und das an mehrere, mindestens zwei Verkehrsträger angebunden ist. [Die] ... räumliche Aufteilung in mehrere funktional gegliederte Teilgebiete ist zulässig. Güterverkehrszentren sollen eine Umschlaganlage des Kombinierten Verkehrs Schiene/Straße oder Wasserstraße/Straße/Schiene enthalten, die diskriminierungsfrei zugänglich ist."[364]

Charakteristische Merkmale von GVZ sind Multimodalität, Überregionalität und Multifunktionalität.[365] Mit **Multimodalität** wird ausgedrückt, dass ein GVZ mindestens zwei Verkehrsträger umfasst und diese durch ein KV-Terminal miteinander verknüpft sind. In der Regel handelt es sich dabei um die Verkehrsträger Straße und Schiene, teilweise ist aber auch ein Anschluss an die Binnenwasserstraße vorhanden.[366] Im Vordergrund steht dabei die Verlagerung von Verkehren auf andere Verkehrsträger durch das KV-Terminal, welches als wesentliches Merkmal von GVZ gilt und daher ein Kernelement darstellt.[367] **Überregionalität** weist auf die Eigenschaft eines GVZ als Umschlagknoten hin und drückt aus, dass es

362 Vgl. Poluha, R. G., 2010, S. 2 f.

363 Vgl. Aberle, G., 2009, S. 559; Rall, B., 2008, S. 778; Kummer, S., 2006, S. 143; Nuhn, H./ Hesse, M., 2006, S. 176; Nobel, T., 2004, S. 17.

364 DIN SPEC 91291, 2013, S. 5.

365 Vgl. Aberle, G., 2009, S. 559.

366 Vgl. beispielsweise Kummer, S., 2006, S. 143; Nuhn, H./ Hesse, M., 2006, S. 176.

367 Vgl. Nobel, T., 2004, S. 53 und S. 65; Forschungsgesellschaft für Straßen- und Verkehrswesen/ Arbeitsgruppe Verkehrsplanung, 2004, S. 6.

sich bei GVZ um Schnittstellen zwischen Nah- und Fernverkehr handelt.[368] Durch **Multifunktionalität** wird das Vorhandensein von einer Vielzahl an transportvor- und -nachgelagerten sowie transportbegleitenden Aktivitäten ausgedrückt.[369] Je nach Literaturquelle werden GVZ verschiedene Funktionen zugeschrieben, die sich hauptsächlich in der Gewichtung verschiedener Funktionen, der Einteilung und dem Umfang an Funktionen unterscheiden: Nobel (2004) unterscheidet beispielsweise zwischen sechs Grundfunktionen und unterteilt diese in Verkehrs- und Dienstleistungsfunktionen sowie KV-Terminal, logistische Basisbetriebe, Behälter und Hilfsdienste sowie Autohofdienste.[370] Schulte (2013) dagegen unterscheidet nach Haupt- und Nebenfunktionen. Der Güterfern- und -nahverkehr, die Lagerhaltung und die Güterbehandlungsdienste zählen dabei zu den Hauptfunktionen. Als Nebenfunktionen werden die Bereitstellung der standortspezifischen Infrastruktur, interne Dienstleistungen, Informationssysteme sowie die Bereitstellung, Pflege, Wartung und Reparatur der Transportfahrzeuge, -behälter und -einrichtungen genannt.[371] Rall (2008) wiederum sieht die Hauptfunktion von GVZ in der Verknüpfung des Güternah- und -fernverkehrs; Nebenfunktionen sind die Erbringung wertschöpfender Dienstleistungen sowie die gemeinschaftliche Nutzung zentraler Funktionen und der vorhandenen Infrastruktur,[372] während Krampe, Lucke und Schenk (2012) zwischen Haupt-, Ergänzungs- und Komplementärfunktionen sowie Sonderfunktionen von GVZ unterscheiden.[373]

Da GVZ logistische Knotenpunkte darstellen, die zur effizienten Gestaltung von Supply Chains beitragen, werden im Folgenden die den Güterfluss betreffenden und auf der operativen Ebene stattfindenden GVZ-Funktionen als **Hauptfunktionen** bezeichnet.[374] Dazu gehören insbesondere die Zusammenführung mehrerer Verkehrsträger sowie das Sammeln und Verteilen von Waren, also die Funktion von GVZ als Schnittstelle zwischen dem Nah- und Fernverkehr. Damit eng verbunden sind der Umschlag und die Lagerhaltung sowie der GVZ-interne Transport von Gütern. Teilweise findet auch die Produktion von Gütern in GVZ statt.[375] **Nebenfunktionen** sind die den Güterfluss unterstützenden, wertschöpfenden Dienstleistungen auf der operativen Ebene wie Güterbehandlungsdienste, also die Verpackung, Kommissionierung und Etikettierung von Gütern und die Bereitstellung der für den Güterfluss benötigten standortspezifischen Infrastruktur wie beispielsweise das KV-Terminal, zentrale Kühlgutlager, Gleisanschlüsse, Leitsysteme und Parkplätze. Zusätzliche Funktionen

368 Vgl. Schulte, C., 2013, S. 215; Kummer, S., 2006, S. 144.
369 Vgl. Aberle, G., 2009, S. 560.
370 Vgl Nobel, T., 2004, S. 53–55.
371 Vgl. Schulte, C., 2013, S. 215.
372 Vgl. Rall, B., 2008, S. 779.
373 Vgl. Krampe, H./ Lucke, H.-J./ Schenk, M., 2012, S. 436.
374 Vgl. für die folgenden Ausführungen, falls nicht anders gekennzeichnet: Schulte, C., 2013, S. 215; Rall, B., 2008, S. 779; Nobel, T., 2004, S. 53–55; Krampe, H./ Lucke, H.-J./ Schenk, M., 2012, S. 436 f.
375 Vgl. Kummer, S., 2006, S. 144.

von GVZ werden als **Sonderfunktionen** bezeichnet. Dazu gehören beispielsweise der Verkauf, die Vermietung, die Verpachtung und die Verwaltung von Grundstücken und Gebäuden, die Einrichtung von Tankstellen und zusätzliche Fahrzeug- und Werkstattdienste, Sicherheits- und Überwachungsdienste, Verwaltungsdienste wie Zollabfertigung, Versicherung und zentrale Kommunikationseinrichtungen, Entsorgungsdienste sowie Verkehrsinformationsdienste, Gemeinschaftswerbung und Schulungsprogramme. In Tabelle 4 sind die hauptsächlichen GVZ-Funktionen nochmals zusammengefasst.

Tabelle 4: Funktionen in GVZ [Quelle: Eigene Darstellung]

Hauptfunktionen	Nebenfunktionen	Sonderfunktionen
- Schnittstelle zwischen Nah- und Fernverkehr - Umschlag von Waren - Lagerhaltung - interne Transporte	- Güterbehandlungsdienste - Bereitstellung der standortspezifischen Infrastruktur	- Sicherheits- und Überwachungsdienste - Verwaltungsdienste - Informations- und Beratungsdienste - Autohofdienste - Entsorgungsdienste

Die **Ziele von GVZ**, welche durch die dargestellten Haupt-, Neben- und Sonderfunktionen verfolgt werden, sind wirtschaftlicher, verkehrspolitischer sowie städtebaulicher Natur mit umweltpolitischen Zielen als Querschnittsfunktion.[376]

Im Zusammenhang mit **wirtschaftlichen Zielen** steht die Verbesserung der Wettbewerbssituation eines Unternehmens oder einer Supply Chain durch Unternehmenskooperationen und die vereinfachte Koordinierung zwischen den rechtlich selbständigen Unternehmen in GVZ.[377] Weiterhin entstehen Wettbewerbsvorteile durch die Nutzung von Synergieeffekten aufgrund der räumlich konzentrierten Bündelung logistikintensiver Unternehmen, des hohen Angebots an logistischen Dienstleistungen sowie der gemeinschaftlichen Nutzung logistischer Infrastrukturen in GVZ.[378]

Mit dem Betrieb von GVZ sind auch regional- und volkswirtschaftliche Interessen verbunden: Erwartet wird etwa eine Verbesserung der regionalen Wirtschaftsstruktur.[379] **Verkehrspolitische Ziele** streben die Entlastung des Verkehrs durch GVZ an und tragen als Nebeneffekt zu einer höheren Verkehrssicherheit bei. Erreicht werden sollen die verkehrspolitischen Ziele durch die Vermeidung von Leerfahrten und eine höhere Fahrzeugauslastung sowie eine Verlagerung des Verkehrs von der

376 Vgl. Schulte, C., 2013, S. 216; Welp, H., 2010, S. 7; Glaser, J., 1993, S. 199.
377 Vgl. Kummer, S., 2006, S. 144.
378 Vgl. Nobel, T., 2004, S. 56.
379 Vgl. Kummer, S., 2006, S. 144.

Straße auf den Verkehrsträger Schiene.[380] Im Zuge **städtebaulicher Ziele** werden die Standortverlagerung von Güterverkehrsbetrieben aus den Städten heraus und die Ansiedlung dieser in einem GVZ sowie die Entlastung des innerstädtischen Verkehrs zur Erhöhung der Lebensqualität verfolgt.[381] Die Reduzierung des Güterverkehrs sowie die Entlastung des innerstädtischen Verkehrs bei gleichzeitig besserer Fahrzeug- und Infrastrukturausnutzung führen zu einer Reduktion der Umweltbelastung in Form von Lärm- und Schadstoffemissionen, wodurch sich auch positive Effekte für die Umwelt ergeben.[382]

Für die gezielte Inanspruchnahme von Synergiepotentialen in GVZ wird die Einrichtung geeigneter **Trägerschaften** empfohlen. In den vorhandenen GVZ werden dafür überwiegend GVZ-Entwicklungsgesellschaften (GVZ-E) als federführende Instanz etabliert. Daneben gibt es aber auch Kooperationen zwischen GVZ-E und einer Stadt bzw. einer Hafengesellschaft, landeseigene Projektentwickler, Zweckverbände, private Projektentwickler im öffentlichen Auftrag sowie die Stadt bzw. eine städtische Gesellschaft als federführende Entwicklungsträger.[383] Die GVZ-Trägerschaft ist als neutrale **Moderationsinstanz** neben der Erschließung und Entwicklung von Synergiepotentialen maßgeblich für die Planung und Entwicklung des Areals verantwortlich.[384] Dies impliziert u. a. Aufgaben wie Marketingaktivitäten, Aufgaben der Administration, Initiierung und Begleitung von KV-Aktivitäten, die Organisation interner Rationalisierungsmaßnahmen sowie externe Kooperationsansätze wie beispielsweise City-Logistik und Entsorgungslogistik.[385]

Die Übertragung der auf lokaler und regionaler Ebene auftretenden positiven GVZ-Effekte auf die nationale und internationale Ebene wird unterstützt durch die im Jahre 1993 gegründete Deutsche GVZ-Gesellschaft mbH (DGG). Diese fördert als Dachverband der deutschen GVZ die überregionale Kooperation der GVZ-Trägerschaften durch Vernetzung dieser in der DGG und vertritt die standortübergreifenden Interessen der GVZ-Entwickler. Weiterhin ist die DGG als Kommunikationsplattform für den Erfahrungsaustausch zwischen den einzelnen GVZ tätig.[386] Von den in Deutschland aktuell existierenden 35 GVZ sind momentan 21 GVZ Mitglieder bzw. Gesellschafter der DGG.[387] Eine Übersicht über das aktuell bestehende GVZ-Netzwerk in Deutschland findet sich in Abbildung 22.

380 Vgl. Welp, H., 2010, S. 7.
381 Vgl. Nobel, T., 2004, S. 56.
382 Vgl. Welp, H., 2010, S. 7; Kummer, S., 2006, S. 145; Glaser, J., 1993, S. 199.
383 Vgl. Nobel, T., 2004, S. 167.
384 Vgl. Nobel, T., 2004, S. 59.
385 Vgl. Welp, H., 2010, S. 12; Nobel, T., 2004, S. 168 f. und S. 175–177.
386 Vgl. DGG, 2014a, http://www.gvz-org.de/index.php?id=48&no_cache=1, Zugriff am 26.01.2014.
387 Vgl. DGG, 2014b, S. 1.

Abbildung 22: GVZ-Netzwerk in Deutschland [Quelle: DGG, 2014b, S. 1.]

Im Hinblick auf die in dieser Arbeit verfolgte Zielsetzung der Aufrechterhaltung und Absicherung von Wertschöpfungsprozessen in GVZ spielen neben den dort vorhandenen Infrastrukturen auch die dort ablaufenden logistischen Prozesse eine wichtige Rolle. Diese können durch eintretende Risikoereignisse unterbrochen und dadurch in ihrer Funktionsfähigkeit eingeschränkt werden. Daher wird im nächsten Kapitel noch gesondert auf die logistischen Prozesse in GVZ eingegangen.

2.3.3.2 Beschreibung und Darstellung von Logistikprozessen in Güterverkehrszentren

Als logistische Prozesse lassen sich Transport-, Lager-, Umschlag-, Kommissionier- und Verpackungsprozesse sowie Informations- und Kommunikationsprozesse zur Steuerung des Güterflusses identifizieren.[388]

In Anlehnung an die in Kapitel 2.3.3.1 aufgeführten Hauptfunktionen von GVZ und die soeben genannten logistischen Prozesse lassen sich daraus für GVZ Umschlag-, Lager- und Transportprozesse als Kernprozesse ableiten.

Der Umschlag von Gütern findet immer dann statt, wenn Schnittstellen im Materialfluss auftreten, und dient der Verknüpfung der einzelnen Transportabschnitte in der Transportkette.[389] Bezogen auf GVZ wird im Rahmen dieser Arbeit der Umschlag im Materialfluss zwischen verschiedenen Unternehmen betrachtet, der zwischen ein und demselben oder zwei verschiedenen Verkehrsträgern stattfindet.[390]

Die **Umschlagprozesse** lassen sich dabei unterteilen in Umschlagvorgänge, bei welchen die Ladeeinheiten aufgelöst und neu zusammengestellt werden, und in Umschlagvorgänge ohne Auflösung der Ladeeinheiten, welche kennzeichnend für KV-Terminals sind.[391] Als Ladeeinheiten werden in der Regel Container und Wechselbrücken verwendet. Typische Umschlagprozesse sind die Anlieferung, das Be- und Entladen, das Sortieren, das Ein- und Auslagern von Ladeeinheiten sowie unterstützende Kontroll- und Serviceprozesse. Die Umschlagprozesse selbst müssen so gestaltet sein, dass sich die aus dem Umschlag ergebenden Kosten und Durchlaufzeiten in akzeptablen Grenzen halten.[392]

Der **Lagerprozess** ist eng gekoppelt mit dem Umschlagprozess[393] und umfasst das Einlagern, die Lagerung und das Auslagern.[394] Durch Kommissionierprozesse wird die Anordnung von Objekten im Materialfluss verändert.[395] Mit den Lager- und Kommissionierprozessen direkt verbunden sind Verpackungs- und Etikettierprozesse.[396] Bei den im Rahmen des Umschlags stattfindenden Lagerprozessen handelt es sich in der Regel um kurzfristige Zwischenlagerungen im Zuge der Optimierung des Transportprozesses. Dies ergibt sich aus der Funktion von GVZ als Schnittstelle zwischen Nah- und Fernverkehr, wodurch die kurzfristige Lagerung zur Sammlung oder Verteilung von Gütern unerlässlich ist.[397] Weitere Lagerprozesse, die in GVZ vorzufinden sind, ergeben sich aus der Bereitstellung von Serviceeinrichtungen in

388 Vgl. Fleischmann, B., 2008, S. 6.
389 Vgl. Schulte, C., 2013, S. 235 f.
390 Vgl. Schulte, C., 2013, S. 239.
391 Vgl. Stein, A., 2012, S. 601.
392 Vgl. Schulte, C., 2013, S. 239 f.; Fleischmann, B., 2008, S. 7.
393 Vgl. Stein, A., 2012, S. 602.
394 Vgl. Fleischmann, B., 2008, S. 7.
395 Vgl. Fleischmann, B., 2008, S. 1.
396 Vgl. Gudehus, T., 2012, S. 1039.
397 Vgl. Schulte, C., 2013, S. 240 f.; Stein, A., 2012, S. 600 f.

Form zentraler Sonderlager wie beispielsweise Kühl- oder Gefahrgutlager, wobei die langfristige Lagerung keine originäre Aufgabe von GVZ ist.[398]

Transportprozesse werden gewöhnlich in inner- und außerbetriebliche Transportprozesse unterteilt.[399] Für GVZ als Logistikknoten ist jedoch eine Einteilung in ein- und ausgehende Transportprozesse des Güternah- und -fernverkehrs sowie in interne Transportprozesse sinnvoller.[400] Ein- und ausgehende Gütertransporte des Nahverkehrs erfolgen in den meisten Fällen über den Verkehrsträger Straße, ein- und ausgehende Gütertransporte des Fernverkehrs meist über die Verkehrsträger Schiene oder Binnenwasserstraße. Interne Transportprozesse finden zwischen dem KV-Terminal und GVZ-ansässigen Unternehmen statt.[401]

Die im engen Zusammenhang mit dem Güterfluss stehenden und diesen **unterstützenden logistischen Prozesse** in GVZ sind Kommissionier- und Verpackungsprozesse.[402] Der Kommissionierprozess ist eine Zusatzfunktion des Lagerprozesses und umfasst das geordnete Auslagern und Zusammenstellen von Waren nach Aufträgen.[403] Verpackungsprozesse dienen dem Schutz der Güter und sollen eine einfache Handhabung bei Umschlag und Kommissionierung sowie eine gute Raumausnutzung bei Lagerung der Güter ermöglichen.[404]

Durch die räumliche Konzentration verschiedener logistischer Prozesse und die Verknüpfung dieser in einem GVZ kann es bei Eintritt eines Risikoereignisses zur Unterbrechung des Wertschöpfungsprozesses kommen. Für die Aufrechterhaltung des Güterflusses und die Fortführung bzw. den schnellen Wiederanlauf der Geschäftstätigkeit ist es daher notwendig, die Prozessabläufe sowie alle Faktoren, die auf die Prozesse einwirken, zu kennen.[405]

Zur Schaffung eines Überblicks über die in GVZ stattfindenden Abläufe sind Prozessdarstellungen geeignet. Sie veranschaulichen die elementaren Schritte in Prozessabläufen auf der operativen und planerischen Ebene und zeigen die für die Ausführung der Wertschöpfungsprozesse benötigten Ressourcen, Kapazitäten und die verantwortlichen sowie ausführenden Personen auf.[406] Zudem verdeutlichen Prozessdarstellungen sowohl die Schnittstellen und Abhängigkeiten zwischen unternehmensinternen Prozessen als auch zwischen unternehmensübergreifenden Prozessen der Supply Chain Partner.[407]

---

398 Vgl. Bauseler, A./ Dilling, C./ Schulze im Hove, A./ Stüllenberg, F., 2003, S. 20.

399 Vgl. Fleischmann, B., 2008, S. 6.

400 Vgl. Rall, B., 2008, S. 779; Bauseler, A./ Dilling, C./ Schulze im Hove, A./ Stüllenberg, F., 2003, S. 17 f.

401 Vgl. Rall, B., 2008, S. 779.

402 Vgl. Bauseler, A./ Dilling, C./ Schulze im Hove, A./ Stüllenberg, F., 2003, S. 16.

403 Vgl. Gudehus, T., 2012, S. 613.

404 Vgl. Fleischmann, B., 2008, S. 7.

405 Vgl. Engel, H., 2009, S. 76.

406 Vgl. Breuer, C./ Siestrup, G./ Haasis, H.-D., 2012, S. 132.

407 Vgl. Kern, E.-M./ Hartung, T., 2008, S. 60.

Die Darstellung und Modellierung von Prozessen kann durch verschiedene Methoden erfolgen. Diese weisen unterschiedliche Formalisierungsgrade auf und decken ein breites Spektrum von verbalen bis mathematischen Formen ab,[408] wobei prinzipiell zwischen formalen, semiformalen und informalen Methoden unterschieden wird.[409]

Die Art der **Prozessdokumentation** bzw. die Auswahl einer Darstellungsform orientiert sich an dem mit der Prozessmodellierung verfolgten Einsatzzweck und der damit verbundenen Zielsetzung.[410] Neben dem Formalisierungsgrad lässt sich dabei die Eignung einer Methode u. a. anhand der Anforderungskriterien Verständlichkeit, Genauigkeit und Korrektheit, der Beherrschung von Komplexität, dem Erstellungsaufwand und dem Umfang an Darstellungstechniken festmachen.[411]

Wie bereits in Kapitel 2.1.6 dargelegt, tragen schnell verfügbare und in problemspezifischer Form aufbereitete Informationen zur Steigerung der Entscheidungseffizienz bei und unterstützen das Treffen von fundierten Entscheidungen.

Da die Sicherstellung der Wertschöpfung durch die Aufrechterhaltung und Fortführung des laufenden Betriebes erfolgt, ist insbesondere die Kenntnis über die dazu notwendigen durchzuführenden Aktivitäten sowie deren zeitliche und logische Verknüpfung für die Entscheidungsfindung relevant.

Die Aufbereitung dieser Informationen findet über die Strukturierung der verschiedenen logistischen GVZ-Prozesse und deren Darstellung statt. Da insbesondere graphische Notationen eine hohe Anschaulichkeit aufweisen[412] und damit eine schnelle Interpretation der entscheidungsrelevanten Informationen erlauben, können diese im Rahmen des Risikomanagements als Informationsquelle herangezogen werden.[413] Die in den Prozessdarstellungen aufgezeigten Schnittstellen und Abhängigkeiten erlauben bei der Entscheidungsfindung im Falle des Risikoeintritts zudem die Berücksichtigung von Prozess- und Ressourceninterdependenzen.[414]

2.4 Zwischenfazit und Formulierung der Konzeptionsbausteine

Das theoretische Rahmengerüst für die Findung schneller, angemessener und systematischer Entscheidungen im Falle unvorhergesehener Risikoereignisse ist durch die Entscheidungstheorie gegeben. Durch sie werden die Begrifflichkeiten sowie auch die

408 Vgl. Bause, F./ Beilner, H./ Kriege, J., 2009, S. 19.
409 Vgl. Rosemann, M., 1997, S. 334; Gehring, H./ Gadatsch, A., 1999, S. 10.
410 Vgl. Allweyer, T., 2005, S. 130.
411 Vgl. Funk, B./ Gómez, J. M./ Niemeyer, P./ Teuteberg, F., 2010, S. 28; Schmelzer, H. J./ Sesselmann, W., 2008, S. 138.
412 Vgl. Gehring, H./ Gadatsch, A., 1999, S. 10.
413 Vgl. Kern, E.-M./ Hartung, T., 2008, S. 56 und S. 60.
414 Vgl. Haasis, H.-D., 2008a, S. 63.

Elemente definiert, die Einfluss auf Entscheidungen haben. Von wesentlicher Bedeutung für die Unterstützung des Menschen bei schwierigen und komplexen Entscheidungen sind die Versorgung des Entscheidungsträgers mit entscheidungsrelevanten Informationen und auch die Verarbeitung dieser Informationen (vgl. Kapitel 2.1).

Die Entscheidungsunterstützung in Risikosituationen und somit die Bewältigung dieser fällt in den Aufgabenbereich des Risikomanagements. Dieses beinhaltet den systematischen und risikobewussten Umgang mit Risiken und zielt auf die Schaffung von Transparenz in Risikosituationen. Am Ende des Risikomanagementprozesses steht die Entscheidung über Maßnahmen zur Bewältigung von Risiken (vgl. Kapitel 2.2).

Durch die zumeist multilaterale Vernetzung von Unternehmen in Supply Chains und die so entstehenden Logistiknetzwerke ergeben sich komplexe Wechselbeziehungen, wodurch sich das Risikomanagement innerhalb einer Supply Chain schwieriger gestaltet als in einem Einzelunternehmen.[415] Logistikknoten sind in Logistiknetzwerke als infrastrukturelle Verknüpfungspunkte des Verkehrs eingebunden und repräsentieren Standorte, in welchen Ressourcen zur Durchführung von standortgebundenen, unternehmensübergreifenden Wertschöpfungsprozessen bereitgestellt werden.[416]

GVZ als spezielle Form von Logistikknoten tragen als Orte der Wertschöpfung[417] zur effizienten Gestaltung von Supply Chains bei. Sie weisen eine Vielzahl an logistischen Wertschöpfungsprozessen auf und sind Gegenstand der im Rahmen dieser Arbeit betrachteten Entscheidungsunterstützung zur Bewältigung von Risiken (vgl. Kapitel 2.3).

Insgesamt kann festgehalten werden, dass die Entscheidungstheorie die wesentlichen konzeptionellen Grundlagen für das Risikomanagement liefert. Der Fokus des hier betrachteten entscheidungsorientierten Risikomanagements liegt auf den in logistische Netzwerke eingebundenen GVZ als sensible Logistikknoten. Dieser Sachverhalt ist in Abbildung 23 dargestellt. Dabei sind auch die in Kapitel 2 vorgestellten Elemente aufgeführt. Die Ausgestaltung der verschiedenen Elemente erfolgt in Hinblick auf die Bewältigung von Risiken.

415 Vgl. Kajüter, P., 2007, S. 16; Steven, M./ Pollmeier, I., 2007, S. 277.
416 Vgl. Sucky, E., 2008, S. 934.
417 Vgl. Nobel, T., 2008, S. 32.

Abbildung 23: Theoretischer Zusammenhang [Quelle: Eigene Darstellung]

Für die in dieser Arbeit verfolgte Zielsetzung der Bewältigung von Risiken nach Eintritt unvorhergesehener Risikoereignisse ist ein Bedarf an Entscheidungsunterstützung aus verschiedenen Gründen gegeben.

Durch die zunehmende Vernetzung von Unternehmen in Supply Chains und sich ständig wandelnde Rahmenbedingungen im wirtschaftlichen, technischen, politischen, rechtlichen und gesellschaftlichen Bereich entwickelt sich eine immer komplexere und dynamischere Wirtschaftswelt.[418] Um Unternehmen und damit ganze Supply Chains krisenfest zu gestalten und deren Fortbestand zu sichern, sind ein systematischer und bewusster Umgang mit Risiken und die Einbeziehung von Risikoinformationen in die Entscheidungsfindung unumgänglich.[419] Die dadurch zunehmende Anzahl an zu berücksichtigenden Faktoren bei der Entscheidungsfindung sowie die immer komplexere und dynamischere Wirtschaftswelt lassen Entscheidungssituationen immer komplexer werden. Verfahren der Entscheidungsunterstützung bekommen dadurch eine immer größere Bedeutung bei der systematischen Erfassung relevanter Informationen und der konsistenten Verarbeitung dieser durch die Entscheidungsträger.[420] Auch bei Entscheidungen unter Zeitdruck sind Verfahren der Entscheidungsunterstützung von großer Wichtigkeit. Einerseits neigt der

418 Vgl. Schneck, O., 2010, S. 15–19.
419 Vgl. Schneck, O., 2010, S. 15–19.
420 Vgl. Eisenführ, F./ Weber, M., 2003, S. 3.

Mensch in solchen Situationen zu kognitiven Verzerrungen bei der Entscheidungsfindung und verarbeitet Informationen nur selektiv und nicht logisch konsistent.[421] Andererseits besteht aufgrund der begrenzten Zeit für die Informationsbeschaffung eine größere Unsicherheit in der Entscheidungssituation, und die Risikobereitschaft eines Entscheidungsträgers bei der Entscheidung für eine Handlungsmaßnahme nimmt zu.[422] Verfahren der Entscheidungsunterstützung können bei komplexen Entscheidungen unter Zeitdruck somit einerseits bei der Strukturierung und konsistenten Verarbeitung von entscheidungsrelevanten Informationen unterstützen und andererseits den kognitiven Aufwand bei der Informationsversorgung verringern und der selektiven Auswahl von Informationen vorbeugen.

Tritt ein unvorhergesehenes Risikoereignis in einem GVZ ein, so sind Entscheidungen für die zügige Bewältigung der aus dem Risikoereignis resultierenden Schadensauswirkungen unter Zeitdruck und unter Beachtung einer Vielzahl von unsicheren Einflüssen zu treffen, wodurch ein begründeter Bedarf an Entscheidungsunterstützung besteht.

Vor diesem Hintergrund ist es auffallend, dass in der Literatur hauptsächlich die Phase der Risikoidentifikation mit den Punkten Problemdefinition und Klassifizierung von Supply Chain Risiken fokussiert bzw. die Übertragung allgemeiner Erkenntnisse des Risikomanagements auf das Supply Chain Risikomanagement behandelt wird. Umfassende Konzepte, welche großen Anwendungsbezug aufweisen, finden sich nur in einer frühen Entwicklungsphase.[423] Daneben stellen Wagner und Bode (2007) fest, dass die Handhabung der Auswirkungen von Risiken in der Literatur kaum Beachtung findet und die meisten im Zusammenhang mit der Risikosteuerung diskutierten Maßnahmen sich auf die Risikovermeidung und Risikominderung beziehen.[424]

Publikationen, die Unterbrechungen bzw. Störungen in Supply Chains behandeln, sind allgemein und abstrakt gehalten und weisen kaum Informationen auf, wie aus praktischer Sicht sowohl kurz- als auch langfristig mit diesen Unterbrechungen bzw. Störungen umzugehen ist.[425]

Auch die Betrachtung von Interdependenzen zwischen den Risiken wurde in den bisher publizierten Beiträgen kaum thematisiert: In einer von Buscher, Wels und Winter (2007) durchgeführten bibliografischen Analyse zum Supply Chain Risikomanagement wurden lediglich drei Ansätze identifiziert, welche die funktionalen Zusammenhänge von Supply Chain Risiken behandeln.[426]

Neben der fehlenden Berücksichtigung von Wechselwirkungen zwischen den Risiken werden auch kaum dynamische Aspekte der Risikofaktoren, also die Weiterentwicklung der Risiken im Zeitverlauf, betrachtet.[427] Gerade im Kontext mit

421 Vgl. Jungermann, H./ Pfister, H.-R./ Fischer, K., 2005, S. 281 f.
422 Vgl. Badke-Schaub, P./ Frankenberger, E., 2004, S. 168.
423 Vgl. Pfohl, H.-C./ Köhler, H./ Thomas, D., 2010, S. 38 f.
424 Vgl. Wagner, S. M./ Bode, C., 2007a, S. 70.
425 Vgl. Blackhurst, J./ Craighead, C. W./ Elkins, D./ Handfield R. B., 2005, S. 4067.
426 Vgl. Buscher, U./ Wels, A./ Winter, D. H., 2007, S. 347–375.
427 Vgl. Winkler, H./ Kaluza, B., 2007, S. 332.

Supply Chains ist eine dynamische Betrachtung der Risikofaktoren jedoch unerlässlich, da sich Risiken über nachfolgende Partner fortsetzen und den wirtschaftlichen Schaden vergrößern.[428] Auch Blackhurst, Craighead, Elkins und Handfield (2005) sehen einen weiteren Entwicklungsbedarf in Bezug auf die schnelle Wiederherstellung des laufenden Betriebes.[429]

Aufgrund der Tatsache, dass in der wissenschaftlichen Forschung Logistikknoten meist als Black Box betrachtet werden, ergibt sich neben den bestehenden Defiziten aus dem Supply Chain Risikomanagement auch aus logistischer Sicht ein Bedarf für die Modellierung und Analyse logistischer Knotenpunkte.[430] Ebenso konstatieren Huber, Klauenberg und Lenz (2013), dass Transportnetzknoten, zu welchen GVZ zählen, in der Güterverkehrsmodellierung kaum Berücksichtigung finden.[431]

Aufgrund dieser Ausführungen werden zur **Komplexitätsreduktion** von Entscheidungsproblemen und zur **Beherrschung von Dynamiken** bei der konzeptionellen Entwicklung der Methodik in Kapitel 3 daher die folgenden Module berücksichtigt:

- Informationsbedarfsanalyse für die Erhebung der risikorelevanten Informationen,
- Situationsanalyse für die Ermittlung und Strukturierung der situationsbestimmenden Einflussfaktoren und deren Beziehungen,
- Flussanalyse für die Erfassung der Dynamiken im Zeitverlauf,
- Maßnahmenanalyse für die Berücksichtigung von Interdependenzen zwischen Maßnahmen im Zeitverlauf.

428 Vgl. Jüttner, U./ Peck, H./ Christopher, M., 2003, S. 198.
429 Vgl. Blackhurst, J./ Craighead, C. W./ Elkins, D./ Handfield R. B., 2005, S. 4069.
430 Vgl. Bretzke, W.-R., 2010, S. 69.
431 Vgl. Huber, S./ Klauenberg, J./ Lenz, B., 2013, S. 74.

3 Konzeption einer Methodik zur Entscheidungsunterstützung für die Bewältigung von Risiken

Ziel dieses Kapitels ist die konzeptionelle Entwicklung einer Methodik zur Unterstützung einer schnellen, angemessenen und systematischen Entscheidungsfindung bei Eintritt von Risikoereignissen in GVZ. Wie bereits in Kapitel 1.2 ausgeführt, wird mit der Entscheidungsunterstützung die zügige Bewältigung der aus unvorhergesehenen Risikoereignissen resultierenden negativen Auswirkungen verfolgt. Durch schnelle Entscheidungen sollen schnelle Reaktionen ermöglicht werden, um das Schadensausmaß möglichst gering zu halten und die Wertschöpfung sicherzustellen. Zu ergreifende Handlungsmaßnahmen und -strategien zielen auf die Aufrechterhaltung und Fortführung des laufenden Betriebes bzw. einen schnellen Wiederanlauf der Geschäftstätigkeit. Die Vorgehensweise zur Zielerreichung wird durch die in diesem Kapitel vorgestellte Konzeption der Entscheidungsunterstützung bestimmt.

In Kapitel 3.1 werden dazu zunächst die mit der Konzeption verfolgten Ziele sowie der Aufbau der aus mehreren Modulen bestehenden Methodik zur Erreichung dieser Ziele dargelegt. Auf die Ausgestaltung der einzelnen Module wird in den Kapiteln 3.2 bis 3.5 eingegangen. Kapitel 3 schließt mit einem Zwischenfazit und der Formulierung der Anforderungen an das zu entwickelnde Modell der Entscheidungsunterstützung.

3.1 Konzeption und Aufbau der Methodik

Grundlage für die Entwicklung einer Konzeption ist ein bestehender Bedarf, welchen es zu erfüllen gilt. Die mit einer Konzeption verfolgte Zielsetzung entspricht dabei der ergebnisorientierten Formulierung der Bedarfserfüllung, während der Weg für die Bedarfserfüllung durch eine in der Konzeption dargelegte Methodik beschrieben wird.[432]

Hinsichtlich der hier in dieser Arbeit betrachteten **Bewältigung von Risikoauswirkungen** ist ein **Bedarf an Entscheidungsunterstützung** gegeben. Wie die Entscheidungsunterstützung zur Risikobewältigung erreicht werden soll, wird in den folgenden Kapiteln konzipiert. Wesentliche Voraussetzung bei der Entwicklung einer Konzeption ist die **Formulierung der Ziele**. Ein sinnvolles Vorgehen dafür ist der übersichtliche Aufbau einer Zielhierarchie zur Schaffung von Transparenz.[433] Dabei erfolgt aus einer allgemein gehaltenen Zielsetzung heraus die Präzisierung des Oberziels durch die Formulierung von Unterzielen, welche sich auf verschiedene Aspekte des

432 Vgl. Michel-Schwartze, B., 2007, S. 305 und S. 307.
433 Vgl. Michel-Schwartze, B., 2007, S. 305 f.

übergeordneten Ziels beziehen.[434] Eisenführ und Weber (2003) sehen in diesem Zusammenhang die Unterscheidung von Fundamental- und Instrumentalzielen als unerlässliche Voraussetzung an.[435] Fundamentalziele steuern das Entscheidungsverhalten und bedürfen in dem betrachteten Entscheidungskontext keiner weiteren Begründung, während Instrumentalziele Mittel zur Erreichung von Fundamentalzielen sind.[436]

Oberstes Fundamentalziel dieser Arbeit ist die Risikobewältigung. Erreicht werden soll dieses Ziel durch die Entscheidungsunterstützung, welche in diesem Zusammenhang somit ein Instrumentalziel darstellt. Im Kontext der Konzeptionsentwicklung wiederum ist die Entscheidungsunterstützung oberstes Fundamentalziel. Durch die Entwicklung einer Zielhierarchie und die ergebnisorientierte Formulierung der Teilziele kann die Entscheidungsunterstützung als Ziel der Konzeption operationalisiert werden. Dazu sind die verschiedenen Aspekte der Entscheidungsunterstützung näher zu betrachten.

Wie bereits in Kapitel 2.1.6 ausgeführt, zielt die **Entscheidungsunterstützung** auf die Verbesserung der Entscheidungseffizienz, worunter sowohl die **Senkung des Entscheidungsaufwandes** als auch die **Erhöhung der Entscheidungsqualität** verstanden wird.[437] Von wesentlicher Bedeutung für die Verbesserung der Entscheidungseffizienz sind dabei die Informationsversorgung des Entscheidungsträgers sowie die Verarbeitung dieser Informationen.[438]

Der **Entscheidungsaufwand** resultiert aus der Informationsbeschaffung und der Aufbereitung dieser Informationen.[439] Die **Entscheidungsqualität** hängt von den vorhandenen Informationen und den Methodenkenntnissen eines Entscheiders bezüglich der Informationsverarbeitung ab.[440] Werden die risikorelevanten Informationen im Vorfeld erfasst und aufbereitet, kann der Entscheidungsaufwand in der Risikosituation selbst verringert werden. Die strukturierte Aufbereitung der Informationen im Vorfeld schafft zudem gute Voraussetzungen für die zielgerichtete Verarbeitung dieser Informationen in der Risikosituation und trägt zur Erhöhung der Entscheidungsqualität bei.

Die Identifikation der relevanten und im Vorfeld zu erfassenden Aspekte, welche für die Ermöglichung schneller Reaktionen in Risikosituationen bekannt sein müssen, erfolgt anhand der Teilziele **Komplexitätsreduktion** und **Beherrschung von Dynamiken**.

Komplexität resultiert einerseits aus der Unsicherheit im Zusammenhang mit zukünftigen Ereignissen, Handlungen und Entscheidungen, welcher durch die **Verfügbarkeit aktueller risikorelevanter Informationen** entgegengewirkt werden

---

434 Vgl. Eisenführ, F./ Weber, M., 2003, S. 62.
435 Vgl. Eisenführ, F./ Weber, M., 2003, S. 56.
436 Vgl. Jungermann, H./ Pfister, H.-R./ Fischer, K., 2005, S. 106; Eisenführ, F./ Weber, M., 2003, S. 56.
437 Vgl. Lassmann, W., 2006, S. 415; Pfohl, H.-C., 1977, S. 44.
438 Vgl. Klesse, M./ Melchert, F./ von Maur, E., 2003, S. 115.
439 Vgl. Bach, N., 2008, S. 109.
440 Vgl. von Werder A./ Nestler, A., 1998, S. 89.

soll.[441] Andererseits resultiert Komplexität aus der zunächst unbekannten Struktur einer Entscheidungssituation, woraus sich hinsichtlich der Komplexitätsreduktion als weiteres Teilziel die **Strukturierung der Entscheidungssituation** ergibt.[442]

Dynamiken umfassen Veränderungen im Zeitverlauf: Veränderungen der Entscheidungselemente, Veränderungen der zwischen ihnen bestehenden Beziehungen und Zustandsveränderungen.[443] Für die weiteren Ausführungen wird bei den Veränderungen der Entscheidungselemente auf die Maßnahmen, die im Zeitverlauf ergriffen werden, und den zwischen ihnen bestehenden Beziehungen fokussiert. Als erstes Teilziel wird in diesem Zusammenhang die **Kenntnis über bestehende Interdependenzen** von Maßnahmen im Zeitverlauf formuliert. Ein weiteres Ziel ist die **Berücksichtigung von Veränderungen im Zeitverlauf**, die sich auf die Ergreifung adäquater Maßnahmen auswirken und sich aus den Veränderungen des Warenflusses im Tages- und Wochenverlauf ergeben.

In Bezug auf die Entscheidungsqualität ist ein Teilziel die **Vermeidung von potentiellen Entscheidungsfehlern**, welche unter Zeitdruck entstehen können.[444] Ein weiterer Aspekt der Entscheidungsqualität drückt sich durch das Teilziel der **systematischen Vorgehensweise** in Entscheidungssituationen aus, welche eine bessere Nutzung von vorhandenem Faktenwissen erlaubt.[445] Die formulierten Ziele sind in der Zielhierarchie in Abbildung 24 dargestellt.

Abbildung 24: Zielhierarchie der Konzeption [Quelle: Eigene Darstellung]

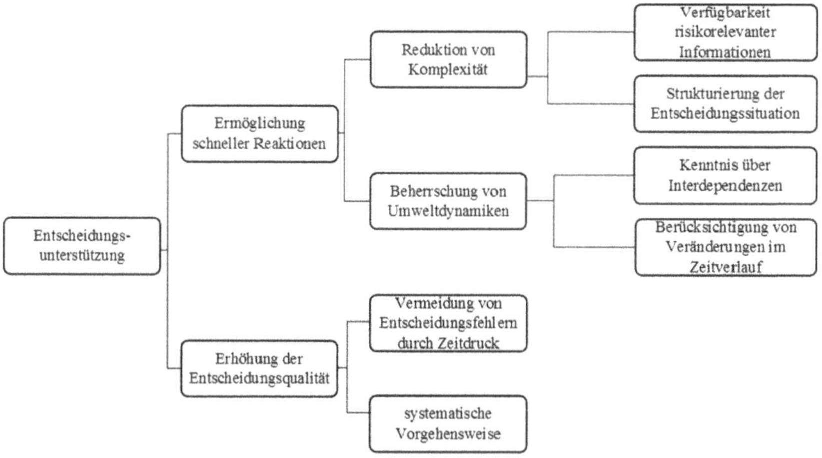

441 Vgl. Eisenführ, F./ Weber, M., 2003, S. 3.
442 Vgl. Grünig, R./ Kühn, R., 2013, S. 3.
443 Vgl. Riesenhuber, M., 2006, S. 28 f.
444 Vgl. Jungermann, H./ Pfister, H.-R./ Fischer, K., 2005, S. 281 f.
445 Vgl. Grünig, R./ Kühn, R., 2013, S. 64.

Die in der Zielhierarchie aufgeführten Teilziele auf der untersten Ebene sind maßgeblich für die konzeptionelle Entwicklung der modularen Methodik. Der Aufbau der Methodik ist dabei derart gestaltet, dass jedes dieser Teilziele in einem Modul bzw. einem Baustein der Methodik konzeptionell umgesetzt wird. Das erste Modul beinhaltet die **Informationsbedarfsanalyse**, in welcher die relevanten Risikoinformationen zu erheben sind. In der **Situationsanalyse** als zweitem Modul werden die situationsbestimmenden Einflussfaktoren ermittelt und strukturiert. Durch das dritte Modul, die **Flussanalyse**, werden Veränderungen des Warenflusses im Zeitverlauf erfasst. Die **Maßnahmenanalyse** als viertes Modul berücksichtigt Interdependenzen von Maßnahmen im Zeitverlauf.

Gemeinsamer Ansatzpunkt der vier Module ist das Entscheidungsfeld mit den Elementen Handlungsalternativen, Umweltzustände und Konsequenzen (vgl. Kapitel 2.1.3.1). Ziel dieser Module ist es dabei, Erkenntnisse über die Ausgestaltung der Entscheidungselemente und deren Beziehungen zu erlangen. Die gewonnenen Erkenntnisse fließen in die Formulierung von **Handlungsempfehlungen**. Die Formulierung und die strukturierte Aufbereitung der Handlungsempfehlungen für den Fall eines Risikoeintritts stellen den fünften Baustein der modularen Methodik dar.

Der Gesamtzusammenhang zwischen den Zielen der Arbeit, den Konzeptionszielen und den Modulen der Methodik ist in Abbildung 25 dargestellt. Hierbei ist nochmals festzuhalten, dass das im Rahmen dieser Arbeit verfolgte Ziel der Risikobewältigung in den Bereich des Risikomanagements und dort in die Phase der Risikosteuerung fällt. Die für die Handhabung der formulierten Ziele herzuleitende Entscheidungsregel basiert dabei auf den theoretischen Grundlagen der Entscheidungstheorie.

Die Entscheidungsunterstützung und die mit ihr verfolgten Ziele als Mittel der Risikobewältigung setzen beim Entscheidungsprozess in der Phase der Willensbildung an und zielen auf das beschleunigte Treffen von fundierten Entscheidungen im Falle des Eintritts von Risikoereignissen. Die einzelnen Module der Methodik gehen aus diesen Zielen hervor und sind Gegenstand der nächsten Kapitel.

Abbildung 25: Einordnung und Aufbau der Konzeption [Quelle: Eigene Darstellung]

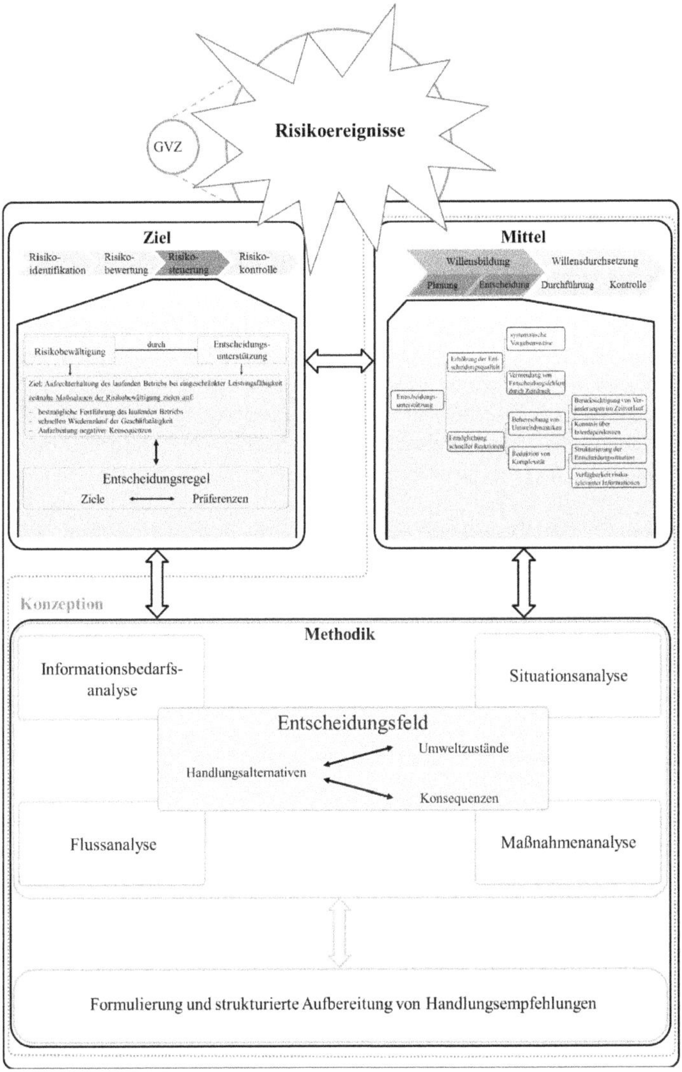

3.2 Informationsbedarfsanalyse

Die Bereitstellung und Verfügbarkeit risikorelevanter Informationen im Falle eines Risikoeintritts reduziert die Komplexität eines Entscheidungsproblems. Dies ist eine wichtige Voraussetzung für die zügige Risikobewältigung und die Wiederherstellung des Ausgangszustands nach Eintritt unvorhergesehener Risikoereignisse. Mit Hilfe der Informationsbedarfsanalyse wird hier das Ziel verfolgt, die risikorelevanten Informationen zu bestimmen und zu erheben.

Je nach Perspektive sind bei der Informationsbedarfsanalyse verschiedene Gesichtspunkte von Bedeutung: Bei einer statischen Sichtweise stehen Aspekte der Beziehungsstruktur wie **Aufbauorganisation**, Kapazitäten, Leistungsvermögen und Funktionen im Vordergrund. Bei Veränderungen im Zeitverlauf werden dynamische Aspekte wie die **Ablauforganisation** und der Weg der Güter und Waren durch das System betrachtet, welche durch die Prozessstruktur beschrieben sind.[446]

Tritt ein Risikoereignis ein, sind aktuelle Gegebenheiten, aber auch Veränderungen im Zeitverlauf zu berücksichtigen. Für die Aufrechterhaltung des Warenflusses in Logistikknoten bzw. GVZ im Speziellen sind somit Informationen zu den betroffenen Ressourcen und Infrastrukturen als Elemente der Beziehungsstruktur, aber auch Informationen zu den Prozessen und zu den Waren selbst als Elemente der Prozessstruktur risikorelevant.[447] Da das Volumen des Warenflusses die Veränderungen im Zeitverlauf determiniert, werden diese gesondert in Kapitel 3.4 thematisiert, während in diesem Kapitel unter den risikorelevanten Informationen für die Risikobewältigung in GVZ strukturelle Aspekte im Vordergrund stehen.

Dazu werden die risikorelevanten Informationen der Aufbau- und Ablauforganisation in GVZ analysiert und anschließend die Ergebnisse zusammengefasst.

3.2.1 Risikorelevante Informationen der Beziehungsstruktur

Die **Aufbauorganisation** eines GVZ wird durch die in einem GVZ ansässigen **Akteure** ausgestaltet. Die Akteure lassen sich dabei anhand ihrer unterschiedlichen Tätigkeiten charakterisieren. Für die Ausführung ihrer Tätigkeiten verfügen die Akteure über verschiedene **Ressourcen**. Diese können durch ihre mengenmäßigen Kapazitäten sowie ihre Verarbeitungskapazitäten beschrieben werden. In dieser Arbeit werden mengenmäßige Kapazitäten im Folgenden als **Kapazitäten** bezeichnet, im Zusammenhang mit Verarbeitungskapazitäten wird im Folgenden vom **Leistungsvermögen** einer Ressource gesprochen.

Auch gemeinsam genutzte und die Akteure verbindende **Infrastrukturen** können durch die Aspekte Leistungsvermögen und Kapazitäten beschrieben werden. Auf Akteure und Infrastrukturen in GVZ als wichtige Elemente der Beziehungsstruktur wird im Folgenden expliziter eingegangen.

Akteure:

Wie bereits in Kapitel 2.3.1 ausgeführt, sind in einem GVZ mehrere rechtlich selbständige Transport- und Logistikunternehmen als Akteure ansässig, welche in die

446 Vgl. Haasis, H.-D., 2008a, S. 61.

447 Vgl. Breuer, C./ Castine, J. D./ Siestrup, G./ Haasis, H.-D./ Wildebrand, H., 2013, S. 216.

dortigen Wertschöpfungsprozesse eingebunden sind. Zudem ist in jedem GVZ ein KV-Terminal vorhanden, welches die Verkehrsträger Straße und Schiene verbindet und durch ein privates Unternehmen oder ein Konsortium von Unternehmen wirtschaftlich betrieben wird. Von den 35 existierenden GVZ sind zudem 15 GVZ an den Verkehrsträger Wasserstraße angebunden,[448] weshalb auch Betreiber von Binnen- und Seehäfen zu den GVZ-Akteuren zählen. Weiterhin sind in GVZ zentrale Dienstleistungseinrichtungen wie beispielsweise Tankstellen, Werkstätten, Waschanlagen, Catering und sanitäre Einrichtungen vorhanden. Diese Betriebe gehen in ihrer Funktionalität über den eigentlichen Transport und Umschlag hinaus und werden in den weiteren Betrachtungen als Akteure vernachlässigt.[449] Auch die GVZ-Trägerschaften, häufig in Form einer GVZ-E, zählen zu dem Dienstleistungsbereich eines GVZ. Sie stellen eine neutrale Moderationsinstanz dar, welche die Ausschöpfung von Synergiepotentialen forciert und maßgeblich die Planung und Entwicklung eines GVZ beeinflusst. Als wichtige Aufgabenbereiche einer GVZ-Trägerschaft gelten die Vermarktung der GVZ-Areale, generelle Administrationstätigkeiten sowie die Initiierung und Begleitung von KV-Aktivitäten.[450]

Für die Bestimmung der zu berücksichtigenden akteursspezifischen risikorelevanten Informationen bietet sich eine Zusammenfassung der direkt an dem Warenfluss beteiligten Akteure nach ihren funktionalen Haupttätigkeiten in **Cluster** an. Eine erste Einteilung der GVZ-Akteure in Cluster anhand dieses Kriteriums existiert bereits aus einer vom Institut für Seeverkehrswirtschaft und Logistik (ISL) begleiteten Studie aus dem Jahre 1999.[451] Diese Einteilung ist inzwischen (im Zuge des Projektes PreparedNET im Jahre 2011) überarbeitet und aktualisiert. Die dabei definierten Cluster für GVZ[452] werden im Folgenden mit ihren die Beziehungsstruktur beschreibenden Aspekten (Funktionen, Kapazitäten und Leistungsvermögen) beschrieben:

- **KV-Terminal**: Wie bereits in Kapitel 2.3.3.1 dargelegt, stellen KV-Terminals Kernelemente von GVZ dar. Sie zeichnen sich durch ihre intermodale Struktur und ihre Funktion als verkehrliche Schnittstelle zwischen verschiedenen Verkehrsträgern aus. Wenn nicht anders angegeben, wird dabei im Folgenden von den Verkehrsträgern Straße und Schiene ausgegangen. Wichtige Funktionen von KV-Terminals sind der Umschlag und die Zwischenlagerung von standardisierten Ladeeinheiten zwischen den verschiedenen Verkehrsträgern. Als stationäre Ressourcen stehen dafür Portalkräne, interne Verkehrswege, Ladegleise und Lagerflächen zur Verfügung.[453] Wichtige Parameter für das im Rahmen dieser Arbeit

448 Vgl. LUB Consulting GmbH/ Institut für Seeverkehrswirtschaft und Logistik, 2010, S. 138.
449 Vgl. Nobel, T., 2004, S. 52 und S. 153 f.
450 Vgl. Nobel, T., 2004, S. 60 und S. 168 f.
451 Vgl. Sonntag, H./ Meimbresse, B./ Eckstein, W./ Lattner, J., 1999, S. 20 ff.
452 Vgl. Hochschule Furtwangen, 2011, internes Dokument.
453 Vgl. Latki, B./ Pitsch, H./ Greinert, C./ Meyr, C., 2010, S. 246.

zu entwickelnde Modell der Entscheidungsunterstützung sind die jeweiligen Kapazitäten der internen Verkehrswege, Ladegleise und Lagerflächen. Ein wichtiger Parameter für die Modellierung der Portalkräne ist das Leistungsvermögen.

- **Hafen**: Durch die zusätzliche Schnittstelle zur See- bzw. Binnenschifffahrt wird die Trimodalität von GVZ bestimmt.[454] Von den 35 in Deutschland aktuell existierenden GVZ weisen sechs eine Schnittstelle zu einem Seehafen und damit zum Seecontainerverkehr auf. Weitere elf GVZ verfügen über einen Binnenhafen. Von diesen elf trimodalen GVZ sind drei derart gestaltet, dass die Binnenhäfen direkt auf dem GVZ-Areal sind; bei den anderen acht trimodalen GVZ sind die Binnenhäfen als Teilstandorte in die GVZ integriert.[455] Häfen weisen verschiedene Funktionen auf. Für die Betrachtung von Häfen in GVZ steht der Güterumschlag zwischen den Verkehrsträgern Wasser und Straße bzw. Schiene im Vordergrund. Damit verbunden ist die Verfügbarkeit von Spezialumschlaggeräten wie Krananlagen für Stückgut und Container, Pumpanlagen für flüssige Güter oder Sauganlagen für Getreide. Für die Zwischenlagerung von Gütern werden Lagerflächen bereitgestellt.[456] Als stationäre Ressourcen stehen in einem Hafen somit auch Umschlaggeräte sowie interne Verkehrswege, Ladegleise und Lagerflächen zur Verfügung, für welche entsprechend der Ressourcen in KV-Terminals die jeweiligen Kapazitäten und das Leistungsvermögen zu berücksichtigen sind.
- **Kurier-, Express- und Paket- (KEP-) Dienstleister**: KEP-Dienstleister sind auf die Liefergeschwindigkeit ausgerichtet und transportieren im Wesentlichen Dokumente und Kleinsendungen. Dafür nutzen KEP-Dienstleister hauptsächlich die Verkehrsträger Straße und Luft.[457] Strukturelle Ressourcen sind für KEP-Dienstleister am Standort somit Lagerflächen mit ihren jeweiligen Kapazitäten sowie die Anbindung an den Verkehrsträger Straße.
- **Logistische Dienstleister (LDL) Non-Food**: Es gibt verschiedene Arten von Logistikdienstleistern, die sich hinsichtlich ihres Geschäftsgegenstands unterscheiden.[458] Die Leistungserbringung geht dabei über die Leistung klassischer Speditionen hinaus, welche die Sendungen von Dritten bündeln, den Gütertransport organisieren und die Umschlagvorgänge zwischen dem Hauptlauf und dem Vor- bzw. Nachlauf übernehmen.[459] Es haben sich jedoch viele Speditionen zu Logistikdienstleistern entwickelt und übernehmen inzwischen neben Transport-, Umschlag und Lagervorgängen auch weitere mittelbare und unmittelbare mit dem Transport verbundene Aufgaben.[460] Insgesamt ist unter einem Logistikdienstleister ein Unternehmen zu verstehen, welches ein komplettes logistisches System

---

454 Vgl. Nobel, T., 2004, S. 158.
455 Vgl. Schulte, C., 2013, S. 218 f. sowie LUB Consulting GmbH/ Institut für Seeverkehrswirtschaft und Logistik, 2010, S. 23–26.
456 Vgl. Patt, H./ Gonsowski, P., 2011, S. 373.
457 Vgl. Schulte, C., 2013, S. 192 f.
458 Vgl. Geiger, C., 2013, S. 63.
459 Vgl. Schulte, C., 2013, S. 200 f.
460 Vgl. Lucke, H.-J. et al., 2012, S. 317.

eines anderen Unternehmens übernimmt und dessen logistische Leistungen organisiert und koordiniert; diese Logistikdienstleister werden auch Kontraktlogistikdienstleister oder Systemdienstleister genannt.[461] Der Zusatz **Non-Food** bezieht sich auf die Art der durch einen Logistikdienstleister transportierten Güter, wobei auf verschiedene Güterarten noch in Kapitel 3.4.1 eingegangen wird.
In einem GVZ sind häufig Logistikdienstleister neben ihren Kunden anzutreffen, wodurch Transporteinsparungen entstehen können.[462] Ein weiterer Vorteil der Ansiedelung eines Logistikdienstleisters in einem GVZ ergibt sich durch den räumlich nahen Zugriff auf die dortigen Portalkräne in einem KV-Terminal für den Umschlag der Güter. Als eigene Ressourcen weist ein im Rahmen dieser Arbeit betrachteter Logistikdienstleister insbesondere Lagerflächen mit einer bestimmten Kapazität auf sowie interne Verkehrswege mit Anbindung an den Verkehrsträger Straße.

- **LDL Food**: Logistikdienstleister Food transportieren und lagern Lebensmittel, die für den täglichen Verbrauch bestimmt sind und für deren Transport hohe zusätzliche Anforderungen gelten. Einerseits ergeben sich aufgrund der Haltbarkeit der Güter besondere Anforderungen an deren Transport und an die gesamte Logistikkette, andererseits gelten neben hygienischen Bedingungen auch spezifische Anforderungen an die Umgebungstemperatur und es ist die unterbrechungsfreie Kühlkette sicherzustellen.[463] Für die standortbezogene Ressourcenausstattung eines Logistikdienstleisters Food ergibt sich dadurch neben der Verfügbarkeit von Lagerflächen und internen Verkehrswegen auch die Bereitstellung von Kühlgutlagern.
- **Postfracht**: Postfracht- oder Paketzentren bieten verkehrsgünstige Anbindungen an den Direktverkehr und sind gekennzeichnet durch interne Entlade- und Beladebereiche, welche mit Sortier- und Verteilanlagen ausgerüstet sind. Ziel ist die Sortierung und Zuordnung von ankommenden Paketsendungen entsprechend ihrer Destination zu den Bereichen Direktzustellung, Nah- und Fernverkehr sowie deren zügige Weiterleitung.[464] Die standortbezogene Ressourcenausstattung ist somit durch Lagerflächen mit bestimmten Kapazitäten und die Anbindung an den Verkehrsträger Straße gekennzeichnet.
- **Container Packing**: Unternehmen im Bereich des Container Packing bieten Serviceleistungen rund um die Verladung, den Transport, den intermodalen Umschlag und die Lagerung von Containern an. Weitere Leistungen sind beispielsweise die Laderaumoptimierung, die Be- und Entgasung sowie die Reparatur von Containern.[465] Durch die Ansiedelung eines Container Packing-Unternehmens in

461 Vgl. Geiger, C., 2013, S. 65; Schulte, C., 2013, S. 195.
462 Vgl. LUB Consulting GmbH/ Institut für Seeverkehrswirtschaft und Logistik, 2010, S. 113.
463 Vgl. Lucke, H.-J. et al., 2012, S. 396–399.
464 Vgl. Werners, B./ Thorn, J./ Freiwald, S., 2001, S. 508 f.
465 Vgl. DCP Bremen, 2014, http://www.dcp-bremen.de/index.php, Zugriff am 25.05.2014.

einem GVZ können für den Container-Umschlag die dort in einem KV-Terminal vorhandenen Portalkräne genutzt werden. Die standortbezogene Ressourcenausstattung von Container Packing-Unternehmen in GVZ ist somit durch interne Verkehrswege sowie durch Lagerhallenflächen gekennzeichnet, die Bereiche für verschiedene Arten von Gütern, beispielsweise Im- und Export-Güter, Sammelgut und Gefahrgut aufweisen.

- **Logistikintensive Produktionsunternehmen**: Durch die Bündelung logistischer Leistungen in einem GVZ sind diese auch für logistik- und transportintensive Produktionsunternehmen als Teil des Materialflusses attraktiv.[466] Häufig sind zudem deren Zulieferunternehmen in einem GVZ ansässig, so dass kurze Wege innerhalb einer Logistikkette realisiert werden können, auch durch die Inanspruchnahme der Dienste räumlich naher Transportunternehmer und Logistikdienstleister. Da innerhalb dieser Arbeit der auf ein GVZ bezogene Warenfluss und nicht die unternehmensinternen Warenflüsse betrachtet werden, sind für die Modellierung der risikorelevanten Informationen in Bezug auf die stationären Ressourcen von Produktionsunternehmen deren vorhandene Lagerflächen mit den Kapazitäten für die Bereitstellung und Zwischenlagerung von Produkten sowie deren Anbindung an die Verkehrsträger, hier der Verkehrsträger Straße, relevant.

Infrastrukturen:

Ein weiteres wichtiges Element der Beziehungsstruktur von GVZ sind die dort vorhandenen außerbetrieblichen Verkehrsträger als verkehrliche Infrastrukturen. Dies sind insbesondere die **Verkehrsträger** Straße und Schiene, bei trimodalen GVZ auch der Verkehrsträger Wasser, auf welchen der **physische Warentransport** stattfindet. Die verkehrlichen Infrastrukturen verbinden die in einem GVZ ansässigen Akteure und werden von diesen gemeinschaftlich für deren Logistik-, Transport- und Umschlagprozesse genutzt. Im Folgenden wird auf die einzelnen Verkehrsträger zunächst allgemein und dann bezogen auf GVZ eingegangen.

- **Straße**: Im Jahr 2013 erfolgten 77% des Gesamtgüterverkehrs über den Straßengüterverkehr. Dies entspricht 3,34 Mrd. t über die Straße beförderter Güter.[467] Gründe für den hohen Gütertransport auf der Straße liegen in der hohen Netzbildungsfähigkeit und der Möglichkeit zur Durchführung flächendeckender Transporte sowie der räumlichen und zeitlichen Flexibilität dieses Verkehrsträgers.[468] Durch das zunehmende Verkehrsaufkommen auf der Straße und die sich daraus ergebenden Straßenüberlastungen in Ballungsgebieten entstehen allerdings Beeinträchtigungen bei den Transportgeschwindigkeiten.[469] Auch die

---

466 Vgl. LUB Consulting GmbH/ Institut für Seeverkehrswirtschaft und Logistik, 2010, S. 21.

467 Vgl. Statistisches Bundesamt, 2014, S. 587.

468 Vgl. Lucke, H.-J. et al., 2012, S. 303 f.

469 Vgl. Schulte, C., 2013, S. 178.

Diskussionen um Schadstoffemissionen aus dem Straßengüterverkehr und die sich daraus ergebenden Umweltbeeinträchtigungen reißen nicht ab, und es werden Transportverlagerungen von der Straße auf andere Verkehrsträger für die Reduktion von Umweltbelastungen diskutiert.[470] Die Verlagerung von Gütern zwischen den Verkehrsträgern und die rationelle Abwicklung von Warenflüssen werden durch GVZ als logistische Knotenpunkte und die in ihnen vorhandenen technischen Einrichtungen für den Warenumschlag unterstützt.[471] Bei den in einem GVZ ein- und ausgehenden Straßenverkehren handelt es sich schwerpunktmäßig um Abhol- und Zustellverkehre zu den verschiedenen Akteuren in einem GVZ sowie um Vor- und Nachlauftransporte des Kombinierten Verkehrs, für welchen insbesondere das KV-Terminal als technische Infrastruktur des Warenumschlags genutzt wird. Daraus ergeben sich auch unterschiedliche Anforderungen an die verschiedenen Verkehrsmittel, welche die Straßenwege in GVZ nutzen und den physischen Warentransport übernehmen. Diese werden in Kapitel 3.4.1 thematisiert.
Für die Modellierung des Verkehrsträgers Straße ist die maximal aufzunehmende Kapazität an Verkehrsmitteln mit den jeweiligen Ladekapazitäten zu einem bestimmten Zeitpunkt relevant. Die **Kapazität des Verkehrsträgers Straße** ergibt sich somit aus der Länge eines Straßenabschnitts, der Anzahl an Fahrspuren in eine Fahrtrichtung sowie der Zusammensetzung des Verkehrsflusses aus den verschiedenen Verkehrsmitteln mit ihren individuellen Längen und Ladekapazitäten.

- **Schiene**: Über den Verkehrsträger Schiene erfolgten 2013 lediglich 9% des Gesamtgütertransports, was 374 Mio. t Gütern entspricht.[472] Die Vorteile des Schienengüterverkehrs liegen in einer hohen Massenleistungsfähigkeit, welche sich aus der hohen Ladefähigkeit der Güterwagen und einer dichten Fahrzeugfolge ergibt. Weitere Kennzeichen des Schienengüterverkehrs sind ein energieeffizienter und umweltschonender Gütertransport, ein geringer Personalaufwand aufgrund des hohen Automatisierungsgrades im Schienenverkehr, welcher sich aus der Spurgebundenheit und der informationstechnischen Durchdringung des Schienenverkehrs ergibt, sowie eine zuverlässige und sichere Transportabwicklung.[473] Nachteile des Schienengüterverkehrs liegen in der geringen Netzdichte und in den durch das unflexible Schienennetz vorgegebenen Verkehrswegen, wodurch der Verkehrsträger Schiene nur bedingt für einen flächendeckenden Gütertransport geeignet ist. Auch die zeitliche Inflexibilität durch die Bindung an Fahrpläne wirkt sich nachteilig auf den Schienengüterverkehr aus.[474] Ein weiterer Nachteil liegt in dem fehlenden direkten Zugang von Versendern und

470 Vgl. Lucke, H.-J. et al., 2012, S. 304.
471 Vgl. Kaffka, J., 2013, S. 262; LUB Consulting GmbH/ Institut für Seeverkehrswirtschaft und Logistik, 2010, S. 80.
472 Vgl. Statistisches Bundesamt, 2014, S. 587 f.
473 Vgl. Meier, F./ Sender, J./ Voll, R., 2013, S. 162; Schulte, C., 2013, S. 179; Lucke, H.-J. et al., 2012, S. 341 f.
474 Vgl. Lucke, H.-J. et al., 2012, S. 342.

Empfängern an die Schieneninfrastruktur. Diesem Nachteil wird durch GVZ begegnet: Durch das KV-Terminal in einem GVZ, in welchem die Umschlaggleise mit Portalkränen überspannt werden, haben die dort ansässigen Akteure Zugang zum Schienennetz und können von den Vorteilen des Schienengüterverkehrs profitieren. Dieses wird insbesondere im Hauptlauf für den Transport der Güter genutzt. Relevante Faktoren für die Bestimmung der Transportkapazität über den Verkehrsträger Schiene innerhalb eines GVZ sind die Anzahl der vorhandenen Gleisspuren und die Länge dieser Gleisspuren. Diese haben Einfluss auf die maximal mögliche Zahl an Zügen innerhalb eines GVZ und auf ihre Länge. Die **Transportkapazität** eines Zuges wiederum ergibt sich aus der Anzahl der Güterwagen und deren Größe.[475] Ein weiterer Bestimmungsfaktor der Transportkapazität resultiert aus den zu transportierenden Ladeeinheiten.

- **Wasser**: In 2013 erfolgte 12% des Gesamtgüterverkehrs über die Binnenschifffahrt und den Seeverkehr. Über den Binnenschiffverkehr wurden dabei 227 Mio. t Güter transportiert, über den Seefrachtverkehr 294 Mio. t Güter.[476] Sowohl die Organisation als auch die Aufgaben der Binnenschifffahrt und des Seeverkehrs sind ähnlich, wobei über die Binnenschifffahrt hauptsächlich transportkostenempfindliche Massengüter transportiert werden, während dem Seeverkehr insbesondere im interkontinentalen Gütertransport große Bedeutung zukommt.[477] Beim Gütertransport über den Verkehrsweg Wasser sind die geringen Transportkosten sowie die Möglichkeiten zum Transport großer Gütermengen als Vorteil anzusehen. Außerdem sind die Belastungen der Umwelt durch den Gütertransport auf dem Wasserwege vergleichsweise gering. Als nachteilig gelten die geringen Transportgeschwindigkeiten im See- und im Binnenschiffverkehr sowie die sich aus der geringen Zahl an See- und Binnenhäfen ergebende eingeschränkte Netzbildungsfähigkeit.[478] Häfen in GVZ bzw. als Teilstandorte von GVZ erlauben den in GVZ angesiedelten Akteuren die Nutzung eines weiteren Verkehrsträgers für ihre Transporte und fördern die Effizienz und die Intensität intermodaler Verkehre.[479] Für den Güterumschlag in einem Hafen sind verschiedene Varianten möglich: In einem Binnenhafen werden häufig Gerätelösungen bevorzugt, in denen ein Portalkran alle land- und schiffsseitigen Umschläge durchführt, wodurch der Durchsatz geringer ausfällt.[480] In einem Seehafen wird der Schiffsumschlag dagegen getrennt von anderen Umschlagvorgängen vorgenommen und es werden zusätzliche Terminalfahrzeuge für den landseitigen Transport der Güter eingesetzt.[481]

475 Vgl. Meier, F./ Sender, J./ Voll, R., 2013, S. 162.
476 Vgl. Statistisches Bundesamt, 2014, S. 589 f.
477 Vgl. Schulte, C., 2013, S. 180 f.; Lucke, H.-J. et al., 2012, S. 337.
478 Vgl. Lucke, H.-J. et al., 2012, S. 328 f.
479 Vgl. Nobel, T., 2004, S. 155.
480 Vgl. Lucke, H.-J. et al., 2012, S. 336.
481 Vgl. Muschkiet, M., 2013, S. 198.

Für die Bestimmung der **Transportkapazität des Verkehrsträgers Wasser** innerhalb eines GVZ sind insbesondere die Anzahl der Hafenliegeplätze sowie die Größe und damit die Transportkapazität eines Schiffes entscheidend. Ein weiterer Bestimmungsfaktor der Transportkapazität resultiert aus der zu transportierenden Güterart.

Neben den Elementen der Beziehungsstruktur sind auch die Elemente der Prozessstruktur risikorelevant. Die Prozessstruktur setzt die Elemente der Beziehungsstruktur in Verbindung und erlaubt eine integrierte Betrachtung der verschiedenen Beziehungselemente. Die Elemente der Prozessstruktur sind sowohl die Prozessabläufe in GVZ als auch die Güter und Waren als Ausdruck des physischen Warenflusses in GVZ. Die Darstellung und Strukturierung der Elemente der Prozessstruktur wird im folgenden Kapitel vorgestellt.

3.2.2 Risikorelevante Informationen der Prozessstruktur

3.2.2.1 Modellierung von Logistikprozessen

Prozessdarstellungen eignen sich als Informationsquelle für das Risikomanagement[482] und sind für die gezielte Überwachung und Bewältigung von möglicherweise eintretenden Schadensereignissen erforderlich.[483] Sie leisten einen Beitrag zur Erlangung von Kenntnissen über die Prozessabläufe und schaffen Transparenz über die stattfindenden Prozessabläufe. Wie bereits in Kapitel 2.3.3.2 ausgeführt, veranschaulichen **Prozessdarstellungen** die elementaren Schritte in Prozessabläufen bis zur operativen Ebene und zeigen die für die Ausführung der Wertschöpfungsprozesse benötigten Ressourcen, Kapazitäten und die verantwortlichen sowie ausführenden Personen auf.[484] Zudem verdeutlichen Prozessdarstellungen sowohl die Schnittstellen und Abhängigkeiten zwischen unternehmensinternen Prozessen als auch zwischen unternehmensübergreifenden Prozessen der Supply Chain Partner.[485]

Für die Modellierung von Prozessen können verschiedene Methoden verwendet werden. Die Art der Prozessdokumentation bzw. die Auswahl einer Darstellungsform orientiert sich an dem mit der Prozessmodellierung verfolgten Einsatzzweck und der damit verbundenen Zielsetzung.[486] Prinzipiell kann zwischen formalen, semiformalen und informalen Methoden unterschieden werden.[487] **Informale Methoden** wie beispielsweise textuelle Beschreibungen, neigen zu Unvollständigkeiten und verschiedenen Detaillierungsgraden in der Erfassung der Ablaufstrukturen und weisen oft Inkonsistenzen auf. Auch ist nicht immer ersichtlich, welche Ressourcen für eine Prozessaktivität benötigt werden und welche Verbindungen zwischen den

482 Vgl. Faisal, M. N./ Banwet, D. K./ Shankar, R., 2006, S. 541.
483 Vgl. Allweyer, T., 2005, S. 29.
484 Vgl. Breuer, C./ Siestrup, G./ Haasis, H.-D., 2012, S. 132.
485 Vgl. Kern, E.-M./ Hartung, T., 2008, S. 60.
486 Vgl. Allweyer, T., 2005, S. 130.
487 Vgl. Rosemann, M., 1997, S. 334; Gehring, H./ Gadatsch, A., 1999, S. 10.

Aktivitäten bestehen.[488] Im Falle eines Risikoeintritts ist daher die Verarbeitung der in textuellen Beschreibungen enthaltenen Informationen im Entscheidungsprozess schwierig. **Formale Methoden** nutzen die mathematische Formelsprache, beispielsweise Prädikatenlogik. Sie sind auf Analysezwecke ausgerichtet, für die Prozessverantwortlichen und in den Prozess involvierten Personen jedoch nicht unbedingt verständlich.[489] Daher sind auch die durch formale Methoden beschriebenen Prozesse als Informationsbasis im Risikofall nicht geeignet.

Semiformale Darstellungen von Prozessen lassen sich weiter in Skript- und Diagrammsprachen unterteilen. Skriptsprachen beschreiben Prozesse in einer programmierähnlichen Notation und zeichnen sich durch eine hohe Präzision aus. Nachteilig ist allerdings ihre geringe Anschaulichkeit. Für die Interpretation der durch **Skriptsprachen** beschriebenen Prozesse ist weiterhin die detaillierte Kenntnis der Skriptsprache eine notwendige Voraussetzung, weshalb sich ihr Einsatz in der Praxis schwierig gestaltet.[490] Dieser Sachverhalt trifft auch für die Verarbeitung skriptbasierter Prozessbeschreibungen im Falle eines Risikoeintritts zu. Diagrammsprachen sind graphisch-sprachliche Methoden und eignen sich für praktische Anwendungen hinsichtlich Anschaulichkeit und Selbsterklärungsfähigkeit. **Diagrammsprachen** als semiformale Methode bieten einem Betrachter eine informative und vollständige Darstellung von Sachverhalten und erlauben damit eine schnelle Interpretation der entscheidungsrelevanten Informationen. Sie sind von besonderer Bedeutung für die Prozessmodellierung und können zudem bei der Software-Generierung für anschließende Analysen unterstützen.[491] Diagrammsprachen lassen sich wiederum nach datenfluss-, kontrollfluss- und objektorientierten Methoden unterscheiden, von denen datenflussorientierte Ansätze in der Praxis jedoch immer weniger Bedeutung haben. Am häufigsten verwendet werden erweiterte Ereignisgesteuerte Prozessketten (eEPK), Swimlanes und Business Process Model and Notation (BPMN) als kontrollflussorientierte Ansätze sowie Unified Modeling Language (UML) als objektorientierter Ansatz.[492] Diese Methoden sollen im Folgenden kurz vorgestellt werden.

eEPK ist die am meisten genutzte Methode für die Darstellung von Prozessen. Sie wird immer häufiger im Rahmen der Geschäftsprozessoptimierung eingesetzt und ist zudem zentraler Bestandteil des SAP-Konzepts.[493] Elemente der eEPK sind

- Funktionen für die Darstellung von auszuführenden Tätigkeiten,
- Ereignisse, welche das Ergebnis von Funktionen sind oder diese beeinflussen bzw. auslösen,

---

488 Vgl. Zalewski, A./ Sztandera, P./ Ludzia, M./ Zalewski, M., 2008, S. 114 und S. 123.
489 Vgl. Bause, F./ Beilner, H./ Kriege, J., 2009, S. 20.
490 Vgl. Gadatsch, A., 2012, S. 63 f.; Gehring, H./ Gadatsch, A., 1999, S. 10.
491 Vgl. Frank, U./ van Laak, B. L., 2003, S. 32 und S. 51; Gehring, H./ Gadatsch, A., 1999, S. 10 f.
492 Vgl. Gadatsch, A., 2012, S. 64 f.
493 Vgl. Staud, J., 2006, S. 59.

- Operatoren und Kontrollflusskanten für die Modellierung von Beziehungen und nicht-linearen Prozessabläufen zwischen Ereignissen und Funktionen, beispielsweise die Ausführung von bedingten oder parallelen Ereignissen bzw. Tätigkeiten,
- Organisationseinheiten, welche die verantwortlichen und auszuführenden Personen darstellen sowie
- Informationsobjekte, welche in Form von Daten oder Informationen für die Ausführung der Tätigkeiten benötigt bzw. durch diese erzeugt werden und sich auf jeglicher Art von Informationsträgern befinden können.[494]
- Für eine übersichtliche Gestaltung der Prozesse können diese in verschiedene Teilprozesse zerlegt werden, deren Zusammenhang über sogenannte Prozesswegweiser modelliert wird.[495]

Eine vergleichende Gegenüberstellung der Symbole der eEPK-Notation mit den Symbolen der nachfolgend vorgestellten Swimlane-Diagramme, BPMN und UML sind in Tabelle 5 abgebildet. Diese erhebt keinen Anspruch auf Vollständigkeit und enthält lediglich die im Folgenden vorgestellten Notationselemente.

Vorteile der eEPK-Notation sind ihre Anschaulichkeit und leichte Erlernbarkeit bei gleichzeitig detaillierter Darstellung. Sie sind als Basis für die Erstellung von Software geeignet und bilden den Ausgangspunkt von Simulationen. Zudem existieren viele Werkzeuge, welche die Erstellung von eEPKs unterstützen. Nachteilig ist, dass keine direkte Transformation der eEPK-Modelle in ausführbare Programme möglich ist.[496] Zudem eignen sie sich weder für kreative noch für nicht vorherbestimmbare Abläufe.[497]

Swimlanes weisen einen geringeren Umfang an Modellierungselementen auf als die eEPK-Notation und sind daher einfach zu erlernen und sehr anschaulich.[498] Die wichtigsten Elemente der Swimlane-Notation sind Akteure, Aktivitäten und Flüsse. Die verantwortlichen Akteure werden bei dieser Notationsform analog von Schwimmbahnen in Swimlanes mit den von ihnen zu verantwortenden Aktivitäten angeordnet. Die Verknüpfung der Aktivitäten zu einem Prozessablauf erfolgt über die Flüsse. Swimlanes eignen sich gut für die Darstellung organisatorischer Zuständigkeiten und zeigen auf, welche Aktivitäten von einem Akteur durchzuführen sind.[499] Für die Darstellung komplexer Prozessabläufen sind sie jedoch aufgrund ihres Platzbedarfes weniger geeignet. Zudem fehlt ihnen die Akzeptanz in der Praxis.[500]

494 Vgl. Staud, J., 2006, S. 60–67.
495 Vgl. Gadatsch, A., 2012, S. 187.
496 Vgl. Gadatsch, A., 2012, S. 79 und S. 192; Koch, S., 2011, S. 56–58; Thomas, O., 2009, S. 26.
497 Vgl. Staud, J., 2006, S. 243.
498 Vgl. Gadatsch, A., 2012, S. 76.
499 Vgl. Sharp, A./ McDermott, P., 2009, S. 202.
500 Vgl. Gadatsch, A., 2012, S. 76.

BPMN ist eine weitere kontrollflussorientierte Diagrammsprache, welche 2004 veröffentlicht wurde[501] und inzwischen offizieller Standard der Object Management Group (OMG) ist.[502]

Mit über 100 Elementen geht der Umfang an BPMN-Symbolen über den der eEPK-Notation hinaus.[503] Die wichtigsten Elemente von BPMN sind Flussobjekte, verbindende Objekte, Artefakte, Teilnehmer und Daten. Zu den Flussobjekten zählen Aktivitäten, Ereignisse und Gateways, welche verschiedene Bedingungen symbolisieren. Die verbindenden Objekte lassen sich in Sequenz- und Nachrichtenflüsse sowie Assoziationen unterteilen. Artefakte liefern zusätzliche Prozessinformationen, haben allerdings keinen Einfluss auf den Prozessablauf. Der Prozessablauf selbst wird in einem Pool dargestellt, welcher die Grenzen dieses Prozesses darstellt und denjenigen Teilnehmer repräsentiert, der die Steuerung des Prozesses innehat. Die einzelnen Aufgabenträger eines Prozesses werden innerhalb des Pools in sogenannten Lanes dargestellt. Die prozessrelevante Erzeugung, Bearbeitung und Speicherung von Informationen wird über Datensymbole dargestellt.[504] Der große Umfang an Elementen ergibt sich aus der Spezifizierung der verschiedenen Elemente. Beispielsweise werden verschiedene Symbole für Start-, Zwischen- und Endereignisse verwendet, die zudem durch zusätzliche Symbole z. B. als Nachrichten- oder Zeitereignisse typisiert werden können. Für die Abbildung komplexer Prozesslogiken stehen zudem spezifische Gateways zur Verfügung.[505] Für die Modellierung von Prozessabläufen in BPMN existieren über 60 Tools, die diese Notation unterstützen. Insgesamt ist ein zunehmendes Interesse an dieser Notation zu erkennen.[506] Vorteile von BPMN sind die graphische Darstellung der Prozessabläufe auf fachlicher Ebene und die Überführung dieser in technische Prozessbeschreibungen und den Entwurf eines Ausführungsmodells.[507] Zudem hat ein Anwender mit BPMN mehr Freiheitsgrade bei der Modellierung von Prozessabläufen als beispielsweise mit der eEPK-Notation und kann diese spezifischer gestalten.[508] Daraus ergibt sich allerdings auch der Nachteil, dass Modelle oft sehr umfangreich sind und es ihnen dadurch an Anschaulichkeit und Verständlichkeit in Bezug auf den betriebswirtschaftlichen Sachverhalt fehlt. Weiterhin sind die fachlichen und technischen Prozessmodelle sehr unterschiedlich, weshalb bei der Umsetzung der fachlichen Modelle in Ausführungsprogramme oft sich wechselseitig bedingende Ergänzungen und Anpassungen notwendig sind.[509]

---

501 Vgl. Freund, J./ Rücker, B., 2012, S. 8.
502 Vgl. Funk, B./ Gómez, J. M./ Niemeyer, P./ Teuteberg, F., 2010, S. 37.
503 Vgl. Kocian, C., 2011, S. 8.
504 Vgl. Freund, J./ Rücker, B., 2012, S. 21–23.
505 Vgl. Kocian, C., 2011, S. 14.
506 Vgl. Allweyer, T., 2009, S. 9.
507 Vgl. Thomas, O., 2009, S. 78 f.
508 Vgl. Gadatsch, A., 2012, S. 98.
509 Vgl. Kocian, C., 2011, S. 26–28.

UML als objektorientierter Ansatz wird auch von der OMG standardisiert und geht auf verschiedene Methoden zurück. Zur Darstellung von statischen und dynamischen Aspekten werden insgesamt 13 Diagrammtypen verwendet, wobei sich für die Modellierung von Prozessen das UML-Aktivitätsdiagramm eignet.[510] Als Basiselemente enthält dieses Kanten, Aktionen und Knoten. Kanten symbolisieren den Kontroll- und Datenfluss, während Aktionen einen Teilschritt von Aktivitäten darstellen. Knoten können in Objekt- und Kontrollknoten unterteilt werden. Objektknoten beinhalten Daten und Objekte und werden mit den Aktionen verbunden, durch welche sie erzeugt oder zerstört werden. Zu den Kontrollknoten gehören Start- und Endknoten, Entscheidungs- sowie Synchronisationsknoten. Entscheidungsknoten werden für die Modellierung alternativer Abläufe verwendet und durch Verzweigungen symbolisiert. Durch die Verwendung eines Synchronisationsknotens kann ein Fluss durch eine sogenannte Gabelung aufgespalten oder durch eine sogenannte Vereinigung zusammengeführt werden.[511] Insgesamt konnte sich UML in der Praxis im Bereich der Geschäftsprozessmodellierung nicht durchsetzen. Ein wesentlicher Kritikpunkt ist dabei die hohe Komplexität. Bedeutung kommt der UML vielmehr bei der Verwendung im Bereich der Softwareerstellung zu.[512]

---

510 Vgl. Freund, J./ Rücker, B., 2012, S. 109; Funk, B./ Gómez, J. M./ Niemeyer, P./ Teuteberg, F., 2010, S. 33.

511 Vgl. Goll, J., 2011, S. 423–426 und S. 434–437.

512 Vgl. Gadatsch, A., 2012, S. 100; Allweyer, T., 2009, S. 9; Thomas, O., 2009, S. 209 f.

Tabelle 5: Symbole der verschiedenen Modellierungsnotationen [Quelle: Eigene Darstellung, in Anlehnung an Gadatsch, A., 2012, S. 105 sowie Funk, B./ Gómez, J. M./ Niemeyer, P./ Teuteberg, F., 2010, S. 29–32.]

Element	eEPK	Swimlane	BPMN	UML	Beschreibung
Funktion/ Aktivität					zeitbeanspruchende Tätigkeit
Ereignis			Start- Zwischen- Endereignis	Start Ende	Zustandsübergang, beschreibt eine Bedingung oder ein Ergebnis einer Funktion
logischer Operator „exklusives oder"/ Gateway	XOR				Darstellung der Bedingung „entweder oder"
logischer Operator „inklusives oder"/ Gateway	∨				Darstellung der Bedingung „mindestens ein"
logischer Operator „logisches und"/ Gateway	∧			Gabelung Vereinigung	Darstellung der Bedingung „sowohl als auch"
Kontroll-/ Sequenzfluss					verbindet Ereignisse, Funktionen und Operatoren
Organisationseinheit/Akteur					Darstellung des Verantwortlichen einer Tätigkeit

Element	eEPK	Swimlane	BPMN	UML	Beschreibung
Informations-objekte	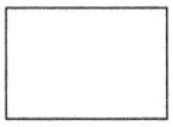		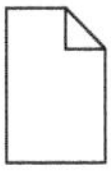		Darstellung von benötigten oder erzeugten Informationen
Zuordnung/ Assoziation	———		··················>		verbindet Organisations-einheiten/ Informations-objekte mit Funktionen
Prozessweg-weiser	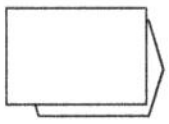				verknüpft Teilprozesse
Objektknoten					beinhaltet Daten und Objekte

Für die Vereinfachung der Prozessmodellierung sowie zur Einsparung von Zeit und Kosten und auch zur Erhöhung der Qualität von Prozessmodellen können Referenzmodelle herangezogen werden.[513] **Prozessorientierte Referenzmodelle** stellen dabei die anwendungs- oder branchenspezifischen dynamischen Aspekte von Unternehmen oder Organisationen dar und dienen der strukturierten Erfassung modellierter Prozesse.[514] Sie werden im nächsten Kapitel thematisiert.

3.2.2.2 Strukturierung von Logistikprozessen

Referenzmodelle tragen zur Schaffung von Transparenz über Prozesse und damit zu deren zielgerichteter Nutzung bei.[515]

Historisch betrachtet, wurde der Grundstein der Referenzmodelle bereits Mitte der 1960er mit dem Kölner Integrationsmodell (KIM) gelegt, welches die wichtigsten Informationsverarbeitungsaufgaben von Unternehmen in generalisierter Form erfasst und diese mit ihren Interdependenzen graphisch und verbal darstellt.[516]

Der Begriff **Referenzmodell** selbst wurde erst Ende der 1980er durch Scheer (1990) geprägt,[517] wobei Referenz aus etymologischer Sicht Empfehlung oder Bezugnahme bedeutet.

513 Vgl. Thomas, O., 2006, S. 7.
514 Vgl. Becker, J./ Meise, V., 2005, S. 124.
515 Vgl. Breuer, C./ Siestrup, G./ Haasis, H.-D., 2012, S. 133.
516 Vgl. Grochla, E., 1974, S. 27.
517 Vgl. Thomas, O., 2006, S. 11 f.; Scheer, A.-W., 1990, S. 519.

Für den Begriff Referenzmodell hat sich bisher kein einheitliches Verständnis entwickelt[518] und es existieren zahlreiche Definitionen.[519] Ein Grund für die Definitionsvielfalt liegt in dem Umstand begründet, dass Referenzmodelle in zahlreichen Bereichen Verwendung finden und diese je nach Zielsetzung der Referenzmodellentwicklung beispielsweise in Referenz-Vorgehensmodelle, Referenz-Informationsmodelle, Referenz-Anwendungssystemmodelle, Referenz-Organisationsgestaltungsmodelle oder Referenz-Bewertungsschema differenziert werden können.[520] Ein weiterer Grund für die Vielzahl an Definitionen beruht auf der Tatsache, dass in der Literatur der Begriff sehr heterogen verwendet wird und keine Einigkeit darüber herrscht, wann ein Modell als Referenzmodell bezeichnet werden kann.[521] An dieser Stelle soll auf diese beiden Punkte nicht explizit eingegangen werden. Für weitergehende Erläuterungen hinsichtlich verschiedener Bereiche der Referenzmodellierung sei vielmehr auf Klinger und Wenzel (2000) sowie Rosemann und Schütte (1997) verwiesen.[522] Diskussionen in Bezug auf die Abgrenzung des Begriffs der Referenzmodelle und Vorschläge zur Systematisierung von Referenzmodellen finden sich bei Thomas (2006) sowie Fettke und Loos (2004).[523] Im Rahmen dieser Arbeit erfolgt die Entwicklung eines prozessorientierten Referenzmodells für GVZ mit Fokus auf die dort ablaufenden Logistikprozesse.

Referenzmodelle können für die Beschreibung von dominierenden Strukturen, Funktionen und Abläufen innerhalb eines bestimmten Bereichs herangezogen werden.[524] Sie dienen weiterhin als Ausgangspunkt für Entscheidungen und ermöglichen zudem ein besseres Verständnis für relevante Interaktionen und Zusammenhänge innerhalb dieses Anwendungsbereichs.[525] Durch die Vorgabe einer einheitlichen und standardisierten Modellierungsmethode im Rahmen der Referenzmodellierung wird heterogenen und individuellen Prozessmodellierungen vorgebeugt und die Verständlichkeit eines Modells erhöht, was die Qualität eines Prozessmodells insgesamt erhöht.[526] Die Erstellung von Referenzmodellen kann dabei induktiv aus bestehenden Informationsmodellen erfolgen oder deduktiv, basierend auf theoretischen Erkenntnissen.[527]

Es gibt verschiedene **charakteristische Merkmale**, die in der Literatur für die Beschreibung von Referenzmodellen herangezogen werden. Während vom Brocke (2003) die **Wiederverwendung** von Inhalten in den Vordergrund stellt, bestimmt

518 Vgl. Thomas, O., 2006, S. 7; Fettke, P./ Loos, P., 2004, S. 8.
519 Vgl. Thomas, O., 2006, S. 21–26.
520 Vgl. Becker, J./ Meise, V., 2005, S. 124 f.; Klinger, A./ Wenzel, S., 2000, S. 21 f.; Rosemann, M./ Schütte, R., 1997, S. 16 f.; Scheer, A.-W., 1997, S. 3.
521 Vgl. Fettke, P./ Loos, P., 2004, S. 8 f.
522 Vgl. Klinger, A./ Wenzel, S., 2000, S. 21 f.; Rosemann, M./ Schütte, R., 1997, S. 16 f.
523 Vgl. Thomas, O., 2006, S. 14–16; Fettke, P./ Loos, P., 2004, S. 8–12.
524 Vgl. Meyer, A., 2013, S. 16.
525 Vgl. Mertins, K./ Finke, I./ Orth, R., 2009, S. 15.
526 Vgl. Rosemann, M./ Schütte, R., 1997, S. 17 und S. 22 f.
527 Vgl. Rosemann, M./ Schütte, R., 1997, S. 16.

Thomas (2006) die Merkmale Empfehlungscharakter und Allgemeingültigkeit als konstituierende Merkmale von Referenzmodellen. Der **Empfehlungscharakter** von Referenzmodellen entspricht der von vom Brocke (2003) intendierten Wiederverwendung von Inhalten und zielt auf den Einsatz von Referenzmodellen als Ausgangsbasis für spezifischere Modelle. Unter der **Allgemeingültigkeit** ist nach Thomas (2006) nicht die universelle Gültigkeit gemeint, sondern die Gültigkeit für eine bestimmte Klasse von Anwendungsfällen.[528] Eine ausführliche Übersicht von charakteristischen Merkmalen findet sich bei Klinger und Wenzel (2000), welche den Vorlagencharakter, die Allgemeingültigkeit, die Anpassbarkeit, den modularen Aufbau, die Anwendbarkeit, die Verständlichkeit, die Unabhängigkeit von der Implementierungsform sowie die Umsetzung von Erfahrungs- und Expertenwissen als Merkmale von Referenzmodellen auflisten.[529] Die Verwendung von Referenzmodellen als **Vorlage** entspricht der von vom Brocke (2003) geforderten Wiederverwendung bzw. dem von Thomas (2006) geforderten Empfehlungscharakter von Referenzmodellen.[530] Das Merkmal der **Anpassbarkeit** von Referenzmodellen bezieht sich auf unternehmensspezifische Anpassungen bei der Wiederverwendung von Referenzmodellen, welche in der Regel in Form von Veränderungen, Ergänzungen und Löschungen von Komponenten vorzunehmen sind, um die Passgenauigkeit eines Referenzmodells zu erhöhen.[531] Dies wird durch einen **modularen Aufbau** des Referenzmodells erleichtert.[532] Das Merkmal der **Anwendbarkeit** zielt auf die sinnvolle Verwendbarkeit des Referenzmodells, während durch die Verständlichkeit sichergestellt werden soll, dass die Modellierung spezifischer Prozesse erleichtert wird. Die **Unabhängigkeit** eines Referenzmodells von der Implementierungsplattform erleichtert die Übertragung eines Referenzmodells auf spezifische Sachverhalte; die **Umsetzung von Erfahrungs- und Expertenwissen** trägt zur Dokumentation und Nutzung von gewonnenem Wissen bei und steigert die Effizienz und die Qualität der Modellerstellung.[533]

Im Rahmen dieser Arbeit ist es das Ziel, die GVZ-Logistikprozesse als **Informationsquelle** zielgerichtet zu nutzen und die Entscheidungsfindung bei Eintritt von Risikoereignissen zu unterstützen. Erreicht werden soll dies durch die **strukturierte Erfassung** und **Dokumentation** der modellierten Prozesse in einem prozessorientierten Referenzmodell und damit verbunden mit der **Schaffung von Transparenz** über die risikorelevanten Logistikprozesse in GVZ.[534] Da diese Prozesse sowohl innerhalb eines GVZ von verschiedenen Akteuren als auch in den einzelnen GVZ ausgeführt werden, kann ein prozessorientiertes Referenzmodell

528 Vgl. Thomas, O., 2006, S. 12–14; vom Brocke, J., 2003, S. 36 f.

529 Vgl. Klinger, A./ Wenzel, S., 2000, S. 14–17.

530 Vgl. Thomas, O., 2006, S. 13; vom Brocke, J., 2003, S. 36; Klinger, A./ Wenzel, S., 2000, S. 14 f.

531 Vgl. Fettke, P./ Loss, P. 2002, S. 13.

532 Vgl. Klinger, A./ Wenzel, S., 2000, S. 16.

533 Vgl. Klinger, A./ Wenzel, S., 2000, S. 16 f.

534 Vgl. Breuer, C./ Siestrup, G./ Haasis, H.-D./ Wildebrand, H., 2013, S. 340 f.

für GVZ als Ausgangspunkt für weitere Modellierungen herangezogen werden. Charakteristische Merkmale, die das prozessorientierte Referenzmodell dabei zu erfüllen hat, sind die Gültigkeit für GVZ als Anwendungsbereich und damit die Merkmale des Vorlagencharakters für die Übertragung der logistischen Prozesse auf verschiedene Akteure bzw. GVZ. Weitere Merkmale sind die Anpassbarkeit des Referenzmodells durch einen modularen Aufbau, die Unabhängigkeit von der Implementierungsform sowie die Anwendbarkeit, die Verständlichkeit und die Umsetzung von Erfahrungs- und Expertenwissen.

Für die Zwecke dieser Arbeit wird daher in Anlehnung an vom Brocke (2003), Klinger und Wenzel (2000) sowie Scheer (1997) ein **Referenzmodell** wie folgt definiert:[535]

Ein Referenzmodell enthält eine systematische und strukturierte Beschreibung der Prozessabläufe für einen klar abgegrenzten Bereich der Realität mit den für die Aufgabenstellung relevanten charakteristischen Eigenschaften. Durch die Wiederverwendung von Inhalten kann ein Referenzmodell bei der Entwicklung von Anwendungsmodellen unterstützen und zudem als Ausgangspunkt für Entscheidungen herangezogen werden.

Für die Entwicklung eines prozessorientierten Referenzmodells für GVZ ist zunächst zu prüfen, ob ein bereits existierendes Referenzmodell herangezogen und dessen Inhalte auf den Anwendungsbereich GVZ übertragen werden können.

In der Literatur werden **verschiedene Referenzmodelle** im Bereich der Logistik thematisiert, wobei das bekannteste Referenzmodell im Logistikbereich das bereits in Kapitel 2.3.1 erwähnte SCOR-Modell ist, welches vom Supply Chain Council (SCC) entwickelt wurde. Dieses zielt auf die Unterstützung einer flexiblen und integrativen Gestaltung unternehmensinterner und -übergreifender Supply Chain Prozesse, welches für diese Zwecke hierarchisch gegliedert ist und auf den fünf wesentlichen Prozessen Planen, Beschaffen, Herstellen, Liefern und Rückliefern des Supply Chain Managements basiert.[536]

Wie bereits in Kapitel 2.3.3.2 ausgeführt, zählen Umschlag-, Lager- und Transportprozesse zu den logistischen Kernprozessen in GVZ. Da nicht die gesamte Prozesskette entlang der Supply Chain, sondern die in einem GVZ als Knoten einer Supply Chain ablaufenden Prozesse im Zentrum des Interesses stehen, ist eine direkte Übertragung der SCOR-Logik auf den hier betrachteten Anwendungsfall nicht gegeben. Ein weiterer Grund, der gegen die Übertragung des SCOR-Modells auf den Anwendungsbereich spricht, sind die in GVZ parallel stattfindenden Wertschöpfungsprozesse verschiedener Supply Chains, die zudem meist unabhängig voneinander laufen und durch die gemeinsame Nutzung der Infrastrukturen in einem GVZ miteinander verbunden sind. Sie sind jedoch nicht in einem gemeinsamen

535 Vgl. vom Brocke, J., 2003, S. 34; Klinger, A./ Wenzel, S., 2000, S. 23; Scheer, A.-W., 1997, S. 3.

536 Vgl. Bolstorff, P. A./ Rosenbaum, R. G./ Poluha, R. G., 2007, S. 15 f. und S. 341.

Leistungsverbund organisiert. Zudem ist die Bedeutung der Prozesse im Bereich Herstellen eher gering.[537]

Ein weiteres Referenzmodell im Bereich der Logistik ist das Prozesskettenmodell der Logistik, welches Prozessketten für die Entwicklung, die Versorgung, die Auftragsabwicklung sowie die Entsorgung enthält und von der Bundesvereinigung Logistik e. V. als Referenzmodell für logistische Fragestellungen genutzt wird.[538] Bei diesem Referenzmodell liegen die inhaltlichen Schwerpunkte auf den Prozessen in Einzelunternehmen und sind für die Übertragung in den GVZ-Kontext nicht geeignet.

Ein von Fürstenberg und Tentrop (2008) entwickeltes fachliches Referenzmodell für internationale Logistiknetze betrachtet die Transport- und Dienstleistungslogistik. Der Schwerpunkt liegt allerdings auf der Bearbeitung von Kundenaufträgen und den damit verbundenen Transport- und Dienstleistungsprozessen wie beispielsweise der Fremdvergabe von Kundenaufträgen an Logistikdienstleister oder der Tourenplanung. Die Strukturierung der Prozesse erfolgt nach den verschiedenen Phasen entlang der Auftragsabwicklung.[539] Da bei diesem Referenzmodell die inhaltliche Fokussierung auf der Abwicklung von Kundenaufträgen liegt und nicht auf dem Warenfluss, ist auch dieses Referenzmodell nicht für den im Rahmen dieser Arbeit betrachteten Kontext geeignet. Dies gilt ebenso für das Referenzmodell für Umschlag und Kommissionierung, welches schwerpunktmäßig die Vorgänge in Handelsunternehmen betrachtet und lediglich innerbetriebliche Umschlagprozesse berücksichtigt.[540]

Es existieren noch weitere Referenzmodelle, die sich jedoch auch auf einen spezifischen logistischen Bereich, beispielsweise auf die Intralogistik[541], auf den Auftragsdurchlauf für Dienstleistungen und Verwaltung[542] oder auf die logistischen Prozesse im Handwerk[543] beziehen. Diese sind ebenfalls nicht verwendbar, da der inhaltliche Schwerpunkt anders gelagert ist.

Resultierend aus diesen Ausführungen wird in dieser Arbeit ein speziell auf GVZ zugeschnittenes prozessorientiertes Referenzmodell entwickelt.

3.2.3 Ergebnis der Informationsbedarfsanalyse

Als Beitrag zur Komplexitätsreduktion sind im Rahmen der Informationsbedarfsanalyse im Ergebnis die **Elemente der Aufbauorganisation und der Ablauforganisation** eines GVZ ermittelt.

Die Elemente der Aufbauorganisation sind die verschiedenen Akteure und Infrastrukturen. Die einzelnen **Akteure** in einem GVZ sind mit den ihnen zur Verfügung

537 Vgl. Altendeitering, M. et al., 2011, S. 20 f.
538 Vgl. Schulze, M., 2007, S. 72.
539 Vgl. Fürstenberg, F./ Tentrop, F., 2008.
540 Vgl. Scholz, I., 2000, S. 211–231.
541 Vgl. Figgener, O./ ten Hompel, M., 2007.
542 Vgl. Knothe, T., 2000, S. 99–118.
543 Vgl. Jung, J./ Kirchner, L., 2001.

stehenden **Ressourcen** in Tabelle 6 zusammenfassend dargestellt. Diese werden durch eine bestimmte mengenmäßige **Kapazität** oder ein gewisses **Leistungsvermögen**, welches Verarbeitungskapazitäten darstellt, beschrieben. Dies ist ebenfalls in Tabelle 6 notiert. Informationen zu den konkreten Ressourcen eines Akteurs und den jeweiligen Kapazitäten bzw. dem Leistungsvermögen dieser Ressourcen sind risikorelevant für die Aufrechterhaltung des Warenflusses bei Eintritt von Risikoereignissen in GVZ.

Tabelle 6: Akteure in GVZ und ihre Ressourcen [Quelle: Eigene Darstellung]

Akteur	Ressource	Kapazität	Leistungsvermögen
KV-Terminal	Portalkräne		X
	interne Verkehrswege	X	
	Ladegleise	X	
	Lagerfläche	X	
Hafen	Umschlaggeräte		X
	interne Verkehrswege	X	
	Ladegleise	X	
	Lagerfläche	X	
KEP-Dienstleister	Lagerfläche	X	
	interne Verkehrswege	X	
LDL Non-Food	Lagerfläche	X	
	interne Verkehrswege	X	
LDL Food	Lagerfläche	X	
	interne Verkehrswege	X	
	Kühlgutlager	X	
Postfracht	Lagerfläche	X	
	interne Verkehrswege	X	
Container Packing	Lagerfläche	X	
	interne Verkehrswege	X	
Logistikintensive Produktionsunternehmen	Lagerfläche	X	
	interne Verkehrswege	X	

Infrastrukturen als ein weiteres Element der Beziehungsstruktur von GVZ sind mit den Bestimmungsfaktoren ihrer **Transportkapazitäten** in der nachfolgenden Tabelle 7 dargestellt.

Tabelle 7: Verkehrliche Infrastrukturen in GVZ [Quelle: Eigene Darstellung]

Verkehrliche Infrastruktur	Bestimmungsfaktoren der Transportkapazität
Verkehrsträger Straße	- Länge eines Straßenabschnitts - Anzahl der Fahrspuren in eine Fahrtrichtung - Zusammensetzung des Verkehrsflusses aus den verschiedenen Verkehrsmitteln
Verkehrsträger Schiene	- Anzahl der Gleisspuren - Länge der Gleisspuren - Anzahl der Güterwagen - Art der zu transportierenden Einheit
Verkehrsträger Wasser	- Anzahl der Hafenliegeplätze - Größe eines Schiffes - Art der zu transportierenden Güter

Neben den Elementen der Beziehungsstruktur sind die Elemente der **Ablauforganisation** risikorelevant. Dazu gehören sowohl die **Prozessabläufe** als auch die **Güter und Waren** als Ausdruck des physischen Warenflusses in GVZ. Die Güter und Waren werden bei der Flussanalyse thematisiert, bei der Informationsanalyse sind die Prozessabläufe und -strukturen berücksichtigt.

Zu den **logistischen Kernprozessen** in GVZ zählen Umschlag-, Lager- und Transportprozesse. Im Falle eines Risikoeintritts können diese als Informationsquelle genutzt werden. Für die schnelle und zielgerichtete Nutzung der Logistikprozesse als Informationsquelle werden diese strukturiert erfasst und dokumentiert.

Zur **Dokumentation der Prozesse** werden den Anforderungen entsprechend Diagrammsprachen eingesetzt. Sie können den **semiformalen Methoden** zugerechnet werden und zeichnen sich dadurch aus, dass sie einerseits die Logistikprozesse vollständig abbilden können. Andererseits gelten sie als leicht verständlich und ermöglichen somit bei Eintritt eines Risikoereignisses, dass sie schnell interpretiert werden können. Eine noch größere Transparenz über die risikorelevanten Logistikprozesse in GVZ und damit eine weitere Erhöhung der Qualität von Prozessmodellen wird durch **Referenzmodelle** erzielt, welche der **strukturierten Erfassung von Prozessen** dienen. Aufgrund der Ausführungen in Kapitel 3.2.2.2 wird in dieser Arbeit ein speziell auf GVZ zugeschnittenes prozessorientiertes Referenzmodell entwickelt.

Die Informationsbedarfsanalyse stellt somit den Ausgangspunkt für die Umsetzung der Beziehungs- und Prozessstrukturen etwa in einem Simulationsmodell dar, wobei die Prozessstrukturen zunächst in einem Referenzmodell übersichtlich erfasst werden.

3.3 Situationsanalyse

Für die Entwicklung situationsgerechter Handlungsempfehlungen zur Risikobewältigung werden neben den risikorelevanten Informationen der Beziehungs- und Prozessstrukturen auch Informationen über die vorherrschende Situation benötigt. Der

Erfolg der Risikobewältigung hängt dabei in hohem Maße davon ab, inwiefern es einem Entscheidungsträger gelingt, die Entscheidungssituation zutreffend zu beurteilen und die entsprechenden situationsgerechten Handlungsmaßnahmen zu bestimmen.

Wie bereits in Kapitel 2.1.3 erläutert, sind Ziele, Präferenzen, Handlungsalternativen, Umweltzustände und Konsequenzen die Elemente, durch welche eine Entscheidungssituation beschrieben wird. Die systematische und strukturierte Erfassung dieser Elemente trägt zu einer größeren **Transparenz der Entscheidungssituation** bei. Die Beschreibung dieser Elemente erfolgt wiederum durch die Kombination verschiedener Einflussfaktoren. Die Kenntnis über die situationsrelevanten Einflussfaktoren ermöglicht die Eingrenzung des Handlungsspielraums auf die relevanten Handlungsmaßnahmen. Sowohl die Strukturierung der Entscheidungssituation als auch die Kenntnis über die relevanten Einflussfaktoren tragen zur **Reduktion von Komplexität** bei.

Ziel der Situationsanalyse ist somit die **Erfassung der situationsbestimmenden Einflussfaktoren** hinsichtlich der verschiedenen Entscheidungselemente zur Beurteilung der Entscheidungssituation. Dabei sind auch gegenseitige **Beziehungen** der Faktoren zu berücksichtigen.

In diesem Kapitel wird dazu zunächst auf die Ausgestaltung der einzelnen Entscheidungselemente sowie deren Beziehungen untereinander eingegangen, bevor die situationsbestimmenden Einflussfaktoren analysiert und die gesamten Ergebnisse zusammengefasst werden.

3.3.1 Ausgestaltung und Zusammenhang der Entscheidungselemente

Wie in dieser Arbeit bereits dargelegt, lassen sich die Entscheidungselemente in Ziele, Präferenzen, Handlungsalternativen, Umweltzustände und Konsequenzen unterteilen. Die Ziele und Präferenzen eines Entscheidungsträgers können durch Entscheidungskriterien, Entscheidungsprinzipien oder Entscheidungsregeln ausgedrückt werden und schränken die möglichen Handlungsalternativen, Umweltzustände und Konsequenzen ein, die modellmäßig durch das Entscheidungsfeld erfasst werden (vgl. Kapitel 2.1.3). Auf die einzelnen Entscheidungselemente wird im Folgenden ausführlicher eingegangen.

<u>Ziele und Präferenzen:</u>

Während **Ziele** die Richtung der Entscheidungsfindung vorgeben und bereits im Vorfeld die Menge der möglichen Alternativen auf die relevanten Alternativen einschränken, werden durch die **Präferenzen** eines Entscheidungsträgers die Handlungsalternativen für die Lösung des Entscheidungsproblems bewertet und entsprechend der Präferenzordnung ausgewählt.[544]

---

544 Vgl. Laux, H./ Gillenkirch, R. M./ Schenk-Mathes, H. Y., 2012, S. 33–35; Jungermann, H./ Pfister, H.-R./ Fischer, K., 2005, S. 24 und S. 48.

- **Ziele** sind oft abstrakt und allgemein formuliert und nicht operational für die Bewertung von konkreten Handlungsalternativen. Um aus allgemeinen Zielen **operationale Entscheidungskriterien** abzuleiten, sind diese so lange in **Unterziele** zu zerlegen, bis diese quantifizierbar sind und mit konkreten Handlungsalternativen verknüpft werden können. Dabei ist darauf zu achten, dass die zielrelevanten Aspekte möglichst vollständig berücksichtigt werden.[545] Entscheidungsrelevante Attribute bzw. Aspekte der Unterziele, welche als Entscheidungskriterien herangezogen werden, können dabei finanzieller und nicht-finanzieller Art sein. Diese sind für die Beurteilung des Zielerreichungsgrades mit verschiedenen Zielgrößen zu bewerten, die quantitativer oder qualitativer Natur sein können.
  In dieser Arbeit sind als Ziele die Aufrechterhaltung des laufenden Betriebes, der schnelle Wiederanlauf der Geschäftstätigkeit und die Aufarbeitung negativer, durch ein Risikoereignis ausgelöste Konsequenzen in GVZ definiert. Die Ziele sind abstrakt und allgemein formuliert und für die Bewertung von konkreten Handlungsalternativen nicht operational. Entscheidungskriterien für die Formulierung konkreter Ziele nach Eintritt eines Risikoereignisses können sich dabei an verschiedenen Aspekten wie der Prozessfähigkeit und der Aufgabenerfüllung in einem GVZ, der Marktpräsenz der in einem GVZ ansässigen Akteure, der körperlichen Unversehrtheit von Menschen in GVZ oder den Imageschäden eines GVZ orientieren. Die Entscheidungskriterien können finanzielle und nicht-finanzielle **Auswirkungen** haben. Auswirkungen finanzieller Art entstehen beispielsweise durch die Beeinträchtigung oder die Unterbrechung des laufenden Betriebes, durch die Beeinträchtigung bzw. die Unmöglichkeit der Aufgabenerfüllung, durch den Verlust von Marktpräsenz oder durch Verstöße gegen Gesetze, Vorschriften und Verträge. Nicht-finanzielle Auswirkungen sind beispielsweise die Beeinträchtigung der persönlichen Unversehrtheit sowie Imageschäden mit Innen- und/oder Außenwirkung.[546] Die Bewertung dieser Aspekte kann über Lieferzeiten, Umsätze oder Mengenbestände erfolgen[547], aber auch über Durchsatzmengen, Verzögerungen im Warenfluss, Ausfallmengen, Prozessstabilität, Verlust an Marktanteilen und Umsatzeinbrüchen.
  Durch die Festlegung der **relevanten Zielgrößen** ist noch keine Auswahl einer Handlungsalternative möglich. Diese erfolgt durch die **Präferenzen** eines Entscheidungsträgers.
- **Präferenzen** können in einer **Präferenzfunktion** zusammengefasst werden (vgl. Kapitel 2.1.3.2). Sind diese eindeutig festgelegt, so kann mit Hilfe der Präferenzfunktion die Bewertung der einzelnen Alternativen vorgenommen und die bevorzugte Alternative über die **Entscheidungsregel** ausgewählt werden. Werden lediglich Richtlinien für die Bestimmung der Präferenzfunktion vorgegeben, so spricht man

545 Vgl. Hanssmann, F., 1987, S. 43 f.
546 Vgl. Engel. H., 2009, S. 82 f.; BSI, 2008, S. 34.
547 Vgl. Schulte, C., 2013, S. 60.

von einem **Entscheidungsprinzip**. Dieses schränkt den Entscheidungsspielraum zwar ein, jedoch ist eine eindeutige Auswahl der bevorzugten Alternative aufgrund von Freiheitsgraden bei der Bestimmung der Präferenzfunktion nicht möglich. Sowohl die Entscheidungsregel als auch das Entscheidungsprinzip stellen ein **Entscheidungskriterium** dar, welches für die vergleichende Bewertung von Alternativen herangezogen wird.[548] Die Wahl des passenden Entscheidungskriteriums für die vergleichende Bewertung von Handlungsalternativen hinsichtlich der Zielerreichung ist nicht trivial.[549] Probleme entstehen dabei einerseits aus der Definition der Ziele und der Messbarkeit der Zielerreichung. Aber auch bei der Bewertung der relevanten Zielgrößen können verschiedene Präferenzen herangezogen werden. Sind Alternativen beispielsweise mit Unsicherheiten behaftet oder die Konsequenzen zeitlich über einen größeren Zeitraum verteilt,[550] so ist im ersten Fall die Bewertung einer Alternative anhand von Risikopräferenzen, im zweiten Fall anhand von Zeitpräferenzen möglich. Weitere Präferenzen für die Bewertung von Zielgrößen sind die Höhen- und Artenpräferenz, wobei in der Literatur die Risikopräferenz am gebräuchlichsten ist.[551] Unter der **Risikopräferenz** wird die Berücksichtigung der Risikoeinstellung eines Entscheidungsträgers bei der Auswahl einer Handlungsalternative verstanden; dabei wird zwischen Risikoneutralität, Risikoaversion und Risikofreude unterschieden.[552] Durch die **Zeitpräferenz** wird ausgedrückt, dass heutige Verzichte und Vorteile gegen zukünftige Verzichte und Vorteile abzuwägen sind; Konsequenzen können also zu unterschiedlichen Zeitpunkten auftreten.[553] Die **Höhenpräferenz** bildet den Nutzen einer Alternative in Abhängigkeit von einem Zielniveau ab, während die **Artenpräferenz** mehrere Ziele gewichtet und den Einfluss eines Ziels auf den Gesamtnutzen angibt.[554] In Bezug auf die in dieser Arbeit verfolgten Ziele sind verschiedene Annahmen für die einzelnen Präferenzen denkbar. Werden Risikopräferenzen bei der Bewertung der Ziele zugrunde gelegt, ist die Risikoeinstellung eines Entscheidungsträgers zu berücksichtigen. Werden Zeitpräferenzen bei der Zielbewertung angewandt, so können im Rahmen dieser Arbeit beispielsweise Vorschriften mit einem Zeitbezug für den Eintritt des Normalzustands getroffen werden. Präferenzformulierungen auf Basis von Höhenpräferenzen beinhalten Maximierungs-, Minimierungs-, Satisfizierungs- und Fixierungsvorschriften (vgl. Kapitel 2.1.3.2). Bei der Aufrechterhaltung des Warenflusses könnten beispielsweise als Präferenzen der Durchsatz von Waren maximiert oder die Erreichung eines minimalen Niveaus verfolgt werden. Durch die Artenpräferenz werden die verschiedenen Ziele gewichtet, beispielsweise kann die Aufrechterhaltung eines

548 Vgl. Laux, H./ Gillenkirch, R. M./ Schenk-Mathes, H. Y., 2012, S. 37.
549 Vgl. Hanssmann, F., 1987, S. 43.
550 Vgl. Hanssmann, F., 1987, S. 62; Eisenführ, F./ Weber, M., 2003, S. 32.
551 Vgl. Fleßa, S., 2010, S. 70.
552 Vgl. Laux, H./ Gillenkirch, R. M./ Schenk-Mathes, H. Y., 2012, S. 92.
553 Vgl. Eisenführ, F./ Weber, M., 2003, S. 291 f.
554 Vgl. Fleßa, S., 2009, S. 70.

bestimmten Durchsatzes beim Warenfluss höher bewertet sein als die dadurch entstehenden Kosten.

Entscheidungsfeld:
Die Elemente des Entscheidungsfeldes sind Handlungsalternativen, Umweltzustände und Konsequenzen (vgl. Kapitel 2.1.3.1). Für die Ausgestaltung dieser Elemente gelten verschiedene Anforderungen und es sind diverse Abgrenzungen und Festlegungen vorzunehmen, welche im Folgenden beschrieben werden.

- **Handlungsalternativen** stellen denjenigen Teil des Entscheidungsfeldes dar, der durch einen Entscheidungsträger aktiv gestaltet werden kann. Anforderungen, die bei der Erfassung der möglichen Handlungsalternativen zu erfüllen sind, sind die Angemessenheit der Handlungsalternativen sowie deren gegenseitiger Ausschluss. Die Gesamtheit der Handlungsalternativen wird auch Aktionenraum genannt.[555]
  Durch die **Angemessenheit** des Aktionen- bzw. Handlungsspielraums soll sichergestellt werden, dass alle relevanten Alternativen erfasst sind: Einerseits sollen überflüssige Alternativen ausgeschlossen werden, realisierbare Alternativen in der Alternativenmenge jedoch enthalten sein.[556] Überflüssige Alternativen ergeben sich beispielsweise, wenn Ziele allgemein formuliert sind oder Handlungsalternativen durch kontinuierliche Entscheidungsvariablen beschrieben werden. Theoretisch ist dadurch eine unendliche Anzahl an Alternativen denkbar. Um hier einen angemessenen Aktionenraum zu gewährleisten, ist in diesen Fällen eine Überführung in eine diskrete Repräsentation vorzunehmen, ohne dabei die Handlungsmöglichkeiten zu verfälschen.[557] Liegen hingegen keine akzeptablen Alternativen vor, so sind diese zu generieren.[558]
  Grundsätzlich können als Handlungsalternativen die Beibehaltung bzw. Fortsetzung des gegenwärtigen Zustands oder dessen Beendigung verfolgt werden.[559] Die Beibehaltung des gegenwärtigen Zustands entspricht dabei der **Unterlassungsalternative**, welche somit bei der Auswahl einer relevanten Alternative auch zu berücksichtigen ist. Mit der Forderung nach dem gegenseitigen Ausschluss von Handlungsalternativen, auch **Exklusionsprinzip** genannt, wird sichergestellt, dass genau eine Handlungsalternative gewählt werden kann und nicht alle Alternativen durchführbar sind, mithin also ein Entscheidungsproblem vorliegt.[560] Alternativen, die sich nicht ausschließen, sind somit zu kombinieren[561] und lassen sich daher als **einzelne Maßnahmen** oder als **Maßnahmenbündel** beschreiben,

555 Vgl. Bamberg, G./ Coenenberg, A. G./ Krapp, M., 2012, S. 15.
556 Vgl. Riesenhuber, M., 2006, S. 43 f.
557 Vgl. Eisenführ, F./ Weber, M., 2003, S. 18 f.
558 Vgl. Fleßa, S., 2009, S. 26; Eisenführ, F./ Weber, M., 2003, S. 17.
559 Vgl. Jungermann, H./ Pfister, H.-R./ Fischer, K., 2005, S. 19.
560 Vgl. Bamberg, G./ Coenenberg, A. G./ Krapp, M., 2012, S. 16.
561 Vgl. Eisenführ, F./ Weber, M., 2003, S. 18.

die zu einem bestimmten Zeitpunkt zur Verfügung stehen.[562] Ein weiteres wichtiges Charakteristikum bei der Erfassung der Alternativen ist deren **zeitliche Dimension**. Wird ein langfristiger Planungshorizont bei der Erfassung der Alternativen zugrunde gelegt, so stehen mehr Alternativen zur Verfügung bei gleichzeitiger größerer Unsicherheit.[563] Dabei ist ein langfristiger Zeithorizont dadurch gekennzeichnet, dass eine Folge von bedingten Entscheidungen umgesetzt wird, welche als **mehrstufige Alternativen** bezeichnet werden.[564]
Zusammenfassend ist festzuhalten, dass bei der Ermittlung der Handlungsalternativen neben dem Exklusionsprinzip auch die Relevanz von Alternativen zu beachten ist, somit also Festlegungen bezüglich der Generierung und der Verwerfung von Alternativen zu treffen sind. Weitere Festlegungen betreffen den Umfang an Maßnahmen, der durch eine Alternative dargestellt wird, sowie die zeitliche Dimension einer Alternative und die Anzahl der zu berücksichtigenden Entscheidungsstufen.
Bezogen auf die Zielformulierung dieser Arbeit bedeutet dies, dass bei der Unterlassungsalternative keinerlei Maßnahmen ergriffen und die Fortführung des Normalbetriebes verfolgt wird. Denkbar ist dies in Situationen, bei welchen die Unterbrechung des Warenflusses nur von kurzer Dauer ist oder Infrastrukturen betroffen sind, deren Ausfall kaum Auswirkungen nach sich zieht. Als weitere Handlungsmaßnahme kommt die Umleitung des Warenflusses in Betracht, um die Situation vor Ort zu entschärfen. In Abhängigkeit von der von einer Unterbrechung betroffenen Infrastruktur könnte der Warenfluss beispielsweise über ein anderes GVZ, eine andere Niederlassung eines GVZ-Akteurs oder ein anderes KV-Terminal umgeleitet werden. Möglich ist auch die Zwischenlagerung von Waren im betroffenen GVZ, um bei Wiederherstellung des Normalzustandes diese schnell weitertransportieren oder umschlagen zu können. Denkbar sind auch zahlreiche Zwischenlösungen, bei welchen ein Teil des Warenflusses umgeleitet wird, während ein anderer Teil zwischengelagert wird. Die Einteilung könnte dabei anhand der Dringlichkeit oder der Art von Gütern erfolgen, aber auch in Abhängigkeit von den Akteuren oder den betroffenen Infrastrukturen. Theoretisch ist hier ein Kontinuum an Möglichkeiten vorhanden, welches es sinnvoll einzugrenzen und in eine diskrete Repräsentation zu überführen gilt.

- **Umweltzustände** als weiteres Element des Entscheidungsfeldes sind durch einen Entscheidungsträger nicht zu beeinflussen, wobei ein Umweltzustand eine Kombination aus verschiedenen Umweltfaktoren darstellt (vgl. Kapitel 2.1.3.1). Auch bei der Formulierung der Umweltzustände sind einige Anforderungen zu beachten.
  Als **Anforderung** an die gesamte Zustandsmenge ist die **Angemessenheit** des Zustandsraums, also die Berücksichtigung zweckmäßiger Zustände, ein

562 Vgl. Bamberg, G./ Coenenberg, A. G./ Krapp, M., 2012, S. 15 f.
563 Vgl. Fleßa, S., 2009, S. 29.
564 Vgl. Jungermann, H./ Pfister, H.-R./ Fischer, K., 2005, S. 19 f; Eisenführ, F./ Weber, M., 2003, S. 19.

wichtiges Kriterium.[565] Bei der Formulierung der Zustände sind insbesondere folgende Aspekte zu beachten: die mit einem Zustand verbundene Unsicherheit, dessen Eintrittswahrscheinlichkeit und die zu beachtenden Umweltfaktoren.[566] Ganz allgemein beeinflussen Umweltzustände die Auswirkungen von Handlungsalternativen und machen Entscheidungssituationen dadurch unsicher.[567] Grundsätzlich ist somit festzulegen, ob die Unsicherheit bezüglich eines zukünftigen Umweltzustandes berücksichtigt werden soll oder nicht. Die **Unsicherheit** kann vernachlässigt werden, wenn beispielweise die Auswahl einer Handlungsalternative unabhängig ist von einem eintretenden Umweltzustand oder wenn Entscheidungen leicht rückgängig gemacht werden können. Häufiger sind jedoch Festlegungen zu treffen, wie der Unsicherheit von Umweltzuständen Rechnung getragen wird. Auf eine Handlungsalternative können verschiedene Umweltzustände folgen, die sich gegenseitig ausschließen.[568] In Abhängigkeit vom Kenntnisstand über **Eintrittswahrscheinlichkeiten** von Umweltzuständen kann dabei zwischen **Ungewissheits- und Risikosituationen** unterschieden werden (vgl. Kapitel 2.1.3.1), wobei sowohl die Verlässlichkeit von Eintrittswahrscheinlichkeiten als auch die Eingrenzung des Zustandsraums auf die relevanten Zustände durch Informationen verbessert werden kann.[569]

Die zu beachtenden Umweltfaktoren sind situationsabhängig festzulegen.[570] Setzt sich ein Umweltzustand aus mehreren Einzeleinflüssen zusammen, so wird dieser auch als **Szenario** bezeichnet.[571] Die **Zustandsvariablen**, durch welche die Umweltzustände und Szenarien ausgedrückt werden, sind diskreter oder kontinuierlicher Natur, wobei prinzipiell eine Diskretisierung der Zustandsvariablen sinnvoll ist.[572]

Zusammenfassend ist festzuhalten, dass bei der Erfassung der Umweltzustände deren Relevanz, mithin also die Angemessenheit der Umweltzustände und Szenarien, zu beachten ist. Weitere Festlegungen betreffen einerseits Fragen der Bewertung von Umweltzuständen mit Wahrscheinlichkeiten. Andererseits sind Festlegungen über die zu berücksichtigenden Einflüsse zu treffen sowie über die Art und Weise, wie diese in einem Szenario verknüpft werden.

Tritt ein Risikoereignis ein, so sind negative Konsequenzen zu erwarten. Bezogen auf diesen Ausgangszustand sind prinzipiell drei nachfolgende Umweltzustände denkbar: die Verbesserung oder die Verschlechterung der Situation oder auch keine Situationsveränderung. Bei der Beschreibung der Umweltzustände ist es daher wichtig festzulegen, wie diese Zustände definiert sind und was eine

565 Vgl. Riesenhuber, M., 2006, S. 44.
566 Vgl. Bamberg, G./ Coenenberg, A. G./ Krapp, M., 2012, S. 18.
567 Vgl. Jungermann, H./ Pfister, H.-R./ Fischer, K., 2005, S. 21.
568 Vgl. Eisenführ, F./ Weber, M., 2003, S. 20.
569 Vgl. Bamberg, G./ Coenenberg, A. G./ Krapp, M., 2012, S. 19.
570 Vgl. Bamberg, G./ Coenenberg, A. G./ Krapp, M., 2012, S. 18.
571 Vgl. Eisenführ, F./ Weber, M., 2003, S. 21.
572 Vgl. Eisenführ, F./ Weber, M., 2003, S. 20.

Verbesserung bzw. eine Verschlechterung der Situation bedeutet. Denkbar ist, dass eine Situationsverbesserung eintritt, wenn es bei dringenden Gütern keine Verzögerungen mehr gibt, entstehende Zusatzkosten oder Engpasssituationen abnehmen, sich der Warendurchsatz erhöht, die Anzahl der funktionierenden Logistikprozesse zunimmt oder die Verfügbarkeit von Kapazitäten und Infrastrukturen erhöht werden kann.

- **Konsequenzen** als drittes Element des Entscheidungsfeldes stellen die Realisierungen der Ziele dar[573] und ergeben sich aus der Kombination der Entscheidungs- und Zustandsvariablen.[574] Durch die Ergreifung einer Handlungsalternative sollen dabei unerwünschte Konsequenzen vermieden bzw. erwünschte Konsequenzen erreicht werden.[575] Bei der Formulierung der Konsequenzen ergeben sich zwei **Anforderungen**: Einerseits ist die **Angemessenheit** der erfassten Konsequenzen sicherzustellen, andererseits sind diese **vollständig** zu erfassen, um Abweichungen zwischen dem geplanten und dem erzielten Ergebnis einer Handlungsalternative zu vermeiden.[576] Für die Konsequenzen selbst sind Festlegungen bezüglich der zu berücksichtigenden **entscheidungsrelevanten Merkmale** bzw. Attribute zu treffen.[577]
  Eine Konsequenz stellt eine bestimmte **Konstellation von Handlungsalternativen und Umweltzuständen** dar. In Abhängigkeit von den berücksichtigten entscheidungsrelevanten Merkmalen ergeben sich jedoch unterschiedliche **Ausprägungen für die Zielgröße** von Konsequenzen, welche Einzelwerte annehmen können oder multidimensional in Form eines Vektors erfasst werden.[578] Bei der Formulierung der Konsequenzen zur Bewältigung von Risiken können sich Zielgrößen auf das Ausmaß der Aufrechterhaltung des Warenflusses beziehen. Weitere Ergebniswerte, welche bei der Formulierung von Konsequenzen ausgedrückt werden können, sind die Wiederanlaufzeit nach dem Totalausfall einer Ressource, eines Prozesses oder einer Infrastruktur, die durchschnittliche volumenmäßige Beeinträchtigung des Warenflusses oder die kumulierten Verzögerungen als Resultat eines Risikoeintritts. Auch die Wiederherstellzeit des Normalzustands kann als Zielgröße definiert werden. Bei der Formulierung der Konsequenzen ist in jedem Fall darauf zu achten, dass ein Bezug zwischen der konkreten Zielformulierung und den Konsequenzen vorhanden ist, um die Zielerreichung bewerten zu können.

In der nachfolgenden Tabelle 8 sind nochmals alle Anforderungen und Festlegungen mitsamt ihren Ausprägungsmöglichkeiten zusammenfassend dargestellt.

---

573 Vgl. Jungermann, H./ Pfister, H.-R./ Fischer, K., 2005, S. 22.
574 Vgl. Eisenführ, F./ Weber, M., 2003, S. 30.
575 Vgl. Betsch, T./ Funke, J./ Plessner, H., 2011, S. 3.
576 Vgl. Riesenhuber, M., 2006, S. 17 und S. 44.
577 Vgl. Jungermann, H./ Pfister, H.-R./ Fischer, K., 2005, S. 23.
578 Vgl. Laux, H./ Gillenkirch, R. M./ Schenk-Mathes, H. Y., 2012, S. 32; Jungermann, H./ Pfister, H.-R./ Fischer, K., 2005, S. 23.

Tabelle 8: Festzulegende Merkmale der Entscheidungselemente [Quelle: Eigene Darstellung]

Entscheidungs-elemente	Allgemeine Anforderungen	Festlegungen	Ausprägungen
Ziele	– Operationalisierbarkeit – vollständige Berücksichtigung zielrelevanter Aspekte	– Anzahl der Unterziele – entscheidungsrelevante Attribute der Unterziele	– quantitative Zielbewertung – qualitative Zielbewertung
Präferenzen	– adäquate Abbildung der Zielvorstellungen	– Art der zu berücksichtigenden Präferenzen – Präferenzfunktion	– Höhenpräferenz – Artenpräferenz – Risikopräferenz – Zeitpräferenz
Handlungsalternativen	– Exklusionsprinzip – Angemessenheit des Aktionenraums	– Anzahl relevanter Handlungsalternativen – Maßnahmenumfang einer Handlungsalternative – zeitliche Dimension einer Handlungsalternative – relevante Entscheidungsvariablen	– Unterlassungsalternative – weitere Handlungsalternativen – konkrete Maßnahmenzusammensetzung – Wirkungszeitspanne einer Handlungsalternative – Anzahl der Entscheidungsstufen
Umweltzustände	– Angemessenheit des Zustandsraums	– Anzahl relevanter Umweltzustände – Zusammensetzung der Umweltzustände – Festlegung der Wahrscheinlichkeiten – zustandsrelevante Einflüsse	– Verzicht auf Wahrscheinlichkeiten – Wahrscheinlichkeiten von Umweltzuständen – Wahrscheinlichkeiten bei additiver Verknüpfung – Wahrscheinlichkeiten bei multiplikativer Verknüpfung – Zusammensetzung von Szenarien
Konsequenzen	– Angemessenheit der Konsequenzen – vollständige Erfassung der Konsequenzen	– Anzahl relevanter Attribute – entscheidungsrelevante Merkmale	– Konstellation von Handlungsalternativen und Umweltzuständen – Ausprägung der Zielgröße in Abhängigkeit von den Merkmale

Bei der Formulierung der Elemente des Entscheidungsfeldes ist zu berücksichtigen, dass diese sich gegenseitig beeinflussen und nicht unabhängig voneinander festzulegen sind: Für die Auswahl einer **Handlungsalternative** sind die aus einem Risikoereignis resultierenden **Konsequenzen** zu berücksichtigen. Aber auch zukünftige Entwicklungen und die dadurch eintretenden **Umweltzustände** sind in die Betrachtung bei der Alternativenauswahl mit einzubeziehen: Werden die zu berücksichtigenden Zustandsvariablen verändert, so ändert sich die Zustandsmenge, was Rückwirkungen auf die Alternativen hat. Entsprechend ergeben sich Wechselwirkungen zwischen Alternativen und Umweltzuständen, wenn Änderungen bei den Entscheidungsvariablen vorgenommen werden.[579]

Auch bestehen Wechselwirkungen zwischen den Elementen des Entscheidungsfeldes und den Elementen der Entscheidungsregel: **Ziele und Präferenzen** schränken die Menge der möglichen **Alternativen** ein; durch die Kenntnis über immer mehr Alternativen und deren Attribute kann es jedoch zu einer Ausweitung des Zielsystems um weitere Entscheidungsvariablen kommen, was wiederum die Alternativenmenge vergrößert. Wechselseitige Wirkungen zwischen **Umweltzuständen** sowie Zielen und Präferenzen resultieren aus der Unkenntnis über zukünftige Entwicklungen. Durch die Unsicherheit bezüglich der zukünftigen Entwicklungen kann es erforderlich sein, dass bei der Zielformulierung mehr Variablen verwendet werden, was wiederum Einfluss auf die Zustandsmenge hat.

Bei der Umsetzung der Elemente des Entscheidungsfeldes in dem Modell der Entscheidungsunterstützung sind daher Anpassungen und Rückkopplungen der Elemente notwendig. Die für die Beschreibung der Entscheidungselemente **relevanten Einflussfaktoren** werden im nächsten Kapitel thematisiert.

3.3.2 Situationsbestimmende Einflussfaktoren

Entscheidungssituationen werden durch verschiedene Faktoren und Gegebenheiten beeinflusst, die im Rahmen der Entscheidungsfindung zu berücksichtigen sind. Sowohl für eine differenziertere Betrachtung als auch für die Berücksichtigung kausaler Zusammenhänge zwischen den situationsbestimmenden Einflussfaktoren sollen diese systematisch erfasst werden. Für die Erfassung der diversen Einflussfaktoren werden in der Literatur verschiedene **Kategorisierungen** vorgeschlagen. Diese beziehen sich auf unterschiedliche Anwendungsgebiete und gehen mit vielfältigen Begrifflichkeiten einher.

In der Entscheidungstheorie wird im Zusammenhang mit Einflussfaktoren zwischen entscheidungsrelevanten Daten und Entscheidungsvariablen unterschieden. Daten beschreiben die unveränderlichen Umweltzustände, über Entscheidungsvariablen lässt sich das Aktionsfeld beeinflussen (vgl. auch Kapitel 2.1.3.1). Es findet somit eine Systematisierung der Einflussfaktoren anhand der Entscheidungselemente

579 Vgl. Eisenführ, F./ Weber, M., 2003, S. 33–35.

statt. Für die Erfassung der Einflussfaktoren wird lediglich darauf hingewiesen, dass diese für die jeweilige Anwendung problemadäquat zu präzisieren sind.[580]

Im Bereich der Organisationstheorien verfolgen situative Ansätze das Ziel, Gestaltungsempfehlungen zur Anpassung von Organisationsstrukturen an veränderte Situationen zu geben. Im Vordergrund der situativen Ansätze stehen die Ergründung und Systematisierung von Einflussfaktoren sowie situationsangepasste Handlungsempfehlungen. Die Kategorisierung der Einflussfaktoren erfolgt dabei nach unabhängigen Situations- und abhängigen Strukturvariablen.[581] Die Anzahl der Einflussfaktoren bleibt konstant, es ändern sich jedoch deren Ausprägungen im Zeitverlauf, was regelmäßige Situationsanalysen erfordert.[582]

Der Idee der situativen Ansätze wird hier gefolgt. Betrachtungsgegenstand der Situationsanalyse sind die Strukturen in GVZ sowie die operative Prozessdurchführung zur Aufrechterhaltung des Warenflusses bei Eintritt eines Risikoereignisses in einem GVZ. Da Situationsveränderungen durch Risikoereignisse ausgelöst werden, wird hier jedoch für die Kategorisierung der Einflussfaktoren ein Ansatz aus dem Bereich des Katastrophenschutzes herangezogen.

Die Katastrophenschutz-Dienstvorschrift 100 (KatS-Dv 100) von 1981 des Bundesamtes für Bevölkerungsschutz und Katastrophenhilfe (BBK) enthält Grundsätze für die Führung und den Einsatz von Katastropheneinheiten.[583] Die durch ein Risikoereignis ausgelöste Situation wird als Lage bezeichnet und umfasst ganz allgemein die das Handeln bestimmenden Umstände, Gegebenheiten und Entwicklungen.[584] Eine Lage kann in drei Teilbereiche untergliedert werden: das Schadensereignis, welches auch als externe Lage bezeichnet wird, die Schadensabwehr als interne Lage sowie die von dem Risikoereignis unabhängigen Faktoren, welche als allgemeine Lage bezeichnet werden.[585] Diese Einteilung wird der Situationsanalyse zugrunde gelegt, wobei begrifflich zwischen den allgemeingültigen Einflussfaktoren, den Einflussfaktoren eines Risikoereignisses und den Einflussfaktoren von Maßnahmen zur Risikobewältigung unterschieden wird. Je nach Zielsetzung der Situationsanalyse stehen verschiedene Aspekte von Einflussfaktoren im Vordergrund. Tritt ein Risikoereignis in einem GVZ ein, sind für die dort ansässigen Akteure die Aufrechterhaltung der Warenflüsse und damit einhergehend auch die Verkehrslage sowie die zur Verfügung stehenden Infrastrukturen und Ressourcen interessant. Die themenspezifische Ausgestaltung der Einflussfaktoren wird auch als Lagefeld bezeichnet. Für die Situationsbeurteilung können als Lagefelder unter anderem die Rechtslage, die Informationslage, die Verkehrslage, die Medienlage, die Bedrohungslage und die Gefahrenlage herangezogen werden.[586]

580 Vgl. Laux, H./ Gillenkirch, R. M./ Schenk-Mathes, H. Y., 2012, S. 31 f. und S. 40.
581 Vgl. Staehle, W. H., 1976, S. 37 und S. 41.
582 Vgl. Staehle, W. H., 1976, S. 45.
583 Vgl. BBK, 1981.
584 Vgl. Jacobsen, A., 2001, S. 73.
585 Vgl. Künzer, L./ Knigge, I./ Hofinger, G., 2012, S. 133.
586 Vgl. beispielsweise Fey, M., 2011, S. 34; Jacobsen, A., 2001, S. 82.

Die konkrete Ausgestaltung der Einflussfaktoren zu einem bestimmten Zeitpunkt wird als Lagebild bezeichnet und bildet die Basis für die Lagebeurteilung, welche wiederum Voraussetzung für die Entscheidungsfindung über die zu ergreifenden Maßnahmen zur Bewältigung der Lage ist.[587]

Auf die verschiedenen Kategorien an Faktoren, welche Einfluss auf eine Entscheidungssituation haben, auf deren Charakteristika sowie deren Ausprägungen wird im Folgenden eingegangen.

Allgemeingültige Einflussfaktoren:
Nach der KatS-Dv 100 (1981) zählen zu den **allgemeinen Einflussfaktoren** das Gelände, die Bebauungsart, das Wetter, die Tages- und Jahreszeit, die Verkehrslage, die Bevölkerung sowie der Zeitbedarf für Überlegungen, Übermittlung der Befehle und Ausführungen.[588] Auch Künzer, Knigge und Hofinger (2012) zählen das Wetter, die Zeit und den Verkehr zu den allgemeingültigen Einflussfaktoren, aber auch die Bebauung und die Peripherie des Schadensortes sowie Geländemerkmale wie beispielsweise die Erreichbarkeit.[589] Brokmann und Rossaint (2010) dagegen unterscheiden bei den Einflussfaktoren nach Wetter, Ort, Zeit und Verkehrslage.[590] Für die weiteren Ausführungen soll diese Einteilung für die allgemeingültigen Einflussfaktoren herangezogen werden. Das Gelände, die Bebauungsart und die Umgebung eines Schadensortes können als Charakteristika des Faktors Ort angesehen werden, während der Zeitbedarf sowie die Tageszeit und Jahreszeit als Charakteristika dem Faktor Zeit zuzurechnen sind.

Charakteristische Merkmale des **Einflussfaktors Wetter** sind Temperatur, Niederschlag, Wind, Luftdruck, Bewölkung und Luftfeuchtigkeit.[591] Je nach Ausprägung dieser Elemente und der daraus resultierenden Wetterbedingungen wie beispielsweise Hochwasser, Vereisung, Nebel oder Sturm, können sich Auswirkungen auf die anderen allgemeingültigen Einflussfaktoren ergeben, sei es in Form von zeitlichen Verzögerungen, örtlichen Unzugänglichkeiten und Einschränkungen bei der Wahl der Transportmittel.

Durch den **Einflussfaktor Ort** wird der Bereich definiert, der betrachtet wird. Charakteristische Merkmale zur Beschreibung dieses Bereichs sind die Topographie und Geländemerkmale wie Bebauung und Erreichbarkeit. Da die Situationsanalyse hinsichtlich der Sicherstellung des Warenflusses erfolgt, sind insbesondere die in Kapitel 3.2.1 genannten Elemente der Beziehungsstruktur für die Charakterisierung des Ortes relevant. Diese sind die in diesem Bereich vorhandenen **Infrastrukturen** sowie die dort vorhandenen **Ressourcen**, welche mit verschiedenen **Funktionalitäten** ausgestattet sind. Als Ausprägung der Infrastrukturen werden im Rahmen

587 Vgl. Künzer, L./ Knigge, I./ Hofinger, G., 2012, S. 133 f.
588 Vgl. BBK, 1981, S. 35.
589 Vgl. Künzer, L./ Knigge, I./ Hofinger, G., 2012, S. 133.
590 Vgl. Brokmann, J./ Rossaint, R., 2010, S. 70.
591 Vgl. Podbregar, N./ Schwanke, K./ Frater, H., 2009, S. 169.

dieser Arbeit die Verkehrsträger Wasser, Schiene und Straße betrachtet; als Ressourcenausprägungen sind in Kapitel 3.2.1 Ladegleise, Portalkräne, weitere Umschlaggeräte sowie Lagerflächen aufgeführt. Die Gestaltung dieser Elemente hat Einfluss auf die Verkehrslage und die genutzten Transportmittel in dem betrachteten Bereich.

Der **Einflussfaktor Zeit** wird charakterisiert durch die zu einem bestimmten Zeitpunkt vorherrschende Tageszeit und den Wochentag. Auch die Jahreszeit kann für die Beschreibung der Verhältnisse in einer Entscheidungssituation relevant sein. Ein weiteres charakteristisches Merkmal zur Beschreibung der zeitlichen Verhältnisse ist der Zeitbedarf für verschiedene Tätigkeiten. Ausprägungen zur Beschreibung der zeitlichen Bedingungen in einer Entscheidungssituation sind beispielsweise der Startzeitpunkt und die Dauer einer Tätigkeit oder eines Ereignisses, aber auch Ruhezeiten[592] und Durchlaufzeiten von Waren. Je nach dem Zeitpunkt, zu welchem eine Entscheidungssituation betrachtet wird, gestaltet sich die Verkehrslage unterschiedlich, d. h. der Faktor Zeit beeinflusst die Verkehrslage.

Der **Einflussfaktor Verkehrslage** ist charakterisiert durch das Verkehrsaufkommen, durch die Verkehrsgeschwindigkeiten und durch die zur Verfügung stehenden Verkehrsträger. Ausprägungen der Verkehrslage sind beispielsweise die Anzahl und Art der Transportmittel, welche in Kapitel 3.4.1 im Rahmen der Flussanalyse betrachtet werden. Durch ein hohes Verkehrsaufkommen können sich einerseits Zeitbedarfe erhöhen, andererseits können daraus Einschränkungen bei der Nutzung der vorhandenen Infrastrukturen ergeben.

Die allgemeingültigen Einflussfaktoren, welche in einer Entscheidungssituation zu berücksichtigen sind, sowie die zwischen ihnen geltenden Zusammenhänge sind in Abbildung 26 dargestellt.

Abbildung 26: Allgemeingültige situationsbestimmende Einflussfaktoren [Quelle: Eigene Darstellung]

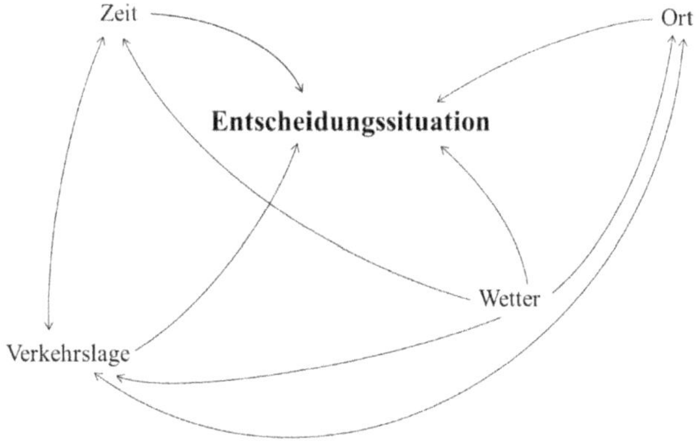

592 Vgl. Deutsche Gesellschaft zur Rettung Schiffbrüchiger (DGzRS)/ Havariekommando, 2004, S. 44.

Situationsbestimmende Einflussfaktoren eines Risikoereignisses:
In Kapitel 2.2.1.3 sind die im Zusammenhang mit Risikoereignissen verwendeten Begrifflichkeiten anhand des Charakteristikums der zeitlichen Entwicklung systematisiert. Risikoereignisse lassen sich jedoch durch weitere Charakteristika beschreiben.

Nach Künzer, Knigge und Hofinger (2012) beispielsweise ist ein Risikoereignis charakterisiert durch die Art des Schadens, die Ursache für den Eintritt des Risikoereignisses sowie das Ausmaß des aus dem Risikoereignis resultierenden Schadens. Weiterhin führen die Autorinnen bestehende Gefahren sowie die voraussichtlichen Entwicklungen aufgrund des Risikoereignisses an.[593] Brokmann und Rossaint (2010) unterteilen die Faktoren zur Beschreibung von Risikoereignissen in die drei Kategorien Schaden, Schadenobjekt und Schadenausmaß.[594] Jacobsen (2001) dagegen differenziert nach Art, Ausmaß und Intensität eines Risikoereignisses, den eingetretenen bzw. zu erwartenden Gefahren, Störungen und Schäden, der begrenzten bzw. sich noch weiter ausbreitenden zeitlichen und räumlichen Ausdehnung der Risikoauswirkungen sowie dem Verhalten der Bevölkerung.[595] Als Quintessenz ergeben sich aus den verschiedenen Kategorisierungen als Einflussfaktoren eines Risikoereignisses die Art des Schadens, das Ausmaß und die Ursache eines Risikoereignisses, das betroffene Objekt sowie aus dem Risikoereignis resultierende mögliche Entwicklungen. Das Verhalten der Bevölkerung wird im Folgenden nicht weiter berücksichtigt.

Die Einflussfaktoren Schadensart und Schadensausmaß hängen eng zusammen, hat die Art des Schadens doch direkten Einfluss auf die Art des Ausmaßes und damit auf das Schadensausmaß selbst. Ohne auf die verschiedenen in der Literatur zu findenden Begrifflichkeiten und Abgrenzungsmöglichkeiten einzugehen, zählen Schnieder und Schnieder (2013) im Rahmen der Verkehrssicherheit Personenschäden, Umweltschäden und Sachschäden zu den **Schadensarten**. Mögliche Ausprägungen sind Leicht- oder Schwerverletzte als Personenschäden, Kontaminationen und erhöhte Emissionswerte als Umweltschäden und Schäden an Infrastrukturen oder Fahrzeugen als Sachschäden. Das **Schadensausmaß** ergibt sich aus der Gesamtheit der eingetretenen Personen-, Umwelt- und Sachschäden. Eine einheitliche Bewertung der heterogenen Schäden ist oft wünschenswert. Häufig werden dazu monetäre Größen herangezogen.[596]

Auch bei der Charakterisierung von **Risikoursachen** findet sich in der Literatur kein einheitliches Verständnis. Da der Schwerpunkt der Risikobetrachtungen in dieser Arbeit auf den Risikoauswirkungen und deren Bewältigung liegt, wird an dieser Stelle nicht vertiefend auf die Risikoursachen eingegangen. Es sei lediglich auf Seibold (2006) verwiesen, der Risikoursachen prinzipiell auf menschliches Handeln,

593 Vgl. Künzer, L./ Knigge, I./ Hofinger, G., 2012, S. 133.
594 Vgl. Brokmann, J./ Rossaint, R., 2010, S. 70.
595 Vgl. Jacobsen, A., 2001, S. 78.
596 Vgl. Schnieder, E./ Schnieder, L., 2013, S. 150–152.

die Technik, auf Prozesse bzw. Projekte und externe Faktoren wie beispielsweise Naturkatastrophen zurückführt.[597]

Nach Borkmann und Rossaint (2010) werden die Merkmale Art, Größe, Material, Konstruktion und Umgebung für die Charakterisierung eines **Schadensobjektes** herangezogen.[598] Hinsichtlich der Zielsetzung dieser Arbeit sind im Rahmen der Situationsanalyse diejenigen Objekte relevant, welche Einfluss auf die Sicherstellung des Warenflusses in GVZ haben. Dazu gehören insbesondere die in GVZ vorhandenen Infrastrukturen und Ressourcen, welche durch ein Risikoereignis beschädigt und in ihrer Funktionalität beeinträchtigt oder komplett zerstört werden können.

Unter dem Gesichtspunkt der **möglichen Entwicklungen** von Risikoereignissen wird der Sachverhalt berücksichtigt, dass die durch ein Risikoereignis ausgelösten Situationsänderungen entweder ursächlich abgeschlossen sind oder sich in zeitlicher oder räumlicher Hinsicht noch weiter entwickeln. Je nach Ausprägung ergeben sich daraus direkte Auswirkungen auf die Risikobewältigung.

Ein Risikoereignis wirkt in seiner Gesamtheit auf die Entscheidungssituation ein, es ergeben sich aber auch Wirkungen zwischen den einzelnen Einflussfaktoren: Die Schadensart hat Einfluss auf die Schadensauswirkungen und auf das betroffene Objekt. In engem Verhältnis stehen auch die Zeit und die Gesamtheit der Einflussfaktoren des Risikoereignisses: In Abhängigkeit vom Zeitpunkt eines Risikoeintritts ergeben sich unterschiedliche Risikoauswirkungen. Andererseits beeinflusst ein Risikoereignis durch die Dauer einer Beeinträchtigung oder Beschädigung von Infrastrukturen und Ressourcen den Faktor Zeit. Das durch ein Risikoereignis betroffene Objekt wiederum hat Einfluss auf den Faktor Ort, während sich durch den Ort selbst Rückwirkungen auf das Risikoereignis ergeben, beispielsweise dass der Eintritt eines Risikoereignisses überhaupt möglich wird oder sich ein Risikoereignis aufgrund der örtlichen Gegebenheiten weiter ausbreiten kann. Für die Sicherstellung des Warenflusses ist die Verkehrslage von Interesse. Diese wirkt sich wiederum auf verschiedene Einflussfaktoren wie Ursache, Ausmaß und Entwicklungen aus.

Einflussfaktoren von Maßnahmen zur Risikobewältigung:
Wichtige Voraussetzung für die Ergreifung situationsgerechter Maßnahmen nach Eintritt eines Risikoereignisses ist die Kenntnis über die vorhandenen eigenen und fremden Mittel, die Versorgungslage sowie die Führung.[599]

Unter **Eigenmittel** werden im Kontext mit der Maßnahmenergreifung zur Risikobewältigung die eigenen Einrichtungen, Transportmittel und Geräte verstanden, die für die Sicherstellung des Warenflusses benötigt werden. Dazu gehören an dieser Stelle die in einem GVZ vorhandenen Ressourcen, Infrastrukturen, Portalkräne und weitere Umschlaggeräte (vgl. Kapitel 3.2.1), aber auch die verschiedenen

597 Vgl. Seibold, H., 2006, S. 76.
598 Vgl. Borkmann, J./ Rossaint, R., 2010, S. 70.
599 Vgl. beispielsweise Künzer, L./ Knigge, I./ Hofinger, G., 2012, S. 133; Brokmann, J./ Rossaint, R., 2010, S. 70; BBK, 1981, S. 35.

Transportmittel. Im Falle des Risikoeintritts ist dabei nicht nur die Kenntnis über das Vorhandensein, sondern auch über die Verfügbarkeit von Eigenmitteln wichtig.

Fremdmittel sind gleichermaßen charakterisiert wie Eigenmittel. Innerhalb eines GVZ können dabei lediglich portable Fremdmittel unterstützend zum Einsatz kommen. Wird beispielsweise auf externe Infrastrukturen zurückgegriffen, bedeutet dies in jedem Fall Änderungen im Prozessablauf.

Durch das Merkmal der **Versorgungslage** werden die Rahmenbedingungen des Warenflusses erfasst. Einerseits sollen eventuell vorhandene Engpässe im Warenfluss bei der Maßnahmenformulierung berücksichtigt werden. Andererseits sind im Rahmen der Warenversorgung die eingeschränkten bzw. nicht zur Verfügung stehenden Funktionalitäten zu beachten. Diese äußern sich als Leistungsvermögen- und Kapazitätsreduktionen.

Unter dem Begriff der **Führung** werden die Charakteristika Führungsorganisation und Führungsmittel subsumiert. Durch die Führungsorganisation wird festgelegt, wer welche Aufgaben zu tätigen hat; Führungsmittel umfassen die Maßnahmen und Möglichkeiten zur Informationsgewinnung, -verarbeitung und -übertragung.[600]

Die Ergreifung von Maßnahmen zur Risikobewältigung ist maßgeblich von dem eingetretenen Risikoereignis beeinflusst: Die Zeit hat einen maßgeblichen Einfluss auf die Gestaltung der Maßnahmen, da von ihr die Verfügbarkeiten an Personal, Eigen- und Fremdmitteln abhängen. Die Verfügbarkeit aller Funktionalitäten wiederum ist auch nicht zu jedem Zeitpunkt gegeben. Die Verkehrslage hat insbesondere Einfluss auf die Versorgungslage, während die örtlichen Gegebenheiten die vorhandenen Eigenmittel bestimmen.

Abbildung 27 zeigt die gesamten Einflussfaktoren mit den zwischen ihnen bestehenden Abhängigkeiten, welche auf die Entscheidungssituation einwirken. Der in dieser Abbildung visualisierte Zusammenhang zwischen den Einflussfaktoren kann im Sinne einer Schablone für die Formulierung von situationsgerechten Handlungsempfehlungen verstanden werden.

---

600 Vgl. Deutsche Gesellschaft zur Rettung Schiffbrüchiger (DGzRS)/ Havariekommando, 2004, S. 50.

Abbildung 27: Gesamtheit der situationsbestimmenden Einflussfaktoren [Quelle: Eigene Darstellung]

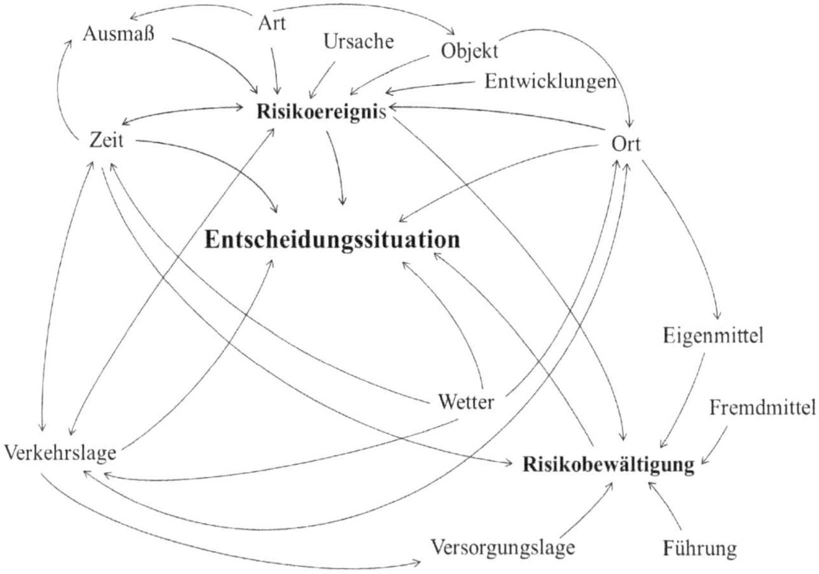

Ständige Änderungen im Zeitverlauf erfordern, entsprechend dem situativen Ansatz, eine regelmäßige Situationsanalyse und unter Umständen eine Anpassung bzw. eine Änderung der ergriffenen Maßnahmen. Im Zeitverlauf lassen sich so verschiedene Entscheidungssituationen und somit die in diesen Situationen getroffenen Handlungsmaßnahmen verknüpfen. Das Ergebnis der Verknüpfung von verschiedenen Handlungsmaßnahmen wird als Handlungsstrategie bezeichnet und ist Gegenstand von Kapitel 3.5.

3.3.3 Ergebnis der Situationsanalyse

Im Ergebnis sind in der Situationsanalyse die **situationsbestimmenden Einflussfaktoren** und deren **Beziehungen** zueinander ermittelt. Dadurch wird ein Beitrag zur **Komplexitätsreduktion** geleistet. Die situationsbestimmenden Einflussfaktoren sind anhand der Kategorien **Allgemeingültigkeit**, **Risikoereignis** und **Maßnahmen der Risikobewältigung** erfasst, welche allesamt verschiedene Perspektiven auf die Entscheidungssituation darstellen. Auch die Zusammenhänge zwischen den verschiedenen Einflussfaktoren sind beschrieben, vgl. Abbildung 27. Die herausgearbeiteten Charakteristika der Einflussfaktoren sind in Tabelle 9 zusammenfassend dargestellt.

Tabelle 9: Situationsbestimmende Einflussfaktoren mit ihren Charakteristika [Quelle: Eigene Darstellung]

Art	Einflussfaktor	Charakteristika
allgemeingültige Einflussfaktoren	Wetter	Temperatur, Niederschlag, Wind, Luftdruck, Bewölkung, Luftfeuchtigkeit
	Ort	Topographie, Geländemerkmale, vorhandene Infrastrukturen, vorhandene Ressourcen
	Zeit	Tageszeit, Jahreszeit, Wochentag, Zeitbedarf
	Verkehrslage	Verkehrsaufkommen, Verkehrsgeschwindigkeiten, vorhandene Verkehrsträger
Einflussfaktoren eines Risikoereignisses	Art	Personenschaden, Umweltschaden, Sachschaden
	Ursache	Mensch, Technik, Prozesse/Projekte, externe Faktoren
	Ausmaß	Gesamtheit der eingetretenen Personen-, Umwelt- und Sachschäden
	Objekt	Art, Größe, Material, Konstruktion und Umgebung
	Entwicklungen	ursächlich abgeschlossen, weiterentwickelnd
Einflussfaktoren von Maßnahmen zur Risikobewältigung	Eigenmittel	Transportmittel, Ressourcen, Infrastrukturen
	Fremdmittel	Transportmittel, Ressourcen, Infrastrukturen
	Versorgungslage	Engpässe, Funktionalitäten
	Führung	Führungsorganisation, Führungsmittel

Die systematische Festlegung von verschiedenen Ausprägungen der in Tabelle 9 aufgeführten Charakteristika lässt die Definition von verschiedenen Risikoereignissen zu. Die Berücksichtigung der definierten Faktorausprägungen bei gleichzeitiger Beachtung der zwischen den Einflussfaktoren geltenden Zusammenhänge ermöglicht die Ableitung adäquater Handlungsmaßnahmen, welche die Voraussetzung für die Formulierung situationsgerechter Handlungsempfehlungen darstellen. Die Situationsanalyse ist somit der Ausgangspunkt für die Definition von Risikoszenarien und für die zeitpunktbezogene, statische Entscheidungslogik.

3.4 Flussanalyse

Veränderungen im Zeitverlauf resultieren aus dem dynamischen Verhalten eines Systems. In dem hier betrachteten Anwendungsfall ergeben sich hinsichtlich des Warenflusses Veränderungen sowohl im Tagesverlauf als auch im Wochenverlauf hinsichtlich seines Volumens und seiner Zusammensetzung.

Ziel der Flussanalyse ist die Erfassung der Faktoren, welche Einfluss auf das dynamische Verhalten des Warenflusses haben. Dazu wird zunächst die Zusammensetzung des Warenflusses thematisiert. Inhaltlich werden insbesondere die in Abhängigkeit von der betrachteten Güterart verwendeten Transportmittel und Verkehrsformen behandelt. Auch die methodische Darstellung von dynamischen Systemverhalten wird thematisiert. Abschließend erfolgt die Zusammenfassung der Ergebnisse.

3.4.1 Warenflüsse und deren Zusammensetzung

Warenflüsse kennzeichnen die Bewegungen von Waren und umfassen die Bereitstellung, die Verteilung und die Verwendung von Gütern. Während die **Güterbereitstellung** auf Herstellerebene und die **Güterverwendung** auf Konsumentenebene anzusiedeln ist, dient die **Güterverteilung** der Verkettung dieser beiden Ebenen und der Überbrückung von Raum und Zeit.[601] Das Hauptaugenmerk liegt im Folgenden auf der Güterverteilung.

Für die Güterverteilung können verschiedene Fahrzeuge verwendet werden, welche zahlreiche Arten von Gütern transportieren. Das Volumen des Warenflusses ergibt sich dabei aus der Anzahl an Transportmitteln, der jeweiligen Transportkapazität eines Transportmittels und der damit transportierten Güterart (vgl. Kapitel 3.2.1, insbesondere auch Tabelle 7). Als limitierender Faktor für das Warenflussvolumen wirkt die Auslastung eines Verkehrsträgers, der durch ein Transportmittel genutzt wird.

An dieser Stelle wird die weitere Spezifikation der **Verkehrsmittel**, aus welchen sich der Waren- und Transportfluss zusammensetzt, vorgenommen. Dabei sind die Verkehrsmittel einerseits hinsichtlich der Verkehrsträger zu unterscheiden, auf welchen sie Güter transportieren, andererseits sind aber auch je Verkehrsträger verschiedene Ausgestaltungen der Verkehrsmittel mit unterschiedlichen Kapazitäten für den Transport von Gütern möglich. Im Folgenden wird zunächst in Abhängigkeit von den Verkehrsträgern Wasser, Schiene und Straße auf die einzelnen Transportmittel und deren unterschiedliche Ausgestaltungsmöglichkeiten eingegangen, die für den Transport von verschiedenen Güterarten zur Verfügung stehen.

Für den **Transport von Gütern** über den **Verkehrsträger Wasser** stehen Schiffe als Verkehrsmittel zur Verfügung. Dabei kommen einerseits konventionelle Stückgutschiffe und andererseits auch Containerschiffe zum Einsatz.[602] Im Bereich der konventionellen Stückgutschiffe kommen Spezialschiffe zum Einsatz, die auf den Transport verschiedener Güterarten zugeschnitten sind.[603] Dazu gehören beispielsweise Tanker, Massengut-, Schwergut- und RoRo-Schiffe.[604] Der Trend geht jedoch, bedingt durch den zunehmenden Containerisierungsgrad der Ladungen, zu immer

---

601 Vgl. Hertel, J./ Zentes, J./ Schramm-Klein, H., 2011, S. 117 f. und S. 123.
602 Vgl. Lucke, H.-J. et al., 2012, S. 331.
603 Vgl. Schulte, C., 2013, S. 181.
604 Vgl. Muschkiet, M., 2013, S. 187 f.

größeren Containerschiffen mit unterschiedlichem, jedoch insgesamt steigendem Beförderungsumfang und der Konzentration des Überseeverkehrs auf wenige zentrale Häfen, von denen der Vor- und Nachlauf über kleinere Containerschiffe, auch Feederschiffe genannt, erfolgt.[605] Für das Volumen des Warenflusses bedeutet dies, dass dieses im Überseeverkehr, bezogen auf ein Schiff, über lange Strecken konstant ist und es zunächst in einem Seehafen und zeitlich nachfolgend in kleineren Binnenhäfen zur Aufsplittung des Warenflusses auf zahlreiche kleinere Schiffe kommt; auch der Weitertransport über einen anderen Verkehrsträger ist möglich.

Für die Messung des **volumenmäßigen Ausmaßes des Warenflusses** kann bei Containerschiffen die international standardisierte Einheit Twenty-foot Equivalent Unit (TEU) herangezogen werden, wobei ein TEU einem 20-Fuß-Container entspricht. Während Feederschiffe einen Beförderungsumfang von 500–1200 TEU aufweisen, verfügen große Containerschiffe über ein Fassungsvermögen von mehr als 19000 TEU.[606] Für die Messung des Volumens der Spezialschiffe wird im Folgenden angenommen, dass dieses, bei Beachtung der Schiffsgröße und unter Berücksichtigung von Abmessungen, Gewicht und Volumen der zu transportierenden Güter in TEU umgerechnet werden kann. Gerechtfertigt wird diese Annahme auch durch die Tatsache, dass inzwischen verschiedene Containertypen wie beispielsweise Schüttgutcontainer, Flüssiggutcontainer und Kühlgutcontainer existieren.[607]

Organisiert wird der **Transport über die Wasserstraße** als Linienschifffahrt oder Trampschifffahrt. Für die Linienschifffahrt gelten feste Schifffahrtsrouten, Ankunfts- und Abfahrtszeiten, während die Trampschifffahrt nach Bedarf erfolgt und es keine festgelegten Zeiten und Routen gibt.[608] Die Veränderungen des Warenflusses im Zeitverlauf ergeben sich aus der Summe der eingesetzten Linienfahrten und der beauftragten Bedarfsfahrten.

Der **Warenfluss** über den **Verkehrsträger Schiene** erfolgt durch Eisenbahnen als Verkehrsmittel, welche sich aus Triebfahrzeugen und Güterwagen zusammensetzen. Die Güterwagen lassen sich in Flachwagen, offene, gedeckte und Spezialwagen, beispielsweise Selbstentlade-, Silo- und Kesselwagen, sowie Container-Tragwagen unterteilen. Für die einfachere Ent- und Beladung der Güterwagen können diese auch mit einer besonderen Ausstattung wie beispielsweise Schiebewänden und Ladegutbefestigungssystemen versehen sein.[609] Die Güterwagen sind als Waggongruppen, Teil- oder Ganzzüge gekoppelt, wobei ein Ganzzug eine Länge von bis zu 750 m aufweist.[610] Die Bewertung des **volumenmäßigen Ausmaßes des Warenflusses**

---

605 Vgl. Schulte, C., 2013, S. 181; Lucke, H.-J. et al., 2012, S. 332.

606 Vgl. Gudehus, T., 2012, S. 849; Frankfurter Allgemeine, 08.03.2015, http://www.faz.net/aktuell/wirtschaft/ unternehmen/tiefseehafen-im-jade-weser-port-hat-erstmals-das-weltgroesste-containerschiff-angelegt-13470579.html, Zugriff am 24.03.2015.

607 Vgl. Lucke, H.-J. et al., 2012, S. 331.

608 Vgl. Büter, C., 2013, S. 256 f.

609 Vgl. Gudehus, T., 2012, S. 946; Heidmeier, S./ Siegmann, J., 2008, S. 745 f.

610 Vgl. Gudehus, T., 2012, S. 948; Schwarz, F., 2009, S. 390.

soll auch hier in TEU erfolgen, wobei sich ein Ganzzug aus 17–32 Güterwagen zusammensetzt und über eine Transportkapazität von 120 TEU verfügt.[611]

Die **Transporte im Schienenverkehr** können als Ganzzug-, Einzelwagen-, Intermodal- sowie Stückgutverkehre ausgestaltet sein.[612] Der Ganzzugverkehr ist durch einen direkten Transport zwischen Ausgangs- und Zielbahnhof mit festen Abfahrts- und Ankunftszeiten gekennzeichnet; Rangiervorgänge finden zwischendurch nicht statt.[613] Durch die Abstimmung der Zugfahrzeiten mit den zeitlichen Kundenanforderungen können Ganzzüge als sogenannte Logistikzüge genutzt und in die logistischen Abläufe eines Kunden als Teil des Just-in-Time-Konzepts integriert werden.[614] Im Einzelwagenverkehr werden Züge aus einzelnen Güterwagen oder Wagengruppen zusammengestellt, die von unterschiedlichen Absendern stammen und für verschiedene Empfänger bestimmt sind. Dazu ist ein häufiges und mit viel Aufwand verbundenes Umstellen der Güterwagen notwendig.[615] Für die pünktliche und zuverlässige Beförderung der Einzelwagen werden Regeltransportzeiten sowie Nachtsprungverkehre im Einzelwagenverkehr angeboten.[616] Im Intermodalverkehr bzw. Kombinierten Verkehr werden in einem Terminal verschiedene Ladeeinheiten zusammengefasst und verladen und in der Regel über spezielle KV-Ganzzüge zu einem Empfangsterminal transportiert, wobei überwiegend Nachtsprungverbindungen vorgenommen werden.[617] Für weitere Ausführungen zum Kombinierten Verkehr sei auf Kapitel 2.3.3.1 verwiesen.

Im Stückgutverkehr lastet die Sendung eines Kunden einen Güterwagen in der Regel nicht aus, weshalb die für ein Empfangsgebiet bestimmten Sendungen verschiedener Kunden zusammengeladen werden. Stückgutverkehre werden inzwischen komplett von Speditionen organisiert.[618]

Während im Ganzzugverkehr das Volumen des Warenflusses einfach zu bestimmen ist, sind für die anderen Verkehrsformen im Schienengüterverkehr unterschiedliche Kapazitäten möglich, je nachdem, ob die Züge als Teil- oder Ganzzüge ausgestaltet sind. Änderungen in der Zusammensetzung der Züge und somit im Warenfluss erfolgen immer in Bahnhöfen. In Bezug auf die Veränderungen des Warenflusses in GVZ erfolgt durch die Einfahrt eines Zuges ein sprunghafter Anstieg an verfügbaren Waren, welche durch den Abtransport über andere Züge sowie über LKWs im Zeitverlauf reduziert und durch die Anlieferung neuer Waren wieder aufgestockt werden.

---

611 Vgl. Gudehus, T., 2012, S. 849.

612 Vgl. Meier, F./ Sender, J./ Voll, R., 2013, S. 169; Heidmeier, S./ Siegmann, J., 2008, S. 744.

613 Vgl. Lucke, H.-J. et al., 2012, S. 340.

614 Vgl. Heidmeier, S./ Siegmann, J., 2008, S. 745.

615 Vgl. Lucke, H.-J. et al., 2012, S. 340.

616 Vgl. Heidmeier, S./ Siegmann, J., 2008, S. 752.

617 Vgl. Lucke, H.-J. et al., 2012, S. 341; Heidmeier, S./ Siegmann, J., 2008, S. 752.

618 Vgl. Lucke, H.-J. et al., 2012, S. 341; Heidmeier, S./ Siegmann, J., 2008, S. 745.

Der **Transport von Gütern** über den **Verkehrsträger Straße** erfolgt mit Transportern, Lastwagen, Sattelanhänger- und Wechselbrücken-Zügen.[619] Die Aufbauten der Lastkraftwagen können sehr unterschiedlich gestaltet sein. Neben Containern, Wechselbrücken und Sattelanhängern als Wechselaufbauten gibt es je nach Transportzweck u. a. auch Pritschen-, Koffer-, Kasten-, Tank-, Kipp- und Plattformaufbauten.[620] Die **Kapazitäten** der Lastkraftwagen werden in Europaletten gemessen. Während Transporter über eine Kapazität von fünf Europaletten verfügen, können Lastwagen 17 und Sattelanhänger- und Wechselbrücken-Züge 34 Europaletten aufnehmen.[621]

Im **Straßengüterverkehr** wird zwischen Komplett-, Teilladungs- und Sammelverkehren unterschieden. Bei der Komplettladung werden Güter vom Versender direkt zum Empfänger transportiert, während bei Teilladungsverkehren mehrere Sendungen abgeholt und zum Zielgebiet transportiert werden, um die Kapazitäten eines Transportmittels auszulasten. Es finden bei beiden Verkehrsformen in der Regel keine Umschlagvorgänge statt, Teilladungsverkehre sind jedoch zeit- und kostenintensiver als Komplettladungsverkehre. Im Sammelgutverkehr werden kleinere Sendungen von KEP-Dienstleistern und Spediteuren eingesammelt und bei einem Versandspediteur zu einer Sammelladung konsolidiert, welche im Zielgebiet wieder aufgelöst und an verschiedene Empfänger verteilt wird. Im Hauptlauf werden meist Sattelzüge und Wechselbrücken-Züge verwendet, während im Vor- und Nachlauf Transporter und kleinere LKWs für den Transport eingesetzt werden.[622] Kennzeichnend für den Straßengüterverkehr ist, dass Sendungen direkt bei den Versendern bzw. Empfängern abgeholt bzw. zugestellt werden und die zeitliche Transportabwicklung an den Anforderungen der Kunden ausgerichtet ist.[623] Dadurch und auch durch die heterogenen Kapazitäten der Verkehrsmittel sowie das dichte Verkehrsnetz und die sich daraus ergebenden zahlreichen Transportmöglichkeiten ändert sich die Zusammensetzung des Waren- und Transportflusses ständig. Somit unterliegt auch das Volumen des Warenflusses laufenden Veränderungen. Ein weiterer zu beachtender Punkt im Straßengüterverkehr sind Leerfahrten, bedingt durch die zahlreichen Be- und Entladestellen. Leerfahrten wirken sich auf die Auslastung des Verkehrsträgers Straße aus, haben jedoch keinen Einfluss auf das Volumen des Warenflusses, wenn dieses in transportierten TEU oder transportierten Paletten gemessen wird.

Weitere Festlegungen, die zu treffen sind, betreffen

- Abgrenzungen in Bezug auf die zu modellierenden Verkehrsmittel,
- die jeweiligen Kapazitäten der Verkehrsmittel, welche für den Transport der Güter zur Verfügung stehen,

619 Vgl. Gudehus, T., 2012, S. 850.
620 Vgl. Dabidian, P./ Langkau, S., 2013, S. 142 f.
621 Vgl. Gudehus, T., 2012, S. 850.
622 Vgl. Dabidian, P./ Langkau, S., 2013, S. 146 f.
623 Vgl. Lucke, H.-J. et al., 2012, S. 321.

- die Auswahl der in Bezug auf die verschiedenen Verkehrsträger vorhandenen Verkehrsformen, welche zu berücksichtigen sind, und
- die Abfahrts- und Ankunftszeiten der verschiedenen Verkehrsmittel in einem GVZ.

Als Resultat dieser Festlegungen sind Aussagen zur Zusammensetzung des Warenflusses und dessen Veränderungen im Zeitverlauf möglich.

3.4.2 Methodische Berücksichtigung von Veränderungen im Zeitverlauf

Für die Darstellung eines dynamischen Systemverhaltens und der daraus resultierenden Veränderungen im Zeitverlauf werden im Bereich der Logistik sehr häufig **Simulationsmodelle** angewandt.[624] Diese eignen sich als Unterstützungswerkzeug bei der Planung, Steuerung und Optimierung von Logistiksystemen und erlauben die Überprüfung des zeitlichen Systemverhaltens sowie das Herausarbeiten von Gesetzmäßigkeiten innerhalb eines Systems.[625] Durch die gezielte Änderung von relevanten Einflussfaktoren können Auswirkungen von Veränderungen auf das System erforscht werden.[626]

Simulationsmodelle lassen sich konzeptionell in verschiedene Ansätze unterteilen.[627] Während Scholz-Reiter et al. (2008) zwischen ereignis- und flussorientierten Simulationsmodellen differenzieren, ist in der Literatur die Unterteilung in diskrete und kontinuierliche Simulationsmodelle gängiger.[628] Die Unterscheidung erfolgt dabei anhand der Art des Zustandsübergangs: In kontinuierlichen Simulationsmodellen ändern sich die Zustände aufgrund von infinitesimalen kleinen Zeitschritten kontinuierlich.[629] Die Zustandsänderungen werden dabei durch eine Menge von verknüpften Differentialgleichungen beschrieben. Als Beispiel für kontinuierliche Simulationen können thermodynamische Systeme herangezogen werden.[630] Insgesamt ist die kontinuierliche Simulation für die Abbildung von logistischen Prozessen jedoch weniger relevant.[631]

Diskrete Simulationsmodelle lassen sich nach der Art der Zustandsübergänge weiter unterscheiden. Während beispielsweise Page (1991) zwischen ereignis-, prozess-, aktivitäts- und transaktionsorientierten Modellen unterscheidet, nehmen Kuhn und Wenzel (2008) eine Einteilung in ereignisorientierte und zeitgesteuerte

---

624 Vgl. Kuhn, A./ Wenzel, S., 2008, S. 73; Scholz-Reiter, B. et al., 2008, S. 111; Eley, M., 2004, S. 8.

625 Vgl. Hedtstück, U., 2013, S. 3; Schlick, C. M./ Bruder, R./ Luczak, H., 2010, S. 472.

626 Vgl. Eley, M., 2004, S. VII.

627 Vgl. Scholz-Reiter, B. et al., 2008, S. 111.

628 Vgl. beispielsweise Bungartz, H.-J./ Zimmer, S./ Buchholz, M./ Pflüger, D., 2013, S. 11; Hedtstück, U., 2013, S. 3.

629 Vgl. Dallmeyer, J., 2014, S. 13.

630 Vgl. Kadachi, M., 2004, S. 11.

631 Vgl. Kuhn, A./ Wenzel, S., 2008, S. 78 f.

diskrete Simulationsmodelle vor. Hedtstück (2013) erweitert diese Einteilung um prozessorientierte Simulationsmodelle. Hummeltenberg und Preßmar (1989) nehmen dieselbe Einteilung vor wie Hedtstück (2013), weisen jedoch geringe Differenzen bei der Bezeichnung auf und sprechen von zeit-, ereignis- und prozessorientierten Modellen.[632] In Mattern und Mehl (1989) findet sich eine zweistufige Einteilung: Auf der ersten Stufe werden diskrete Simulationsmodelle entsprechend der Einteilung von Kuhn und Wenzel (2008) in zeitgesteuerte und ereignisorientierte Simulationsmodelle unterteilt.[633] In zeitgesteuerten Simulationsmodellen erfolgen die Zustandsänderungen nach einem vorher definierten Zeitintervall mit konstanter Länge.[634] **Ereignisorientierte Simulationsmodelle** lassen sich nach Mattern und Mehl (1989) in vier weitere Simulationsarten unterteilen: ereignisgesteuerte, aktivitäts-, transaktions- und prozessorientierte Simulationen. Wie bereits durch die Bezeichnungen deutlich wird, werden Zustandsänderungen durch Ereignisse, Aktivitäten, Transaktionen bzw. Prozesse ausgelöst.[635] Zwischen diesen vier Simulationsstrategien sind Überschneidungen und Verknüpfungen möglich.[636] Auf die einzelnen Unterfälle wird an dieser Stelle nicht weiter eingegangen, es erfolgt lediglich eine Abgrenzung der Begriffe ereignisorientiert und ereignisgesteuert.

In zahlreichen Literaturquellen sind ereignisorientierte Simulationsmodelle dadurch charakterisiert, dass in ihnen Zustandsänderungen durch Ereignisse ausgelöst werden, welche zu einem festgelegten Zeitpunkt eintreten. Dabei kann auch zwischen verschiedenen Ereignistypen unterschieden werden.[637] Mattern und Mehl (1989) dagegen bezeichnen den Begriff der ereignisorientierten Simulation als diffus und verstehen diesen als Oberbegriff für eine Klasse von Simulationen, in welchen Ereignisse eine wichtige Rolle spielen. Lediglich in ereignisgesteuerten Simulationen werden Zustandsänderungen durch Ereignisse ausgelöst.[638]

Dem Begriffsverständnis von Mattern und Mehl (1989) wird hier gefolgt und die Begriffe ereignisorientiert und ereignisgesteuert werden wie folgt genutzt: Lösen lediglich Ereignisse Zustandsänderungen aus, so wird von einer ereignisgesteuerten Simulation gesprochen. Bei einer Kombination von verschiedenen diskreten Simulationsstrategien wird der Begriff der ereignisorientierten Simulation verwendet.

632 Vgl. Page, B., 1991, S. 28 f.; Kuhn, A./ Wenzel, S., 2008, S. 78; Hedtstück, U., 2013, S. 21 f.; Hummeltenberg, W./ Preßmar, D. B., 1989, S. 220.

633 Vgl. Mattern, F./ Mehl, H., 1989, S. 200.

634 Vgl. Kuhn, A./ Wenzel, S., 2008, S. 78 f.; Hummeltenberg, W./ Preßmar, D. B., 1989, S. 220.

635 Vgl. Mattern, F./ Mehl, H., 1989, S. 201, S. 204 und S. 206; Hedtstück, U., 2013, S. 26.

636 Vgl. Mattern, F./ Mehl, H., 1989, S. 201.

637 Vgl. beispielsweise Hedtstück, U., 2013, S. 22 f.; Kuhn, A./ Wenzel, S., 2008, S. 78 f.; Kadachi, M., 2004, S. 15.

638 Vgl. Mattern, F./ Mehl, H., 1989, S. 201.

Für die Simulation des Warenflusses können diskrete und kontinuierliche Modelle herangezogen werden: Diskrete Modelle enthalten die einzelnen Fahrzeuge, kontinuierliche Modelle bilden beispielsweise Dichten und Flüsse durch Kanäle ab.[639]

In dem hier betrachteten Anwendungsfall sind in einem Simulationsmodell die Elemente der Beziehungs- und Prozessstruktur, also die Akteure und die sie verbindenden Infrastrukturen, mit ihren jeweiligen Ressourcen, Kapazitäten und Leistungsvermögen sowie Umschlag-, Lager- und Transportprozesse als logistische Kernprozesse in GVZ abzubilden. Bei der Abbildung der Prozesse und Ressourcen kommen verschiedene Simulationsstrategien zum Tragen: Kommt beispielsweise ein Fahrzeug am KV-Terminal an, so handelt es sich dabei um ein Ereignis. Beim Umschlag der Ware von einem Verkehrsmittel auf ein anderes werden verschiedene Aktivitäten ausgeführt, die zusammen den Umschlagprozess bilden. Es können somit verschiedene diskrete Simulationsstrategien angewandt werden, weshalb der Aufbau eines diskreten, ereignisorientierten Simulationsmodells für die Entscheidungsunterstützung im Falle eines unvorhergesehenen Risikoeintritts erfolgt. Eine besondere Bedeutung kommt dabei der ereignisgesteuerten Simulationsstrategie zu: Für die Ermittlung der aus Risikoereignissen resultierenden Auswirkungen können Ereignisse definiert werden, welche diese Risikoereignisse beschreiben und die zu einem vorher festgelegten Zeitpunkt eintreten. Neben der Festlegung des Eintrittszeitpunkts können als weitere charakteristische Merkmale beispielsweise auch das Ausmaß eines Ereignisses und die durch ein Ereignis ausgelöste Beeinträchtigungsdauer definiert werden. Die simulierten Auswirkungen können für die Generierung und Bewertung adäquater Handlungsmaßnahmen und Strategien herangezogen werden. Der Aufbau des Simulationsmodells ist Gegenstand von Kapitel 4.3.

3.4.3 Ergebnis der Flussanalyse

Die Flussanalyse leistet einen Beitrag zur **Beherrschung von Dynamiken**. Das Hauptaugenmerk liegt auf dem Warenfluss, insbesondere auf der Güterverteilung. Wichtige **Einflussfaktoren der Güterverteilung** sind die Transportmittel, die Verkehrsträger und die Verkehrsformen. Im Ergebnis sind in der Flussanalyse verschiedene **Transportmittel** erfasst, welche für die Güterverteilung herangezogen werden. Zudem sind für die **Verkehrsträger** Wasser, Schiene und Straße verschiedene **Verkehrsformen** ermittelt. Diese sind in Tabelle 10 zusammenfassend dargestellt.

639 Vgl. Bungartz, H.-J./ Zimmer, S./ Buchholz, M./ Pflüger, D., 2013, S. 11.

Tabelle 10: Verkehrsmittel und Verkehrsformen des Warentransports [Quelle: Eigene Darstellung]

Verkehrsträger Wasser	
Transportmittel	**Verkehrsformen**
- große Container- und Spezialschiffe - Feederschiffe	- Linienschifffahrt mit festen Ankunfts- und Abfahrtszeiten - Trampschifffahrt mit flexiblen Bedarfszeiten
Verkehrsträger Schiene	
Transportmittel	**Verkehrsformen**
- Ganzzug - Teilzug - Waggongruppe	- Ganzzugverkehre mit festen Abfahrts- und Ankunftszeiten - Einzelwagenverkehre mit Regeltransportzeiten und Nachtsprungverkehren - Intermodalverkehre mit überwiegend stattfindenden Nachtsprungverkehren
Verkehrsträger Straße	
Transportmittel	**Verkehrsformen**
- Transporter - Lastwagen - Sattelanhänger-Züge - Wechselbrücken-Züge	- Komplettverkehre mit flexiblen Transportzeiten - Teilladungsverkehre mit flexiblen Transportzeiten - Sammelverkehre mit flexiblen Transportzeiten

Durch die Kenntnis der verschiedenen vorherrschenden Verkehrsformen können Veränderungen des Warenflusses und dessen Zusammensetzung im Zeitverlauf ermittelt werden. Bei Eintritt eines Risikoereignisses kann die **Kenntnis über die Zusammensetzung des Warenflusses** für die Ergreifung adäquater Maßnahmen herangezogen werden.

Für die methodische Unterstützung zur Berücksichtigung von Veränderungen des Warenflusses im Zeitverlauf eignen sich diskrete, **ereignisorientierte Simulationsmodelle**. Durch die Implementierung einer ereignisgesteuerten Simulationsstrategie können zuvor definierte Risikoereignisse in ein Simulationsmodell integriert und deren Auswirkungen ermittelt werden. Weiterhin kann das Verhalten des Warenflusses nach Eintritt eines Risikoereignisses untersucht sowie dessen Reaktion auf die Ergreifung von unterschiedlichen Maßnahmen analysiert werden.

3.5 Maßnahmenanalyse

Interdependenzen im Zeitverlauf werden durch die Maßnahmenanalyse erfasst. Ausgehend von einer Entscheidungssituation werden dabei die im Zeitverlauf eintretenden Entwicklungen und Folgewirkungen auf den Warenfluss, die sich in Abhängigkeit von einer ergriffenen Maßnahme, den eintretenden Umweltzuständen und den daraus resultierenden Konsequenzen ergeben, berücksichtigt. Die Entscheidungselemente, deren Einflussfaktoren und die bestehenden Interdependenzen zwischen diesen Elementen sind bereits in Kapitel 3.3.2 thematisiert. Diese beziehen sich jedoch alle auf einen Zeitpunkt. Nicht berücksichtigt sind die sich im Zeitverlauf ergebenden Interdependenzen dieser Elemente zu verschiedenen Zeitpunkten und die daraus resultierende Handlungsstrategie.[640]

Ziel der Maßnahmenanalyse ist die Erfassung der Elemente, welche für die Berücksichtigung zeitlicher Interdependenzen und die Entwicklung einer Handlungsstrategie relevant sind. Im Mittelpunkt des Interesses stehen dabei die Maßnahmen zur Risikobewältigung.

Nachfolgend werden zunächst die relevanten Elemente zur Beschreibung zeitlicher Interdependenzen erfasst. Die Berücksichtigung der zeitlichen Interdependenzen erfolgt mittels verschiedener Verfahren, die ebenfalls vorgestellt werden. Die Zusammenfassung der Ergebnisse erfolgt abschließend.

3.5.1 Elemente zur Berücksichtigung zeitlicher Maßnahmeninterdependenzen

Hinsichtlich des Zeitaspekts lassen sich Maßnahmeninterdependenzen in zeitlich-horizontale und zeitlich-vertikale[641] Interdependenzen einteilen.[642] Zeitlich-horizontale Interdependenzen berücksichtigen die in einem Zeitpunkt gegebenen Handlungsalternativen und die zwischen ihnen bestehenden Beziehungen. Diese Interdependenzen sind bereits in Kapitel 3.3.2 dargelegt. Bisher nicht betrachtet sind dagegen **zeitlich-vertikale Interdependenzen**. Diese resultieren aus der zeitlichen Verknüpfung von Entscheidungen und den mit diesen Entscheidungen ausgewählten Handlungsalternativen.[643] Der zu einem Zeitpunkt bestehende Handlungsspielraum ist dabei abhängig von vorhergehenden Entscheidungen und deren Auswirkungen.[644] Die Abfolge von Entscheidungen und eingetretenen Umweltzuständen wird als Handlungsstrategie bezeichnet.[645]

---

640 Vgl. Laux, H./ Gillenkirch, R. M./ Schenk-Mathes, H. Y., 2012, S. 270.

641 In der Literatur existieren weitere Begrifflichkeiten hinsichtlich der zeitlichen Interdependenzen. Beispielsweise unterscheiden Kistner und Steven (2001) zwischen sachlich horizontalen und zeitlich vertikalen Interdependenzen, während Schild (2005) die Begriffe faktorbezogene und phasenbezogene Interdependenzen verwendet. Auf diese und weitere Einteilungen wird an dieser Stelle jedoch nicht vertiefend eingegangen.

642 Vgl. Voigt, K.-I., 2008, S. 30 f.

643 Vgl. Kistner, K.-P./ Steven, M., 2001, S. 14.

644 Vgl. Laux, H./ Gillenkirch, R. M./ Schenk-Mathes, H. Y., 2012, S. 261.

645 Vgl. Eisenführ, F./ Weber, M., 2003, S. 38 f.

Neben den Entscheidungselementen bedarf es für die Berücksichtigung von zeitlichen Interdependenzen weiterer Elemente. In der Literatur finden sich in diesem Zusammenhang verschiedene Begrifflichkeiten. Diese resultieren aus der betrachteten Problemstellung und ergeben sich häufig schon bei der differenzierten Betrachtung von Planungs- und Entscheidungsproblemen. Wird von den Begrifflichkeiten abstrahiert, so ist zwischen Elementen zu unterscheiden, die sich auf einen Zeitraum beziehen, und Elementen, die ein zeitpunktbezogenes Ereignis darstellen.[646] In der weiteren Arbeit wird daher zwischen **zeitraumbezogenen** und **zeitpunktbezogenen Elementen** unterschieden.

Zeitraumbezogene Elemente:
Zeitraumbezogene Elemente beziehen sich auf unterschiedliche **Zeitspannen** im Zeitverlauf und können entweder über einen Start- und Endzeitpunkt oder über eine **bestimmte zeitliche Länge** definiert werden. Im Zusammenhang mit zeitlichen Interdependenzen werden als zeitraumbezogene Elemente häufig der betrachtete Zeithorizont, Reichweiten und Zeitabstände genannt.[647]

Der **Betrachtungshorizont** wird je nach Anwendungskontext auch als Zeit-, Entscheidungs- oder Planungshorizont bezeichnet.[648] Ausgehend von einem Startzeitpunkt wird durch den Betrachtungshorizont das Ende und somit der **letzte Zeitpunkt** festgelegt, der in die **Betrachtungen** einbezogen wird.[649] Auch ein unbeschränkter Betrachtungshorizont ist möglich, beispielsweise bei weit in die Zukunft reichenden Auswirkungen von Entscheidungen.[650] Schwierigkeiten, die im Zusammenhang mit dem Betrachtungshorizont auftreten, liegen in der Bestimmung von dessen sinnvoller Länge.[651] Ist der Betrachtungshorizont zu kurz, kann die Wirkung von Entscheidungen durchbrochen werden. Mit der Ausweitung des Betrachtungshorizonts nimmt jedoch die Unsicherheit bezüglich der relevanten Informationen zu. Bei einem zu langen Betrachtungshorizont ist somit mit einer Verschlechterung des Informationsstands und damit mit einer schwierigeren Bewertung von zukünftigen Handlungsmaßnahmen zu rechnen, insbesondere bei instabilen Entwicklungen.[652]

Wichtige Kriterien zur Festlegung eines günstigen Betrachtungshorizontes sind somit der Start- und Endzeitpunkt, welche in Abhängigkeit von der Wirkungsreichweite und der Kenntnis über relevante Informationen festzulegen sind.

646 Vgl. beispielsweise Laux, H./ Gillenkirch, R. M./ Schenk-Mathes, H. Y., 2012, S. 264 f.; Scholl, A./ Klein, R./ Häselbarth, L., 2003, S. 3; Luczak, H./ Becker, J., 2003, S. 294.
647 Vgl. beispielsweise Laux, H./ Gillenkirch, R. M./ Schenk-Mathes, H. Y., 2012, S. 264 f.; Wiendahl, H.-H., 2011, S. 291 f.; Scholl, A./ Klein, R./ Häselbarth, L., 2003, S. 3.
648 Vgl. beispielsweise Wiendahl, H.-H., 2011, S. 251 und S. 257 f.; Voigt, K.-I., 2008, S. 47 f.; Kistner, K.-P./ Steven, M., 2001, S. 51 f.
649 Vgl. Wiendahl, H.-H., 2011, S. 291.
650 Vgl. Scholl, A./ Klein, R./ Häselbarth, L., 2003, S. 1.
651 Vgl. Rust, T., 2010, S. 66.
652 Vgl. Scholl, A./ Klein, R./ Häselbarth, L., 2003, S. 2 und S. 7.

Die **Reichweite** kennzeichnet eine **Zeitspanne**: Ausgehend von einem **Anfangszustand** wird durch die Reichweite angegeben, wie lange es dauert, bis ein definierter **Endzustand** erreicht ist. Die Reichweite ist eine **relative Größe** und kann sich auf verschiedene Objekte wie beispielsweise Bestände, Aufträge, Entscheidungen oder Maßnahmen beziehen.[653] Wichtige Kriterien zur Beschreibung der Reichweite sind die Definition des **Bezugsobjekts**, des Anfangszustands und des Endzustands. Die Reichweite wird auch als Planreichweite bezeichnet.[654] Ansatzpunkte bei der Festlegung einer Reichweite sind natürliche Reichweiten wie Saisonalität und kurzfristige Projekte oder Abhängigkeiten einer Reichweite von anderen Reichweiten.[655]

Zeitabstände kennzeichnen ebenfalls eine **Zeitspanne**. Der Unterschied zur Reichweite besteht darin, dass Zeitabstände nicht in Relation zu einem Bezugsobjekt, sondern in **Relation zu der Zeit** definiert sind. Im Zusammenhang mit der Berücksichtigung zeitlicher Interdependenzen werden Zeitabstände auch als Planabstände bezeichnet.[656] Diese kennzeichnen den Abstand zwischen zwei Zeitpunkten, zu denen eine neue Planung vorzunehmen ist und folglich neue Entscheidungen zu treffen sind. Die Planabstände sind in der Regel konstant und durch einen Anfangs- und einen Endzeitpunkt definiert.[657] Ansatzpunkte zur Festlegung eines sinnvollen Zeitabstands sind vorhandene natürliche Taktungen im Geschäftsbetrieb, die Wirkungsdauern von Entscheidungen, die Dauer, welche für die Umsetzung von Maßnahmen benötigt wird, und die Zeitspanne, in welcher relevante Informationen bekannt werden. Auch sollte ein Zeitabstand in einem vernünftigen Verhältnis zur Reichweite stehen.[658]

Zeitpunktbezogene Elemente:

Zeitpunktbezogene Elemente stellen **Ereignisse** dar.[659] Es kann zwischen **geplanten** bzw. erwarteten und **ungeplanten** bzw. unerwarteten Ereignissen differenziert werden.[660]

Geplante Ereignisse sind gekennzeichnet durch die vorherbestimmte und bewusste Herbeiführung einer Zustandsänderung zu einem festgelegten Zeitpunkt. **Zustandsänderungen** werden somit über die Zeit gesteuert, weshalb geplante Ereignisse einen Zeitbezug aufweisen. Die zu einem **festgelegten Zeitpunkt** herbeigeführten geplanten Ereignisse dienen der Abgrenzung von Zeitintervallen und können als Start- oder Endzeitpunkte charakterisiert werden.[661]

653 Vgl. Schäfer, M., 2015, S. 19; Wiendahl, H.-H., 2011, S. 20 f., S. 117 und S. 291.
654 Vgl. Scholl, A./ Klein, R./ Häselbarth, L., 2003, S. 2.
655 Vgl. Scholl, A./ Klein, R./ Häselbarth, L., 2003, S. 7.
656 Vgl. beispielsweise Rust, T., 2010, S. 23.
657 Vgl. Scholl, A./ Klein, R./ Häselbarth, L., 2003, S. 2 und S. 5.
658 Vgl. Scholl, A./ Klein, R./ Häselbarth, L., 2003, S. 9.
659 Vgl. Scholl, A./ Klein, R./ Häselbarth, L., 2003, S. 1.
660 Vgl. Luczak, H./ Becker, J., 2003, S. 294.
661 Vgl. Dangelmaier, W., 2009, S. 168.

Ungeplante Ereignisse sind dadurch gekennzeichnet, dass der Ist-Zustand von einem Soll-Zustand abweicht.[662] Ungeplante Ereignisse können im Vorfeld daher nicht in Relation zu der Zeit gesetzt werden. Sie beziehen sich vielmehr auf einen **Objektzustand** und sollen für die weiteren Ausführungen anhand eines Anfangs- und Endzustands beschrieben werden.

Maßnahmen zur Bewältigung von Risiken lassen sich durch verschiedene Kombinationen der zeitpunkt- und zeitraumbezogenen Elemente **im Zeitverlauf** charakterisieren. Die Ergreifung einer Maßnahme ist nicht nur als Reaktion auf ein ungeplantes Ereignis möglich; im Zeitverlauf können sehr wohl auch Maßnahmen nach einem geplanten Ereignis wie beispielsweise dem Betriebsbeginn oder dem Betriebsende ergriffen bzw. abgesetzt werden. In Bezug auf die zeitraumbezogenen Elemente kann die Dauer einer Maßnahmendurchführung in Abhängigkeit von der Wirkungsreichweite definiert werden. Es ist aber auch eine Maßnahmenergreifung in Abhängigkeit von einer über zwei Zeitpunkte definierten Zeitspanne möglich.

Die Ausgestaltung der Elemente zur Berücksichtigung zeitlicher Interdependenzen und die dabei zu treffenden Annahmen sind Gegenstand von Kapitel 4.3.2.3.

3.5.2 Verfahren zur Berücksichtigung zeitlicher Interdependenzen

Um zeitliche Interdependenzen bei der Lösung von Entscheidungsproblemen zu berücksichtigen, können **statische** und **dynamische Modelle** herangezogen werden. Statische Modelle berücksichtigen lediglich zeitlich-horizontale Interdependenzen. Dynamische Modelle beziehen dagegen auch die Zeit als Variable mit ein und berücksichtigen somit auch zeitlich-vertikale Interdependenzen bei der Problemlösung.[663] Für die weiteren Ausführungen stehen die zeitlich-vertikalen Interdependenzen und damit dynamische Modelle im Mittelpunkt des Interesses. Die einem dynamischen Modell zugrunde liegenden Daten können dabei deterministischer oder stochastischer Natur sein. Bei einem **deterministischen dynamischen Modell** sind die zukünftigen Umweltzustände, Handlungsalternativen und Konsequenzen mit Sicherheit bekannt bzw. bestimmt.[664] Ein **stochastisches dynamisches Modell** ist durch Unsicherheit hinsichtlich der Ausprägungen dieser Elemente gekennzeichnet.[665]

Für die Lösung von Entscheidungsproblemen mit zeitlich-vertikalen Interdependenzen können verschiedene Verfahren angewandt werden. Ganz allgemein kann zwischen Verfahren mit simultanem oder sukzessivem Vorgehen zur Berücksichtigung von zeitlich-vertikalen Interdependenzen differenziert werden.[666] Bei

662 Vgl. Luczak, H./ Becker, J., 2003, S. 294.
663 Vgl. Baetge, J., 1974, S. 51 f.
664 Vgl. Spengler, T., 2006, S. 12.
665 Vgl. Domschke, W./ Scholl, A., 2005, S. 32.
666 Vgl. beispielsweise Voigt, K.-I., 2008, S. 31; Domschke, W./ Scholl, A., 2005, S. 33; Kistner, K.-P./ Steven, M., 2001, S. 14 f.

einer **simultanen Vorgehensweise** werden alle im Zeitverlauf zu ergreifenden Maßnahmen in einem Entscheidungszeitpunkt für den gesamten Betrachtungshorizont und unter Berücksichtigung aller zeitlichen Interdependenzen festgelegt. Die Handlungsstrategie wird komplett in diesem Entscheidungszeitpunkt entwickelt. Die simultane Vorgehensweise ist somit durch die einstufige Lösung eines Problems gekennzeichnet und wird auch als Totalanalyse bezeichnet. Die Wirkungsreichweite der getroffenen Entscheidungen entspricht dabei dem Betrachtungshorizont.[667] Durch die simultane Planung einer Handlungsstrategie werden zeitlich-vertikale Interdependenzen zwar umfassend berücksichtigt, in der Realität scheitert deren Anwendung jedoch an der Problemkomplexität und an dem Umfang der dafür bereitzustellenden und zu pflegenden Daten.[668]

Durch eine **sukzessive Vorgehensweise** wird der Betrachtungshorizont in mehrere Perioden unterteilt. In der Regel weisen die Perioden dieselbe Länge auf und werden anhand der zeitlichen Grundeinheiten in Stunden, Tage, aber auch Wochen oder Monate eingeteilt. Bei der Entscheidungsfindung werden die Ergebnisse vorhergehender Perioden in nachfolgenden Perioden berücksichtigt.[669] Eine Periode kann, muss aber nicht identisch sein mit dem zeitlichen Abstand zwischen zwei Entscheidungszeitpunkten. In Abhängigkeit von der Gestaltung der Elemente Planabstand und Planreichweite ist bei einer sukzessiven Vorgehensweise zwischen der Anschlussplanung und der rollierenden Planung zu unterscheiden.[670]

Bei der **Anschlussplanung** entspricht der Planabstand der Planreichweite. Dies bedeutet, dass in einem Entscheidungszeitpunkt eine oder mehrere Maßnahmen auszuwählen sind, die innerhalb der Planreichweite umgesetzt werden und unveränderliche Größen für nachfolgende Entscheidungszeitpunkte darstellen. Die Planreichweite kann dabei eine oder mehrere Perioden umfassen. Innerhalb einer Planreichweite werden einstufige Entscheidungen getroffen und zeitliche Interdependenzen simultan berücksichtigt.[671] Der nächste Entscheidungszeitpunkt ist mit dem Ende der Planreichweite erreicht. In diesem werden ebenfalls einstufige Anschlussplanungen für die Auswahl geeigneter Maßnahmen der nächsten Planreichweite vorgenommen.[672]

Die **rollierende Planung** ist dadurch gekennzeichnet, dass der zeitliche Abstand zwischen zwei Entscheidungszeitpunkten geringer ist als die Planreichweite.[673] In einem Entscheidungszeitpunkt werden ebenfalls Maßnahmen für die komplette Planreichweite ausgewählt. Im Unterschied zur Anpassungsplanung sind jedoch nur die Maßnahmen unveränderlich, die bis zum nächsten Entscheidungszeitpunkt zu ergreifen sind. Die weiteren ausgewählten Maßnahmen innerhalb der Planreichweite

---

667 Vgl. Dangelmaier, W., 2009, S. 7; Scholl, A./ Klein, R./ Häselbarth, L., 2003, S. 3.
668 Vgl. Kistner, K.-P./ Steven, M., 2001, S. 15.
669 Vgl. Dangelmaier, W., 2009, S. 7.
670 Vgl. Scholl, A./ Klein, R./ Häselbarth, L., 2003, S. 4 f.
671 Vgl. Scholl, A./ Klein, R./ Häselbarth, L., 2003, S. 4 f.
672 Vgl. Kistner, K.-P./ Steven, M., 2001, S. 17.
673 Vgl. Scholl, A./ Klein, R./ Häselbarth, L., 2003, S. 5 f.

haben einen vorläufigen Charakter und können im nächsten Entscheidungszeitpunkt verändert werden.[674] Die Planreichweiten überlappen sich somit.[675]

Sowohl bei der Anschlussplanung als auch bei der rollierenden Planung ergibt sich die Handlungsstrategie aus der Gesamtheit der sukzessiv geplanten Maßnahmen. Beide Verfahren können sowohl bei sicheren als auch bei unsicheren **Daten** angewandt und somit sowohl **stochastisch** als auch **deterministisch** ausgerichtet sein.[676]

Liegen unsichere Daten vor, werden mit der rollierenden Planung bessere Ergebnisse erzielt als mit der Anschlussplanung. Allerdings gestalten sich die mit der Anschlussplanung erzeugten Handlungsstrategien stabiler als diejenigen mit der rollierenden Planung.[677]

Hinsichtlich der **Anpassungsfähigkeit** einer einmal gewählten Abfolge von Entscheidungen kann zwischen einer flexiblen und einer starren Planung unterschieden werden. Ziel der **flexiblen Planung** ist es, zu Beginn des Betrachtungshorizontes eine optimale Maßnahme unter Antizipation zukünftig möglicher Umweltentwicklungen zu bestimmen. Für jeden Entscheidungszeitpunkt werden dazu für alle zukünftig möglichen Umweltzustände bedingte Eventualpläne bzw. Handlungsstrategien bestimmt, deren Realisierung von der tatsächlichen Umweltentwicklung abhängt.[678] Die flexible Planung kann mit Hilfe von Entscheidungsbäumen oder mit Verfahren der dynamischen Programmierung erfolgen.[679]

Bei der **starren Planung** werden innerhalb einer Planreichweite sichere Umweltentwicklungen unterstellt. Bedingte Pläne werden nicht entwickelt und es werden innerhalb einer Planreichweite auch keine Änderungen bei der Maßnahmenauswahl vorgenommen. Unsicherheit kann insofern berücksichtigt werden, als dass Maßnahmen hinsichtlich einer erwarteten oder durchschnittlichen Umweltentwicklung ausgewählt werden.[680] Handlungsstrategien werden bereits zu Beginn eines Zeithorizonts festgelegt, bevor die eintretenden Umweltzustände bekannt sind.[681]

Mit der flexiblen Planung werden bessere Ergebnisse erzielt als mit der starren Planung.[682] In der Realität scheitert die flexible Planung jedoch einerseits an der Bereitstellung benötigter Daten, andererseits aber auch am Rechen- und Speicheraufwand bei der Ermittlung der bedingten Pläne bzw. Handlungsstrategien.[683]

---

674 Vgl. Dangelmaier, W., 2009, S. 7.

675 Vgl. Rust, T., 2010, S. 23.

676 Vgl. Scholl, A./ Klein, R./ Häselbarth, L., 2003, S. 5 f.; Kistner, K.-P./ Steven, M., 2001, S. 17.

677 Vgl. Rust, T., 2010, S. 23 f.

678 Vgl. Laux, H./ Gillenkirch, R. M./ Schenk-Mathes, H. Y., 2012, S. 267.

679 Vgl. Laux, H./ Gillenkirch, R. M./ Schenk-Mathes, H. Y., 2012, S. 268–273; Scholl, A./ Klein, R./ Häselbarth, L., 2003, S. 12.

680 Vgl. Scholl, A./ Klein, R./ Häselbarth, L., 2003, S. 11. Laux, H./ Gillenkirch, R. M./ Schenk-Mathes, H. Y., 2012, S. 267.

681 Vgl. Spengler, T., 2010, S. 11.

682 Vgl. Laux, H./ Gillenkirch, R. M./ Schenk-Mathes, H. Y., 2012, S. 282.

683 Vgl. Kistner, K.-P./ Steven, M., 2001, S. 16 f.

Die Merkmale zur Charakterisierung von Verfahren, welche zeitliche Interdependenzen berücksichtigen, sind in Tabelle 11 mit ihren Ausprägungen zusammengestellt.

Tabelle 11: Merkmale und ihre Ausprägungen zur Charakterisierung von Verfahren zur Berücksichtigung zeitlicher Interdependenzen [Quelle: Eigene Darstellung]

Merkmal	**Merkmalsausprägungen**	
Art der zeitlichen Interdependenzen	statisch	dynamisch
Bestimmtheitsgrad der Daten	deterministisch	stochastisch
Vorgehensweise zur Berücksichtigung zeitlich-vertikaler Interdependenzen	simultan	sukzessiv
Anpassungsfähigkeit einer Handlungsstrategie	starr	flexibel

3.5.3 Ergebnis der Maßnahmenanalyse

Zur **Beherrschung von Dynamiken** sind durch die Maßnahmenanalyse die **zeitpunkt- und zeitraumbezogenen Elemente** ermittelt. Diese dienen als Ausgangsbasis zur Berücksichtigung zeitlicher Interdependenzen. Im Zeitverlauf wechseln sich zeitpunkt- und zeitraumbezogene Elemente ab. Die Elemente besitzen einen **Zeit- oder Objektbezug**. In Tabelle 12 sind die zeitpunkt- und zeitraumbezogenen Elemente mit den Kriterien, welche bei ihrer Definition zu bestimmen sind, dargestellt.

Tabelle 12: Elemente zur Berücksichtigung zeitlicher Interdependenzen [Quelle: Eigene Darstellung]

Elemente		**Kriterien**
zeitraumbezogene Elemente	Betrachtungshorizont	- Startzeitpunkt - Endzeitpunkt
	Reichweite	- Bezugsobjekt - definierter Anfangszustand - definierter Endzustand
	Zeitabstand	- Anfangszeitpunkt - Endzeitpunkt
zeitpunktbezogene Elemente	geplantes Ereignis mit Zeitbezug	- Startzeitpunkt - Endzeitpunkt
	ungeplantes Ereignis mit Objektbezug	- Bezugsobjekt - definierter Anfangszustand - definierter Endzustand

Die Gestaltung dieser Elemente ist abhängig von dem **Verfahren zur Berücksichtigung zeitlich-vertikaler Interdependenzen**. Um dabei sinnvolle Ausprägungen insbesondere für den Betrachtungshorizont, die Reichweite und die Zeitabstände zu bestimmen, eignen sich **Simulationen**. Diese erlauben die simultane Festlegung der zeitraumbezogenen Elemente, indem verschiedene Kombinationen an Ausprägungen simuliert werden.[684] Die zeitpunktbezogenen Elemente grenzen die zeitraumbezogenen Elemente voneinander ab.

Handlungsstrategien resultieren aus der Verknüpfung der in diesen Entscheidungszeitpunkten gewählten Handlungsmaßnahmen im Zeitverlauf.

3.6 Zwischenfazit und Anforderungen an ein Modell der Entscheidungsunterstützung für das operative Supply Chain Risikomanagement

Ziel der Konzeptionsentwicklung ist es, eine Methodik der Entscheidungsunterstützung zur Bewältigung von Risiken zu ermitteln. Wichtige Faktoren sind dabei die Komplexitätsreduktion und die Beherrschung von Dynamiken. Einen Beitrag zur **Komplexitätsreduktion** leisten die Informationsbedarfsanalyse und die Situationsanalyse. Die Fluss- und die Maßnahmenanalyse erlauben die **Beherrschung von Dynamiken** (vgl. Kapitel 3.1).

Durch die **Informationsbedarfsanalyse** sind die risikorelevanten Elemente der Aufbau- und Ablauforganisation bestimmt. Die Aufbauorganisation setzt sich aus den Akteuren, die über bestimmte Ressourcen verfügen, und den Infrastrukturen in einem GVZ zusammen. Die Elemente der Ablauforganisation sind die risikorelevanten Prozessabläufe sowie die Güter und Waren als Ausdruck des physischen Warenflusses (vgl. Kapitel 3.2).

Die Erfassung der situationsbestimmenden Einflussfaktoren erfolgt in der **Situationsanalyse**. Die Einflussfaktoren lassen sich dabei einer der drei Kategorien Allgemeingültigkeit, Risikoereignis und Maßnahmen der Risikobewältigung zuordnen, welche allesamt verschiedene Perspektiven auf die Entscheidungssituation darstellen (vgl. Kapitel 3.3).

In der **Flussanalyse** stehen die Veränderungen des Warenflusses im Mittelpunkt. Dazu sind die verschiedenen Transportmittel erfasst, welche für die Güterverteilung herangezogen werden. Auch sind verschiedene Verkehrsformen für die Verkehrsträger Wasser, Schiene und Straße ermittelt. Durch die Kenntnis der verschiedenen vorherrschenden Verkehrsformen können Veränderungen des Warenflusses und dessen Zusammensetzung im Zeitverlauf bestimmt werden (vgl. Kapitel 3.4).

Die **Maßnahmenanalyse** liefert Anhaltspunkte für die Berücksichtigung zeitlich-vertikaler Interdependenzen. Dazu sind die verschiedenen zeitraum- und zeitpunktbezogenen Elemente ermittelt, durch welche Interdependenzen im Zeitverlauf

684 Vgl. Scholl, A./ Klein, R./ Häselbarth, L., 2003, S. 11.

beschrieben werden. Die Gestaltung dieser Elemente ist abhängig von dem angewandten Lösungsverfahren. Die für die Charakterisierung eines Verfahrens heranzuziehenden Merkmale sind ebenfalls ermittelt. Die Struktur einer Handlungsstrategie wird durch das Lösungsverfahren und die Definition der ermittelten Elemente festgelegt (vgl. Kapitel 3.5).

Insgesamt sind damit im Rahmen der Konzeption die folgenden Größen ermittelt:

- acht Akteurs-Cluster, die durch insgesamt 21 Ressourcen beschrieben werden,
- drei Verkehrsträger mit elf Faktoren zur Bestimmung der Transportkapazität,
- 13 situationsbestimmende Einflussfaktoren, die in drei Kategorien eingeteilt sind,
- neun Transportmittel und acht Verkehrsformen sowie
- fünf Elemente zur Beschreibung zeitlich-vertikaler Interdependenzen und vier Merkmale zur Charakterisierung von Verfahren, durch welche zeitlich-vertikale Interdependenzen berücksichtigt werden.

Die Gesamtheit dieser Faktoren, deren Zusammenhänge und deren jeweilige Ausprägungen sowohl in der Situation als auch im Zeitverlauf geben Aufschluss darüber, wie bei Eintritt eines Risikoereignisses zu handeln ist. Aufgrund der Vielzahl an zu berücksichtigenden Faktoren und Elementen ist nicht sofort ersichtlich, wie eine adäquate Handlungsmaßnahme oder Handlungsstrategie nach Eintritt eines Risikoereignisses auszusehen hat. In diesem Fall bietet sich der Einsatz eines Modells der Entscheidungsunterstützung an. Ziel des Modells ist die Abbildung der risikorelevanten Elemente und Faktoren für den Vergleich verschiedener Handlungsalternativen, deren Bewertung und darauf aufbauend die Formulierung situationsgerechter zeitpunkt- und zeitraumbezogener Handlungsempfehlungen.

Dazu sind verschiedene Anforderungen an das **Modell der Entscheidungsunterstützung** zu stellen. Einerseits sind **Anforderungen** an den **Modellaufbau**, andererseits auch **inhaltliche Anforderungen** zu berücksichtigen. Zudem ergeben sich **Anforderungen** an das Modell aufgrund der **Ergebnisauswertungen**.

Anforderungen hinsichtlich des Modellaufbaus sind

- die realitätsnahe Abbildung des relevanten Anwendungsbereichs,
- die Reduktion von Komplexität und
- die Berücksichtigung von Dynamiken.

Inhaltlich sind in dem Modell

- die risikorelevanten Informationen,
- die situationsbestimmenden Einflussfaktoren,
- die Entscheidungselemente und ihre Veränderungen im Zeitverlauf und
- die Veränderungen des Warenflusses im Zeitverlauf zu berücksichtigen.

Anforderungen hinsichtlich der Ergebnisauswertungen sind

- die Operationalisierung der Ziele,
- die Berücksichtigung von Variationsmöglichkeiten hinsichtlich der inhaltlichen Ausgestaltung verschiedener Einflussfaktoren und Elemente und

- das Schaffen von Voraussetzungen zur Speicherung und Auswertung der relevanten Ergebnisse.

Für die zügige Feststellung einer situationsgerechten Handlungsempfehlung sind die gesamten Erkenntnisse strukturiert und für einen Entscheidungsträger einfach zugänglich und leicht verständlich aufzubereiten.

Wie bereits in Kapitel 3.4.2 dargelegt, eignen sich Simulationsmodelle für die Analyse des Systemverhaltens im Zeitverlauf. Sie vermitteln Einblicke in das Zusammenwirken verschiedener Faktoren und deren Veränderungen im Zeitverlauf. Gerade beim Vergleich unterschiedlicher Systemalternativen kommt der Simulation ein hoher Stellenwert zu.[685] Neben der Simulation können auch statische und analytische Verfahren, beispielsweise die Warteschlangentheorie, verwendet werden. Nachteilig an diesen Verfahren ist, dass diese oftmals dynamische Effekte im Zeitverlauf nicht oder nur unzureichend abbilden. Aufgrund häufig auftretender nichtlinearer Zusammenhänge in logistischen Problemen ist auch die mathematische Optimierung nur bedingt geeignet, da der Rechenaufwand zur Bestimmung einer optimalen Lösung zu hoch ist.[686]

In dieser Arbeit stehen insbesondere die dynamischen Effekte im Zeitverlauf im Vordergrund. Weiterhin ist aufgrund der Vielzahl an zu berücksichtigenden Elementen, Faktoren und der zwischen ihnen bestehenden Zusammenhänge eine hohe Komplexität vorhanden. Die Umsetzung der in diesem Kapitel thematisierten risikorelevanten Informationen, der situationsbestimmenden Einflussfaktoren, der Entscheidungselemente und der Veränderungen des Warenflusses im Zeitverlauf erfolgt daher in einem Simulationsmodell. Der Aufbau des Simulationsmodells wird in Kapitel 4 unter Berücksichtigung der definierten Anforderungen an das Modell dargelegt.

Von wesentlicher Bedeutung für die Entscheidungsunterstützung nach Eintritt eines Risikoereignisses sind die Informationsversorgung des Entscheidungsträgers und die Aufbereitung der benötigten Informationen. Diese werden durch verschiedene Simulationsläufe ermittelt und bewertet. Für die zielgerichtete Nutzung der daraus gewonnenen Erkenntnisse werden interaktive Entscheidungsbäume herangezogen. In diesen können die benötigten Informationen im Vorfeld strukturiert aufbereitet werden und stehen im Falle eines Risikoeintritts zur Verfügung. Auch die interaktiven Entscheidungsbäume werden in Kapitel 4 erläutert.

---

685 Vgl. Kruse, C./ Scheer, A.-W., 1992, S. 1 f.

686 Vgl. Baudach, J. et al., 2013, S. 371 f.

4 Konstruktion eines Modells der Entscheidungsunterstützung für die Bewältigung von Risiken

Ziel dieses Kapitels ist die Umsetzung der in Kapitel 3 entwickelten Konzeption in ein Modell der Entscheidungsunterstützung. Basis für die Modellkonstruktion und damit Grundlage für die Verfahrensevaluation sind die Strukturen, Prozesse und Daten der GVZ in Bremen und Dresden. Das GVZ in Bremen gilt dabei als Benchmark unter den GVZ.[687]

Für die Auswertungen sind die zu Beginn der Arbeit formulierten Ziele zu operationalisieren. Dieser Schritt erfolgt in Kapitel 4.1. Im Mittelpunkt des Kapitels 4.2 steht das prozessorientierte Referenzmodell, welches die für die Wertschöpfung in GVZ benötigten Logistikprozesse enthält. Neben der Strukturierung der risikorelevanten Prozesse werden auch Modellierungsaspekte behandelt. Ein Kernstück des Entscheidungsunterstützungsmodells bildet das Simulationsmodell. Der Aufbau des Simulationsmodells wird in Kapitel 4.3 beschrieben. Durch die Simulation werden die Abläufe dynamisch dargestellt. Dies erlaubt die Bewertung von verschiedenen Risikoereignissen, Handlungsalternativen und -strategien im Zeitverlauf. Die Ergebnisse fließen in einen interaktiven Entscheidungsbaum, welcher in Kapitel 4.4 vorgestellt wird. Dieser dient im Falle eines unvorhergesehenen Risikoeintritts als Instrument für einen Entscheidungsträger, um diesem schnelle, angemessene und systematische Entscheidungen für die zügige Risikobewältigung zu ermöglichen und den mit einem Risikoereignis verbundenen negativen Auswirkungen adäquat zu begegnen. Die Zusammenfassung der Ergebnisse in einem Zwischenfazit und die Formulierung der Evaluationsziele erfolgt in Kapitel 4.5.

4.1 Operationalisierung der Ziele

Tritt ein Risikoereignis ein, sind verschiedene Zielsetzungen für die Handhabung der daraus entstehenden Auswirkungen möglich. Wie bereits in Kapitel 1.2 dargestellt, steht in dieser Arbeit als Ziel die **Aufrechterhaltung des Geschäftsbetriebs bei eingeschränkter Leistungsfähigkeit** innerhalb eines GVZ bei Eintritt eines Schadensereignisses im Vordergrund. Als **Fundamentalziele** sind die Fortführung des laufenden Betriebes, ein schneller Wiederanlauf der Geschäftstätigkeit und die Aufarbeitung negativer Konsequenzen definiert. Dabei steht die Verfolgung von Strategien zur Aufrechterhaltung bzw. zur Wiederherstellung von Prozessfunktionalitäten wie beispielsweise dem Transport, dem Umschlag und der Lagerung von Waren im Vordergrund.

687 Vgl. Koch, H./ Münch, S./ Nestler, S./ Nobel, T., 2010, S. 8.

Für die **Operationalisierung** der Ziele erfolgt zunächst

a) die Spezifizierung dieser Ziele,
b) die Festlegung von entscheidungsrelevanten Attributen, welche mit diesen Zielen verbunden sind, und
c) die Bewertung dieser Attribute als Basis für die Formulierung von Handlungsempfehlungen.

Zu den hauptsächlichen Aufgaben von GVZ gehören die Zusammenführung mehrerer Verkehrsträger sowie das Sammeln und Verteilen von Waren. Damit eng verbunden sind der Umschlag und die Lagerhaltung sowie der GVZ-interne Transport von Gütern (vgl. Kapitel 2.3.3.1). Diese Funktionen gilt es im Falle eines Risikoeintritts aufrechtzuerhalten bzw. schnell wieder anlaufen zu lassen. Die Aufrechterhaltung bzw. der schnelle Wiederanlauf der Geschäftstätigkeit kann durch verschiedene Strategien realisiert werden. Neben der Verwendung der im Normalbetrieb genutzten Prozesse mit reduzierten Kapazitäten ist es auch möglich, auf andere Ressourcen auszuweichen oder alternative Prozesse zu nutzen.[688]

Jede Strategie hat ihre Vor- und Nachteile: Durch die weitere uneingeschränkte Verwendung der im Normalbetrieb genutzten Prozesse können aufgrund der durch ein Risikoereignis entstehenden Kapazitäten- und Leistungseinschränkungen (weitere) Engpässe entstehen, die zu zeitlichen Verzögerungen und zu infrastrukturellen Rückwirkungen führen können. Durch die Nutzung anderer Ressourcen oder alternativer Prozesse kann dies vermieden werden, da dadurch die Risikosituation entlastet und Engpässe vermieden werden. Allerdings stehen andere Ressourcen und Prozesse nicht zwingend zur Verfügung und deren Inanspruchnahme ist mit einem Zeit- und Kostenaufwand verbunden.

Auf Basis dieser Ausführungen wird nachfolgend für die unter a) geforderte Spezifizierung der Ziele die folgende **Priorisierung** festgelegt:

1) größtmögliche Abfertigung von Waren über die vorhandenen Ressourcen und Infrastrukturen,
2) beschleunigte Rückkehr in den Normalbetrieb,
3) Vermeidung von infrastrukturellen Rückwirkungen auf andere Akteure,
4) Vermeidung von zeitlichen Verzögerungen durch Senkung der Verweildauern und
5) Vermeidung von (weiteren) Engpässen.

Die Bewertung der Zielerreichung kann über verschiedene Kennzahlen erfolgen. Wichtige Kennzahlen zur Bewertung logistischer Systeme sind dabei der Durchsatz, der Bestand, die Durchlaufzeit, die Auslastung, Termine und im weiteren Sinne auch die Ausbeute.[689] Bezogen auf das erstgenannte Zielt ist der **Durchsatz** an Waren (Ziel 1) in einem GVZ durch die Nutzung der vorhandenen Ressourcen und

688 Vgl. BSI, 2008, S. 41.
689 Vgl. Weigert, G./ Rose, O./ Gocev, P./ Mayer, G., 2010, S. 602.

Infrastrukturen so weit wie möglich dem Normalbetrieb anzunähern. Der Durchsatz ist dabei abhängig von der **Auslastung** dieser Ressourcen und Infrastrukturen. Neben dem Durchsatz sind auch die einzuhaltenden **Termine** zu berücksichtigen, welche in engem Zusammenhang mit der **Verweildauer** der Waren (Ziel 4) bei einem Akteur bzw. mit der Verweildauer der Waren im GVZ stehen. Der **Bestand** an Waren (Ziele 3 und 5) lässt sich aus den beiden Kennzahlen Durchsatz und Verweildauer ableiten.[690] Die Ausbeute wird nicht weiter betrachtet werden, da im Falle eines Risikoeintritts mehr die Zieleffektivität als die Zieleffizienz im Mittelpunkt steht. Im Hinblick auf die Risikobewältigung wird in dieser Arbeit als weitere Kennzahl die **Rückkehrdauer** in den Normalbetrieb (Ziel 2) herangezogen.

Für die unter b) aufgeführte Festlegung der zu berücksichtigenden entscheidungsrelevanten Attribute ergeben sich somit:

- **Menge**: das Volumen des Warenflusses bzw. die transportierte und umgeschlagene Menge an Waren,
- **Kapazität**: die Auslastung von Kapazitäten der Infrastrukturen, die Auslastung von Ressourcenkapazitäten, die maximal verfügbaren Kapazitäten, Kapazitätsengpässe,
- **Leistung**: das Leistungsvermögen von Ressourcen,
- **Zeit**: der betrachtete Zeitraum, die Dauer der Prozessabwicklung bzw. entstehende Verzögerungen im Warenfluss, Wiederanlauf- und Wiederherstellungszeiten, Ausfallzeiten, Verweildauern im GVZ bzw. bei einem Akteur und die zeitliche Entwicklung des Schadensverlaufs.

Entsprechend der unter c) verlangten Bewertung der entscheidungsrelevanten Attribute werden die folgenden Festlegungen getroffen:

- Das **Volumen** des Warenflusses wird über die Anzahl der Fahrzeuge bewertet, welche abhängig vom Fahrzeugtyp in die transportierte und umgeschlagene Anzahl an Paletten umgerechnet werden können.
- Bei der Bewertung der verschiedenen **Kapazitätsattribute** werden verfügbare Kapazitäten und Kapazitätsengpässe der Ressourcen über die Anzahl an Paletten bewertet. Für die kapazitative Bewertung der Infrastrukturen wird dagegen die Anzahl der Transportmittel zugrunde gelegt, welche mit einer maximal möglichen Transportkapazität ausgestattet sind.
- Das **Leistungsvermögen** von Ressourcen betrifft die Portalkräne und wird über die Anzahl der Fahrzeuge, die innerhalb eines definierten Zeitraums beladen bzw. entladen werden, bewertet. Eine Berücksichtigung des Fahrzeugtyps findet statt, wodurch einerseits verschiedene Dauern für den Umschlag in die Berechnung des Leistungsvermögens einfließen. Andererseits kann durch die Ermittlung des Fahrzeugtyps die transportierte bzw. be- und entladene Anzahl an Paletten abgeleitet werden.

690 Vgl. Weigert, G./ Rose, O./ Gocev, P./ Mayer, G., 2010, S. 602.

- Die Bewertung der **zeitlichen Größen** erfolgt über Datumsangaben, zeitpunktbezogene Angaben, über die Vorgabe von Zeitintervallen bzw. Zeitdauern sowie über Zeitabstände, welche sekundengenau angegeben werden können.

4.2 Prozessorientiertes Referenzmodell

Für die im Rahmen dieser Arbeit verfolgte Aufrechterhaltung der Wertschöpfung bei gleichzeitiger Geringhaltung des Schadensausmaßes stehen die Logistikprozesse in einem GVZ im Mittelpunkt. Daher sollen diese zunächst in einem Referenzmodell gesondert erfasst werden. Wie bereits in Kapitel 3.2.2.2 erläutert, dienen Referenzmodelle als Ausgangspunkt für Entscheidungen und ermöglichen zudem ein besseres Verständnis über relevante Interaktionen und Zusammenhänge innerhalb eines Anwendungsbereichs.[691] Durch die bessere Kenntnis über die abzubildenden Prozesse können zudem der Aufwand bei dem Aufbau des Simulationsmodells sowie der Aufwand für unnötige Nachbesserungen minimiert werden.[692]

Bevor auf den Aufbau des Referenzmodells und die Strukturierung der Logistikprozesse in diesem Referenzmodell eingegangen wird, werden zunächst die risikorelevanten Prozesse identifiziert. Auch erfolgt die Auswahl einer Modellierungsmethode für die Abbildung der Prozesse.

4.2.1 Identifikation der risikorelevanten Prozesse

Wie bereits in Kapitel 2.3.3.2 ausgeführt, stellen Umschlag-, Lager- und Transportprozesse die logistischen Elementarprozesse für den Warenfluss in GVZ dar, welche sich in weitere Teilprozessarten unterteilen lassen. Bei Betrachtung von **Umschlagvorgängen** ohne Auflösung der Ladeeinheiten (vgl. ebenfalls Kapitel 2.3.3.2) lassen sich die Umschlagunterprozesse zunächst in Prozesse des Direktumschlags und Umschlagprozesse mit Zwischenlagerung unterteilen. Findet eine Zwischenlagerung statt, so kann zwischen Entlade- und Beladeprozessen differenziert werden. In Abhängigkeit von der verkehrlichen Infrastruktur ist eine weitere Spezifizierung der Prozesse möglich, beispielsweise in Entladeprozesse von Verkehrsmitteln des Verkehrsträgers Straße oder Schiene. Bei Berücksichtigung von t Verkehrsträgern ergeben sich somit t Entlade- und t Beladeprozesse. Da der Direktumschlag sowohl zwischen demselben als auch zwischen verschiedenen Verkehrsträgern in beide Richtungen stattfinden kann, ergeben sich hierbei t^2 verschiedene Prozessmöglichkeiten. Insgesamt lassen sich Umschlagprozesse in Abhängigkeit von der Anzahl der betrachteten Verkehrsträger in $t + t + t^2 = 2t + t^2$ Prozesse unterteilen, welche direkt den Warenfluss betreffen.

---

691 Vgl. Mertins, K./ Finke, I./ Orth, R., 2009, S. 15.

692 Vgl. Kadachi, M., 2004, S. 30.

Die eng mit den Umschlagprozessen verwandten **Lagerprozesse** umfassen das Einlagern, die Lagerung und das Auslagern.[693] Die langfristige Lagerung ist dabei keine originäre Aufgabe von GVZ. Vielmehr handelt es sich in der Regel um kurzfristige Zwischenlagerungen im Zuge der Optimierung des Transportprozesses (vgl. Kapitel 2.3.3.2). Für die hier verfolgten Zwecke der Aufrechterhaltung des Warenflusses in GVZ sind der Lagerungsprozess sowie die genaue Kenntnis über die internen Abläufe in einem Lager von geringerer Relevanz. Im Vordergrund steht vielmehr die Nutzung eines Lagers als Ressource und in Bezug auf den Warenfluss die Nutzung der mit einem Lager verbundenen Pufferfunktion.

Als für den Warenfluss risikorelevante Lagerprozessarten verbleiben somit die Einlagerungs- und Auslagerungsprozesse. Durch diese ist die Anbindung eines Lagers an einen oder mehrere Verkehrsträger gewährleistet. Ihre Anzahl ergibt sich entsprechend den Ausführungen zu den Umschlagprozessen in Abhängigkeit von der betrachteten Anzahl an Verkehrsträgern aus $t + t = 2t$.

Transportprozesse lassen sich in ein- und ausgehende Transportprozesse des Güternah- und -fernverkehrs sowie in interne Transportprozesse unterteilen (vgl. Kapitel 2.3.3.2). Im Betrachtungskontext eines Gesamt-GVZ dienen ein- und ausgehende Transportprozesse im Rahmen der GVZ-Schnittstellenfunktion der Verknüpfung mit den außerhalb eines GVZ stattfindenden Warenflüssen. Wird der Warenfluss innerhalb eines GVZ betrachtet, so sind die ein- und ausgehenden Transportprozesse mit den internen Transportprozessen verknüpft. Diese stellen entweder direkte Verbindungen zwischen der GVZ-Schnittstelle und den in GVZ ansässigen Akteuren dar, oder sie sind das Bindeglied zwischen verschiedenen GVZ-Akteuren und deren jeweiligen ein- und ausgehenden Transportprozessen. Es kann daher zwischen direkten und verbindenden internen Transportprozessen unterschieden werden, wobei die verbindenden internen Transportprozesse lediglich über den Verkehrsträger Straße erfolgen. Die Anzahl der spezifischen Teilprozesse kann in Abhängigkeit von der betrachteten Anzahl an Verkehrsträgern mit $t + t + t + 1 = 3t + 1$ angegeben werden.

Neben den Verkehrsträgern ergibt sich eine weitere Spezifizierung der verschiedenen Prozessarten in Zusammenhang mit den Akteuren, welche die jeweiligen Prozesse ausführen. Der Entladeprozess einer Spedition entspricht beispielsweise nicht dem Entladeprozess in einem KV-Terminal. Grundsätzlich lassen sich die akteursspezifischen Prozesse jedoch einer der in diesem Kapitel vorgestellten Prozessarten zuordnen, weshalb an dieser Stelle auf eine weitere Spezifizierung der risikorelevanten Prozesse verzichtet wird. Die Ausführung der für den Warenfluss risikorelevanten Prozesse durch die Akteure ist in der folgenden Tabelle 13 dargestellt. Die Inhalte der Tabelle basieren auf den Ausführungen in diesem Kapitel sowie auf Tabelle 6. Neben den verschiedenen logistischen Elementarprozessen sind die jeweiligen Teilprozesse enthalten. Zudem ist die Anzahl der spezifischen Teilprozesse in Abhängigkeit von der Anzahl der berücksichtigten Verkehrsträger dargestellt.

---

693 Vgl. Fleischmann, B., 2008, S. 7.

Tabelle 13: Risikorelevante Prozesse des Warenflusses in GVZ [Quelle: Eigene Darstellung]

Logistischer Elementarprozess	**risikorelevante Teilprozesse**	**Anzahl spezifischer Teilprozesse**	**Akteure**
Umschlagprozess	- Entladeprozesse - Beladeprozesse - Direktumschlagprozesse	$2t + t^2$	KV-Terminal, Hafen
Lagerprozess	- Einlagerungsprozesse - Auslagerungsprozesse	$2t$	KV-Terminal, Hafen, KEP-Dienstleister, LDL Non-Food, LDL Food, Postfracht, Container Packing, logistikintensive Produktionsunternehmen
Transportprozess	- Eingangsprozesse - direkte interne Transportprozesse - verbindende interne Transportprozesse - Ausgangsprozesse	$3t + 1$	KV-Terminal, Hafen, KEP-Dienstleister, LDL Non-Food, LDL Food, Postfracht, Container Packing, logistikintensive Produktionsunternehmen

Die den Warenfluss unterstützenden Prozesse sind in der tabellarischen Übersicht nicht berücksichtigt, können jedoch nicht vernachlässigt werden, da sie durch die Ausführung der risikorelevanten Prozesse ausgelöst werden.

Die den Warenfluss unterstützenden und im Entscheidungsunterstützungsmodell zu berücksichtigenden Prozesse sind die bereits in Kapitel 2.3.3.2 aufgeführten Kontroll-, Service-, Kommissionier- und Verpackungsprozesse sowie die den Warenfluss begleitenden Informationsflüsse.

4.2.2 Auswahl der Modellierungsmethode

Für die Modellierung der risikorelevanten Prozesse sind in Kapitel 3.2.2.1 vier verschiedene diagrammbasierte Notationen mit ihrem jeweiligen Symbolumfang sowie ihren Vor- und Nachteilen vorgestellt: die eEPK-Notation, Swimlanes, BPMN sowie das Aktivitätendiagramm der UML. Diese Notationen zählen zu den semiformalen Methoden und können für die Modellierung der risikorelevanten Prozesse herangezogen werden.

Bevor die Auswahl einer Modellierungsmethode erfolgen kann, sind diese anhand verschiedener Kriterien zu bewerten. Das wichtigste Ziel der modellierten Prozessabläufe ist deren zielgerichtete Nutzung als Informationsquelle im Falle des Eintritts von Risikoereignissen und dadurch die Ermöglichung einer schnellen Reaktion. Dazu müssen die Prozessabläufe anschaulich und detailliert gestaltet sein. Neben den Prozessabläufen sind insbesondere die dazugehörigen Ressourcen, die beteiligten

Personen sowie die Schnittstellen darzustellen. Durch die Modellierungsmethode sollen die Prozessabläufe zudem derart gestaltet sein, dass sie einen Entscheidungsträger in die Lage versetzen, diese schnell zu interpretieren. Die Bewertung der vier als prinzipiell geeignet eingestuften Methoden hinsichtlich der einzelnen Kriterien ist zusammenfassend in Tabelle 14 dargestellt.

Tabelle 14: Vergleich semiformaler Notationen hinsichtlich ihrer Eignung für die Modellierung risikorelevanter Prozesse [Quelle: Eigene Darstellung]

Kriterien	**eEPK**[694]	**Swimlane**[695]	**BPMN**[696]	**UML**[697]
anschauliche Prozessabläufe	geeignet	geeignet	weniger geeignet	weniger geeignet
detaillierte Darstellung von Sachverhalten	geeignet	weniger geeignet	sehr geeignet	geeignet
Darstellung der Ressourcen	geeignet	weniger geeignet	geeignet	weniger geeignet
Darstellung von Schnittstellen	weniger geeignet	sehr geeignet	sehr geeignet	geeignet

Aufgrund der Wichtigkeit anschaulicher Prozessabläufe sind die eEPK-Notation und Swimlanes die am besten geeigneten Modellierungsmethoden. Da Swimlanes insbesondere für die Darstellung von Schnittstellen gut geeignet sind, die eEPK-Notation jedoch die anderen Kriterien besser erfüllt, wird für die Modellierung der risikorelevanten Prozesse eine hybride Modellierungsmethode angewandt: Akteure werden entsprechend der Swimlane-Notation dargestellt, um so die Schnittstellen deutlich sichtbar zu gestalten. Die Abläufe selbst werden in der eEPK-Notation modelliert, wobei auf die Verwendung von Organisationseinheiten verzichtet wird.[698]

694 Vgl. Gadatsch, A., 2012, S. 79 und S. 192; Koch, S., 2011, S. 56–58; Schneider, O./ Hohenstein, F./ Günthner, W. A., 2011, S. 15; Thomas, O., 2009, S. 26.

695 Vgl. Sharp, A./ McDermott, P., 2009, S. 202.

696 Vgl. Kocian, C., 2011, S. 26–28; Thomas, O., 2009, S. 78 f.

697 Vgl. Rupp, C./ Queins, S., 2012, S. 263 und S. 271; Schuster, T., 2012, S. 116; Balzert, H., 2009, S. 268.

698 Als Werkzeug für die Modellierung der Prozesse soll Microsoft Visio verwendet werden, in welchem die beiden Modellierungsmethoden eEPK und Swimlanes problemlos miteinander kombiniert werden können. Weitere Gründe für die Verwendung von Microsoft Office sind die große Verbreitung und Verfügbarkeit dieses Werkzeugs sowie die leichte Erstellung von Geschäftsprozess-Diagrammen über Drag and Drop.

4.2.3 Aufbau des Referenzmodells

Die direkte Übertragung eines bestehenden Referenzmodells auf den hier betrachteten Anwendungsfall ist zwar nicht möglich (vgl. Kapitel 3.2.2.1), jedoch können vorhandene Referenzmodelle als Orientierungshilfe für die strukturierte Erfassung der risikorelevanten GVZ-Prozesse und den Aufbau eines GVZ-Referenzmodells dienen. Für die Berücksichtigung der zu erfüllenden charakteristischen Merkmale ist das entwickelte Referenzmodell in Anlehnung an das SCOR-Modell durch einen **hierarchischen** und **modularen Aufbau** geprägt. Der hierarchische Aufbau trägt zur Komplexitätsreduktion eines Prozessmodells bei: Auf der obersten Ebene sind die Prozesse noch sehr allgemein abgebildet, von Ebene zu Ebene nimmt der Detaillierungsgrad dieser Prozesse jedoch zu.

Während das SCOR-Modell die Prozesse für jede Ebene in die grundlegenden Phasen der Logistikkette vom Zulieferer bis zum Kunden einteilt, erfolgt die Einteilung der Prozesse im GVZ-Referenzmodell entlang der Phasen des Warenflusses in einem GVZ. Innerhalb der betrachteten Phasen werden die Prozesse weiterhin in logistische Kern- und Supportprozesse unterteilt.

Die Abgrenzung der einzelnen Ebenen erfolgt anhand der Bildung von **organisatorischen Einheiten**, wobei das Referenzmodell insgesamt **vier Ebenen** umfasst, welche miteinander verknüpft sind.[699] Der Aufbau des Referenzmodells ist in Abbildung 28 dargestellt.

Abbildung 28: Prozessorientiertes GVZ-Referenzmodell [Quelle: Eigene Darstellung, in Anlehnung an Breuer, C./ Siestrup, G., 2013, S. 11.]

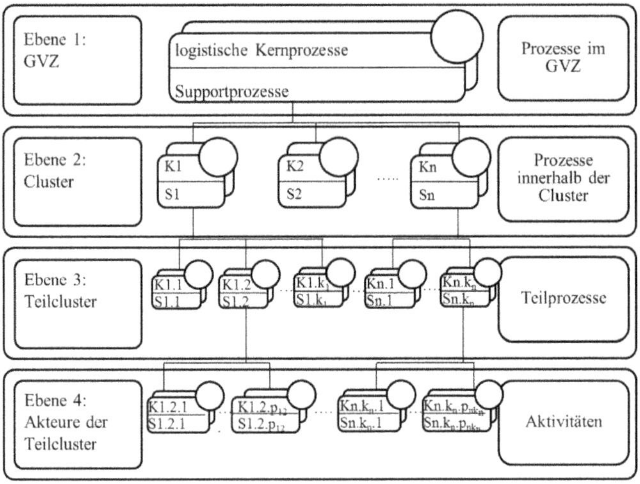

699 Vgl. hier und im Folgenden Breuer, C./ Siestrup, G., 2013, S. 10–16; Breuer, C./ Siestrup, G./ Haasis, H.-D., 2012, S. 136–139; Altendeitering, M. et al., 2011, S. 20–28.

Auf der **ersten Ebene** sind die auf das gesamte GVZ bezogenen allgemeinen logistischen Prozesse enthalten, welche durch die in einem GVZ ansässigen Akteure genutzt werden. Die Kernprozesse auf dieser Ebene sind dabei in Eingangs-, interne Transport-, Umschlag-, Lager- und Ausgangsprozesse unterteilt. Der Umschlag selbst findet nicht auf GVZ-Ebene, sondern innerhalb eines Clusters statt. Aus Gründen einer stringenten hierarchischen Fortführung der Prozesslogik über alle Ebenen wird der Umschlag jedoch bereits an dieser Stelle in die Prozesslandkarte mitaufgenommen, welche in Abbildung 29 dargestellt ist.

Abbildung 29: Prozesslandkarte der ersten Ebene [Quelle: Eigene Darstellung, in Anlehnung an Breuer, C./ Siestrup, G., 2013, S. 12.]

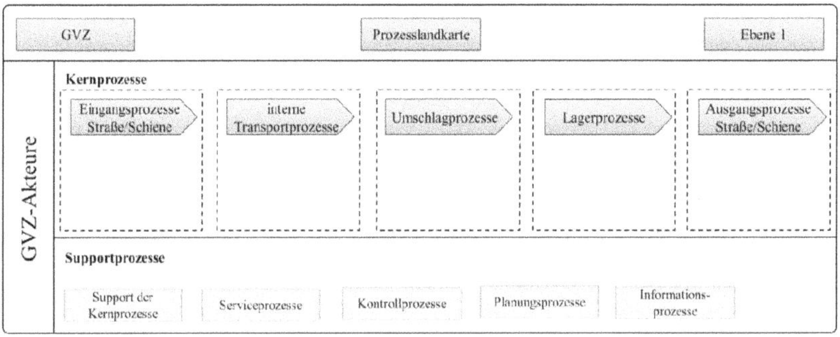

Auf der darunterliegenden **Ebene zwei** sind die in Kapitel 3.2.1 vorgestellten Cluster erfasst, welchen die einzelnen in einem GVZ ansässigen Akteure anhand ihrer Haupttätigkeiten zugeordnet sind. Die Verknüpfung der zweiten mit der ersten Ebene erfolgt über die Fortführung der dort festgelegten Prozesseinteilung, wobei für jedes einzelne Cluster die relevanten Kernprozesse sowie die zugehörigen Supportprozesse in einer Prozesslandkarte abgebildet sind. Die Menge der n Cluster ist dabei gegeben durch $N = \{1 ,..., n\}$. Auf dieser Ebene ist die modulare Struktur des GVZ-Referenzmodells erkennbar: In Abhängigkeit von den in einem GVZ herrschenden Bedingungen sind einfache Anpassungen des Prozessmodells durch das Hinzufügen oder das Weglassen von Clustern möglich. Exemplarisch ist die Prozesslandkarte für das Cluster KV-Terminal in Abbildung 30 abgebildet.

Abbildung 30: Prozesslandkarte des KV-Terminals auf der zweiten Ebene [Quelle: Eigene Darstellung, in Anlehnung an Breuer, C./ Siestrup, G., 2013, S. 12.]

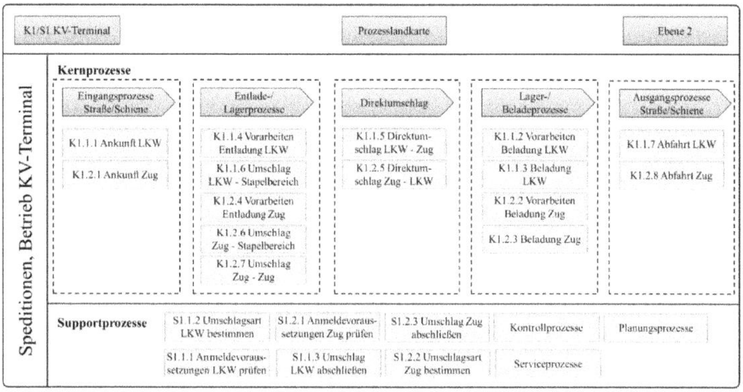

Die in den Prozesslandkarten der zweiten Ebene enthaltenen Prozesse werden auf der **dritten Ebene** modelliert. Für die strukturierte Erfassung dieser Vorgänge des KV-Terminals erfolgt auf Ebene drei die Aufteilung der Cluster in Teilcluster mit der Art des Verkehrsträgers und den damit verbundenen spezifischen Charakteristika als Klassifikationskriterium. Die Menge der Teilcluster ist gegeben durch $K = \{1,..., k_1; 1,..., k_2; ...; 1 ,..., k_n\}$ bzw. $K = \{1,..., k_i\}$ mit $k_i = 1, ..., n$, wobei k_i die Anzahl der Teilcluster innerhalb des i-ten Clusters angibt. Als Beispiel ist in Abbildung 31 der Prozessablauf für einen LKW im KV-Terminal illustriert.

Abbildung 31: Logistischer Kernprozess auf der dritten Ebene [Quelle: Eigene Darstellung, in Anlehnung an Breuer, C./ Siestrup, G., 2013, S. 15.]

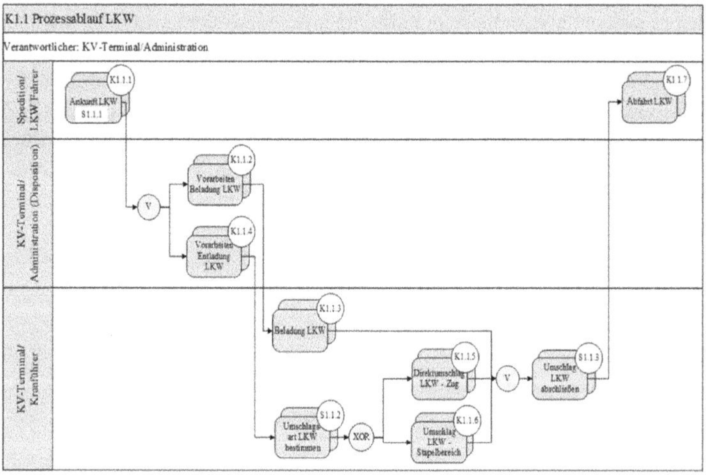

Die Ausmodellierung eines Teilprozesses erfolgt auf der **vierten Ebene**, wobei die Menge an Prozessen durch $P = \{1,..., p_{11};1,...,p_{12};...;1,...,p_{nk_n})\}$ bzw. $P = \{1,...p_{ij}\}$ gegeben ist mit $j = 1,...,k_i$. Dabei gibt p_{ij} die Anzahl der Prozesse an, die dem Teilcluster j des i-ten Clusters zugeordnet sind. Weiterhin gilt $n, k_i, i, j, p_{ij} \in \mathbb{N}\backslash\{0\}$.

In Abbildung 32 ist der modellierte Prozess für die Abfahrt eines LKWs aus dem KV-Terminal dargestellt.

Abbildung 32: Prozess der vierten Ebene [Quelle: Eigene Darstellung, vgl. Altendeitering, M. et al., 2011, S. 29.]

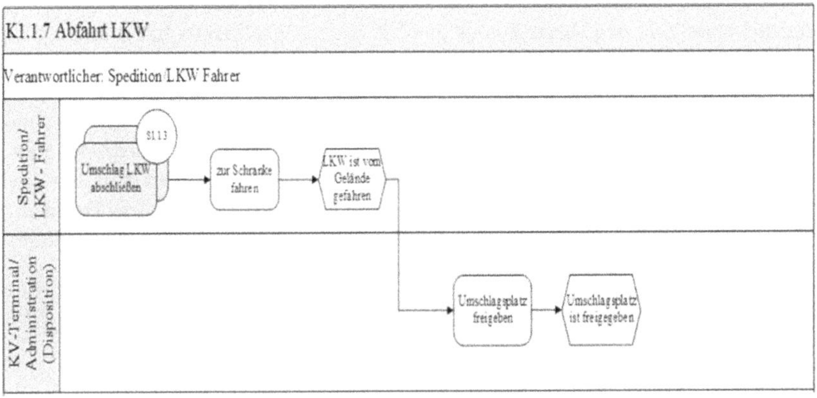

Die Verknüpfung zwischen der dritten und vierten Ebene erfolgt über die entsprechende Benennung der Teilprozesse auf der dritten Ebene. Auf der vierten Ebene sind zudem die vorhergehenden und die nachfolgenden Teilprozesse in jedem modellierten Prozess dargestellt, um die lückenlose Verknüpfung der einzelnen Prozesse zu ermöglichen.[700]

Die schnelle Auffindung der einzelnen Prozesse in dem Referenzmodell wird durch eine **eindeutige alphanumerische Bezeichnung** unterstützt, welche in Abbildung 28 dargestellt ist. Diese kennzeichnet jeden Prozess als Kern- oder Supportprozess und erlaubt zudem die eindeutige Zuordnung eines Prozesses sowohl zu einem Teilcluster als auch zu einem Cluster. Die alphanumerische Bezeichnung

700 Im Zuge des BMBF-Projektes PreparedNET ist das Prozessmodell in Microsoft Visio als interaktives Dokument gestaltet, vgl. auch Breuer, C./ Siestrup, G., 2013, S. 16 f.: Über ein Navigationsmenü können die GVZ-Prozesslandkarte, die Prozesslandkarten der Cluster, die allgemeinen Vorgänge der Teilcluster sowie die ausmodellierten Prozesse ausgewählt werden. Die Navigation zwischen den verschiedenen Teilprozessen auf der dritten Ebene und den ausmodellierten Prozesselement auf der vierten Ebene wird durch von Microsoft Visio zur Verfügung gestellte Links ermöglicht. Diese sind den jeweiligen Prozessverweisen zu den benachbarten Prozessen hinterlegt.

beginnt mit einem K bzw. S und charakterisiert einen Prozess dadurch als Kern- bzw. Supportprozess. Die erste Ziffer in der Prozessbezeichnung definiert die Zugehörigkeit eines Prozesses zu einem Cluster, die zweite Ziffer verweist auf ein untergeordnetes Teilcluster. Über die dritte Ziffer werden die Prozesse auf der vierten Ebene je Teilcluster fortlaufend durchnummeriert.

Da der Schwerpunkt der Anwendung des prozessorientierten Referenzmodells auf dem GVZ-Warenfluss liegt und nicht auf den unternehmensspezifischen Prozessen, ist es sinnvoll, innerhalb der einzelnen Cluster Festlegungen über die **Modellierungstiefe** zu treffen. In dem Referenzmodell sollen insbesondere diejenigen Prozesse enthalten sein, die maßgeblichen Einfluss auf die GVZ-spezifischen Funktionen bei der Sicherstellung des Warenflusses in GVZ haben. Wie bereits in Kapitel 2.3.3.1 ausgeführt, sind dies insbesondere die infrastrukturelle Verknüpfung verschiedener Verkehrsträger sowie das Sammeln und Verteilen von Waren. Da gerade die Umschlagprozesse eine zentrale Rolle in GVZ spielen, sind die Cluster KV-Terminal und Hafen bis auf die vierte Ebene hinunter ausmodelliert. Das Cluster Spedition (Sammelgut) als wichtiger Akteur innerhalb von GVZ ist ebenfalls ausmodelliert. Die Prozessinhalte selbst basieren dabei auf der Analyse der GVZ in Bremen und Dresden.

In Abbildung 33 ist in einer Übersicht die festgelegte bzw. umgesetzte Modellierungstiefe der einzelnen Custer dargestellt.

Abbildung 33: Festgelegte Modellierungstiefe des GVZ-Referenzmodells [Quelle: Eigene Darstellung, in Anlehnung an Breuer, C./ Siestrup, G., 2013, S. 14.]

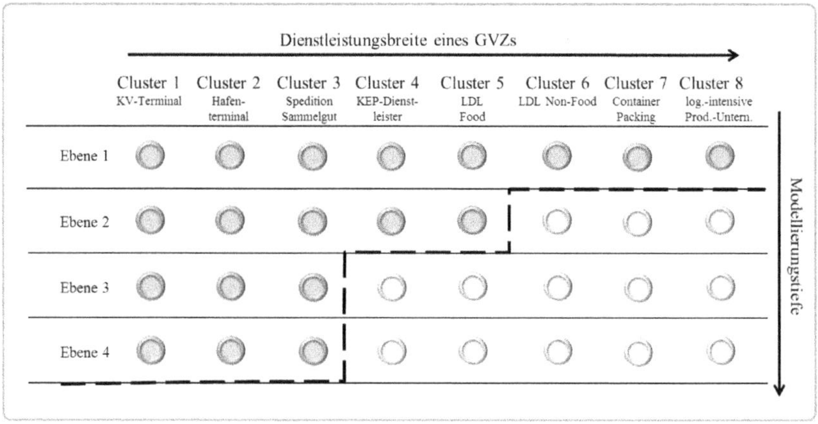

Für die Sicherstellung der Qualität sowie für die Sicherstellung der Anwendbarkeit des prozessorientierten GVZ-Referenzmodells sind sowohl der Aufbau des Referenzmodells als auch die modellierten Prozesse einem Validierungsprozess in Kooperation mit verschiedenen Praxispartnern unterworfen. Die Analyse und Validierung der Umschlagprozesse ist gemeinsam mit verschiedenen Projektpartnern erfolgt.

Die zielgerichtete Nutzung des Referenzmodells für die Entscheidungsunterstützung erfolgt durch die Umsetzung der darin enthaltenen Prozesse in einem Simulationsmodell. Dieser Punkt ist Gegenstand des nächsten Kapitels.

4.3 Aufbau des Simulationsmodells

Simulationen sind als Instrumente der Planungsunterstützung fester Bestandteil bei betrieblichen Entscheidungen.[701] Durch den Aufbau eines Simulationsmodells wird dabei das Ziel verfolgt, ein System hinsichtlich seines Verhaltens zu analysieren.[702] Aufgabe des hier vorgestellten Simulationsmodells ist es, die Auswirkungen von Risikoereignissen in GVZ zu messen und die Wirkungen von Handlungsmaßnahmen und -strategien simulativ zu erfassen. Im Mittelpunkt stehen dabei sensible Infrastrukturbereiche in GVZ, welche hohe Schadensauswirkungen erwarten lassen. Für den Aufbau des Simulationsmodells in dem hier betrachteten Entscheidungskontext werden zunächst das methodische Vorgehen und das verwendete Planungssystem Tecnomatix Plant Simulation vorgestellt, bevor die Umsetzung der Aufbau- und Ablauforganisation, welche auf den GVZ in Bremen und Dresden basiert, in der Simulation gezeigt wird. Zudem erfolgt die Implementierung des Warenflusses in GVZ, welcher sich im Zeitverlauf ändert. Auch die Umsetzung der Entscheidungslogik, welche die Implementierung von Schadensereignissen sowie die Implementierung verschiedener Handlungsalternativen als situationsgerechte Reaktion auf Risikoereignisse umfasst, wird in diesem Kapitel thematisiert. Die Handlungsalternativen beziehen sich dabei einerseits auf einen Zeitpunkt, andererseits wird aber auch die Kombination verschiedener Handlungsalternativen im Zeitverlauf betrachtet. Abschließend werden die für das Simulationsmodell aufbereiteten und aus dem Projekt PreparedNET entstammenden Daten vorgestellt.

4.3.1 Vorgehen und Simulationssystem

Mit Hilfe eines Simulationsmodells wird ein Konzeptmodell in formale Strukturen umgesetzt. Dazu werden verschiedene Modellelemente definiert, positioniert, miteinander in Verbindung gesetzt und parametrisiert.[703] Durch die Programmierung von Methoden kann das Simulationsmodell gesteuert werden.[704] Der Aufbau des Simulationsmodells ist dabei nicht als isolierte Tätigkeit zu sehen, sondern Bestandteil einer simulationsgestützten Untersuchung eines Systems, welche auch als Simulationsstudie bezeichnet wird. Ziel ist die Erlangung von Erkenntnissen über ein reales System.[705] Der Ablauf einer Simulationsstudie ist in Abbildung 34 dargestellt.

---

701 Vgl. Eley, M., 2012, S. VIII.
702 Vgl. Eley, M., 2012, S. 4.
703 Vgl. VDI-Richtlinien 3633, Blatt 1, 2014, S. 16.
704 Vgl. Eley, M., 2012, S. 10.
705 Vgl. VDI-Richtlinien 3633, 2013, S. 16 und S. 18.

Abbildung 34: Ablauf einer Simulationsstudie [Quelle: Eigene Darstellung, in Anlehnung an Hrdliczka, V./ Jakobi, H. A., Schumacher, R./ Wenzel, S., 1997, S. 3.]

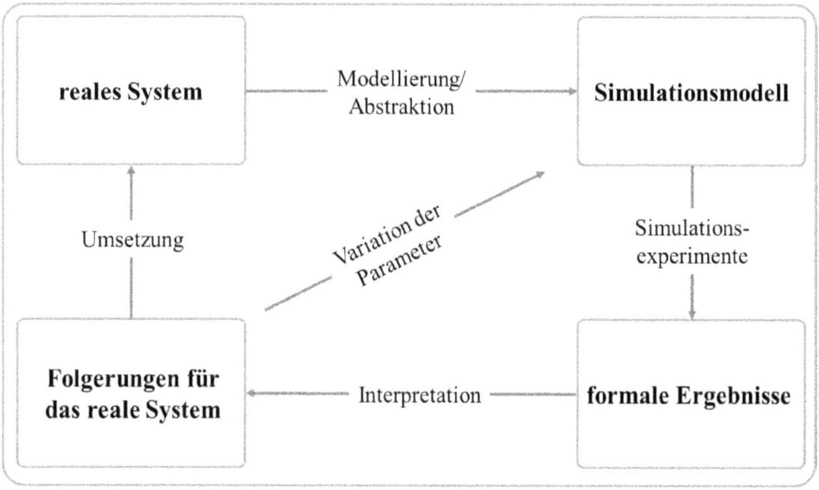

Gegenstand dieses Kapitels ist die Darstellung, wie das reale System durch Abstraktion in einem Simulationsmodell umgesetzt wird. Die wesentlichen Systemparameter, die ein Simulationsmodell charakterisieren, sind nach Grundig (2014) das Ausrüstungssystem, das Steuerungssystem, der Produktstrom und das Störungsverhalten.[706] Dieser Strukturierung wird hier gefolgt. Aufbauend auf den Ausführungen und Begrifflichkeiten in Kapitel 3 werden unter dem Ausrüstungs- und dem Steuerungssystem die Elemente der Beziehungs- und Prozessstrukturen verstanden. Der Produktstrom entspricht dem Warenfluss und dessen Veränderungen im Zeitablauf. Das Störungsverhalten wird in dem Simulationsmodell durch Risikoszenarien, Handlungsmaßnahmen und Handlungsstrategien berücksichtigt.

Die Ergebnisse, welche durch Simulationsexperimente erzielt werden, deren Interpretation und die daraus zu ziehenden Schlussfolgerungen sind Gegenstand von Kapitel 5.

Für die Umsetzung eines Konzeptmodells in ein Simulationsmodell werden **Simulationssysteme** herangezogen. Diese werden auch als Simulationsprogramme, Simulatoren, Simulationsinstrumente, Simulationswerkzeuge oder Simulationstools bezeichnet und sind nach der VDI-Richtlinie 3633 als Softwareprogramme definiert, mit denen das dynamische Verhalten eines Systems und die dazugehörigen Prozesse mittels Programmiersprache in einem Modell nachgebildet und ausführbar gemacht werden können.[707] Für die Modellierung von Logistikprozessen können

706 Vgl. Grundig, C.-G., 2014, S. 253.
707 Vgl. VDI-Richtlinien 3633, 2013, S. 18.

verschiedene Simulationssysteme herangezogen werden. Ein Simulationssystem, das im logistischen Bereich große Anwendung findet, ist Tecnomatix Plant Simulation des Herstellers Siemens.[708] Dabei handelt es sich um ein Simulationswerkzeug für die Erstellung ereignisdiskreter Simulationsmodelle.[709] Zu den **Anforderungen**, die in Hinblick auf die beschriebene Problemstellung zu erfüllen sind, zählen insbesondere:

- Abbildung der verschiedenen Akteure, Ressourcen und Infrastrukturen in GVZ,
- Abbildung der Logistikprozesse in GVZ,
- simulative Umsetzung von Schadensereignissen durch Manipulation von Objekten,
- Erfassung von relevanten Daten für die Analyse und die Dokumentation,
- Schnittstellenfunktion für die Integration verschiedener Softwaresysteme und den Datenaustausch vor, während und nach dem Ende der Simulationszeit sowie die
- Auswertung der Simulationsexperimente.

Die Modellbildung erfolgt in Tecnomatix Plant Simulation über Bausteine und Objekte, die durch verschiedene Eigenschaften definiert und in einer erweiterbaren Klassenbibliothek angelegt sind. Die Grundbausteine lassen sich in bewegliche und unbewegliche Elemente unterteilen, wobei die beweglichen Elemente mittels der unbeweglichen Elemente durch das Modell transportiert werden und den Warenfluss symbolisieren. Durch die Verbindung der unbeweglichen Bausteine können verschiedene logistische Systeme mit ihrem jeweiligen Warenfluss abgebildet werden.[710]

Prinzipiell können daher die verschiedenen Akteure, Ressourcen, Infrastrukturen und Logistikprozesse in GVZ durch die in Plant Simulation vorhandenen beweglichen und unbeweglichen Bausteine abgebildet werden. Für die Berücksichtigung der heterogenen Akteurs-, Ressourcen- und Infrastrukturlandschaft in GVZ müssen die Bausteine jedoch visuell und durch die Definition von spezifischen Eigenschaften angepasst werden. Auch bei der Modellierung der beweglichen Elemente zur Darstellung des Warenflusses sind Anpassungen der Bausteine notwendig. Die Einbeziehung von Schadensereignissen, welche den logistischen Ablauf stören, können durch Plant Simulation in der Simulation auch umgesetzt werden.[711] Für den Datenaustausch vor, während und nach dem Ende der Simulationszeit sind Bausteine für das Abspeichern von Zahlenwerten und Zeichenketten ebenso vorhanden wie Bausteine für den Aufbau von Schnittstellen zu anderen Programmen oder Datenquellen.[712] Statistikdaten für die Auswertung der Simulationsexperimente werden standardmäßig über die Bausteine erfasst.[713]

708 Vgl. Völker, S./ Schmidt, P.-M., 2010, S. 94.
709 Vgl. Eley, M., 2012, S. 9 f.
710 Vgl. Bangsow, S., 2008, S. 21 f. und S. 25.
711 Vgl. Bangsow, S., 2008, S. 30.
712 Vgl. Eley, M., 2012, S. 36.
713 Vgl. Bangsow, S., 2008, S. 211.

Plant Simulation ist eine in Wissenschaft und Praxis weit verbreitete Standardsoftware im Produktions- und Logistikbereich.[714] Sie wird unter anderem für die Simulation von Logistikprozessen in maritimen Containerterminals eingesetzt.[715] Auch im Projekt PreparedNET sind die GVZ-Logistikprozesse in Plant Simulation abgebildet.

Daher wird Plant Simulation auch in dieser Arbeit für die Modellierung, Simulation und Evaluation der Logistikprozesse in einem GVZ verwendet. Die konkrete Umsetzung der oben aufgeführten Anforderungen in einem Simulationsmodell ist Gegenstand der nachfolgenden Kapitel. Zunächst werden im Rahmen der Systemanalyse und Modellbildung die wesentlichen Systemparameter erfasst und definiert.

4.3.2 Systemanalyse und Modellbildung

4.3.2.1 Implementierung der Beziehungs- und Prozessstruktur

Die Implementierung der Beziehungs- und Prozessstruktur umfasst die Bestimmung der zu verwendenden Bausteine, Festlegungen über die Anordnung der Bausteine und Festlegungen über die zwischen den Bausteinen bestehenden Beziehungen.[716] Für die Abbildung der GVZ-Struktur in einem Simulationsmodell sind dabei die für den Warenfluss benötigten Elemente der **Aufbauorganisation** zu berücksichtigen. Dies sind die von den Akteuren bereitgestellten **Ressourcen** sowie die **verkehrlichen Infrastrukturen** in GVZ. Zentrale Dienstleistungseinrichtungen in GVZ, welche am Warenfluss selbst nicht direkt beteiligt sind, werden im Folgenden vernachlässigt. Für den Aufbau des GVZ-Simulationsmodells ergibt sich daraus der Verzicht auf eine topographische Anordnung der Akteure. Im Mittelpunkt stehen vielmehr der Aufbau einer exemplarischen GVZ-Referenzstruktur und die Abbildung der in einem GVZ vorhandenen Funktionalitäten am Beispiel der beiden GVZ Bremen und Dresden. Die für die Gestaltung des Simulationsmodells verwendeten Grundbausteine der Aufbauorganisation sind in Tabelle 15 aufgeführt.

714 Vgl. beispielsweise Völker, S./ Schmidt, P.-M., 2010, S. 94; Lanza, G./ Peter, K./ Jondral, A., 2010, S. 192.

715 Vgl. Sauer, J./ Hahn, A., 2009, S. 3587.

716 Vgl. Grundig, C.-G., 2014, S. 247.

Tabelle 15: Bausteine und Parameter zur Modellierung der Aufbauorganisation [Quelle: Eigene Darstellung]

Elemente der Aufbauorganisation		Bausteine	Parameter
exemplarisches GVZ		Netzwerkbaustein	Anzahl und Art der Akteure und Infrastrukturen
Akteure		Netzwerkbaustein	Anzahl und Art der Ressourcen und Infrastrukturen
Ressourcen	Lagerfläche	Lagerbaustein	Lagerverweildauern, Lager-kapazitäten
	Portalkran	Einzelstation*)	Verfügbarkeitszeiten, Umschlagdauern
	Beladebereich	Parallelstation*)	Bearbeitungszeiten, Kapazitäten
	Entladebereich	Parallelstation*)	Bearbeitungszeiten, Kapazitäten
	Ladegleis	Weg*)	Länge
	interne Verkehrswege	Weg	Länge
Infra-strukturen	Straße	Weg	Länge
	Schiene	Weg*)	Länge
	Wasser	Weg*)	Länge

*) Oberfläche visuell umgestaltet

Für die übersichtliche Abbildung der **GVZ-Referenzstruktur** in einem Simulationsmodell ist dieses, entsprechend dem GVZ-Referenzmodell, hierarchisch aufgebaut und enthält vier Ebenen. Die einzelnen Ebenen sind mit Hilfe des Netzwerkbausteins modelliert. Dieser ermöglicht die Kombination verschiedener Grundbausteine innerhalb des Netzwerkbausteins und erlaubt so die Abbildung einer höheren Funktionalität, welche sich aus der spezifischen Zusammensetzung der Grundbausteine ergibt.[717] Die Verknüpfung der verschiedenen Ebenen im Simulationsmodell erfolgt über den Baustein Übergang.

Zur **Steuerung des Simulationsmodells** und der durchzuführenden Simulationsläufe ist eine übergeordnete Ebene 0 modelliert. Über diese werden allgemeine

717 Vgl. Bangsow, S., 2008, S. 69.

Funktionalitäten wie das Starten und Beenden der Simulation bzw. der Simulationsläufe, das Einlesen der Schadensszenarien, das Einlesen der Warenströme in Form von Tagesganglinien sowie das Vernichten der Transporteinheiten nach dem Durchlaufen des Simulationsmodells ausgeführt. Neben den Steuerungsmethoden ist auf der **Ebene 0** ein exemplarisches GVZ-Netzwerk als Ausgangspunkt der **GVZ-Referenzstruktur** modelliert. Dazu sind drei GVZ abgebildet, von denen zwei jedoch als Black Boxes ohne Warenfluss angelegt sind. Für das modellierte GVZ sind auf der **ersten Ebene** die einzelnen Akteurs-Cluster mit ihren spezifischen Funktionalitäten abgebildet. Die jeweiligen Cluster setzen sich aus der zu berücksichtigenden Anzahl an Akteuren innerhalb eines Clusters zusammen. Diese sind auf der **zweiten Ebene** des Modells abgebildet. Da die Akteure als Netzwerkbausteine modelliert sind, welche beliebig oft in einem Simulationsmodell verwendet werden können, ist eine leichte und schnelle Anpassung der GVZ-Referenzstruktur möglich. Durch einfaches Hinzufügen bzw. Entfernen von Netzwerkbausteinen auf der zweiten Ebene kann die Anzahl der Akteure angepasst werden. Die mit einem Akteur verbundenen Funktionalitäten sind auf **Ebene drei** modelliert. Die Akteure innerhalb eines Clusters sind dabei mit identischen **Ressourcen** aufgebaut, können jedoch hinsichtlich der Kapazitäten und des Leistungsvermögens ihrer Ressourcen individuell ausgestaltet werden. Zusätzlich können in den verschiedenen Bausteinen der stationären Ressourcen Methoden hinterlegt werden, über die beispielsweise die Lagerverweildauer, die Reihenfolge der Güter bei der Auslagerung oder die Verfügbarkeitsdauern dieser Ressourcen beeinflusst und gesteuert werden können.

Für die **Modellierung der verkehrlichen Infrastrukturen** Straße, Schiene und Wasser ist der Baustein Weg verwendet. Zur Unterscheidung der verkehrlichen Infrastrukturen ist die Oberfläche dieses Bausteins in Abhängigkeit vom Verkehrsträger visuell unterschiedlich gestaltet. Für die Modellierung des Verkehrsträgers Straße auf der GVZ-Ebene ist zur Simulation von ein- und ausgehenden Verkehren ein zweispuriger Weg als Baustein verwendet mit je einer Fahrspur in jede Richtung. Jeder Akteur ist an den Verkehrsträger Straße angebunden. Das KV-Terminal und der Hafen weisen zusätzlich eine Anbindung an den Verkehrsträger Schiene auf, der Hafen verfügt zudem auch über eine Anbindung an den Verkehrsträger Wasser. Der hierarchische Aufbau der GVZ-Referenzstruktur ist in Abbildung 35 dargestellt.

Abbildung 35: Hierarchische Verknüpfung der Simulationsebenen [Quelle: Eigene Darstellung]

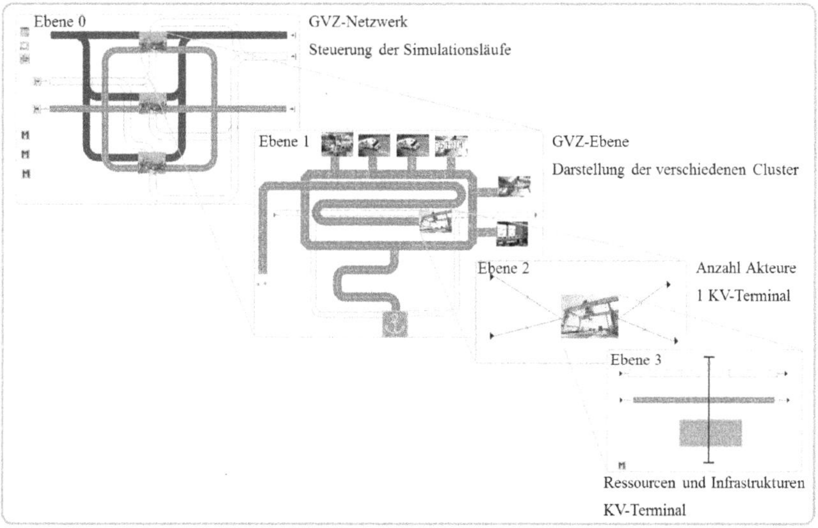

Die **Ablauforganisation** wird in erster Linie durch die Umschlag-, Lager- und **Transportprozesse** in einem GVZ beschrieben. Für die Simulation dieser Prozesse sind die von einem Prozessablauf betroffenen Bausteine in dem Simulationsmodell miteinander verknüpft. Da die Prozesse auf GVZ-Ebene im Vordergrund stehen, werden die **Lagerprozesse** der einzelnen Akteure nicht visuell simuliert. Diese werden lediglich durch die Hinterlegung von Methoden an der Schnittstelle zwischen den Lagerbausteinen und den Wegbausteinen der verkehrlichen Infrastrukturen berücksichtigt.

Für die Steuerung der **Umschlagprozesse** in der Simulation sind den Portalkran-Bausteinen Methoden hinterlegt, durch welche einerseits Umschlagdauern vorgegeben sind, andererseits aber auch die Art des Umschlags definiert ist. Dabei wird zwischen einer Entladung, einer Beladung und einem Direktumschlag unterschieden.

Die Visualisierung der Ablauforganisation in dem Simulationsmodell erfolgt über den Warenfluss bzw. durch die Abbildung der verschiedenen Verkehrsmittel und Ladeeinheiten. Die Zusammensetzung des Warenflusses mit den verschiedenen Verkehrsmitteln und Ladeeinheiten sowie die sich im Zeitverlauf ergebenden Volumenänderungen sind Gegenstand des nächsten Kapitels.

4.3.2.2 Implementierung der Veränderungen im Zeitverlauf

Für die Simulation der Warenströme und deren mengenmäßige Veränderungen im Zeitverlauf sind die zu implementierenden Verkehrsmittel und Ladeeinheiten festzulegen sowie deren quantitatives Aufkommen abzubilden.

Die Hauptfunktionen von GVZ sind insbesondere die Zusammenführung mehrerer Verkehrsträger sowie das Sammeln und Verteilen von Waren, also die Funktion von GVZ als Schnittstelle zwischen dem Nah- und Fernverkehr. Damit eng verbunden sind der Umschlag und die Lagerhaltung sowie der GVZ-interne Transport von Gütern. Entsprechend der Hauptfunktionen von GVZ setzt sich der Warenfluss somit zusammen aus den Abhol- und Zustellverkehren verschiedener Akteure in einem GVZ, den GVZ-internen Transporten von Gütern sowie aus den Vor- und Nachlauftransporten des Kombinierten Verkehrs.

Für den **straßenseitigen Warenfluss** sind in der Simulation als Verkehrsformen Komplett- und Sammelverkehre abgebildet. Durch die Berücksichtigung der verschiedenen **Verkehrsformen** sind in der Simulation sowohl beladene als auch leere Transportmittel in einem GVZ zu modellieren. Die modellierten Transportmittel setzen sich dabei aus Sattelanhänger- und Wechselbrücken-Zügen, kleineren LKWs sowie LKWs mittlerer Größe zusammen. Die Fahrzeugtypverteilung kann für jedes Cluster individuell festgelegt werden. Weiterhin ist in Abhängigkeit von der Tageszeit und vom Wochentag eine unterschiedliche Verteilung der Fahrzeuge möglich.

Für die Berücksichtigung der verschiedenen Randbedingungen ist ein mehrstufiges Verfahren zur Erzeugung der Straßentransportmittel in dem Simulationsmodell notwendig. Dieses umfasst die Aufbereitung der Daten und die Verwendung dieser im Simulationsmodell.

In einem ersten Schritt werden zwei Extensible Markup Language-Dateien (XML-Dateien) angelegt. Für jedes Cluster ist eine Referenz-Tagesganglinie in einer XML-Datei verzeichnet. Die Tagesganglinie zu einem Cluster umfasst verschiedene Wochentage. Für jeden Wochentag ist einerseits ein unterschiedliches quantitatives Aufkommen an Fahrzeugen, andererseits eine individuelle Verteilung der Fahrzeugtypen berücksichtigt. Zudem ist in dieser XML-Datei bei jedem Fahrzeug das Stundenintervall notiert, in welchem dieses Fahrzeug in das GVZ einfährt, und ob es dabei beladen oder leer ist. In einer weiteren XML-Datei sind die einzelnen modellierten Akteure sortiert nach ihrer Clusterzugehörigkeit notiert. Zu jedem Akteur ist ein Gewichtungsfaktor angegeben, durch welchen die Referenz-Tagesganglinie des zugehörigen Clusters akteursspezifisch gewichtet werden kann.

In einem zweiten Schritt erfolgt die Zusammenführung der beiden XML-Dateien. Dazu ist in dem Simulationsmodell eine Methode programmiert, welche clusterweise die Tagesganglinien einliest und für jeden Akteur die konkrete Anzahl und Art an Fahrzeugen errechnet. Die errechneten Werte werden dabei auf ganze Zahlen auf- bzw. abgerundet und in eine Xampp MySql Datenbank geschrieben.

Hintergrund für diese Vorgehensweise ist, dass Änderungen bei den Akteuren bzw. bei den Tagesganglinien dadurch nur jeweils in der entsprechenden XML-Datei vorgenommen werden müssen. Bei jedem Simulationsstart werden die Werte neu berechnet und somit automatisch und ohne großen Aufwand aktualisiert.

Jedes Fahrzeug wird in der Datenbank mit einer Identifikationsnummer (ID), einer Lieferzeit, welche in Sekunden angegeben ist, der Fahrzeugart, welche als Name für ein bewegliches Element (BE) hinterlegt ist, der Anzahl an Fahrzeugen sowie dem Zielort versehen. Ein Auszug aus der Datenbank ist in Abbildung 36 dargestellt.

Abbildung 36: Auszug der Tagesganglinien aus der Datenbank [Quelle: Eigene Darstellung]

+ Optionen

				ID	LieferzeitInSekunden	BE	Anzahl	Zielort	Beladung
Bearbeiten	Direkt bearbeiten	Kopieren	Löschen	1	21600	BEs.Sattelanhänger	2	Modelle.GvzNetzwerk.GvzA.KV.KV	1
Bearbeiten	Direkt bearbeiten	Kopieren	Löschen	2	21600	BEs.Wechselbrücke	1	Modelle.GvzNetzwerk.GvzA.KV.KV	1
Bearbeiten	Direkt bearbeiten	Kopieren	Löschen	3	25200	BEs.Sattelanhänger	3	Modelle.GvzNetzwerk.GvzA.KV.KV	1
Bearbeiten	Direkt bearbeiten	Kopieren	Löschen	4	25200	BEs.Wechselbrücke	3	Modelle.GvzNetzwerk.GvzA.KV.KV	1
Bearbeiten	Direkt bearbeiten	Kopieren	Löschen	5	28800	BEs.Sattelanhänger	3	Modelle.GvzNetzwerk.GvzA.KV.KV	1
Bearbeiten	Direkt bearbeiten	Kopieren	Löschen	6	28800	BEs.Wechselbrücke	2	Modelle.GvzNetzwerk.GvzA.KV.KV	1
Bearbeiten	Direkt bearbeiten	Kopieren	Löschen	7	32400	BEs.Sattelanhänger	2	Modelle.GvzNetzwerk.GvzA.KV.KV	1
Bearbeiten	Direkt bearbeiten	Kopieren	Löschen	8	32400	BEs.Wechselbrücke	2	Modelle.GvzNetzwerk.GvzA.KV.KV	1
Bearbeiten	Direkt bearbeiten	Kopieren	Löschen	9	36000	BEs.Sattelanhänger	4	Modelle.GvzNetzwerk.GvzA.KV.KV	1
Bearbeiten	Direkt bearbeiten	Kopieren	Löschen	10	36000	BEs.Wechselbrücke	3	Modelle.GvzNetzwerk.GvzA.KV.KV	1
Bearbeiten	Direkt bearbeiten	Kopieren	Löschen	11	39600	BEs.Sattelanhänger	4	Modelle.GvzNetzwerk.GvzA.KV.KV	1
Bearbeiten	Direkt bearbeiten	Kopieren	Löschen	12	39600	BEs.Wechselbrücke	3	Modelle.GvzNetzwerk.GvzA.KV.KV	1
Bearbeiten	Direkt bearbeiten	Kopieren	Löschen	13	43200	BEs.Satte[illegible]			1
Bearbeiten	Direkt bearbeiten	Kopieren	[illegible]						

Für die Verwendung der Daten in der Simulation werden diese in einem dritten Schritt aus der Datenbank in eine Tabelle des Simulationsmodells eingelesen. Dabei wird für jede Zeile der Datenbank mit Hilfe einer Methode die Anzahl der in dieser Zeile angegebenen Fahrzeuge über ein Stundenintervall gleichverteilt und mit einer sekundengenauen Zeit in der Tabelle gespeichert. Diese Tabelle ist in der Quelle für den Straßenverkehr im Simulationsmodell hinterlegt, welche die gesamten Fahrzeuge erzeugt und entsprechend den hinterlegten Zeiten ins Modell einspeist.

Die Anzahl der über die Quelle eingespeisten Fahrzeuge entspricht dabei auch der Anzahl der Fahrzeuge, welche am Ende von einer Senke aufgenommen werden. Als **Ladeeinheiten** sind Sattelanhänger, Wechselbrücken und Sammelgut modelliert. Auf die Berücksichtigung verschiedener **Güterarten** wie Gefahr-, Sperr-, Eil- oder Schwergüter wird an dieser Stelle verzichtet.

Der **Verkehrsträger Schiene** findet über die Cluster Hafen und KV-Terminal Eingang in das Simulationsmodell. Für beide Cluster wird als **Verkehrsform** ein Ganzzugverkehr mit zu definierenden Ankunfts- und Abfahrtszeiten modelliert.

Dazu ist im Simulationsmodell eine Quelle angelegt, über welche die Züge in das Modell eingespeist werden. Die Quelle greift dabei auf eine Tabelle zu, in welcher der Zugtagesgang hinterlegt werden kann. Da simulationsseitig ein Anhänger nur eine definierte Ladeeinheit aufnehmen kann, ist der Zug derart modelliert, dass er über zwei Anhänger verfügt, von denen einer Wechselbrücken und der andere Sattelanhänger aufnimmt.

Bei der Erzeugung eines Zuges durch die Simulation wird dieser mit einer kompletten Ladung ausgestattet. Die Aufteilung in Wechselbrücken und Sattelanhänger ergibt sich aus den bereits oben erwähnten Tagesganglinien und der daraus abgeleiteten Anzahl an leeren Fahrzeugen, welche in das GVZ einfahren, um die über den Verkehrsträger Schiene transportierten Güter aufzunehmen.

Die Abfahrt eines Zuges im Hafen bzw. im KV-Terminal wird über einen in den jeweiligen Clustern implementierten Trigger gesteuert, der periodisch die Abfahrt eines Zuges auslöst. Nach Austritt aus dem jeweiligen Cluster wird der beladene Zug im Modell von einer Senke aufgenommen.

Für den **Verkehrsträger Wasser** wird die **Verkehrsform** der Linienschifffahrt mit einer festen Ankunfts- und Abfahrtszeit für die Modellierung zugrunde gelegt. Über einen Baustein Quelle wird ein Schiff zu einer in dem Baustein hinterlegten Zeit als Transportmittel erzeugt. Nach der Erzeugung läuft dieses in den Hafen ein und nimmt im Laufe des Tages Waren auf, bevor es abends das GVZ wieder verlässt. Die aufzunehmenden Waren werden über Sattelanhänger und Wechselbrücken zum Hafen gebracht und dort umgeschlagen. Die Schiffabfahrt wird über einen Trigger im Cluster Hafen gesteuert, in welchem eine Abfahrtszeit zu definieren ist. Durch den Trigger wird periodisch überprüft, ob die definierte Uhrzeit erreicht und die Abfahrt des Schiffes einzuleiten ist. Nach Verlassen des GVZ wird das Schiff von einem Baustein Senke aufgenommen.

Für die **Modellierung der Fahrzeuge**, **Ladeeinheiten** und **Güter** in dem Simulationsmodell werden als Bausteine bewegliche Elemente verwendet. Grundlage der Straßenfahrzeuge, Züge und Schiffe bildet der Baustein Fahrzeug, welcher je nach Fahrzeugart optisch anders gestaltet. Die Ladeeinheiten sind mit dem Baustein Förderhilfsmittel modelliert, wobei Wechselbrücken und Sattelanhänger sich farblich unterscheiden. Für kleinere und mittlere LKWs sind auch spezifische Ladeeinheiten modelliert, welche über eine geringere Kapazität verfügen als Wechselbrücken und Sattelanhänger. Die Ladeeinheiten werden mit Paletten befüllt, welche durch den Baustein Fördergut in der Simulation umgesetzt sind.

Die bisher erläuterten Implementierungen betreffen die Umsetzung des Normalzustands. Die anzuwendende Entscheidungslogik bei Eintritt von Risikoereignissen ist Gegenstand des nächsten Kapitels.

4.3.2.3 Implementierung der Entscheidungslogik

Die Entscheidungslogik umfasst als Elemente einerseits die Risikoszenarien, andererseits aber auch die Handlungsmaßnahmen und -strategien als Reaktion auf ein eingetretenes Risikoereignis. Die Implementierung dieser Elemente wird im Folgenden dargelegt.

Risikoszenarien:

Die Szenarioentwicklung erfolgt nach Zerres und Zerres (2011) auf Basis der Situationsanalyse, in welcher zunächst die Einflussfaktoren ermittelt und deren gegenseitige Abhängigkeiten bestimmt werden. Darauf aufbauend sind die Szenarien zu entwickeln.[718]

718 Vgl. Zerres, C./ Zerres, M., 2011, S. 25.

Wie bereits in der Situationsanalyse in Kapitel 3.3 dargelegt, wird ein **Risikoereignis** durch die Schadensart, die Ursache, das Ausmaß, das betroffene Objekt und die Entwicklungen, welche möglicherweise aus einem Risikoereignis resultieren, charakterisiert. Für die Modellierung der Risikoereignisse als Szenarien gelten die folgenden Annahmen:

- **Schadensart**: Für die Entwicklung der Risikoszenarien werden bezüglich der Schadensart im Folgenden lediglich Sachschäden berücksichtigt.
- **Ursache**: Die Schadensursache als weiteres Merkmal von Risikoereignissen wird bei der Szenarioentwicklung im Folgenden vernachlässigt. Für die Bewältigung der Auswirkungen von Risikoereignissen steht das Ausmaß der Auswirkungen im Vordergrund. Dabei ist weniger relevant, ob diese auf menschliches, technisches oder sonstiges Versagen zurückzuführen sind.
- **Schadensausmaß**: Jedes Objekt ist mit gewissen Funktionalitäten ausgestattet. Das Schadensausmaß gibt an, inwiefern ein oder mehrere Objekte in ihrer Funktionalität eingeschränkt bzw. komplett beschädigt sind. Daneben haben aber auch die Dauer der Beeinträchtigung bzw. des Ausfalls sowie der Zeitpunkt, an welchem ein Risikoereignis eintritt, Einfluss auf das Schadensausmaß.
- **betroffene Objekte**: Durch die Eingrenzung der Schadensart auf Sachschäden kommen dadurch als betroffene Objekte die vorhandenen Infrastrukturen und Ressourcen in Betracht.
- **mögliche Entwicklungen**: Für die Formulierung der Risikoszenarien gilt die Annahme, dass eingetretene Risikoereignisse ursächlich abgeschlossen sind. Möglicherweise auftretende Situationsverschlechterungen resultieren aus den gegebenen Umständen und Rahmenbedingungen, nicht jedoch aus dem eingetretenen Risikoereignis.

Festlegungen für die Szenarioformulierung betreffen somit die involvierten Objekte, die Dauer und das Ausmaß einer Beeinträchtigung oder eines Ausfalls sowie den Zeitpunkt des Risikoeintritts in Abhängigkeit von der Tages- und Wochenzeit. Als Schadensobjekt können sowohl Ressourcen als auch Infrastrukturen definiert werden. Zu den Ressourcen in einem GVZ gehören Umschlaggeräte und Lagerflächen sowie die Ladegleise und internen Verkehrswege bei einem Akteur (vgl. Tabelle 6). Zu den Infrastrukturen gehören die Verkehrsträger Wasser, Schiene und Straße. Ist eine Ressource und/oder eine Infrastruktur in ihrer Funktionalität beeinträchtigt, hat dies je nach betroffener Funktionalität verschiedene Auswirkungen. Die Bewertung der Auswirkungen erfolgt durch die Durchführung von Simulationsexperimenten.

Für die Implementierung der Szenarien im Simulationsmodell sind diese mit den Attributen betroffenes Objekt, Dauer, Startzeit, Wochentag und Beeinträchtigung in einer XML-Datei gespeichert. Über eine XML-Schnittstelle werden die Daten beim Start der Simulation in das Simulationsmodell eingelesen und in einer Tabelle gespeichert. Die Startzeit eines Risikoereignisses wird zusätzlich in einem Baustein

Zeitleiste gespeichert. Dieser dient der Aufnahme und der zeitlichen Verwaltung von Werteverläufen.[719]

Ist die Startzeit des Risikoereignisses erreicht, wird die Kapazitätsreduktion entsprechend dem festgesetzten Szenariowert für die Dauer der Beeinträchtigung reduziert. Dafür greift eine Methode direkt auf den davon betroffenen Simulationsbaustein zu. Der simulative Start eines Risikoereignisses ist mit einem Wechsel von der Simulationszeit in Echtzeit verbunden. Dadurch wird sichergestellt, dass der Zeitpunkt, an welchem ausgewählte Handlungsalternativen umgesetzt werden, in der Simulation nicht bereits vergangen ist. Zudem dient diese Vorgehensweise der Simulation einer realitätsnahen Rückmeldezeit. Ist eine Handlungsalternative ausgewählt und sind die daraus resultierenden Änderungen umgesetzt, erfolgt die Rückkehr zu einer beschleunigten Simulationszeit. Ist das Ende eines Risikoereignisses erreicht, werden die durch das Risikoereignis geänderten Werte zurückgesetzt. Die Simulation läuft mit den Kapazitäten und dem Leistungsvermögen des Normalzustands weiter. Ein Simulationslauf endet in Abhängigkeit von der Beeinträchtigungsdauer eines Risikoszenarios. Ist die Beeinträchtigung beendet, wird der Normalzustand im Umfang von der vierfachen Dauer der Beeinträchtigung weitersimuliert. Ziel ist es, sicherzustellen, dass die Zeitspanne, welche für die Rückkehr zum Normalbetrieb benötigt wird, erfasst ist.

Situationsgerechte Handlungsmaßnahmen und -strategien:
Basis für die Formulierung von **Handlungsmaßnahmen** sind die verfügbaren Eigenmittel und Fremdmittel, die in einem GVZ vorhandenen Funktionalitäten, Engpässe als Ergebnis der wertschöpfungsbasierten Beanspruchung von Ressourcen und Kapazitäten sowie die Führung in einem GVZ. Es werden die folgenden Annahmen getroffen:

- Die **Eigenmittel** umfassen Sattelanhänger, Wechselbrücken und kleine und mittlere LKWs als Transportmittel. Im Folgenden wird von der Annahme ausgegangen, dass im Schadensfall genügend eigene und fremde Transportmittel vorhanden sind. Diese stellen damit bei der Auswahl einer situationsgerechten Handlungsalternative keinen limitierenden Faktor dar und werden im Folgenden nicht berücksichtigt. Als Ressourcen stehen Portalkräne, Lagerflächen, Entlade- und Beladebereiche sowie Anbindungen an die Verkehrsträger Straße, Schiene und Wasser (vgl. Tabelle 15) zur Verfügung. An Infrastrukturen werden Straße, Schiene und Wasser berücksichtigt.
- Unter Berücksichtigung der getroffenen Annahme bezüglich der Transportmittel stehen als **Fremdmittel** ebenso die Verkehrsträger Straße, Schiene und Wasser sowie Anbindungen an diese Verkehrsträger, Portalkräne, Lagerflächen, Belade- und Entladebereiche zur Verfügung.

719 Vgl. Bangsow, S., 2008, S. 198.

- Die **Funktionalitäten** der Ressourcen und Infrastrukturen werden durch den Aspekt der Versorgungslage erfasst. Funktionalitäten sind immer mit einer bestimmten Ressource oder Infrastruktur verknüpft. Ist eine Ressource oder eine Infrastruktur beeinträchtigt, sind die Funktionalitäten durch andere interne und externe Ressourcen und Infrastrukturen aufzufangen. Auch die zeitlich nach hinten verlagerte Durchführung der Funktionalität in die Zeit nach der Beeinträchtigung ist möglich. Als Funktionalitäten kommen Umschlag-, Lager- und Transportprozesse in Betracht. Engpässe als weiteres Merkmal der Versorgungslage resultieren aus der Überbeanspruchung einer Infrastruktur bzw. einer Ressource. Sie sind das Ergebnis der Beeinträchtigung einer Ressource oder einer Infrastruktur; sie können aber auch im täglichen Betrieb auftreten. Engpässe und deren Ausmaß sind für die Bewertung einer Handlungsmaßnahme relevant.
- Festlegungen bezüglich der Entscheidungshoheit und -verantwortung in Risikosituationen betreffen das Merkmal der **Führung**. In einem GVZ kommen als Entscheidungsträger einerseits die von einem Risikoereignis betroffenen Unternehmen in Betracht. Andererseits haben in Risikosituationen mehrere Unternehmen ein berechtigtes Interesse an der Risikobewältigung. Im Notfall sind diese tendenziell gleichwertig zu behandeln. Eine Entscheidungsfindung kann stellvertretend durch eine zentrale und neutrale Instanz vorgenommen werden. In Betracht kommt dafür beispielsweise die GVZ-E. Da sich die GVZ-E aus zahlreichen GVZ-Akteuren zusammensetzt, wäre so die Akzeptanz der Partner gewährleistet. Daneben können aber auch dezentrale Entscheidungen bei den täglichen Notfällen individueller Art durch ein betroffenes Unternehmen getroffen werden. Im Folgenden wird von einem einzelnen Entscheidungsträger ausgegangen. Hintergrund ist die Annahme, dass auch ein Zusammenschluss von verschiedenen Unternehmen, sei es beispielsweise in Form einer GVZ-E, einer Supply Chain oder einer Leitungsstelle in Krisensituationen, nach außen hin als eine Organisation und somit als ein Entscheidungsträger auftritt. Interne Abstimmungsprozesse bei der Entscheidungsfindung bleiben im Folgenden unberücksichtigt.

Für die Formulierung der Handlungsalternativen ist zunächst der Ausgangszustand zu charakterisieren. Dadurch ist die Einschränkung des Handlungsspielraums auf die relevanten und durchführbaren Handlungsalternativen möglich.

Nach Abbildung 27 sind als Einflussfaktoren der Risikobewältigung die Eigen- und Fremdmittel, die Versorgungslage und die Zeit zu berücksichtigen. Die durch ein Risikoereignis betroffenen Funktionalitäten werden über die Versorgungslage erfasst. Sind diese eingeschränkt oder nicht verfügbar, sind alternative Möglichkeiten einzubeziehen. In Tabelle 13 sind in diesem Zusammenhang zu jeder der elementaren logistischen Funktionalitäten die Akteure festgehalten, welche dieselben Funktionalitäten anbieten. Diese könnten im Falle eines Risikoeintritts als Eigenmittel zur Verfügung stehen und zur Übernahme von Funktionalitäten herangezogen werden. Dabei kann zunächst zwischen zwei Möglichkeiten unterschieden werden: der Übernahme von Funktionalitäten durch Eigenmittel oder aber durch Fremdmittel. Eine dritte Möglichkeit ist die Einbeziehung des Einflussfaktors Zeit: In Betracht kommt dabei die zeitliche Verschiebung der Durchführung von Funktionalitäten auf die Zeit nach der Beeinträchtigung.

Fällt beispielsweise der Portalkran und damit der Umschlagprozess im KV-Terminal aus, kann der Umschlag gegebenenfalls alternativ im Hafen vorgenommen werden. Es bestehen prinzipiell aber auch die Möglichkeiten der Inanspruchnahme eines Terminals außerhalb des GVZ (beispielsweise auch in einem anderen GVZ) oder der Verschiebung des Umschlags im KV-Terminal auf die Zeit nach der Beeinträchtigung. Liegt ein kompletter Verlust der Umschlagfunktionalität im KV-Terminal vor, stehen als Eigenmittel lediglich das KV-Terminal des Hafens oder Fremdmittel zur Verfügung. Die Verschiebung des Umschlags auf die Zeit vor einem Risikoereignis ist aufgrund der Problemstellung und des darin formulierten unvorhergesehenen Eintritts eines Risikoereignisses nicht möglich.

Für die Formulierung der **Handlungsalternativen** werden die drei verschiedenen Handhabungsmöglichkeiten in unterschiedlicher Art und Weise und in einem unterschiedlichen Umfang miteinander kombiniert. Das Ergebnis ist ein Maßnahmenbündel für die Übernahme von Funktionalitäten. Die Unterlassungsalternative ist durch die Handlungsalternative 0 berücksichtigt. Sie dient als Vergleichsbasis für die Bewertung eines ergriffenen Maßnahmenbündels und ist dadurch gekennzeichnet, dass keine Maßnahmen eingeleitet werden.

Für die Formulierung der **Handlungsstrategien** erfolgt die Kombination der Handlungsalternativen im Zeitverlauf. Es werden für definierte Zeitpunkte Maßnahmenbündel für einen festgelegten Zeitraum zur Übernahme von Funktionalitäten ermittelt und miteinander verknüpft. Der Wechsel eines Maßnahmenbündels ist immer an einem der definierten Zeitpunkte möglich.

Im Simulationsmodell sind alle Handlungsalternativen und -strategien innerhalb einer Methode programmiert und über die Steuerungsebene in das Modell integriert. Durch die Auswahl einer Handlungsalternative bzw. Handlungsstrategie und den Start der Simulation werden alle Simulationsszenarien mit der ausgewählten Maßnahme durchsimuliert.

Reicht das Kapazitäts- und Leistungsvermögen bei Eintritt eines Risikoereignisses nicht zur Abfertigung der Waren aus, so werden die durch eine Handlungsalternative definierten Maßnahmenänderungen für die Dauer der Beeinträchtigung umgesetzt. Für den betroffenen Warenfluss bedeutet dies, dass dieser um den Anteil reduziert wird, der entweder über Fremdmittel, über alternative Eigenmittel oder zeitlich verzögert abgefertigt wird. Bei der Abfertigung von Waren über alternative Eigenmittel wird zusätzlich der reduzierte Anteil an Waren dem Warenfluss anderer Akteure hinzugefügt. Bei der zeitlichen Verzögerung von Waren wird dieser Anteil dem Warenfluss der betroffenen Ressource oder Infrastruktur nach der Beendigung der Beeinträchtigung hinzugefügt.

Die sich aus der Maßnahmenumsetzung ergebenden Änderungen in den Tagesganglinien werden in einer Tabelle im Simulationsmodell gespeichert. Auch werden während der Simulation weitere Daten für die Auswertungen gespeichert. Am Ende eines Simulationslaufes werden diese in eine Excel-Datei geschrieben und so für Auswertungen nach der Beendigung der Simulation zugänglich gemacht. Im folgenden Kapitel werden die verwendeten Daten dargestellt, die größtenteils dem Projekt PreparedNET entstammen.

4.3.3 Datenbereitstellung

4.3.3.1 Akteure, Ressourcen und Infrastrukturen

Die Aufbauorganisation in einem GVZ wird über **Ressourcen**, welche den **Akteuren** zugeordnet werden können, und **Infrastrukturen** beschrieben. Für die Modellbildung ist die Anzahl der Akteure entsprechend der in Tabelle 16 enthaltenen Angaben abgebildet. Weiterhin sind in Tabelle 16 zu jedem Akteur die modellierten Ressourcen und die Art der jeweiligen Verkehrsanbindung enthalten. Diese und auch die nachfolgenden Angaben und Daten stammen aus dem Projekt PreparedNET.

Tabelle 16: Modellierungselemente der Aufbauorganisation in GVZ [Quelle: Eigene Darstellung]

	Akteure (Anzahl)							
Ressource bzw. Infrastruktur	**KV-Terminal (1)**	**Hafen (1)**	**KEP-Dienstleister (2)**	**LDL Non-Food (26)**	**LDL Food (5)**	**Postfracht (2)**	**Container Packing (4)**	**Produktionsunternehmen (3)**
Portalkran	X	X						
Lagerfläche	X	X	X*)	X*)	X*)	X*)	X*)	X*)
Entladebereich			X	X	X	X	X	X
Beladebereich			X	X	X	X	X	X
Anbindung Straße	X	X	X	X	X	X	X	X
Anbindung Schiene	X	X						
Anbindung Wasser		X						

*) Die Lagerfläche ist nicht explizit modelliert, sondern ergibt sich aus der Zusammenfassung der Bausteine Entlade- und Beladebereich

Die einer Ressource zugeordneten Kapazitäten und Bearbeitungszeiten sind über die verschiedenen Cluster einheitlich gestaltet und in Tabelle 17 festgehalten.

Tabelle 17: Kapazitäten und Bearbeitungszeiten der Ressourcen [Quelle: Eigene Darstellung]

Ressource	Kapazität	Bearbeitungszeiten
Lagerfläche	90 Ladeeinheiten	keine festen Bearbeitungszeiten definiert, gesteuert über Methode
Portalkran	1 Fahrzeug	Wechselbrücke: 8 Minuten Sattelanhänger: 4 Minuten
Beladebereich	40 Fahrzeuge	1,5 Stunden
Entladebereich	40 Fahrzeuge	1,0 Stunden
Ladegleis	1 Zug	-
Verladestraße des Umschlags	35 Fahrzeuge	-
Hafenbecken	1 Schiff	-

Die Kapazität eines Verkehrsträgers ergibt sich aus der Länge eines Streckenabschnitts sowie der Länge der Verkehrsmittel, welche diesen Streckenabschnitt befahren. Für den Umschlagbereich ist beispielsweise straßenseitig jeweils eine Länge von 700 Meter modelliert, was bei einer LKW-Länge von 20 Meter einer Kapazität von 35 Fahrzeugen entspricht. Die Verkehrsträger Schiene und Wasser sind mit jeweils einem Ladegleis bzw. einem Hafenliegeplatz modelliert, so dass die Verkehrsmittel, die auf diesen Verkehrsträgern verwendet werden, als limitierende Faktoren wirken.

4.3.3.2 Transportmittel

Im Simulationsmodell sind Transportmittel für die Verkehrsträger Straße, Schiene und Wasser enthalten. Die Daten für den zu modellierenden **straßenseitigen Warenfluss** basieren dabei auf den in einer Studie ermittelten Tagesganglinien für das GVZ Bremen, in welcher pro Stundenintervall die ein- und ausgehenden Fahrzeuge bestimmt sind.[720] Dabei sind beladene und leere Fahrzeuge berücksichtigt. Für den Warenfluss wird über die verschiedenen Wochentage ein unterschiedliches quantitatives Aufkommen an Transportmitteln angenommen. Zudem ist den Akteuren ein unterschiedliches Aufkommen an Transporten sowie an Be- und Entladungen unterstellt. Die Tagesganglinien sind deshalb entsprechend der im Projekt PreparedNET getroffenen Annahmen angepasst:

- Die Verteilung der Fahrzeuge im Tagesverlauf ist für jeden Wochentag gleich und basiert auf den in der Studie ermittelten Tagesganglinien. Diese sind mengenmäßig für jeden Wochentag individuell angepasst.

720 Vgl. Sonntag, H./ Meimbresse, B./ Eckstein, W./ Lattner, J., 1999, S. 20 ff.

- Für jedes Cluster gelten verschiedene Tagesganglinien. Für das Hafen-Cluster liegen keine Zahlen vor. Vereinfachend ist hier angenommen, dass der Tagesgang dem der beladenen Fahrzeuge des KV-Terminals entspricht. Für die einzelnen Akteure innerhalb der Cluster sind spezifische Faktoren vorgegeben, mit welchen der Clustertagesgang gewichtet wird. Diese Faktoren basieren auf dem Erfahrungswissen der Projektpartner im Projekt PreparedNET. Der gesamte Warenfluss eines Clusters ergibt sich aus der Aufsummierung der einzelnen akteursspezifischen Tagesganglinien, welche entsprechend der simulierten Wochentage volumenmäßigen Änderungen unterworfen sind.

Die in dem Simulationsmodell umgesetzten Tagesganglinien befinden sich in tabellarischer Form in Anhang 1.

Die in dem Simulationsmodell angenommenen Kapazitäten der Transportmittel für den Verkehrsträger Straße sind in Tabelle 18 enthalten. Die Kapazitäten werden in Europaletten gemessen. Diese Vorgehensweise resultiert aus dem Umstand, dass die Kapazitäten der Straßenverkehrsmittel kleiner sind als die Kapazitäten der Transportmittel anderer Verkehrsträger und diese Kapazitäten in Europaletten angegeben sind.

Basierend auf weiteren Verkehrserhebungen[721] und in Rücksprache mit Projektpartnern aus dem Projekt PreparedNET sind in Abhängigkeit von der Tageszeit verschiedene Fahrzeugtypverteilungen für zwei Zeitfenster (vormittags und nachmittags) festgelegt. Diese sind ebenfalls in Tabelle 18 festgehalten.

Tabelle 18: Kapazitäten und Fahrzeugtypverteilung in Abhängigkeit von der Tageszeit [Quelle: Eigene Darstellung]

Fahrzeugtyp	**Kapazitäten (in Europaletten)**	**vormittags (00:00h-11:59h)**	**nachmittags (12:00h-23:59h)**
LKW klein	4	12,50%	15,35%
LKW mittel	8	18,33%	13,90%
Wechselbrücke	34	9,68%	7,01%
Sattelanhänger	34	59,49%	63,74%

Die Cluster werden durch unterschiedliche Fahrzeugtypen bedient. Für jedes Cluster setzt sich der Warenfluss in dem Simulationsmodell aus verschiedenen Fahrzeugtypen individuell zusammen. Die Verteilung der Fahrzeugtypen auf die einzelnen Cluster entspricht derjenigen aus dem Projekt PreparedNET und ist in Tabelle 19 dargestellt.

721 Vgl. Wagner, T., 2008, S. 20.

Tabelle 19: Verteilung der Fahrzeugtypen auf die Cluster [Quelle: Eigene Darstellung]

Fahrzeug-typ	**KV-Terminal**	**Hafen**	**KEP**	**LDL Non-Food**	**LDL Food**	**Post-fracht**	**Container Packing**	**Produktions-unter-nehmen**
LKW klein			X			X		
LKW mittel				X			X	
Wechsel-brücke	X	X						
Sattelan-hänger	X		X	X	X	X	X	X

Der **schienenseitige** Warenfluss findet über die Cluster Hafen und KV-Terminal Eingang in das Simulationsmodell. Für beide Cluster ist als Verkehrsform ein Ganzzugverkehr modelliert. Für den Zugtagesgang sind dabei vereinfachende Annahmen getroffen. Täglich fährt je ein Zug morgens in den Hafen und in das KV-Terminal ein und abends wieder ab. Die definierten Anfahrts- und Abfahrtszeiten sowie die festgelegten Kapazitäten sind in Tabelle 20 enthalten.

Tabelle 20: Definierte Parameter der schienenseitigen Transportmittel [Quelle: Eigene Darstellung]

Transportmittel Schiene / Parameter	**Zug Hafen**	**Zug KV-Terminal**
Kapazitäten (in Stellplätze)	100	100
Kapazitäten (in Europaletten/TEU)	1700/150	1700/150
Zeitpunkt Einfahrt	0:05 Uhr	4:15 Uhr
Zeitpunkt Abfahrt	22:30 Uhr	20:30 Uhr

Die Kapazitäten der schienenseitigen Transportmittel sind mit je 50 Stellplätzen für Wechselbrücken und Sattelanhänger etwas umfangreicher bemessen als in der Realität. Begründet ist dies mit der Schwierigkeit, simulationsseitig einen Zug mit einer vorgegebenen Anzahl an Waggons zu modellieren. Durch die vereinfachte Modellierung mit zwei Anhängern ist jedoch nicht gewährleistet, dass die komplette Anzahl an Wechselbrücken und Sattelanhängern im Modell trotz freier Kapazitäten von einem Zug aufgenommen werden kann, da eine unterschiedliche Anzahl an Wechselbrücken und Sattelanhängern umgeschlagen wird. Um die Aufnahme aller Ladeeinheiten zu gewährleisten, ist daher eine etwas größere Kapazität pro Zug festgelegt. Die definierten Zeitfenster resultieren aus dem straßenseitigen Warenfluss und sollen sicherstellen, dass ein Umschlag zwischen den Verkehrsträgern Schiene und Straße stattfinden kann. Für den Warenfluss im Hafen ist zusätzlich der Umschlag zwischen den Verkehrsträgern Schiene und Wasser modellseitig sicherzustellen, weshalb hier im Simulationsmodell ein größeres Zeitfenster definiert ist.

Der Warenfluss über den Verkehrsträger Wasser findet lediglich über das Cluster Hafen Eingang in das GVZ-Simulationsmodell. Für den **wasserseitigen Tagesgang** sind dabei, ähnlich wie bei dem Warenfluss über den Verkehrsträger Schiene, vereinfachende Annahmen getroffen. Täglich fährt ein Schiff morgens in den Hafen ein und verlässt diesen abends wieder. Die definierten Anfahrts- und Abfahrtszeiten sowie die festgelegten Kapazitäten sind in Tabelle 21 enthalten.

Tabelle 21: Definierte Parameter des wasserseitigen Transportmittels [Quelle: Eigene Darstellung]

Transportmittel Wasser / **Parameter**	**Schiff Hafen**
Kapazitäten (in Stellplätze)	800
Kapazitäten (in Europaletten/TEU)	13600/1236
Zeitpunkt Einfahrt	0:00 Uhr
Zeitpunkt Abfahrt	23:30 Uhr

Die modellierte Kapazität des Schiffes entspricht der Kapazität eines großen Feederschiffes. Im Simulationsmodell ist die Kapazität derart umgesetzt, dass das Schiff über je 400 Stellplätze für Sattelanhänger bzw. Wechselbrücken als Ladeeinheiten verfügt, was einer Kapazität von 13600 Europaletten entspricht. Da für ein TEU elf Europaletten angenommen werden können,[722] entspricht die modellierte Schiffskapazität 1236 TEU.

4.3.3.3 Entscheidungselemente

Die Entscheidungselemente des Entscheidungsfeldes sind Handlungsalternativen, Umweltzustände und Konsequenzen. Während die Konsequenzen das Ergebnis der Simulationsexperimente sind, stellen die Risikoszenarien Umweltzustände dar, auf welche mit verschiedenen Handlungsalternativen reagiert werden kann. Die für die Beschreibung der **Risikoszenarien** definierten Einflussfaktoren sind mit

722 Vgl. Hochschule Furtwangen, 2011, internes Dokument.

ihren im Simulationsmodell umgesetzten Ausprägungen in Tabelle 22 enthalten. Die Definition der Ausprägungen ist im Rahmen des Projektes PreparedNET erfolgt.

Tabelle 22: Ausprägungen der Einflussfaktoren eines Risikoereignisses [Quelle: Eigene Darstellung]

Einflussfaktor / Nr. der Ausprägung	**Dauer der Beeinträchtigung**	**Eintrittszeitpunkt**	**Wochentag**	**Ausmaß der Beeinträchtigung**
1	4 Stunden	0:00 Uhr	Montag	50%
2	8 Stunden	6:00 Uhr	Freitag	100%
3	12 Stunden	12:00 Uhr	-	-
4	24 Stunden	18:00 Uhr	-	-
5	48 Stunden	-	-	-
6	72 Stunden	-	-	-

Würden alle möglichen Kombinationen als Szenario formuliert werden, ergäben sich bei einem Schadensobjekt zwei Beeinträchtigungsstufen, sechs verschiedenen Zeitdauern und vier verschiedenen Zeitpunkten an zwei unterschiedlichen Tagen insgesamt 96 Szenarien.

Im Simulationsmodell ist daher nicht jede Kombination berücksichtigt. Es sind lediglich diejenigen Szenarien ausgewählt, bei welchen wesentliche Unterschiede in den Auswirkungen zu erwarten sind. Ein Ausfall von vier Stunden an einem Wochenende wird beispielsweise nicht so sehr ins Gewicht fallen wie derselbe Ausfall zur Hauptumschlagzeit. Berücksichtigt sind schwerpunktmäßig Szenarien, die eine Störung an einem Wochentag simulieren. Insgesamt sind 44 Szenarien tabellarisch erfasst. Diese befinden sich in Anhang 2.

Ist die Beibehaltung der üblichen Abläufe nicht möglich, so kann der von einem Risikoereignis betroffene Warenfluss über alternative Eigenmittel, über Fremdmittel oder zeitlich verzögert abgefertigt werden. Zur Formulierung einer **Handlungsalternative** werden diese Faktoren kombiniert und fließen mit verschiedenen Anteilen in eine Handlungsalternative ein. Die verschiedenen Ausprägungen an Anteilen, mit welchen die drei Faktoren im Simulationsmodell in eine Handlungsalternative eingehen, sind in Tabelle 23 notiert.

Tabelle 23: Ausprägungen der Einflussfaktoren von Handlungsalternativen [Quelle: Eigene Darstellung]

Ausprägung / Einfluss-faktoren	1	2	3	4	5
Fremdmittel	0%	25%	50%	75%	100%
Eigenmittel	0%	25%	50%	75%	100%
zeitlich verzögert	0%	25%	50%	75%	100%

Damit der von einem Risikoereignis betroffene Warenfluss komplett von einer Handlungsalternative berücksichtigt wird, sind diese drei Faktoren bei der Formulierung einer Handlungsalternative derart zu kombinieren, dass sie in der Summe 100% ergeben. Da fünf Ausprägungen für die Anteile eines Einflussfaktors an einer Handlungsalternative berücksichtigt werden, ergeben sich aus der Summenformel $\frac{5(5+1)}{2} = 15$ alternative Kombinationsmöglichkeiten, welche die verschiedenen Handlungsalternativen darstellen. Diese sind in Anhang 3 aufgeführt.

Hinsichtlich der bei der Alternativenformulierung zu berücksichtigenden Kapazitäten werden für Eigenmittel die in Kapitel 4.3.3.1 definierten Werte verwendet. Für die Fremdmittel als GVZ-externe Ressourcen wird die Annahme getroffen, dass diese unbegrenzt vorhanden sind. Durch eine Planungsinstanz kann dieser Lenkungsparameter jedoch jederzeit verändert werden.

Die Formulierung der **Handlungsstrategien** erfolgt sukzessive. In jedem definierten Entscheidungszeitpunkt werden anhand der eingetretenen Umweltentwicklungen die Handlungsmaßnahmen für das nachfolgende Zeitintervall ausgewählt. Die Reichweite einer Entscheidung stimmt dabei mit dem Zeitabstand zwischen zwei Entscheidungen überein. Unter der Annahme, dass Änderungen im Warenfluss einen gewissen zeitlichen Vorlauf brauchen, wird eine starre Planung unterstellt. Dies bedeutet, dass die für ein Zeitintervall definierten Maßnahmen nicht revidiert werden und erst im nächsten Entscheidungszeitpunkt Maßnahmenänderungen möglich sind. Es wird somit dem Prinzip der Anschlussplanung gefolgt. Bei der Auswahl einer Maßnahme sollen jedoch zukünftige Entwicklungen berücksichtigt werden.

Bei der Definition des Betrachtungshorizonts, der Zeitabstände und der Reichweite wird den natürlichen Taktungen im Geschäftsbetrieb gefolgt. Der Betrachtungshorizont startet mit Eintritt eines Risikoereignisses und endet, wenn die Rückkehr in den Normalbetrieb erfolgt ist. Die Zeitabstände zwischen zwei Entscheidungspunkten und damit die Reichweiten weisen eine unterschiedliche Länge auf. Als planbare Entscheidungszeitpunkte werden der Start und das Ende des Geschäftsbetriebs sowie der Start und das Ende von bekannten Engpasssituationen festgelegt.

Die Engpasssituationen sind dabei durch die Simulationen zu ermitteln. Als nicht planbare Entscheidungszeitpunkte werden der Eintritt eines Risikoereignisses, das Ende der durch ein Risikoereignis ausgelösten Leistungs- bzw. Kapazitätsbeeinträchtigung und der Zeitpunkt, an welchem wieder der Normalbetrieb herrscht, bestimmt.

Die Erkenntnisse, welche durch das Simulationsmodell und die damit stattfindenden Simulationsexperimenten gewonnen werden, fließen in interaktive Entscheidungsbäume. Diese werden im nächsten Kapitel vorgestellt.

4.4 Interaktive Entscheidungsbäume

Die sich aus den Simulationsexperimenten ergebenden Erkenntnisse sollen in interaktive Entscheidungsbäume fließen. Damit wird das Ziel verfolgt, die in einer Risikosituation relevanten Faktoren übersichtlich und strukturiert aufzubereiten, so dass diese bei Eintritt eines Risikoereignisses zielorientiert von einem Entscheidungsträger genutzt werden können und zu einer zügigen und angemessenen Entscheidungsfindung beitragen. Durch die interaktive Gestaltung wird das Ziel verfolgt, dem Entscheidungsträger einen Freiraum bei der Bewertung einer Risikosituation einzuräumen und ihm eine situationsgerechte Reaktion auf dynamische Situationen zu erlauben.[723]

Die interaktiven Entscheidungsbäume werden dabei mit MS Excel und Virtual Basic erstellt. Für die optische Gestaltung werden Shapes verwendet. Shape-Objekte dienen der Darstellung von AutoFormen und können mit verschiedenen Eigenschaften versehen werden.[724]

Die **Benutzeroberfläche** enthält die Baumstruktur, drei Buttons und drei Infoboxen. Für die Darstellung der Baumstruktur werden die AutoFormen Viereck und Dreieck verwendet, welche die Entscheidungsknoten und die Konsequenzen repräsentieren. Auskünfte über eine Risikosituation werden durch eine der Infoboxen gegeben. Eine weitere Infobox zeigt zu jedem Entscheidungsknoten eine Frage an, die mit Ja oder Nein zu beantworten ist. In der dritten Infobox werden die Ergebnisse nach dem Durchlaufen des Entscheidungsbaumes angegeben. Die Beantwortung der in der zweiten Infobox angezeigten Fragen erfolgt über zwei Buttons, die mit Ja bzw. Nein beschriftet sind. Ein dritter Button dient der Zurücksetzung der getätigten Änderungen in den Anfangszustand. Die Benutzeroberfläche mit beispielhafter Baumstruktur ist in Abbildung 37 dargestellt. Die genaue Baumstruktur und deren Inhalte können erst nach der Analyse der Simulationsläufe festgelegt werden.

723 Vgl. Becker, T., 2013, S. 113.
724 Vgl. Kofler, M./ Nebelo, R., 2014, S. 556 f.

Abbildung 37: Benutzeroberfläche eines interaktiven Entscheidungsbaumes [Quelle: Eigene Darstellung]

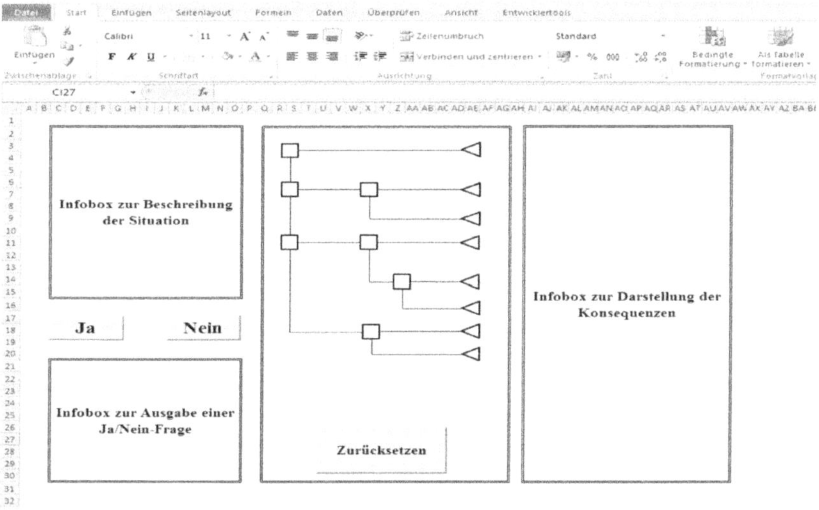

Die **Navigation** durch den interaktiven Entscheidungsbaum erfolgt durch Methoden, welche den drei Buttons hinterlegt sind. Durch die Beantwortung einer Frage und das Anklicken des Ja- bzw. Nein-Buttons leitet die jeweilige Methode in Abhängigkeit von der Antwort zum nächsten Entscheidungsknoten oder zu einer Konsequenz. Wird eine Frage verneint, nimmt die Kante zwischen dem betroffenen und dem nachfolgenden Entscheidungsknoten bzw. der Konsequenz die Farbe Rot an. Wird eine Frage bejaht, färbt sich der Pfad an dieser Stelle grün. Dadurch ist nach dem Durchlaufen des Entscheidungsbaumes der komplette Entscheidungsweg ersichtlich und es wird zugleich deutlich gemacht, in welchen Knoten eine Frage bejaht bzw. verneint ist. Die dem Zurücksetzen-Button hinterlegte Methode löscht die vorgenommenen Änderungen und erlaubt die erneute Navigation durch den Entscheidungsbaum. Um eine übersichtliche Gestaltung sicherzustellen, werden verschiedene Entscheidungsbäume erstellt, die durch Hyperlinks miteinander verknüpft sind.

4.5 Zwischenfazit und Formulierung der Evaluationsziele

Ziel des Simulationsmodells ist es, Erkenntnisse über die Auswirkungen von Risikoereignissen in GVZ, aber auch über die Wirkung von Handlungsmaßnahmen und -strategien als Reaktion auf ein Risikoereignis zu gewinnen.

Als Grundlage zur Bewertung von Risikoauswirkungen und Maßnahmenwirkungen werden Kennzahlen herangezogen, die Aussagen über Ursache-Wirkungs-Zusammenhänge und auch intertemporale Vergleiche zulassen. Zunächst ist dazu das Ziel der Aufrechterhaltung von Warenflüssen präzisiert und es sind verschiedene

Kennzahlen festgelegt, durch welche Aussagen zur Zielerreichung möglich sind (vgl. Kapitel 4.1).

Da das Hauptaugenmerk dabei auf den Warenflüssen in GVZ liegt, sind weiterhin die GVZ-Logistikprozesse gesondert in einem Prozessmodell erfasst (vgl. Kapitel 4.2). Dieses Vorgehen schafft Transparenz über die risikorelevanten Logistikprozesse, trägt zu einem besseren Verständnis über die in einem GVZ stattfindenden Warenflüsse bei und erleichtert deren vollständige Umsetzung im Simulationsmodell.

Die Prozessstrukturen stehen in engem Zusammenhang mit den Beziehungsstrukturen und sind nicht losgelöst von diesen umzusetzen. Zu beiden Aspekten sind in Kapitel 3.2 die risikorelevanten Elemente ermittelt. Deren Übertragung in das Simulationsmodell ist erfolgt. In diesem Zusammenhang ist auch, basierend auf den in Kapitel 3.4 dargestellten Ergebnissen, die Umsetzung des aus den Transportmitteln und Waren zusammengesetzten physischen Warenflusses durchgeführt und beschrieben. Im Hinblick auf die Gewinnung von Erkenntnissen über das dynamische Verhalten des Warenflusses in Risikosituationen sind weiterhin verschiedene Risikoszenarien und alternative Handlungsmaßnahmen und -strategien implementiert. Diese lassen sich durch verschiedene Einflussfaktoren beschreiben, die in den Kapiteln 3.3 und 3.5 festgelegt und bei der Umsetzung berücksichtigt sind. Die dem Modell zugrundeliegenden Daten stammen größtenteils aus dem Projekt PreparedNET. Diese sind im Zusammenhang mit der Umsetzung der verschiedenen Einflusselemente ebenfalls erörtert (vgl. Kapitel 4.3).

Die Voraussetzungen für die Erlangung von Kenntnissen über die Zusammenhänge zwischen den Warenflüssen in GVZ, den Risikoauswirkungen, den Handlungsmaßnahmen und -strategien als Reaktion auf Risikoereignisse sind geschaffen: Die risikorelevanten Elemente der Aufbau- und Ablauforganisation sind berücksichtigt, das dynamische Verhalten des Warenflusses ist im Simulationsmodell abgebildet und die durch verschiedene Faktoren beschriebenen Risikoszenarien und Handlungsmaßnahmen sind in dem Simulationsmodell implementiert. Indem verschiedene Werte während der Simulation ermittelt und gespeichert werden, sind die Voraussetzungen für die Ergebnisauswertung ebenfalls erfüllt.

Die gezielte Nutzung der erlangten Erkenntnisse in Risikosituationen ist durch die Entwicklung eines interaktiven Entscheidungsbaumes sichergestellt (vgl. Kapitel 4.4). In diesem können die erzielten Ergebnisse aufbereitet hinterlegt werden und im Falle eines Risikoeintritts schnell und strukturiert für die Unterstützung der Entscheidungsfindung zur Verfügung stehen.

Die Ergebniswerte resultieren aus der Durchführung der Simulationsexperimente. Diese werden im folgenden Kapitel dargestellt und bewertet. Ziele der Ergebnisauswertungen sind

- die Bewertung der Gesamtauswirkungen von Risikoereignissen,
- die Bewertung des Einflusses verschiedener Faktoren auf die Risikoauswirkungen und die sich daraus ergebenden Handlungsbedarfe,
- die Bewertung der Wirkung von alternativen Handlungsmaßnahmen und
- die Bewertung der Wirkung von zeitlich-vertikalen Handlungsstrategien.

5 Ergebnisse

Durch die Simulation können unterschiedliche zukünftige Entwicklungen dargestellt werden. Ziel ist es, die durch die Simulation erzielten Ergebnisse zur Unterstützung von Entscheidungen in der Gegenwart heranzuziehen. In diesem Kapitel werden dazu die in den Simulationsläufen ermittelten Daten entsprechend der Zielsetzung analysiert und bewertet.

Einerseits sind dabei die Auswirkungen von Risikoereignissen zu betrachten, andererseits sind die Handlungsmaßnahmen und -strategien hinsichtlich ihrer Wirkungsweise in verschiedenen Situationen zu bewerten. Für die Bewertungen werden Kennzahlen herangezogen und definiert. Diese sind bereits in Kapitel 4.1 aufgeführt und werden in diesem Kapitel spezifiziert. Die Spezifizierung der Kennzahlen und die Darstellung der Vorgehensweise erfolgen in Kapitel 5.1. Kapitel 5.2 befasst sich mit den Ergebnissen, welche aus der Evaluation der Risikoauswirkungen resultieren. Ziel dabei ist die Bewertung der gesamten Risikoauswirkung und verschiedener Einflussfaktoren hinsichtlich ihres Beitrags auf die Risikoauswirkung. Inhalt von Kapitel 5.3 sind die Bestimmung der situationsspezifischen Handlungsbedarfe, die Wirkungen der Handlungsmaßnahmen und die Zusammenführung der Situationsbedarfe und Maßnahmenwirkungen zur Ableitung von situationsgerechten Handlungsempfehlungen. Weiterhin sind alternative Handlungsstrategien zu formulieren und zu evaluieren. Diese sind Gegenstand von Kapitel 5.4. Zu jedem Kapitel wird auf Basis der erzielten Ergebnisse exemplarisch ein interaktiver Entscheidungsbaum dargestellt. Die Zusammenführung der Erkenntnisse erfolgt in Kapitel 5.5.

5.1 Definition der Kennzahlen und Vorgehen der Evaluation

Die Kennzahlen Durchsatz, Bestand, Verweildauer, Auslastung und Rückkehrdauer sind bereits in Kapitel 4.1 als Kennzahlen für die Ergebnisbewertung genannt und werden im Folgenden genauer definiert und spezifiziert.

Durchsatz: Der Durchsatz gibt an, welche Menge in einer bestimmten Zeit in einem System bearbeitet wird.[725] Dieser für alle fließenden Prozesse geltende Zusammenhang ist durch das Gesetz von Little beschrieben und lautet formal wie folgt:[726]

$$Durchsatz = \frac{Bestand}{Verweildauer} \tag{7}$$

725 Vgl. Gleißner, H./ Femerling, C, 2008, S. 110.

726 Vgl. Weigert, G./ Rose, O./ Gocev, P./ Mayer, G., 2010, S. 602; Roden, H./ Klaus, C., 2010, S. 163 f.

Der Durchsatz bzw. der Prozessdurchfluss ist somit abhängig vom **Bestand** und der Verweildauer, wobei unter dem Bestand im Folgenden die Anzahl der Fahrzeuge im Prozess, mithin also die **Anzahl der wartenden Fahrzeuge** bei einem Akteur bzw. im GVZ je Stundenintervall verstanden wird. Begrenzt wird der Durchsatz durch Verarbeitungs- oder mengenmäßige Kapazitäten. Durch Störungen und daraus resultierende Beeinträchtigungen der Kapazitäten kommt es zu Veränderungen des Bestandes und der Verweildauer. Steigt dabei die Verweildauer in größerem Umfang als der Bestand, sinkt der Durchsatz. Für die weiteren Evaluationen stellt sich in diesem Zusammenhang die Frage, wie das Verhältnis zwischen Bestand und Verweildauer zu gestalten ist, um einen möglichst hohen Durchsatz zu realisieren. Dabei sind auch die auf den Bestand und die Verweildauer wirkenden Einflussfaktoren zu berücksichtigen. In einem nächsten Schritt sind dann verschiedene Maßnahmen und deren Wirkungen auf den Durchsatz zu evaluieren.

Verweildauer: Über die Verweildauer kann indirekt die Einhaltung von Terminen bewertet werden. Diese ist immer dann gefährdet, wenn die Verweildauern ansteigen und nicht mehr denjenigen im Normalbetrieb entsprechen. Für die Verweildauern der Waren werden als Ergebniswerte die Aufenthaltsdauern der Fahrzeuge bei einem Akteur bzw. im GVZ herangezogen.

Auslastung und Nutzungsgrad: Die Auslastung steht in engem Zusammenhang mit dem Durchsatz. Unter der Auslastung wird im Folgenden der Nutzungsgrad von Ressourcen und Infrastrukturen verstanden. Die Auslastung einer Infrastruktur wird über den vorhandenen Bestand an Waren im Vergleich zum maximal möglichen Bestand bewertet. Auch das Lager als Ressource kann über den vorhandenen Bestand an Waren im Vergleich zum maximal möglichen Bestand bewertet werden. Der Nutzungsgrad eines Portalkrans wird über die Anzahl der getätigten Umschläge im Vergleich zur maximal möglichen Anzahl an Umschlägen gemessen. Für die Berechnung der maximalen Anzahl an Umschlägen eines Portalkrans sind dabei die Dauern der Umschlagvorgänge ausschlaggebend.

Bei zu starker Beanspruchung einer Ressource bzw. Infrastruktur können Engpasssituationen entstehen. Prinzipiell gilt dabei der folgende **Zusammenhang zwischen den Kennzahlen**: Durch die Beeinträchtigung einer Ressource oder einer Infrastruktur sinkt der Wert der maximalen Auslastung und es stehen weniger Verarbeitungs- bzw. mengenmäßige Kapazitäten zur Verfügung. Bei gleichbleibendem Warenfluss kann es dadurch zu Engpasssituationen kommen, welche wiederum zu einer steigenden Zahl an wartenden Fahrzeugen bei einem Akteur bzw. im GVZ führen. Mit der steigenden Zahl wartender Fahrzeuge nimmt die Verweildauer der Fahrzeuge zu. Beide Kennzahlen haben wiederum Einfluss auf den Durchsatz an Fahrzeugen bei einem Akteur bzw. im GVZ. Im Rahmen der Evaluation ist somit zu klären, welchen Beitrag die verschiedenen Einflussfaktoren auf das Ausmaß von Risikoauswirkungen haben und welche Konsequenzen sich daraus für die Wahl einer Handlungsalternative ergeben.

Ein weiteres Kriterium für die Bewertung des Ausmaßes von Risikoauswirkungen ist die Zeitspanne, welche für die Rückkehr in den Normalbetrieb benötigt wird. Diese wird im Folgenden als **Rückkehrdauer** bezeichnet. Der Normalbetrieb gilt ab dem

Zeitpunkt als erreicht, wenn der Bestand an Fahrzeugen und die Verweildauer dieser Fahrzeuge dauerhaft wieder die im Normalbetrieb geltenden Werte annehmen. Die Rückkehrdauer ist dabei definiert als der Zeitraum zwischen dem Risikoeintritt und dem Zeitpunkt, von dem an wieder Normalbetrieb herrscht.

Für die Ermittlung der verschiedenen Kennzahlen wird bei einer Beeinträchtigung in der Simulation die ständige Verfügbarkeit bzw. der Dauerbetrieb von Ressourcen und Infrastrukturen angenommen. Dies entspricht der Vorgehensweise im Projekt PreparedNET. Hintergrund hierfür ist die Feststellung der bestmöglichen Entwicklungen, die einen Handlungsbedarf erfordern. Auch geht diese Vorgehensweise konform mit der Zielformulierung, durch welche ein größtmöglicher Durchsatz angestrebt wird.

Bevor die eigentliche Evaluation der Risikoauswirkungen, der Handlungsmaßnahmen und der Handlungsstrategien im Zeitverlauf erfolgen kann, sind zunächst die verschiedenen Risikoszenarien in Kombination mit den formulierten Handlungsalternativen zu simulieren. Weiterhin erfolgt die Simulation des Normalbetriebs ohne Eintritt eines Risikoereignisses. Dieser Simulationslauf wird im Folgenden Referenzlauf bzw. Simulationslauf des Szenarios 0 genannt und umfasst die Simulation des Normalbetriebs in einem Zeitraum von zwei Wochen. Die Zeitspanne des Referenzlaufs ist so gewählt, damit Vergleichsdaten für den kompletten Zeitraum der simulierten Risikoereignisse zur Verfügung stehen. Der Simulationszeitraum umfasst dabei neben dem Zeitintervall vor einem Risikoereignis und der in einem Risikoszenario festgelegten Beeinträchtigungsdauer auch eine simulierte Rückkehrzeit in den Normalbetrieb nach Beendigung der Beeinträchtigungsdauer.[727]

Für die **Evaluation der Risikoauswirkungen** werden die Simulationsläufe unter Zugrundelegung der Unterlassungsalternative herangezogen. Zunächst werden dabei die Gesamtauswirkungen der verschiedenen Risikoereignisse ermittelt und denjenigen des Referenzlaufes gegenübergestellt. Mittels Ceteris-Paribus-Betrachtungen bezüglich der verschiedenen Einflussfaktoren werden verschiedene Vergleiche vorgenommen. Die jeweiligen Ceteris-Paribus-Betrachtungen und die dabei betroffenen Simulationsläufe sind in den nachfolgenden Kapiteln aufgeführt. Die dabei aus den Ergebnissen abgeleiteten Schlussfolgerungen liefern Anhaltspunkte für den Aufbau des interaktiven Entscheidungsbaumes, welcher am Ende der Analysen zu den Risikoauswirkungen vorgestellt wird.

727 Die gesamten Simulationsläufe werden auf einem Server mit Intel® Xeon® 2.10 GHz Prozessor und unter dem Betriebssystem Windows 7 Professional N durchgeführt. Ein Simulationslauf, also die Simulation von 44 Risikoereignissen in Kombination mit einer Handlungsalternative, benötigt unter diesen Bedingungen und bei Deaktivierung der visuellen Animationsfunktion ca. zwei Stunden. Die Dauer für die alleinige Simulation des Referenzlaufes beträgt ca. sieben Minuten. Für eine vereinfachte Handhabung der Simulationsläufe ist in dem Modell eine Batchverarbeitung integriert.

Die Evaluation des **situationsspezifischen Handlungsbedarfs** erfolgt in Kapitel 5.3. Aufbauend auf den Erkenntnissen aus Kapitel 5.2 werden weitere situationsbestimmende Kriterien ermittelt, welche Einfluss auf die Formulierung von situationsgerechten Handlungsempfehlungen haben.

Bei der **Evaluation der Wirkungen von Handlungsmaßnahmen** werden zunächst die situationsabhängigen Handlungsbedarfe ermittelt, die ausschlaggebend für die Ergreifung einer Handlungsmaßnahme sind. Auch wird die Bewertung der Wirkungen von Handlungsmaßnahmen vorgenommen, bevor die Zusammenführung der Handlungsbedarfe und Maßnahmenwirkungen zur Formulierung situationsgerechter Handlungsempfehlungen erfolgt. Aus den Schlussfolgerungen der Analysen lassen sich interaktive Entscheidungsbäume ableiten, in welchen die situationsgerechten Handlungsmaßnahmen strukturiert aufbereitet sind.

Für die **Evaluation der Handlungsstrategien** werden verschiedene Maßnahmen im Zeitverlauf berücksichtigt. Es wird sowohl auf die strukturelle Gestaltung als auch auf die inhaltliche Ausgestaltung der Handlungsstrategien zur Verknüpfung von zeitlich aufeinander folgenden Handlungsmaßnahmen eingegangen. Die Schlussfolgerungen aus den Evaluationen der Handlungsstrategien geben Hinweise für den Aufbau eines interaktiven Entscheidungsbaumes.

5.2 Evaluation der Auswirkungen von Risikoereignissen

Für die Evaluation der Auswirkungen von Risikoereignissen werden zunächst die Gesamtauswirkungen der verschiedenen Risikoereignisse betrachtet. Einerseits werden dazu die Daten des Normalbetriebs benötigt, andererseits aber auch die Daten der Unterlassungsalternative. Dadurch kann beurteilt werden, welche Auswirkungen eintreten, wenn nichts unternommen wird. Es werden zunächst die benötigten Daten ermittelt, bevor der folgende Vergleich durchgeführt wird:

- Ermittlung der **Gesamtauswirkung** eines Risikoereignisses: Vergleich der Daten der simulierten Risikoereignisse mit den Daten des Referenzlaufes.

Weiterhin sind die verschiedenen Einflussfaktoren hinsichtlich ihres Beitrags auf die Auswirkungen zu untersuchen. Wie bereits in Kapitel 5.1 geschildert, werden dazu mittels **Ceteris-Paribus-Bedingungen** verschiedene Vergleiche angestellt:

- Ermittlung des Einflusses des **Eintrittszeitpunkts** eines Risikoereignisses im **Tagesverlauf** auf die Risikoauswirkung: Vergleich der Daten verschiedener Simulationsläufe, die sich lediglich in der Startzeit unterscheiden.
- Ermittlung des Einflusses des **Eintrittszeitpunkts** eines Risikoereignisses im **Wochenverlauf** auf die Risikoauswirkung: Vergleich der Daten verschiedener Simulationsläufe, die sich lediglich im Wochentag unterscheiden.
- Ermittlung des Einflusses der durch ein Risikoereignis ausgelösten **Beeinträchtigungsdauer** auf die Risikoauswirkung: Vergleich der Daten verschiedener Simulationsläufe, die sich lediglich in der Beeinträchtigungsdauer unterscheiden.

- Ermittlung des Einflusses des leistungsbezogenen **Beeinträchtigungsausmaßes** auf die Risikoauswirkung: Vergleich der Daten verschiedener Simulationsläufe, die sich lediglich im Ausmaß der Beeinträchtigung des von einem Risikoereignis betroffenen Objekts unterscheiden.

Für die übersichtliche Darstellung der Analyse und der erzielten Ergebnisse werden die nachfolgenden Ausführungen auf den Portalkran eines KV-Terminals als Schadensobjekt begrenzt. Die Vorgehensweisen der Analyse und der Ergebnisauswertung sind dabei auf andere Ressourcen und Infrastrukturen als Schadensobjekte in einem GVZ übertragbar. Die Kennzahlen für die Ergebnisbewertung sind wie folgt definiert:

Die **Verweildauer** der Waren im KV-Terminal wird durch die Aufenthaltsdauer der Fahrzeuge im KV-Terminal bestimmt. Der **Durchsatz** ist definiert als die in einem bestimmten Zeitintervall bearbeitete Menge. Im KV-Terminal werden Waren bearbeitet, indem sie umgeschlagen werden. Der Durchsatz ist daher im Folgenden als die **Anzahl der getätigten Umschläge** in einem bestimmten Zeitraum definiert. Begrenzt wird der Durchsatz durch Verarbeitungskapazitäten und mengenmäßige Kapazitäten. Auch vorhandene **Bestände**, mithin also die Anzahl an wartenden Fahrzeugen, und die Verweildauer haben Einfluss auf den Umfang des Durchsatzes. Die **Auslastung** bzw. der Nutzungsgrad eines Portalkrans ist definiert als Quotient aus der Anzahl der getätigten Umschläge im KV-Terminal und der maximal möglichen Anzahl an Umschlägen im gleichen Zeitintervall. Für die Berechnung der maximalen Anzahl an Umschlägen eines Portalkrans ist die Dauer des Umschlagvorgangs ausschlaggebend.[728] Für die Bewertung der Risikoauswirkung wird auf die Auslastung als Bewertungskennzahl verzichtet. Grund ist der in der Simulation angenommene Dauerbetrieb von Ressourcen und Infrastrukturen, durch den eine größtmögliche Auslastung sichergestellt ist.

Dafür wird der Zeitpunkt berücksichtigt, ab welchem sich infrastrukturelle **Rückwirkungen** auf das GVZ und somit die anderen dort ansässigen Akteure ergeben. Die Bewertung ist über die Anzahl an wartenden Fahrzeugen möglich.

---

728 Der Umschlagvorgang eines Sattelanhängers benötigt ca. vier Minuten, der Umschlag einer Wechselbrücke mit zwei Anhängern ca. acht Minuten. Das Verhältnis zwischen der Anzahl an umzuschlagenden Wechselbrücken und der Anzahl an umzuschlagenden Sattelanhängern variiert je Zeitintervall. Daher wird für die Komplettauslastung eines Portalkrans die maximale Anzahl an Umschlägen in dem betrachteten Zeitintervall, welche durch die Simulation ermittelt wird, verwendet. Die Werte für die Umschlagdauern und die Annahmen zur Fahrzeugtypverteilung stammen aus dem Projekt PreparedNET und sind gemeinsam mit den anderen Projektpartnern und in Rücksprache mit GVZ-Akteuren festgelegt.

5.2.1 Analyse der Gesamtauswirkungen

Die den Analysen zugrunde liegenden Ergebniswerte basieren auf 44 Simulationsszenarien. Diese sind in Tabelle 24 dargestellt und werden durch die Einflussfaktoren Eintrittszeitpunkt, Wochentag, Ausmaß und Dauer der Beeinträchtigung beschrieben.

Tabelle 24: Übersicht zu den Simulationsszenarien [Quelle: Eigene Darstellung]

Simulationsszenarien*)			Ausmaß und Dauer der Beeinträchtigung											
			50%						100%					
			4h	8h	12h	24h	48h	72h	4h	8h	12h	24h	48h	72h
Eintrittszeitpunkt und Tag	0:00	Mo	1	5	10	15	20	22	23	27	32	37	42	44
		Fr	-	-	-	-	21	-	-	-	-	-	43	-
	6:00	Mo	2	6	11	16	-	-	24	28	33	38	-	-
		Fr	-	-	-	-	-	-	-	-	-	-	-	-
	12:00	Mo	3	7	12	17	-	-	25	29	34	39	-	-
		Fr	-	-	-	-	-	-	-	-	-	-	-	-
	18:00	Mo	4	8	13	18	-	-	26	30	35	40	-	-
		Fr	-	9	14	19	-	-	-	31	36	41	-	-

*) aus dem Projekt PreparedNET entnommen

Für die weiteren Auswertungen werden die folgenden Begrifflichkeiten verwendet:

- Eintrittszeitpunkt: Betriebsbeginn (6:00 Uhr), Mittagszeit (12:00 Uhr), Betriebsende (18:00 Uhr), außerhalb der Betriebszeit (0:00 Uhr).
- Wochentag: unter der Woche (Montag bis Donnerstag), Ende der Woche (Freitag)
- Dauer der Beeinträchtigung: sehr kurze Dauer (vier Stunden), kurze Dauer (acht Stunden), Dauer von einem halben Tag (zwölf Stunden), Dauer von einem, zwei oder drei Tagen (24, 48 oder 72 Stunden)
- Ausmaß der Beeinträchtigung: partielle (50%) und komplette (100%) Leistungsbeeinträchtigung

Simulation des Normalbetriebs im KV-Terminal:

Die Simulation des Referenzlaufes liefert die in Abbildung 38 festgehaltenen Ergebniswerte. Es ist lediglich der Zeitraum von einer Arbeitswoche, also Montag bis Freitag, abgebildet. Als Ergebniswerte sind die durchschnittliche Anzahl an wartenden Fahrzeugen, die Anzahl der Umschläge und die durchschnittliche Verweildauer im KV-Terminal je Stundenintervall erfasst. Weiterhin ist in Abbildung 38 die auf ein Stundenintervall bezogene maximale Auslastung eines Portalkrans enthalten.

Abbildung 38: Graphische Darstellung der Ergebniswerte bei Simulation des Normalbetriebs im Zeitraum von fünf Tagen [Quelle: Eigene Darstellung]

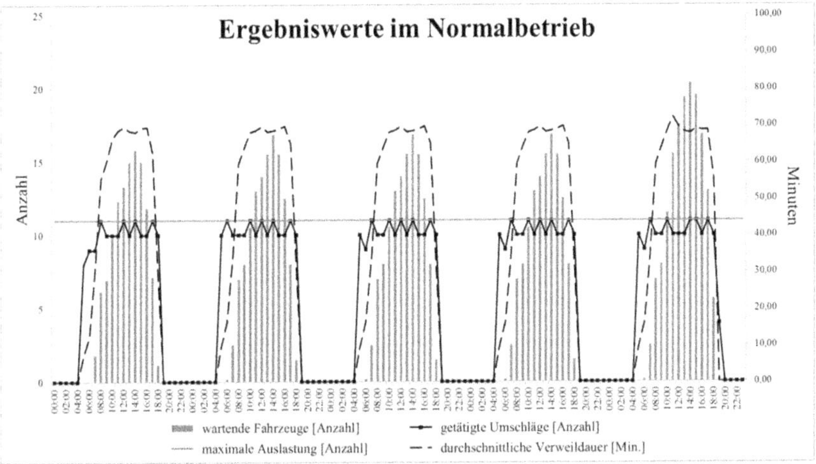

Es kommt auch im Normalbetrieb zu wartenden Fahrzeugen und somit zu Engpasssituationen. Die auf ein Stundenintervall bezogene durchschnittliche Verweildauer eines Fahrzeugs im KV-Terminal beträgt maximal 72,9 Minuten. Die maximale durchschnittliche Anzahl an wartenden Fahrzeugen im KV-Terminal beläuft sich laut Simulation auf 20 Fahrzeuge. Rückwirkungen aufgrund von wartenden Fahrzeugen auf die Infrastrukturen des GVZ ergeben sich nicht. In der Zeit von 11:00 Uhr bis 16:00 Uhr ist der Portalkran ausgelastet. Es können maximal elf Fahrzeuge je Stunde umgeschlagen werden. Dabei sind Transportmittel mit verschiedenen Umschlagdauern berücksichtigt.

In der nachfolgenden Tabelle 25 sind die in der Simulation ermittelten Kennzahlenwerte enthalten. Zunächst ist die Gesamtanzahl an getätigten Umschlägen, mithin der Durchsatz für jeden Wochentag, angegeben. Außerdem sind die Betriebsstunden des Portalkrans enthalten. Die Betriebsstunden bewegen sich dabei wochentags im Zeitraum von 5:00 Uhr bis 20:00 Uhr. Samstags findet in der Zeit von 8:00 Uhr bis 14:00 Uhr Betrieb statt, sonntags von 10:00 Uhr bis 11:00 Uhr.

Weiterhin sind die auf einen Wochentag bezogenen Durchschnittswerte der verschiedenen Kennzahlen enthalten. Die Werte für Samstag und Sonntag sind der Vollständigkeit halber auch aufgeführt. Die Verweildauer, die Anzahl an Umschlägen, die Anzahl der wartenden Fahrzeuge im KV-Terminal sowie die Anzahl der wartenden Fahrzeuge im GVZ sind als Durchschnittswerte je Betriebsstunde angegeben.

Tabelle 25: Kennzahlenwerte im Normalbetrieb [Quelle: Eigene Darstellung]

Kennzahl[729]	Mo	Di	Mi	Do	Fr	Sa	So
Durchsatz an Fahrzeugen [Anzahl/Tag]	140	144	144	144	148	22	4
Betriebsstunden [Std.]	15	15	15	15	15	6	1
Verweildauer [Min.]	49,0	50,8	50,8	50,8	52,7	9,5	14,4
wartende Fahrzeuge im KV-Terminal [Anzahl]	7,8	8,3	8,3	8,3	8,5	0	0
wartende Fahrzeuge im GVZ [Anzahl]	0	0	0	0	0	0	0
Umschläge [Anzahl]	9,3	9,6	9,6	9,6	9,9	3,7	4,0

Die Plausibilität der Ergebniswerte in Tabelle 25 kann durch das Gesetz von Little durch Umformulierung der Gleichung (7) in Kapitel 5.1 wie folgt berechnet und überprüft werden: $Verweildauer = \frac{wartende\ Fahrzeuge\ im\ KV-Terminal}{Tagesdurchsatz\ /\ Betriebsstunden} \times 60\ Min.$

Ergebnis 1:
Im Normalbetrieb sind die Gesetzmäßigkeiten nach Little durch das Simulationsmodell erfüllt. Teilweise auftretende geringfügige Abweichungen können durch die Bildung der Durchschnittswerte und durch den Verzicht auf eine kontinuierliche Datenerhebung zugunsten einer diskreten Datenerhebung erklärt werden. Die nach Little geltenden Zusammenhänge zwischen den Kennzahlen werden bei den folgenden Auswertungen als gegeben betrachtet. Zur Berechnung der einzelnen Kennzahlenwerte kann die Formel jedoch nicht herangezogen werden, da diese nur für ungestörte Prozesse anwendbar ist.[730]

Ergebnis 2:
Der **Tagesdurchsatz** im KV-Terminal ist im Laufe der Woche zunehmend. Bei voller Auslastung ergibt sich ein **maximaler Stundendurchsatz** von elf Fahrzeugen im KV-Terminal. Im Normalbetrieb tritt eine maximale durchschnittliche Verweildauer von 72,9 Minuten bei einer Anzahl von bis zu 20 wartenden Fahrzeugen auf, ohne dass sich in der Simulation Rückwirkungen auf die Infrastrukturen des GVZ ergeben. Basierend auf den Simulationsergebnissen werden diese Werte im Folgenden im Falle eines Risikoeintritts als akzeptabel angesehen. Für die weiteren Evaluationen wird angenommen: Eine **maximale durchschnittliche Verweildauer** von 75 Minuten

729 Die Ergebniswerte sind auf eine Stelle nach dem Komma gerundet, Ergebniswerte im vierstelligen Bereich sind im Folgenden auf ganze Zahlen gerundet.
730 Vgl. Roden, H./ Klaus, C., 2010, S. 163.

und eine Anzahl von bis zu 20 **wartenden Fahrzeugen** sind vertretbar. Für den Umschlag von 20 Fahrzeugen werden ca. zwei Stunden benötigt. Dies bedeutet, dass bei 20 wartenden Fahrzeugen eine Wartezeit von 120 Min. in der Verweildauer enthalten ist. Dieser Wert liegt über der akzeptablen Verweildauer. Die akzeptable Verweildauer von 75 Min. wirkt somit restriktiver als die Anzahl an wartenden Fahrzeugen. Infrastrukturelle **Rückwirkungen auf das GVZ** treten erwartungsgemäß nicht auf. Das Simulationsmodell ist dabei so ausgestaltet, dass in und um das KV-Terminal Stellplätze für 45 Fahrzeuge vorhanden sind.[731] Ein Überschreiten dieses Wertes führt zu infrastrukturellen **Rückwirkungen auf das GVZ**. Zeitliche Rückwirkungen können in Abhängigkeit von der Entwicklung der Verweildauer bereits vorher auftreten. Wenn im Folgenden der Begriff Rückwirkungen auftritt, sind damit jedoch die infrastrukturellen Rückwirkungen gemeint.

Für die **Bewertung der Risikoauswirkungen** werden zunächst die Gesamtauswirkungen der verschiedenen Risikoereignisse betrachtet.

Ermittlung der **Gesamtauswirkung** eines Risikoereignisses:
Für die Bewertung der Gesamtauswirkung eines Risikoereignisses werden die ermittelten Werte der simulierten Risikoereignisse bei Zugrundelegung der Unterlassungsalternative mit den Werten des Referenzlaufes verglichen. In einem ersten Schritt werden dazu zunächst die durchschnittlichen Kennzahlenwerte über den Gesamtzeitraum der Beeinträchtigung ermittelt. Auf die Darstellung der kompletten Kennzahlenwerte wird an dieser Stelle verzichtet. Die einzelnen Ergebniswerte, welche die Ausgangsbasis für die Evaluationen darstellen, sind in Tabelle 52 in Anhang 4.1 aufgeführt. Es lassen sich die folgenden Ergebnisse formulieren:

Ergebnis 3:
Es sind deutliche Unterschiede zwischen den Szenarien, in welchen eine partielle Leistungsbeeinträchtigung simuliert wird, und den Szenarien mit einer kompletten Leistungsbeeinträchtigung ersichtlich. Bei einer partiellen Leistungsbeeinträchtigung wird bei einigen Szenarien auch ohne die Ergreifung einer Maßnahme der im Normalbetrieb geltende **Durchsatz** noch während der Beeinträchtigungsdauer erreicht. Bei einer Leistungsbeeinträchtigung von 100% kann kein Durchsatz stattfinden. Begleitend haben auch die sich durch ein Risikoereignis ergebenden **Rückkehrdauern** in den Normalbetrieb bei einigen Simulationsläufen mit einer partiellen Leistungsbeeinträchtigung keine Folgewirkungen auf den Warenfluss über den Zeitraum der durch ein Risikoereignis ausgelösten Beeinträchtigungsdauer hinaus. Bei einer Leistungsbeeinträchtigung von 100% ergeben sich erwartungsgemäß dagegen immer Folgewirkungen auf den Warenfluss über diesen Zeitraum hinaus. Deren Ausmaß ist oft überproportional groß im Vergleich zu den Beeinträchtigungsdauern.

731 Die Anzahl der Stellplätze stammt aus dem Projekt PreparedNET. Die Festlegung dieses Wertes ist gemeinsam mit den anderen Projektpartnern erfolgt.

Im Gegensatz zum Durchsatz und zu den Rückkehrdauern wird die akzeptable **Verweildauer** dagegen in den meisten Szenarien überschritten. Bei einer kompletten Leistungsbeeinträchtigung steigen auch hier die Ergebniswerte überdurchschnittlich stark an. Bei einigen Simulationsläufen ist keine Verweildauer angegeben, da bereits vor Risikoeintritt so viele wartende Fahrzeuge im KV-Terminal sind, dass keine weiteren Fahrzeuge einfahren und mithin auch keine Eintritts- und Austrittszeitpunkte ab dem Risikoeintritt gemessen werden können. Die akzeptable **Anzahl an wartenden Fahrzeugen** wird nicht so häufig überschritten wie die akzeptable Verweildauer, jedoch steigen auch hier die Ergebniswerte für eine Leistungsbeeinträchtigung von 100% überproportional an. Die in den Simulationsläufen 0 und 23 simulierten Risikoereignisse finden außerhalb der Betriebszeiten statt und werden im Folgenden bei den Ergebnisformulierungen nicht weiter betrachtet.

Aus Tabelle 52 in Anhang 4.1 ist weiterhin ersichtlich, bei welchen Risikoereignissen sich **Rückwirkungen auf das GVZ** ergeben. Diese sind in der folgenden Tabelle zusammen mit ihren Merkmalen und verschiedenen Ergebniswerten aufgeführt. Als Kennzahlen sind die Verweildauer (VD) und die Rückkehrdauer (RD) angegeben. Auch die prozentuale Abweichung des Durchsatzes im Risikofall (DR) in Relation zum Normaldurchsatz ist in Tabelle 26 enthalten. Als weitere Kennzahl ist der Zeitpunkt, an welchem erstmalig Rückwirkungen (ZPR) auf das GVZ entstehen, aufgeführt. Auf die Angabe der Anzahl wartender Fahrzeuge wird an dieser Stelle verzichtet, da diese Kennzahl nicht so häufig kritische Werte aufweist wie die Verweildauer bzw. nur dann, wenn diese auch bei der Verweildauer auftreten.

Tabelle 26: Ergebniswerte bei Rückwirkungen auf das GVZ [Quelle: Eigene Darstellung]

Nr. des Simulationslaufs	Merkmale		Ergebniswerte
6	Dauer: Wochentag: Uhrzeit: Beeinträchtigung:	8h Montag 00:00 Uhr 50%	DR: -36,3% RD: 15,5 Std. VD: 86,1 Min. ZPR: 12:40 Uhr
11	Dauer: Wochentag: Uhrzeit: Beeinträchtigung:	12h Montag 06:00 Uhr 50%	DR: -26,1% RD: 16,8 Std. VD: 106,9 Min. ZPR: 12:40 Uhr
15	Dauer: Wochentag: Uhrzeit: Beeinträchtigung:	24h Montag 00:00 Uhr 50%	DR: -8,6% RD: 24,8 Std. VD: 85,2 Min. ZPR: 9:10 Uhr
16	Dauer: Wochentag: Uhrzeit: Beeinträchtigung:	24h Montag 06:00 Uhr 50%	DR: -3,5% RD: 37,2 Std. VD: 83,0 Min. ZPR: 14:20 Uhr

Nr. des Simulationslaufs	Merkmale	Ergebniswerte
18	Dauer: 24h Wochentag: Montag Uhrzeit: 18:00 Uhr Beeinträchtigung: 50%	DR: -35,2% RD: 29,5 Std. VD: 91,9 Min. ZPR: 13:10 Uhr (+1)
20	Dauer: 48h Wochentag: Montag Uhrzeit: 00:00 Uhr Beeinträchtigung: 50%	DR: -6% RD: 49,2 Std. VD: 94,8 Min. ZPR: 14:10 Uhr
21	Dauer: 48h Wochentag: Freitag Uhrzeit: 00:00 Uhr Beeinträchtigung: 50%	DR: -0% RD: 27,2 VD: 92,1 Min. ZPR: 12:40 Uhr
22	Dauer: 72h Wochentag: Montag Uhrzeit: 00:00 Uhr Beeinträchtigung: 50%	DR: -4% RD: 73,2 Std. VD: 95,8 Min. ZPR: 13:50 Uhr
24	Dauer: 4h Wochentag: Montag Uhrzeit: 06:00 Uhr Beeinträchtigung: 100%	RD: 16,5 Std. VD: 247,2 Min. ZPR: 9:40 Uhr
25	Dauer: 4h Wochentag: Montag Uhrzeit: 12:00 Uhr Beeinträchtigung: 100%	RD: 14,7 Std. VD: - ZPR: 14:50 Uhr
28	Dauer: 8h Wochentag: Montag Uhrzeit: 06:00 Uhr Beeinträchtigung: 100%	RD: 20,5 Std. VD: 496,6 Min. ZPR: 9:50 Uhr
29	Dauer: 8h Wochentag: Montag Uhrzeit: 12:00 Uhr Beeinträchtigung: 100%	RD: 14,7 Std. VD: - ZPR: 14:50 Uhr
32	Dauer: 12h Wochentag: Montag Uhrzeit: 00:00 Uhr Beeinträchtigung: 100%	RD: 25,2 Std. VD: 429,1 Min. ZPR: 9:10 Uhr
33	Dauer: 12h Wochentag: Montag Uhrzeit: 06:00 Uhr Beeinträchtigung: 100%	RD: 38,3 Std. VD: 736,6 Min. ZPR: 9:40 Uhr

Nr. des Simulationslaufs	Merkmale	Ergebniswerte
34	Dauer: 12h Wochentag: Montag Uhrzeit: 12:00 Uhr Beeinträchtigung: 100%	RD: 32,5 Std. VD: - ZPR: 14:50 Uhr
37	Dauer: 24h Wochentag: Montag Uhrzeit: 00:00 Uhr Beeinträchtigung: 100%	RD: 51,2 Std. VD: 1149 Min. ZPR: 9:10 Uhr
38	Dauer: 24h Wochentag: Montag Uhrzeit: 06:00 Uhr Beeinträchtigung: 100%	RD: 64,2 Std. VD: 1457 Min. ZPR: 9:50 Uhr
39	Dauer: 24h Wochentag: Montag Uhrzeit: 12:00 Uhr Beeinträchtigung: 100%	RD: 58,3 Std. VD: - ZPR: 14:50 Uhr
40	Dauer: 24h Wochentag: Montag Uhrzeit: 18:00 Uhr Beeinträchtigung: 100%	RD: 52,3 Std. VD: 1266 Min. ZPR: 14:50 Uhr (+1)
42	Dauer: 48h Wochentag: Montag Uhrzeit: 00:00 Uhr Beeinträchtigung: 100%	RD: 117,2 Std. VD: 2589 Min. ZPR: 9:10 Uhr
43	Dauer: 48h Wochentag: Freitag Uhrzeit: 00:00 Uhr Beeinträchtigung: 100%	RD: 64,5 Std. VD: 2597 Min. ZPR: 8:50 Uhr
44	Dauer: 72h Wochentag: Montag Uhrzeit: 00:00 Uhr Beeinträchtigung: 100%	RD: 143,2 Std. VD: 4029 Min. ZPR: 9:10 Uhr

Ergebnis 4:
Engpasssituationen und dadurch entstehende Rückwirkungen auf das GVZ treten, unabhängig vom Ausmaß der Leistungsbeeinträchtigung, wochentags insbesondere zwischen 9:00 Uhr und 10:00 Uhr sowie zwischen 12:00 Uhr und 15:00 Uhr auf. Diese beiden Zeitfenster werden im Folgenden als kritisch bezeichnet. Die Auswirkungen auf das GVZ ergeben sich für die meisten simulierten Risikoereignisse innerhalb von zehn Stunden nach deren Eintritt. Am Wochenende treten keine kritischen Zeitfenster auf.

5.2.2 Analyse der Einflussfaktoren

Für die weitere **Bewertung der Risikoauswirkungen** soll im Folgenden der Beitrag der verschiedenen Einflussfaktoren auf die Risikoauswirkungen genauer analysiert werden. Dies erfolgt durch Ceteris-Paribus-Betrachtungen bezüglich der verschiedenen Einflussfaktoren.

Ermittlung des Einflusses des **Eintrittszeitpunkts** eines Risikoereignisses im Tagesverlauf auf die Risikoauswirkung:
Für die Bewertung des Einflusses des Eintrittszeitpunkts eines Risikoereignisses auf den Warenfluss werden die in der Simulation ermittelten Ergebniswerte zu den Simulationsszenarien, die sich lediglich in ihrem Eintrittszeitpunkt unterscheiden, einem Vergleich unterzogen. Die Simulationsläufe werden dazu in verschiedene Gruppen zusammengefasst, für welche das simulierte Beeinträchtigungsausmaß und die Beeinträchtigungsdauer des Portalkrans identisch sind. Diese sind in der nachfolgenden Tabelle 27 enthalten.

Tabelle 27: Festgelegte Gruppen für die Bewertung des Eintrittszeitpunkts [Quelle: Eigene Darstellung]

Simulations-szenarien			Ausmaß und Dauer der Beeinträchtigung											
			50%						100%					
			4h	8h	12h	24h	48h	72h	4h	8h	12h	24h	48h	72h
Eintrittszeitpunkt und Tag	0:00	Mo	1	5	10	15	20	22	23	27	32	37	42	44
		Fr	-	-	-	-	21	-	-	-	-	-	43	-
	6:00	Mo	2	6	11	16	-	-	24	28	33	38	-	-
		Fr	-		-	-	-	-	-	-	-	-	-	-
	12:00	Mo	3	7	12	17	-	-	25	29	34	39	-	-
		Fr	-		-	-	-	-	-	-	-	-	-	-
	18:00	Mo	4	8	13	18	-	-	26	30	35	40	-	-
		Fr	-	9	14	19	-	-	-	31	36	41	-	-

Gruppe 1 Gruppe 2 Gruppe 3 Gruppe 4
Gruppe 5 Gruppe 6 Gruppe 7 Gruppe 8

Die nach den Gruppen sortierten Ergebniswerte sind in Tabelle 28 eingetragen. Liegt eine komplette Leistungsbeeinträchtigung vor, wird hier und im Folgenden auf die Angabe der Durchsatzwerte verzichtet, da bei einer Leistungsbeeinträchtigung von 100% kein Durchsatz stattfinden kann. In der Tabelle sind die folgenden Werte fett markiert:

- Der Durchsatz im Risikofall (DR) in Prozent, falls der Normaldurchsatz nicht innerhalb der regulären Betriebszeit erreicht wird.
- Die Rückkehrdauer (RD) in den Normalbetrieb, falls diese außerhalb der Betriebszeit liegt.
- Die durchschnittliche Verweildauer (VD), wenn diese 75 Minuten überschreitet.
- Die Anzahl wartender Fahrzeuge (wF), wenn diese die 20 überschreitet.

Tabelle 28: Ergebniswerte bei Variation des Eintrittszeitpunkts [Quelle: Eigene Darstellung]

Gruppe Nr.	Eintrittszeitpunkt			
	00:00	**06:00**	**12:00**	**18:00**
1	DR: -0% RD: 0 Std. VD: 0,0 Min. wF: 0	DR: -39,5% RD: 14 Std. VD: 70,3 Min. wF: 10,0	**DR: -35,7%** **RD: 8,2 Std.** **VD: 100,4 Min.** **wF: 22,2**	DR: -0% RD: 0,8 Std. VD: 44,6 Min. wF: 0,5
2	DR: -23,1% RD: 19,2 Std. VD: 43,9 Min. wF: 1,0	**DR: -36,3%** **RD: 15,5 Std.** **VD: 86,1 Min.** **wF: 21,7**	**DR: -26,0%** **RD: 9,5 Std.** **VD: 103,5 Min.** **wF: 23,7**	DR: -0% RD: 0,7 Std. VD: 44,6 Min. wF: 0,2
3	DR: **-31,3%** **RD: 20,7 Std.** VD: 73,9 Min. wF: 8,6	**DR: -26,1%** **RD: 16,8 Std.** **VD: 92,2 Min.** **wF: 30,6**	DR: -0% **RD: 8,2 Std.** **VD: 106,8 Min.** wF: 17,4	DR:-25,0% RD: 25,2 Std. VD: 32,2 Min. wF: 0,2
4	**DR: -8,6%** **RD: 24,8 Std.** **VD: 92,3 Min.** **wF: 23,6**	**DR: -3,5%** **RD: 37,2 Std.** **VD: 92,3 Min.** **wF: 23,1**	**DR: -19,3%** **RD: 33,3 Std.** **VD: 95,8 Min.** wF: 14,3	**DR:-35,2%** **RD: 29,5 Std.** **VD: 91,9 Min.** wF: 18,7
5	RD: 0,0 Std. VD: 0,0 Min. wF: 0	**RD: 16,5 Std.** **VD: 247,2 Min.** **wF: 22,9**	**RD: 10,7 Std.** **VD: - Min.** **wF: 35,4**	RD: 4,7 Std. **VD: 264,6 Min.** wF: 6,6
6	**RD: 21,2 Std.** **VD: 178,0 Min.** wF: 4,8	**RD: 20,5 Std.** **VD: 496,6 Min.** **wF: 45,2**	**RD: 14,7 Std.** **VD: -** **wF: 50,7**	**RD: 8,7 Std.** **VD: 504,6 Min.** wF: 6,8
7	**RD: 25,2 Std.** **VD: 429,1 Min.** **wF: 21,8**	**RD: 38,3 Std.** **VD: 736,6 Min.** **wF: 55,2**	**RD: 32,5 Std.** **VD: -** **wF: 57,5**	**RD: 26,5 Std.** **VD: 534,9 Min.** wF: 7,4
8	**RD: 51,2 Std.** **VD:1149** **wF: 48,4**	**RD: 64,2 Std.** **VD: 1457** **wF: 65,1**	**RD: 58,3 Std.** **VD: -** **wF: 65,4**	**RD: 52,3 Std.** **VD: 1266 Min.** **wF: 35,9**

Ergebnis 1:
In Bezug auf den **Eintrittszeitpunkt** eines Risikoereignisses und bei einer Leistungsbeeinträchtigung von 50% ist der **Durchsatz** bei einem Risikoeintritt um die Mittagszeit am größten. Dies ist mit dem von vornherein großen Umschlagsaufkommen zu diesem Zeitpunkt zu erklären. Relativ betrachtet bleibt der Durchsatz in der Regel bei einem Risikoeintritt zu Betriebsbeginn am weitesten hinter dem Durchsatz im Normalbetrieb zurück. Auch bei einem Risikoeintritt um die Mittagszeit bleibt der erzielte Durchsatz meist deutlich hinter dem Normaldurchsatz zurück. Für die Gruppen 5 bis 8 findet aufgrund des kompletten Leistungsausfalls kein Durchsatz statt. Bei einem Risikoeintritt zwischen Betriebsbeginn und der Mittagszeit ist zudem die **Rückkehr** in den Normalbetrieb innerhalb der Betriebszeit nicht möglich. Bei einer partiellen Leistungsbeeinträchtigung kann unter Umständen die Rückkehr in den Normalbetrieb am selben Tag durch die Ausdehnung der Betriebszeit erreicht werden. Dies ist jedoch von weiteren Einflussfaktoren abhängig. Die Rückkehr in den Normalbetrieb während der Betriebszeit ist lediglich bei einem Risikoeintritt gegen Betriebsende möglich, allerdings hängt dies auch von weiteren Einflussfaktoren ab. In Bezug auf die **Verweildauern** gilt bis zu einem Eintrittszeitpunkt um die Mittagszeit der folgende Zusammenhang: Je später der Risikoeintritt, desto größer ist die Verweildauer. Bereits bei einem Risikoeintritt zu Betriebsbeginn ist die akzeptable Verweildauer in der Regel überschritten. Die akzeptable **Anzahl an wartenden Fahrzeugen** ist in der Regel auch bei einem Risikoeintritt zu Betriebsbeginn überschritten. Es gilt, dass die Anzahl der wartenden Fahrzeuge zunächst zunimmt, je später der Risikoeintritt erfolgt. Bei einer kompletten Beeinträchtigung gilt dieser Zusammenhang bis zu einem Risikoeintritt um die Mittagszeit. Bei einer partiellen Beeinträchtigung ist zu diesem Zeitpunkt tendenziell bereits mit einer abnehmenden Anzahl an wartenden Fahrzeugen zu rechnen.

Bei einem Risikoeintritt zu Betriebsbeginn ergeben sich zudem immer infrastrukturelle **Rückwirkungen auf das GVZ**. Für den Risikoeintritt zu einem anderen Zeitpunkt im Tagesverlauf hängen Rückwirkungen auf das GVZ von weiteren Einflussfaktoren ab.

Ermittlung des Einflusses des **Eintrittswochentags** eines Risikoereignisses:
Für die Bewertung des Einflusses des Eintrittswochentags eines Risikoereignisses auf den Warenfluss werden die in der Simulation ermittelten Werte der verschiedenen Simulationsszenarien, die sich lediglich im Wochentag des Risikoeintritts unterscheiden, einem Vergleich unterzogen. Die in Gruppen eingeteilten Simulationsläufe sowie die gruppenspezifischen Merkmale mit dem Wochentag als Unterscheidungsmerkmal sind in der nachfolgenden Tabelle 29 zusammen mit den Ergebnissen enthalten.

Tabelle 29: Festgelegte Gruppen und Ergebniswerte für die Bewertung des Einflusses eines Wochentages [Quelle: Eigene Darstellung]

Gruppe Nr.	**Nr. Simulationslauf**	**Merkmale**	**Ergebniswerte**	
			Montag	**Freitag**
9	8, 9	Beeinträchtigung: 50% Dauer: 8h Uhrzeit: 18:00 Uhr	DR: -0% RD: 0,7 Std. VD: 44,6 Min. wF: 0,2	DR: -0% RD: 1,5 Std. **VD: 84,6 Min.** wF: 1,0
10	13, 14	Beeinträchtigung: 50% Dauer: 12h Uhrzeit: 18:00 Uhr	DR: -25% RD: 25,2 Std. VD: 32,2 Min. wF: 0,2	DR: -0% RD: 1,5 Std. **VD: 84,6 Min.** wF: 0,7
11	18, 19	Beeinträchtigung: 50% Dauer: 24h Uhrzeit: 18:00 Uhr	**DR: -35,2%** **RD: 29,5 Std.** **VD: 91,9 Min.** wF: 18,7	DR: -0% RD: 1,5 Std. VD: 26,2 Min. wF: 0,3
12	20, 21	Beeinträchtigung: 50% Dauer: 48h Uhrzeit: 00:00 Uhr	**DR: -6,0%** **RD: 49,2 Std.** **VD: 94,8 Min.** **wF: 25,5**	**DR: -0%** **RD: 27,2 Std.** **VD: 89,8 Min.** wF: 16,0
13	30, 31	Beeinträchtigung: 100% Dauer: 8h Uhrzeit: 18:00 Uhr	**RD: 8,7 Std.** **VD: 504,6 Min.** wF: 6,8	**RD: 9,0 Std.** **VD: 537,6 Min.** wF: 11,8
14	35, 36	Beeinträchtigung: 100% Dauer: 12h Uhrzeit: 18:00 Uhr	**RD: 26,5 Std.** **VD: 534,9 Min.** wF: 7,4	**RD: 13,0 Std.** **VD: 777,6 Min.** wF: 11,8
15	40, 41	Beeinträchtigung: 100% Dauer: 24h Uhrzeit: 18:00 Uhr	**RD: 52,3 Std.** **VD: 1266 Min.** **wF: 35,9**	**RD: 27,2 Std.** **VD: 1498 Min.** wF: 18,4
16	42, 43	Beeinträchtigung: 100% Dauer: 48h Uhrzeit: 00:00 Uhr	**RD: 117,2 Std.** **VD: 2589 Min.** **wF: 62,2**	**RD: 64,5 Std.** **VD: 2597 Min.** **wF: 66,1**

Ergebnis 2:
In Bezug auf den **Eintrittswochentag** eines Risikoereignisses wird bei einer partiellen Leistungsbeeinträchtigung der **Durchsatz** des Normalbetriebs gegen Ende der Woche während der Beeinträchtigungsdauer erreicht, während dies bei einem

Eintritt zu Wochenbeginn nicht gilt. Die **Rückkehrdauern** in den Normalbetrieb sind zu Wochenbeginn meist höher als die entsprechenden Rückkehrdauern bei einem Risikoeintritt am Ende der Woche. Die **Verweildauern** und die **Anzahl der wartenden Fahrzeuge** sind tendenziell bei einem Risikoeintritt am Ende der Woche höher als zu Wochenbeginn. **Rückwirkungen auf das GVZ** treten eher zu Wochenbeginn ein als zum Ende der Woche.

Einschränkend muss für die hier aufgeführten Ergebnisse allerdings gesagt werden, dass die Vergleiche für einen Risikoeintritt gegen Betriebsende gelten und Vergleichswerte beispielsweise für den Risikoeintritt zu Betriebsbeginn nicht vorliegen.

Ermittlung des Einflusses der durch ein Risikoereignis ausgelösten **Beeinträchtigungsdauer** auf die Risikoauswirkung:
Für die Bewertung des Einflusses der Beeinträchtigungsdauer auf den Warenfluss werden die in der Simulation ermittelten Werte der verschiedenen Simulationsszenarien, die sich lediglich in der Beeinträchtigungsdauer unterscheiden, einem Vergleich unterzogen. Die in Gruppen eingeteilten Simulationsläufe sowie die gruppenspezifischen Merkmale mit der Beeinträchtigungsdauer als Unterscheidungsmerkmal sind in Tabelle 30 enthalten.

Tabelle 30: Festgelegte Gruppen für die Bewertung des Einflusses der Beeinträchtigungsdauer [Quelle: Eigene Darstellung]

Simulationsszenarien			Ausmaß und Dauer der Beeinträchtigung											
			50%						100%					
			4h	8h	12h	24h	48h	72h	4h	8h	12h	24h	48h	72h
Eintrittszeitpunkt und Tag	0:00	Mo	1	5	10	15	20	22	23	27	32	37	42	44
		Fr	-	-	-	-	21	-	-	-	-	-	43	-
	6:00	Mo	2	6	11	16	-	-	24	28	33	38	-	-
		Fr	-		-	-	-	-	-	-	-	-	-	-
	12:00	Mo	3	7	12	17	-	-	25	29	34	39	-	-
		Fr	-		-	-	-	-	-	-	-	-	-	-
	18:00	Mo	4	8	13	18	-	-	26	30	35	40	-	-
		Fr	-	9	14	19	-	-	-	31	36	41	-	-

Gruppe 17 Gruppe 18 Gruppe 19 Gruppe 20
Gruppe 21 Gruppe 22 Gruppe 23 Gruppe 24

In der nachfolgenden Tabelle sind die für die verschiedenen Beeinträchtigungsdauern ermittelten Ergebniswerte angegeben. Die Ergebniswerte, welche die definierten Schwellenwerte überschreiten, sind fett markiert.

Tabelle 31: Ergebniswerte bei Variation der Beeinträchtigungsdauer [Quelle: Eigene Darstellung]

Gruppe Nr.	**Beeinträchtigungsdauer**					
	4h	**8h**	**12h**	**24h**	**48h**	**72h**
17	DR: -0 RD: 0 VD: 0,0 wF: 0,0	DR: -23,1 RD: 19,2 VD: 43,9 wF: 1,0	**DR: -31,3** **RD: 20,7** VD: 73,9 wF: 8,6	**DR:-8,6** **RD: 24,8** **VD: 92,3** **wF: 23,6**	**DR: -6,0** **RD: 49,2** **VD: 94,8** **wF: 25,5**	**DR: -4,0** **RD: 73,2** **VD: 95,8** **wF: 26,2**
18	DR: -38,5 RD: 14,0 VD: 70,3 wF: 10,0	**DR: -36,3** **RD: 15,5** **VD: 86,1** **wF: 21,7**	**DR: -36,1** **RD: 16,8** **VD: 92,2** **wF: 30,6**	**DR:-3,5** **RD: 37,2** **VD: 92,3** **wF: 23,1**	-	-
19	**DR: -35,7** **RD: 8,2** **VD: 100,4** **wF: 22,2**	**DR: -26,0** **RD: 9,5** **VD: 103,5** **wF: 23,7**	**DR: -0** **RD: 8,2** **VD: 106,8** wF: 17,4	**DR: -19,3** **RD: 33,3** **VD: 95,8** wF: 14,3	-	-
20	DR: -0 RD: 0,8 VD: 44,6 wF: 0,5	DR: -0 RD: 0,7 VD: 44,6 wF: 0,2	**DR: -25** **RD: 25,2** VD: 32,2 wF: 0,2	**DR: -35,2** **RD: 29,5** **VD: 91,9** wF: 18,7	-	-
21	RD: 0,0 VD: 0,0 wF: 0,0	**RD: 21,2** **VD: 178,0** wF: 4,8	**RD: 25,2** **VD: 429,1** **wF: 21,8**	**RD: 51,2** **VD: 1150** **wF: 48,4**	**RD: 117,2** **VD: 2589** **wF: 61,7**	**RD: 143,2** **VD: 4029** **wF: 66,1**
22	**RD: 16,5** **VD: 247,2** **wF: 22,9**	**RD: 20,5** **VD: 496,6** **wF: 45,2**	**RD: 38,3** **VD: 736,6** **wF: 55,2**	**RD: 64,2** **VD: 1457** **wF: 65,1**	-	-
23	**RD: 10,7** **VD: -** **wF: 35,4**	**RD: 14,7** **VD: -** **wF: 50,7**	**RD: 32,5** **VD: -** **wF: 57,5**	**RD: 58,3** **VD: -** **wF: 65,4**	-	-
24	**RD: 4,7** **VD:264,6** wF: 6,6	**RD: 8,7** **VD: 504,6** wF: 6,8	**RD: 26,5** **VD: 534,9** wF: 7,4	**RD: 52,3** **VD: 1266** **wF: 35,9**	-	-

DR in %, RD in Stunden, VD in Minuten, wF als Anzahl

Ergebnis 3:

Wird der bei Eintritt eines Risikoereignisses erzielbare **Durchsatz** in Relation zum Normaldurchsatz betrachtet, so ist bei einer **Beeinträchtigungsdauer** von acht bzw. zwölf Stunden die Erfüllung des normalen Durchsatzes am wenigsten möglich. Je länger die Beeinträchtigungsdauer, desto größer ist der Erfüllungsgrad des Durchsatzes in Relation zum Durchsatz des Normalbetriebes. Dies ist auf die

Ausgestaltung der Simulation zurückzuführen, in welcher ein Dauerbetrieb für die Zeit der Beeinträchtigung angenommen ist. Für eine unveränderte Durchsatzgröße steht ein größerer Zeitraum für die Abfertigung zur Verfügung. Beim Vergleich der absoluten Ergebniswerte (vgl. Tabelle 52 in Anhang 4.1) ist erkennbar, dass die Anzahl der Fahrzeuge, welche nicht abgefertigt werden können, mit zunehmender Dauer tendenziell auch zunimmt. Dies gilt sowohl für eine partielle als auch für eine komplette Leistungsbeeinträchtigung bei sonst gleichen Bedingungen. Mit einer Abweichung gilt dieser Zusammenhang auch für die **Rückkehrdauer** in den Normalbetrieb, die für alle Gruppen mit zunehmender Beeinträchtigungsdauer größer wird. Auch die **Verweildauer** nimmt mit zunehmender Beeinträchtigungsdauer tendenziell zu. Die akzeptable Verweildauer wird bei einer kompletten Leistungsbeeinträchtigung dabei immer überschritten, unabhängig von der Beeinträchtigungsdauer. In Abhängigkeit von der Beeinträchtigungsdauer wird die akzeptable Verweildauer ab einer Beeinträchtigung von einem Tag immer überschritten. Bei kürzeren Beeinträchtigungsdauern ist das Überschreiten der akzeptablen Verweildauer von weiteren Faktoren abhängig. Die **Anzahl der wartenden Fahrzeuge** nimmt bei einer Leistungsbeeinträchtigung von 100% mit steigender Beeinträchtigungsdauer zu. Bei einer partiellen Leistungsbeeinträchtigung können in Abhängigkeit von der Beeinträchtigungsdauer keine eindeutigen Aussagen über die Entwicklung dieser Kennzahl gemacht werden. **Rückwirkungen auf das GVZ** sind in der Regel spätestens ab einer Beeinträchtigungsdauer von einem Tag zu erwarten.

Ermittlung des Einflusses des **Beeinträchtigungsausmaßes** auf die Risikoauswirkung:

Für die Bewertung des Einflusses des Beeinträchtigungsausmaßes eines Portalkrans auf den Warenfluss werden die in der Simulation ermittelten Werte der verschiedenen Simulationsszenarien, die sich nur im Ausmaß der Beeinträchtigung unterscheiden, einem Vergleich unterzogen. Da lediglich zwei Beeinträchtigungswerte betrachtet werden, erfolgt ein paarweiser Vergleich der Simulationsläufe. Auf eine Gruppenbildung wird an dieser Stelle verzichtet; Vergleiche in Bezug auf das unterschiedliche Beeinträchtigungsausmaß sind bereits bei den anderen Betrachtungen erfolgt. An dieser Stelle sollen die Ergebnisse lediglich nochmals einander gegenübergestellt werden. Auf die Angabe der Ergebniswerte des Durchsatzes wird verzichtet, da bei einer Leistungsbeeinträchtigung von 100% keinerlei Durchsatz stattfindet. Die Ergebniswerte sind zusammen mit den Nummern der Simulationsläufe in der nachfolgenden Tabelle 32 aufgeführt.

Tabelle 32: Bewertung des Ausmaßes der Beeinträchtigung [Quelle: Eigene Darstellung]

Nr.	Merkmale	RD in Std.		VD in Min.		Anzahl wF	
		50%	100%	50%	100%	50%	100%
1, 23	Dauer: 4h Wochentag: Montag Uhrzeit: 00:00 Uhr	0	0	0	0	0	0
2, 24	Dauer: 4h Wochentag: Montag Uhrzeit: 06:00 Uhr	14,0	16,5	70,3	247,2	10	22,9
3, 25	Dauer: 4h Wochentag: Montag Uhrzeit: 12:00 Uhr	8,2	10,7	100,4	-	22,2	35,4
4, 26	Dauer: 4h Wochentag: Montag Uhrzeit: 18:00 Uhr	0,8	4,7	44,6	264,6	0,5	6,6
5, 27	Dauer: 8h Wochentag: Montag Uhrzeit: 00:00 Uhr	19,2	21,2	43,9	178,0	1,0	4,8
6, 28	Dauer: 8h Wochentag: Montag Uhrzeit: 06:00 Uhr	15,5	20,5	86,1	496,6	21,7	45,2
7, 29	Dauer: 8h Wochentag: Montag Uhrzeit: 12:00 Uhr	9,5	14,7	103,5	-	23,7	50,7
8, 30	Dauer: 8h Wochentag: Montag Uhrzeit: 18:00 Uhr	0,7	8,7	44,6	504,6	0,2	6,8
9, 31	Dauer: 8h Wochentag: Freitag Uhrzeit: 18:00 Uhr	1,5	9,0	84,6	537,6	1,0	11,8
10, 32	Dauer: 12h Wochentag: Montag Uhrzeit: 00:00 Uhr	20,7	25,2	73,9	429,1	8,6	21,8
11, 33	Dauer: 12h Wochentag: Montag Uhrzeit: 06:00 Uhr	16,8	38,3	92,2	736,6	30,6	55,2
12, 34	Dauer: 12h Wochentag: Montag Uhrzeit: 12:00 Uhr	8,2	32,5	106,8	-	17,4	57,5

Nr.	Merkmale	RD in Std.		VD in Min.		Anzahl wF	
		50%	100%	50%	100%	50%	100%
13, 35	Dauer: 12h Wochentag: Montag Uhrzeit: 18:00 Uhr	25,2	26,5	32,2	534,9	0,2	7,4
14, 36	Dauer: 12h Wochentag: Freitag Uhrzeit: 18:00 Uhr	1,5	13,0	84,6	777,6	0,7	11,8
15, 37	Dauer: 24h Wochentag: Montag Uhrzeit: 00:00 Uhr	24,8	51,2	92,3	1150	23,6	48,4
16, 38	Dauer: 24h Wochentag: Montag Uhrzeit: 06:00 Uhr	37,2	64,2	92,3	1457	23,1	65,1
17, 39	Dauer: 24h Wochentag: Montag Uhrzeit: 12:00 Uhr	33,3	58,3	95,8	-	14,3	65,4
18, 40	Dauer: 24h Wochentag: Montag Uhrzeit: 18:00 Uhr	29,5	52,3	91,9	1266	18,7	35,9
19, 41	Dauer: 24h Wochentag: Freitag Uhrzeit: 18:00 Uhr	1,5	27,2	26,2	1498	0,3	18,4
20, 42	Dauer: 48h Wochentag: Montag Uhrzeit: 00:00 Uhr	49,2	117,2	94,8	2589	25,5	61,7
21, 43	Dauer: 48h Wochentag: Freitag Uhrzeit: 00:00 Uhr	27,2	64,5	89,8	2597	16,0	62,2
22, 44	Dauer: 72h Wochentag: Montag Uhrzeit: 00:00 Uhr	73,2	143,2	95,8	4029	26,2	66,1

Ergebnis 4:
Erwartungsgemäß nehmen die Kennzahlenwerte bei einer **kompletten** Beeinträchtigung größere Werte an als bei einer **partiellen Beeinträchtigung**. Die relativen Zuwächse der verschiedenen Kennzahlenwerte zwischen einer partiellen und einer kompletten Beeinträchtigung sind über alle Simulationsläufe für die **Verweildauern** am größten, bevor die **Anzahl an wartenden Fahrzeugen** folgt. Die **Rückkehrdauern** weisen die geringsten Zuwächse auf. Innerhalb eines paarweisen

Vergleichs gilt dieser Zusammenhang jedoch nicht unbedingt. Entstehen bereits bei einer partiellen Beeinträchtigung **Rückwirkungen auf das GVZ**, so treten diese erwartungsgemäß auch bei einer kompletten Beeinträchtigung auf.

5.2.3 Schlussfolgerungen aus den Analysen zu den Risikoauswirkungen

Auf Basis der bisherigen Analysen wird als erste Schlussfolgerung zunächst formuliert, wann ein Handlungsbedarf als erforderlich betrachtet wird.

Schlussfolgerung 1:
Basierend auf den Ergebnissen 1 bis 4 des Kapitels 5.2.1 zur Bewertung der Gesamtauswirkungen der Risikoereignisse werden für die Kennzahlen die folgenden Bedingungen festgelegt, welche einen Handlungsbedarf erfordern:

- Es treten Rückwirkungen auf das GVZ auf.
- Der Durchsatz des Normalbetriebes wird nach dem Ende der Leistungsbeeinträchtigung erreicht.
- Die Rückkehr in den Normalbetrieb erfolgt nach dem Ende der Leistungsbeeinträchtigung.
- Die akzeptable Verweildauer wird überschritten.
- Die akzeptable Anzahl an wartenden Fahrzeugen wird überschritten.

Die weiteren Schlussfolgerungen geben Auskunft über die Wirkungen der verschiedenen Einflussfaktoren auf die Gesamtauswirkungen.

Schlussfolgerung 2:
Bei alleiniger Betrachtung eines Einflussfaktors und unabhängig von der Ausgestaltung der weiteren Einflussfaktoren können die folgenden Handlungsbedarfe identifiziert werden: Bei einer Leistungsbeeinträchtigung von 100% ist aufgrund von Ergebnis 3 aus Kapitel 5.2.1 und aufgrund von Ergebnis 4 aus Kapitel 5.2.2 ein Handlungsbedarf immer gegeben. Aufgrund von Ergebnis 1 aus Kapitel 5.2.1 gilt dies auch für den Eintritt eines Risikoereignisses zwischen Betriebsbeginn und Mittagszeit. Außerdem ist aufgrund von Ergebnis 3 aus Kapitel 5.2.2 unter der Woche immer ein Handlungsbedarf ab einer Beeinträchtigungsdauer von einem Tag gegeben. Bei einer Leistungsbeeinträchtigung von 50%, dem Eintritt eines Risikoereignisses außerhalb oder gegen Ende der Betriebszeit und bei Beeinträchtigungsdauern von bis zu einem halben Tag sind keine eindeutigen Handlungsbedarfe zu identifizieren. Aufgrund von Ergebnis 2 aus Kapitel 5.2.2 ist auch in Abhängigkeit von dem betroffenen Wochentag kein eindeutiger Handlungsbedarf gegeben. Nehmen die verschiedenen Einflussfaktoren diese Ausprägungen an, so sind weitere Kriterien heranzuziehen, die einen Handlungsbedarf erforderlich machen.

Schlussfolgerung 3:
Aufgrund von Ergebnis 4 aus Kapitel 5.2.1 ergibt sich ein Handlungsbedarf, wenn ein kritisches Zeitfenster von der Beeinträchtigungsdauer direkt oder innerhalb der nächsten zehn Stunden nach Eintritt eines Risikoereignisses betroffen ist. Von diesem Kriterium sind Risikoereignisse berührt, die vor Betriebsbeginn eintreten und eine mittlere Beeinträchtigungsdauer von acht Stunden bzw. einem halben Tag aufweisen. Dies gilt unabhängig vom betroffenen Wochentag, wobei aufgrund von Ergebnis 2 aus Kapitel 5.2.1 im Wochenverlauf zunehmende Auswirkungen bei sonst gleichen Bedingungen zu erwarten sind. Im Folgenden ist der Betriebsbeginn definiert als die Zeitspanne zwischen 5:00 Uhr und 6:00 Uhr, das Betriebsende als die Zeitspanne zwischen 18:00 Uhr und 20:00 Uhr.

Schlussfolgerung 4:
Aufgrund von Ergebnis 1 aus Kapitel 5.2.2 ist die Rückkehr in den Normalbetrieb bei einem Risikoeintritt gegen Betriebsende zunächst im Zusammenhang mit der Beeinträchtigungsdauer zu bewerten. Da weiterhin durch Ergebnis 2 aus Kapitel 5.2.2 Risikoereignisse zu Beginn der Woche höhere Rückkehrdauern erwarten lassen und tendenziell auch eher zu Rückwirkungen auf das GVZ führen, wird auch der Wochentag berücksichtigt. Es sollen Handlungsmaßnahmen ergriffen werden, wenn die Rückkehr in den Normalbetrieb nicht innerhalb der Betriebszeit gegeben ist. Dies betrifft Risikoereignisse zu Wochenbeginn und unter der Woche, die gegen Ende der Betriebszeit eintreten und deren Beeinträchtigungsdauer den Betriebsbeginn des nächsten Tages betrifft.

Schlussfolgerung 5:
Kein Handlungsbedarf ist aufgrund von Ergebnis 3 aus Kapitel 5.2.1 bei einem Risikoeintritt außerhalb der Betriebszeit in Verbindung mit einer kurzen Beeinträchtigungsdauer gegeben. Aufgrund von Schlussfolgerung 4 ist bei partieller Leistungsbeeinträchtigung weiterhin kein Handlungsbedarf gegeben, wenn ein Risikoereignis zu Wochenbeginn und unter der Woche gegen Ende der Betriebszeit eintritt und die damit verbundene Beeinträchtigungsdauer den Betriebsbeginn des nächsten Tages nicht tangiert. Auch ist kein Handlungsbedarf gegeben, wenn der betroffene Betriebsbeginn auf einen Tag am Wochenende fällt.

Die in den Schlussfolgerungen identifizierten Handlungsbedarfe sind zusammenfassend in Tabelle 33 dargestellt.

Tabelle 33: Identifizierte Handlungsbedarfe [Quelle: Eigene Darstellung]

Eintrittszeitpunkt und Wochentag \ Beeinträchtigungsausmaß und Dauer		50%						100%
		4h	8h	12h	24h	48h	72h	
00:00 Uhr		-	X*)	X**)	X	X	X	X
06:00 Uhr		X	X	X	X	X	X	X
12:00 Uhr		X	X	X	X	X	X	X
18:00 Uhr	Mo	-	-	X***)	X	X	X	X
	Fr	-	-	-	-	-	X	X

*) kritisches Zeitfenster in den nächsten zehn Stunden, **) kritisches Zeitfenster, ***) betroffener Betriebsbeginn

Aus den Schlussfolgerungen lässt sich die Reihenfolge bestimmen, in welcher die Einflussfaktoren für die Feststellung eines Handlungsbedarfs zu berücksichtigen sind. Diese Reihenfolge ist entscheidend für den Aufbau eines interaktiven Entscheidungsbaumes zur Identifizierung eines Handlungsbedarfs.

Aus Schlussfolgerung 2 folgt, dass bei der Feststellung des Handlungsbedarfs an erster Stelle das Ausmaß der Beeinträchtigung ausschlaggebend ist. Als zweitwichtigstes Kriterium folgt der Eintrittszeitpunkt eines Risikoereignisses, der häufig unabhängig von den weiteren Faktoren für einen Handlungsbedarf sorgt. Im nächsten Schritt ist aufgrund der Schlussfolgerungen 2 und 3 die Dauer der Beeinträchtigung zu berücksichtigen, bevor an letzter Stelle der Wochentag ausschlaggebend für einen Handlungsbedarf sein kann.

Bezüglich des Eintrittszeitpunkts eines Risikoereignisses ist weniger der genaue Eintrittszeitpunkt als vielmehr der Eintrittszeitraum wichtig, in welchen das Risikoereignis fällt. Im Zusammenhang mit dem Eintrittszeitraum sind weitere Kriterien zu berücksichtigen, die einen Handlungsbedarf erfordern. Dies sind die Zeiträume, die durch ein hohes Warenaufkommen gekennzeichnet sind: der Betriebsbeginn und ein kritisches Zeitfenster am Morgen sowie ein kritisches Zeitfenster am Nachmittag. Für die weiteren Ausführungen werden basierend auf den Schlussfolgerungen die folgenden Zeiträume betrachtet:

- Der Eintritt eines Risikoereignisses zu Betriebsbeginn: Es wird der Zeitraum zwischen 5:00 Uhr und 12:00 Uhr betrachtet. Dieser Zeitraum umfasst den Betriebsbeginn (5:00 Uhr bis 6:00 Uhr) und das erste kritische Zeitfenster (9:00 Uhr bis 10:00 Uhr).
- Der Eintritt eines Risikoereignisses um die Mittagszeit: Es wird der Zeitraum zwischen 12:00 Uhr und 15:00 Uhr betrachtet, welcher genau dem Zeitraum des zweiten kritischen Zeitfensters entspricht.

- Der Eintritt eines Risikoereignisses gegen Betriebsende: Es wird der Zeitraum ab dem Ende des zweiten kritischen Zeitfensters bis zum Ende der Betriebszeit betrachtet, also der Zeitraum von 15:00 Uhr bis 20:00 Uhr.
- Der Eintritt eines Risikoereignisses außerhalb der Betriebszeit: Dies ist der Zeitraum von 20:00 Uhr abends bis 5:00 Uhr am nächsten Morgen.

Die Umsetzung dieser Erkenntnisse in einen Entscheidungsbaum erfolgt im nächsten Kapitel.

5.2.4 Interaktiver Entscheidungsbaum zur Feststellung eines Handlungsbedarfs

Damit im Falle eines Risikoeintritts die erzielten Ergebnisse schnell und strukturiert für die Feststellung eines Handlungsbedarfs zur Verfügung stehen, werden diese in einem interaktiven Entscheidungsbaum strukturiert dargestellt.

Entsprechend der in Kapitel 5.2.3 festgelegten Reihenfolge, in welcher die Einflussfaktoren zu berücksichtigen sind, werden verschiedene Fragen formuliert, die einem Entscheidungsknoten in dem interaktiven Entscheidungsbaum zugeordnet werden. In Abhängigkeit von der Antwort auf eine Frage kann ein Handlungsbedarf direkt festgestellt werden, oder es sind weitere Fragen zu beantworten, bis alle Einflussfaktoren berücksichtigt sind. Der Entscheidungsbaum zur Feststellung eines Handlungsbedarfs enthält insgesamt sieben Entscheidungsknoten. Zu jedem Knoten ist eine Frage formuliert. Diese werden in der nachfolgend notierten Reihenfolge abgefragt:

- Frage A: Liegt eine komplette Leistungsbeeinträchtigung vor?
- Frage B: Tritt das Risikoereignis zwischen 5:00 Uhr und 12:00 Uhr ein?
- Frage C: Tritt das Risikoereignis zwischen 12:00 Uhr und 15:00 Uhr ein?
- Frage D: Tritt das Risikoereignis außerhalb der Betriebszeit ein?
- Frage E: Ist ein kritisches Zeitfenster direkt oder innerhalb von zehn Stunden nach Eintritt des Risikoereignisses von der Beeinträchtigung betroffen?
- Frage F: Erstreckt sich die Beeinträchtigung mindestens bis zum Betriebsbeginn am nächsten Tag?
- Frage G: Fällt der betroffene Betriebsbeginn auf einen Tag unter der Woche?

Am Ende eines jeden Entscheidungsweges ist eine Empfehlung dahingehend formuliert, ob ein Handlungsbedarf erforderlich ist oder nicht.

Der Entscheidungsbaum ist in Abbildung 39 dargestellt. Beispielhaft ist der Entscheidungsweg für den Eintritt eines Risikoereignisses außerhalb der Betriebszeit dargestellt, bei welchem der Betriebsbeginn am nächsten Tag nicht von der Beeinträchtigung betroffen ist.

Abbildung 39: Interaktiver Entscheidungsbaum zur Feststellung eines Handlungsbedarfs bei Eintritt eines Risikoereignisses [Quelle: Eigene Darstellung]

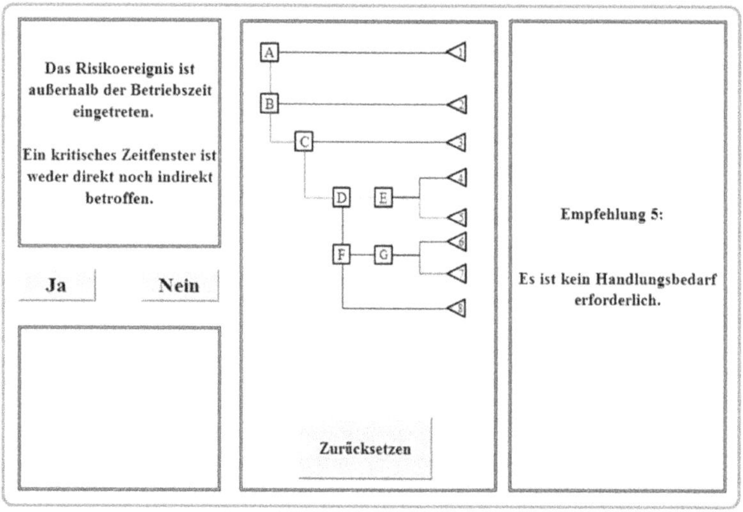

Insgesamt werden acht Empfehlungen dahingehend formuliert, ob ein Handlungsbedarf erforderlich ist oder nicht. Erforderlich ist ein Bedarf für die Empfehlungen 1 bis 4 und für Empfehlung 6.

Die festgestellten Handlungsbedarfe werden im nächsten Kapitel 5.3 konkretisiert. Auch werden verschiedene Handlungsmaßnahmen und deren Wirkung auf den Warenfluss bewertet, um daraus Rückschlüsse auf situationsgerechte Handlungsempfehlungen zu ziehen.

5.3 Evaluation der Handlungsmaßnahmen

Für die Auswahl einer situationsgerechten Handlungsempfehlungen sind verschiedene Analysen notwendig: Es sind zunächst der in einer Situation bestehende **Handlungsbedarf** und die **Wirkungen der Handlungsmaßnahmen** zu bestimmen, um daraus eine **situationsgerechte Handlungsempfehlung** ableiten zu können. Für die Ermittlung des situationsabhängigen Handlungsbedarfs sind zunächst die zu betrachtenden Situationen zu definieren:

- Definition der Situationen mit einem identifizierten Handlungsbedarf auf Basis des Entscheidungsbaumes in Kapitel 5.2.4.

Weiterhin werden in diesem Kapitel die folgenden Vergleiche durchgeführt:
- Ermittlung der **situationsspezifischen Handlungsbedarfe**: Vergleich der Daten der Unterlassungsalternative und des Normalbetriebs in Bezug auf eine bestimmte Situation.

Für die Evaluation der **Wirkung von Handlungsmaßnahmen** sind die verschiedenen Einflussfaktoren der Maßnahmen hinsichtlich ihrer Wirkungen zu untersuchen. Da ein Maßnahmenbündel alle betroffenen Waren berücksichtigt, bedingen sich anteilsmäßige Änderungen bei den Einflussfaktoren gegenseitig: Die Erhöhung eines Anteils führt zur Senkung mindestens eines anderen Anteils. Bei drei Einflussfaktoren können Ceteris-Paribus-Betrachtungen daher nicht durchgeführt werden.

Infolgedessen werden zunächst diejenigen Handlungsalternativen einem Vergleich unterzogen, die für die Handhabung des gesamten von einer Beeinträchtigung betroffenen Warenflusses lediglich einen Einflussfaktor berücksichtigen. Dies sind die Handlungsalternativen 1 und 5, welche als Einflussfaktoren die komplette zeitlich verzögerte Abfertigung bzw. die komplette örtliche Umleitung aller betroffenen Waren in Betracht ziehen. Dazu gehört aber auch die Unterlassungsalternative, welche nur die eigenen Ressourcen und Prozesse berücksichtigt. Es wird der folgende Vergleich angestellt:

- Ermittlung der **Wirkung** von Handlungsmaßnahmen bei Betrachtung eines alleinigen Einflussfaktors: Vergleich der Daten der Unterlassungsalternative, der Handlungsalternative 1 und der Handlungsalternative 5, bezogen auf denselben Simulationslauf.

Weiterhin werden auch Vergleiche zwischen Handlungsmaßnahmen angestellt, für welche ein Maßnahmenanteil konstant ist:

- Ermittlung der Maßnahmenwirkung bei einem **gleichbleibenden Eigenmittelanteil** und einem zunehmenden Fremdmittelanteil.
- Ermittlung der Maßnahmenwirkung bei einem **gleichbleibenden Fremdmittelanteil** und einem abnehmenden Eigenmittelanteil.
- Ermittlung der Maßnahmenwirkung bei einem **gleichbleibenden Anteil der zeitlichen Verzögerung** und einem abnehmenden Eigenmittelanteil.

Da in Kapitel 4.1 als oberstes Ziel ein größtmöglicher Durchsatz an Waren durch Nutzung der eigenen Ressourcen und Infrastrukturen definiert ist, werden bei diesen Vergleichen die Kennzahlen so weit wie möglich im Zusammenhang mit dem Eigenmittelanteil bewertet. Die Maßnahmenwirkungen werden dahingehend ermittelt, wie sich die definierten Kennzahlen durch die Reduktion des Eigenmittelanteils entwickeln.

Einige der formulierten Handlungsalternativen sind nicht auf das Ziel eines größtmöglichen Durchsatzes an Waren durch Nutzung der Eigenmittel und eine beschleunigte Rückkehr in den Normalbetrieb gerichtet (vgl. Anhang 3). Durch die Analysen sollen jedoch Erkenntnisse über die Wirkung von Handlungsmaßnahmen gewonnen und der Einfluss der verschiedenen Handhabungsmöglichkeiten, aus welchen sich eine Handlungsalternative zusammensetzt, bewertet werden. Daher werden in den Analysen auch die nicht zielgerichteten Handlungsalternativen betrachtet. Hinsichtlich der Abgrenzung zwischen Eigen- und Fremdmitteln ist anzumerken, dass aus GVZ-Sicht die Nutzung von Ressourcen anderer GVZ-Akteure als Eigenmittel anzusehen ist, aus Sicht eines KV-Betreibers jedoch als Fremdmittel.

In den Auswertungen werden im Folgenden die Ressourcen anderer GVZ-Akteure den Fremdmitteln zugerechnet.

Auf welche Mittel in einer Risikosituation zugegriffen wird, ist in der jeweiligen Situation durch einen Entscheidungsträger bzw. ein Entscheidungsgremium zu bestimmen. Die Beantwortung dieser Frage steht in diesem Kapitel nicht im Vordergrund. Es wird bei den Auswertungen davon abgesehen, ob in einer Risikosituation Fremdmittel zur Verfügung stehen würden. Vielmehr wird überprüft, wie sich die verschiedenen Kennzahlen gestalten, wenn Waren über Fremdmittel abgefertigt werden würden.

Die bisherigen Vergleiche dienen der Bewertung von Entwicklungen der Kennzahlen durch Variation der Einflussfaktoren zur Risikobewältigung. Um den Zusammenhang zwischen den Einflussfaktoren der Risikobewältigung und den Einflussfaktoren eines Risikoereignisses herzustellen, Interdependenzen aufzudecken und eine situationsgerechte Handlungsempfehlung formulieren zu können, sind noch die folgenden Vergleiche durchzuführen:

- Ermittlung der **situationsspezifischen Wirkungen** der Handlungsmaßnahmen: Vergleich der Ergebniswerte der simulierten Handlungsalternativen in Bezug auf eine bestimmte Situation.

Die Ergebniswerte der Handlungsalternativen, welche den Analysen dieses Kapitels zugrunde liegen, sind in Anhang 4.2 aufgeführt. Die für Vergleichszwecke benötigten Ergebniswerte für die Unterlassungsalternative und den Normalbetrieb liegen bereits aufgrund der Auswertungen in Kapitel 5.2 vor und sind in Anhang 4.1 aufgeführt.

5.3.1 Analyse der situationsabhängigen Handlungsbedarfe

Zur Bestimmung situationsgerechter Handlungsmaßnahmen sind zunächst die Situationen zu definieren, für welche eine Handlungsmaßnahme zu ergreifen ist. Den Ausgangspunkt für die Definition der Situationen bilden die im Entscheidungsbaum formulierten acht Empfehlungen (Kapitel 5.2.4). Dabei werden die Szenarien mit einer kompletten Leistungsbeeinträchtigung alle durch Empfehlung 1 erfasst. Aufgrund von Schlussfolgerung 2 ist tendenziell ein ähnliches Verhalten des Warenflusses in Situationen mit einer partiellen und einer kompletten Leistungsbeeinträchtigung bei sonst gleichen Bedingungen zu vermuten. Daher werden für die Analysen die Szenarien mit einer kompletten Leistungsbeeinträchtigung entsprechend der Kriterien zu den Empfehlungen bei partieller Leistungsbeeinträchtigung (vgl. Kapitel 5.2.4) unterteilt. In Tabelle 34 sind die auf diese Art und Weise abgegrenzten Situationen enthalten.

Tabelle 34: Abgrenzung der Situationen [Quelle: Eigene Darstellung]

Situation Nr.	Kriterien
1–2	Leistungsbeeinträchtigung von 100% und Risikoeintritt zwischen 5:00 Uhr und 12:00 Uhr
1–3	Leistungsbeeinträchtigung von 100% und Risikoeintritt zwischen 12:00 Uhr und 15:00 Uhr
1–4	Leistungsbeeinträchtigung von 100% und Risikoeintritt zwischen 20:00 Uhr und 5:00 Uhr mit direkter oder indirekter Betroffenheit eines kritischen Zeitfensters
1–6	Leistungsbeeinträchtigung von 100% und Risikoeintritt zwischen 15:00 Uhr und 20:00 Uhr bei zusätzlicher Betroffenheit des Betriebsbeginns an einem Wochentag
1–7	Leistungsbeeinträchtigung von 100% und Risikoeintritt zwischen 15:00 Uhr und 20:00 Uhr; der betroffene Betriebsbeginn am nächsten Tag fällt auf das Wochenende
1–8	Leistungsbeeinträchtigung von 100% und Risikoeintritt zwischen 15:00 Uhr und 20:00 Uhr; es ist kein Betriebsbeginn betroffen
2	Risikoeintritt zwischen 5:00 Uhr und 12:00 Uhr bei einer Leistungsbeeinträchtigung von 50%
3	Risikoeintritt zwischen 12:00 Uhr und 15:00 Uhr bei einer Leistungsbeeinträchtigung von 50%
4	Risikoeintritt zwischen 20:00 Uhr und 5:00 Uhr mit direkte oder indirekte Betroffenheit eines kritischen Zeitfensters und einer Leistungsbeeinträchtigung von 50%
5	Risikoeintritt zwischen 20:00 Uhr und 5:00 Uhr ohne direkter oder indirekter Betroffenheit eines kritischen Zeitfensters und einer Leistungsbeeinträchtigung von 50%
6	Risikoeintritt zwischen 15:00 Uhr und 20:00 Uhr und zusätzliche Betroffenheit des Betriebsbeginns an einem Wochentag bei einer Leistungsbeeinträchtigung von 50%
7	Risikoeintritt zwischen 15:00 Uhr und 20:00 Uhr; der betroffene Betriebsbeginn am nächsten Tag fällt auf das Wochenende, die Leistungsbeeinträchtigung beträgt 50%
8	Risikoeintritt zwischen 15:00 Uhr und 20:00 Uhr; es ist kein Betriebsbeginn betroffen

Die weiteren Auswertungen basieren auf dieser Einteilung. Es werden nur diejenigen Situationen berücksichtigt, für welche ein Handlungsbedarf erforderlich ist. Diese sind in der Tabelle hervorgehoben und werden im Folgenden als Situation 1, 2, 3, 4 und

Situation 6 bezeichnet, wobei Situation 1 in insgesamt sechs weitere Situationen unterteilt ist. In Tabelle 35 sind die in den Auswertungen berücksichtigten Simulationsläufe auf Basis der Kriterien den entsprechenden Situationen zugeordnet und markiert.

Tabelle 35: Situationsabhängige Gruppierung der Simulationsläufe [Quelle: Eigene Darstellung]

Simulations-szenarien			Ausmaß und Dauer der Beeinträchtigung 50%						100%					
			4h	8h	12h	24h	48h	72h	4h	8h	12h	24h	48h	72h
Eintrittszeitpunkt und Tag	0:00	Mo	1	5	10	15	20	22	23	27	32	37	42	44
		Fr	-	-	-	-	21	-	-	-	-	-	43	-
	6:00	Mo	2	6	11	16	-	-	24	28	33	38	-	-
		Fr	-		-	-	-	-	-	-	-	-	-	-
	12:00	Mo	3	7	12	17	-	-	25	29	34	39	-	-
		Fr	-		-	-	-	-	-	-	-	-	-	-
	18:00	Mo	4	8	13	18	-	-	26	30	35	40	-	-
		Fr	-	9	14	19	-	-	-	31	36	41	-	-

Situation 4 · Situation 2 · Situation 3 · Situation 6
Situation 1-4 · Situation 1-2 · Situation 1-3 · Situation 1-6
Situation 1-7 · Situation 1-8

Ermittlung des situationsspezifischen **Handlungsbedarfs für Situation 1:**
Situation 1 ist gekennzeichnet durch einen kompletten Leistungsausfall. Es findet bis zum Ende der Leistungsbeeinträchtigung kein Durchsatz statt. Teilweise fahren Fahrzeuge in das KV-Terminal und bleiben dort für die Dauer der Beeinträchtigung stehen. Meist ist das jedoch nicht der Fall, weshalb in der Regel keine Ergebniswerte für die Verweildauern und die Anzahl der wartenden Fahrzeuge vorliegen. Für die Analysen werden daher als Kennzahlen die **Rückkehrdauern**, die aufgrund der kompletten Leistungsbeeinträchtigung immer über der Beeinträchtigungsdauer liegen, und die **Rückwirkungen** auf das GVZ herangezogen.

Ergebnis 1:
Die **Rückkehrdauern** aller durch eine komplette Leistungsbeeinträchtigung entstehenden Situationen nehmen bei sonst gleichen Bedingungen mit zunehmender Beeinträchtigungsdauer stetig zu. Für die Situationen 1–2 und 1–3 ist jedoch ein deutlicher Anstieg der Rückkehrdauer ab einer halbtägigen Beeinträchtigungsdauer zu beobachten; für die Situation 1–4 ist dies bereits zuvor der Fall. Im Verhältnis zur Beeinträchtigungsdauer sind die Rückkehrdauern für die Situation 1–4 am größten, bevor die Situationen 1–2, 1–3, 1–6 und 1–7 folgen. Die Situation 1–8 ist

gekennzeichnet durch die Rückkehr in den Normalbetrieb bei Beeinträchtigungsdauern von bis zu einem halben Tag. Für längere Beeinträchtigungsdauern liegen keine Ergebniswerte vor. **Rückwirkungen auf das GVZ** ergeben sich immer für die Situationen 1–2 und 1–3; in den Situationen 1–4 und 1–6 sind weitere Faktoren zu berücksichtigen. In den Situationen 1–7 und 1–8 treten nie Rückwirkungen auf das GVZ auf.

Ermittlung des situationsspezifischen **Handlungsbedarfs für Situation 2:**
Situation 2 ist gekennzeichnet durch den Eintritt eines Risikoereignisses zu Betriebsbeginn bei einer partiellen Leistungsbeeinträchtigung.

Ergebnis 2:
Der **Durchsatz** an Waren beträgt in Situation 2 tendenziell ca. 60% des Durchsatzes im Normalbetrieb. In Bezug auf die **Rückkehrdauern** ist festzustellen, dass diese bei einer kurzen Beeinträchtigungsdauer überproportional groß sind und dann zunächst im Vergleich zur Beeinträchtigungsdauer abnehmen. Ab Beeinträchtigungsdauern von über einem halben Tag steigt die Rückkehrdauer im Vergleich zur Beeinträchtigungsdauer wieder an. Die **Verweildauern** sind ab einer Beeinträchtigungsdauer von über vier Stunden und die **Anzahl der wartenden Fahrzeuge** sind ab einer Beeinträchtigungsdauer von über acht Stunden über den im Normalbetrieb geltenden akzeptablen Werten. Sind Beeinträchtigungsdauern von über vier Stunden zu erwarten, so ist davon auszugehen, dass einerseits **Rückwirkungen auf das GVZ** auftreten und andererseits der Folgetag von Auswirkungen betroffen ist.

Ermittlung des situationsspezifischen **Handlungsbedarfs für Situation 3:**
Merkmale der Situation 3 sind der Eintritt eines Risikoereignisses um die Mittagszeit und eine daraus resultierende partielle Leistungsbeeinträchtigung.

Ergebnis 3:
Für Situation 3 kann festgestellt werden, dass bei Eintritt eines Risikoereignisses mindestens 65% des **Durchsatzes** im Normalbetrieb erreicht werden. In Bezug auf die **Rückkehrdauern** ist festzustellen, dass diese bei einer kurzen Beeinträchtigungsdauer überproportional groß sind und dann zunächst im Vergleich zur Beeinträchtigungsdauer abnehmen. Ab Beeinträchtigungsdauern von über einem halben Tag steigt die Rückkehrdauer im Vergleich zur Beeinträchtigungsdauer wieder an. Die **Verweildauern** sind immer zu hoch, die **Anzahl der wartenden Fahrzeuge** ist zunächst auch zu hoch, ab einer Beeinträchtigungsdauer von einem halben Tag jedoch rückläufig. **Rückwirkungen auf das GVZ** treten keine auf.

Ermittlung des situationsspezifischen **Handlungsbedarfs für Situation 4:**
Situation 4 ist gekennzeichnet durch den Risikoeintritt außerhalb der Betriebszeit bei einer partiellen Leistungsbeeinträchtigung. Dabei ist ein kritisches Zeitfenster direkt oder indirekt von der Leistungsbeeinträchtigung betroffen.

Ergebnis 4:
Während für Situation 4 tendenziell mindestens 70% des **Durchsatzes** im Normalbetrieb erreicht werden, ist im Vergleich zu den Situationen 2 und 3 mit verhältnismäßig höheren **Rückkehrdauern** in den Normalbetrieb zu rechnen. Bei Beeinträchtigungsdauern von bis zu einem halben Tag treten dabei unabhängig von der Beeinträchtigungsdauer kaum Veränderungen bezüglich der Rückkehrdauer in den Normalbetrieb auf. Hinsichtlich der **Verweildauer** und der **Anzahl an wartenden Fahrzeugen** ergibt sich ab Beeinträchtigungsdauern von über einem halben Tag ein Handlungsbedarf. Dies ist auch der Zeitraum, ab welchem **Rückwirkungen auf das GVZ** zu erwarten sind.

Ermittlung des situationsspezifischen **Handlungsbedarfs für Situation 6:**
Situation 6 ist gekennzeichnet durch einen Risikoeintritt zu Betriebsende, der eine partielle Leistungsbeeinträchtigung nach sich zieht. Durch die Leistungsbeeinträchtigung ist auch der Betriebsbeginn am nächsten Tag betroffen, wobei es sich dabei um einen Tag unter der Woche handelt.

Ergebnis 5:
Für die Situation 6 liegen nur zwei Datensätze vor, weshalb die Feststellung von Entwicklungstendenzen schwierig ist. Beim paarweisen Vergleich der Ergebniswerte fallen jedoch deutliche Unterschiede zwischen dem **Durchsatz** und der **Rückkehrdauer** in den Normalbetrieb auf: Trotz einer um einen halben Tag längeren Beeinträchtigungsdauer und dem Siebenfachen an Durchsatz bei einer ganztägigen Beeinträchtigung dauert die Rückkehr in den Normalbetrieb lediglich vier Stunden länger als bei einer halbtägigen Beeinträchtigung. In Bezug auf die **Verweildauer** und die **Anzahl an wartenden Fahrzeugen** ist bei einer halbtägigen Beeinträchtigungsdauer kein Handlungsbedarf erforderlich, bei einer ganztägigen Beeinträchtigung jedoch schon, zumindest hinsichtlich der Verweildauer. **Rückwirkungen auf das GVZ** ergeben sich erst bei Beeinträchtigungsdauern von über einem halben Tag.

Die Ergebnisse sind in Tabelle 36 übersichtlich dargestellt. Abhängigkeiten von der Beeinträchtigungsdauer sind in dieser Tabelle ebenfalls notiert.

Tabelle 36: Identifizierte Handlungsbedarfe [Quelle: Eigene Darstellung]

Situationsspezifische Handlungsbedarfe					
Situation	**Durchsatz**	**Rückkehr-dauer**	**Verweil-dauer**	**Anzahl wartender Fahrzeuge**	**Rückwir-kungen**
1–2	erhöhen	senken	keine Ergebnis-werte	keine Ergebnis-werte	ja
1–3	erhöhen	senken	keine Ergebnis-werte	keine Ergebnis-werte	ja
1–4	erhöhen	senken	keine Ergebnis-werte	keine Ergebnis-werte	ja*)
1–6	erhöhen	senken	keine Ergebnis-werte	keine Ergebnis-werte	ja**)
1–7	erhöhen	senken	keine Ergebnis-werte	keine Ergebnis-werte	keine
1–8	erhöhen	senken	keine Ergebnis-werte	keine Ergebnis-werte	keine
2	erhöhen	senken	senken*)	senken***)	ja*)
3	erhöhen	senken	senken	senken****)	keine
4	erhöhen	senken	senken**)	senken**)	ja**)
6	erhöhen	senken	senken**)	kein Handlungs-bedarf	ja**)

*) ab Beeinträchtigungsdauern von über vier Stunden, **) ab Beeinträchtigungsdauern von über einem halben Tag, ***) ab Beeinträchtigungsdauern von über acht Stunden, ****) rückläufig ab einer halbtägigen Beeinträchtigungsdauer

5.3.2 Analyse der Wirkung von Handlungsmaßnahmen

Zur Analyse der Wirkung von Handlungsmaßnahmen werden zunächst die Wirkungen derjenigen Handlungsalternativen betrachtet, die lediglich einen Einflussfaktor berücksichtigen.

Ermittlung der **Wirkung** von Handlungsmaßnahmen bei Betrachtung eines alleinigen Einflussfaktors:
Für die Bewertung der Wirkung von Handlungsmaßnahmen werden die Ergebniswerte der Unterlassungsalternative und der Handlungsalternativen 1 und 5 für die gesamten Simulationsszenarien herangezogen und miteinander verglichen. Mit Handlungsalternative 1 werden alle Waren, die von der durch ein Risikoereignis ausgelösten Beeinträchtigung betroffen sind, zeitlich verzögert abgefertigt. Handlungsalternative 5 ist durch die komplette Umleitung des von einer Beeinträchtigung betroffenen Warenflusses gekennzeichnet, während mit der Unterlassungsalternative die üblichen Ressourcen und Prozesse vollständig beibehalten werden.

Ergebnis 1:
Sowohl Handlungsalternative 1 als auch Handlungsalternative 5 verfolgen eine vollständige Entlastung der vorhandenen Ressourcen und Prozesse für die Dauer der Beeinträchtigung. Dies hat zur Folge, dass beide Handlungsalternativen über alle Simulationsszenarien hinweg einen identischen **Durchsatz**, identische **Verweildauern** und eine identische **Anzahl an wartenden Fahrzeugen** für die Dauer der Beeinträchtigung zur Folge haben. Im Vergleich zur Unterlassungsalternative ist der Durchsatz bei einer partiellen Leistungsbeeinträchtigung mit den Handlungsalternativen 1 und 5 erwartungsgemäß meist kleiner, jedoch nie größer als mit der Unterlassungsalternative. Für die Verweildauern und die Anzahl wartender Fahrzeuge gilt derselbe Zusammenhang. Bei einer kompletten Leistungsbeeinträchtigung fahren lediglich bei der Unterlassungsalternative Fahrzeuge in das KV-Terminal, eine Abfertigung findet jedoch nicht statt. Dies führt zu sehr hohen Verweildauern. Die **Rückkehr** in den Normalbetrieb dauert tendenziell mit Handlungsalternative 1 am längsten; durch die mit Handlungsalternative 5 verfolgte komplette örtliche Entlastung der Ressourcen und Prozesse kann der Normalbetrieb erwartungsgemäß am schnellsten wieder aufgenommen werden. Die Rückkehrdauern mit der Unterlassungsalternative bewegen sich zwischen denen bei einer kompletten zeitlichen und einer kompletten örtlichen Entlastung. **Rückwirkungen auf das GVZ** ergeben sich am häufigsten mit Handlungsalternative 1, bevor die Unterlassungsalternative folgt. Mit Handlungsalternative 5 treten nie Rückwirkungen auf das GVZ auf.

Für die weitere **Bewertung der Maßnahmenwirkungen** werden im Folgenden noch verschiedene Vergleiche mit je einem gleichbleibenden Einflussfaktor durchgeführt. Dazu werden die Handlungsalternativen gemäß der in der nachfolgenden Tabelle 37 notierten Einteilungen miteinander verglichen.

Tabelle 37: Faktorenabhängige Einteilung der Handlungsalternativen zur Durchführung der Wirkungsvergleiche [Quelle: Eigene Darstellung]

Gestaltung der Einflussfaktoren		**Nummern der Handlungsalternativen**
gleichbleibender Eigenmittelanteil mit zunehmenden Fremdmittelanteil	75% Eigenmittel	13, 14
	50% Eigenmittel	10, 11, 12
	25% Eigenmittel	6, 7, 8, 9
	0% Eigenmittel	1, 2, 3, 4, 5
gleichbleibender Fremdmittelanteil mit abnehmenden Eigenmittelanteil	75% Fremdmittel	9, 4
	50% Fremdmittel	12, 8, 3
	25% Fremdmittel	14, 11, 7, 2
	0% Fremdmittel	0, 13, 10, 6, 1
gleichbleibender Anteil der zeitlichen Verzögerung mit abnehmenden Eigenmittelanteil	75% Verzögerung	6, 2
	50% Verzögerung	10, 7, 3
	25% Verzögerung	13, 11, 8, 4
	0% Verzögerung	0, 14, 12, 9, 5

Ermittlung der Maßnahmenwirkung bei einem **gleichbleibenden Eigenmittelanteil** und einem zunehmenden Fremdmittelanteil:
Für die Bewertung der Maßnahmenwirkungen werden die aus dem unterschiedlichen Anteilsverhältnis von zeitlicher Verzögerung und Fremdmittel resultierenden Unterschiede bei gleichbleibenden Eigenmittelanteil analysiert.

Ergebnis 2:
Unabhängig vom Verhältnis zwischen der zeitlichen Verzögerung und der Nutzung von Fremdmitteln treten für den **Durchsatz**, die **Verweildauer** und die **Anzahl wartender Fahrzeuge** dieselben Ergebniswerte auf. In Abhängigkeit von dem Verhältnis zwischen dem Anteil der zeitlich verzögert und den über Fremdmittel abzufertigenden Waren ergeben sich für die Rückkehrdauern in den Normalbetrieb und die Rückwirkungen auf das GVZ die folgenden Zusammenhänge: Steigt der Fremdmittelanteil an, ergibt sich bei gleichbleibendem Eigenmittelanteil eine gleichbleibende oder schnellere **Rückkehr** in den Normalbetrieb. **Rückwirkungen auf das GVZ** treten mit einer Zunahme des Fremdmittelanteils immer seltener auf. Hinsichtlich dieser Kennzahl kann ebenfalls festgestellt werden, dass Rückwirkungen in deutlich weniger Szenarien auftreten, wenn der Fremdmittelanteil gleich oder größer dem Anteil der zeitlichen Verzögerung ist und zudem über 25% beträgt.

Ermittlung der Maßnahmenwirkung bei einem **gleichbleibenden Fremdmittelanteil** und einem abnehmenden Eigenmittelanteil:
Für die Bewertung der Maßnahmenwirkungen werden die aus dem unterschiedlichen Anteilsverhältnis von Eigenmittel und zeitlicher Verzögerung resultierenden Unterschiede bei einem gleichbleibenden Fremdmittelanteil analysiert.

Ergebnis 3:
Liegt eine partielle Leistungsbeeinträchtigung vor, so nimmt mit einem abnehmenden Eigenmittelanteil der **Durchsatz** unterschiedliche Entwicklungen an. Bis zu einem Eigenmittelanteil von 50% ergibt sich in Abhängigkeit von weiteren Faktoren ein steigender, gleichbleibender oder abnehmender Durchsatz. Erst wenn der Eigenmittelanteil unter 50% liegt, nimmt der Durchsatz unabhängig von weiteren Faktoren ab. Bei einer kompletten Leistungsbeeinträchtigung findet kein Durchsatz statt. Die **Rückkehrdauern** in den Normalbetrieb nehmen bei einer partiellen Leistungsbeeinträchtigung mit einem abnehmenden Eigenmittelanteil und einem Fremdmittelanteil größer 0% tendenziell zu oder bleiben unverändert, da der Anteil der zeitlichen Verzögerung größer wird. Bei einer kompletten Leistungsbeeinträchtigung bleiben die Rückkehrdauern in den Normalbetrieb bei einem abnehmenden Eigenmittelanteil gleich oder nehmen ab. Die **Verweildauern** nehmen ebenfalls mit einem abnehmenden Eigenmittelanteil ab. Die Reduktion des Eigenmittelanteils bis 25% führt in Abhängigkeit von weiteren Faktoren tendenziell zu abnehmenden Verweildauern, es sind jedoch auch zunehmende und gleichbleibende Verweildauern möglich. Erst wenn der Eigenmittelanteil unter 25% am Maßnahmenbündel beträgt, nehmen die Verweildauern nur noch ab. Dieser Zusammenhang gilt sowohl bei einer partiellen als auch bei einer kompletten Leistungsbeeinträchtigung. Die **Anzahl wartender Fahrzeuge** nimmt mit sinkendem Eigenmittelanteil ab oder bleibt gleich. **Rückwirkungen auf das GVZ** treten bis zu einem abnehmenden Eigenmittelanteil von 50% am Maßnahmenbündel zunächst seltener auf. Sinkt der Eigenmittelanteil weiter und wird dadurch der Anteil der zeitlichen Verzögerung vergrößert, so ergeben sich wieder häufiger Rückwirkungen auf das GVZ.

Ermittlung der Maßnahmenwirkung bei einem **gleichbleibenden Anteil der zeitlichen Verzögerung** und einem abnehmenden Eigenmittelanteil:
Für die Bewertung der Maßnahmenwirkungen werden die aus dem Anteilsverhältnis von Eigen- und Fremdmittel resultierenden Unterschiede bei einem gleichbleibenden Anteil der zeitlichen Verzögerung analysiert.

Ergebnis 4:
Mit sinkendem Eigenmittelanteil gelten für die Dauer der Beeinträchtigung hinsichtlich des **Durchsatzes**, der **Verweildauer** und der **Anzahl wartender Fahrzeuge** dieselben Entwicklungen wie bei einem gleichbleibenden Fremdmittelanteil. Bei einer partiellen Leistungsbeeinträchtigung nehmen die **Rückkehrdauern** in den Normalbetrieb mit abnehmendem Eigenmittelanteil tendenziell ab oder bleiben unverändert,

da dadurch der Fremdmittelanteil vergrößert wird. Ist sowohl der Eigenmittelanteil als auch der Anteil der zeitlichen Verzögerung unter 50%, sind in Abhängigkeit von weiteren Faktoren abnehmende, gleichbleibende oder zunehmende Rückkehrdauern in den Normalbetrieb möglich. Bei einer kompletten Leistungsbeeinträchtigung und einem abnehmenden Eigenmittelanteil bleiben die Rückkehrdauern gleich oder sie nehmen ab. Hinsichtlich der **Rückwirkungen auf das GVZ** kann festgestellt werden, dass diese mit sinkendem Eigenmittelanteil abnehmen, wenn der Anteil der zeitlichen Verzögerung unter 50% liegt. Liegt der Anteil der zeitlichen Verzögerung über 50%, so sind in Abhängigkeit von weiteren Faktoren abnehmende oder zunehmende Rückwirkungen auf das GVZ möglich.

Die tendenziellen Entwicklungen der Kennzahlen in Abhängigkeit von Art und Anteilshöhe der Einflussfaktoren sind in Tabelle 38 zusammenfassend dargestellt.

Tabelle 38: Ermittelte Maßnahmenwirkungen auf die Kennzahlen [Quelle: Eigene Darstellung]

Kennzahl	**gleichbleibender Eigenmittelanteil, steigender Fremdmittelanteil**
DR	Entwicklung dieser Kennzahlen unabhängig vom Verhältnis zwischen Fremdmittelanteil und Anteil der zeitlichen Verzögerung
RD	abnehmend oder gleichbleibend, unabhängig vom Verhältnis zwischen Fremdmittelanteil und Anteil der zeitlichen Verzögerung
VD	Entwicklung dieser Kennzahlen unabhängig vom Verhältnis zwischen Fremdmittelanteil und Anteil der zeitlichen Verzögerung
wF	Entwicklung dieser Kennzahlen unabhängig vom Verhältnis zwischen Fremdmittelanteil und Anteil der zeitlichen Verzögerung
Rückwirkungen	abnehmend oder gleichbleibend; seltener, wenn der Fremdmittelanteil den Anteil der zeitlichen Verzögerung übersteigt und mindestens 25% beträgt
Kennzahl	**gleichbleibender Fremdmittelanteil, abnehmender Eigenmittelanteil**
DR	in Abhängigkeit von weiteren Faktoren bis zur Reduktion des Eigenmittelanteils auf 50% steigend, abnehmend oder gleichbleibend; dann abnehmend
RD	bei partieller Leistungsbeeinträchtigung und einem Fremdmittelanteil über 0% gleichbleibend oder zunehmend; bei kompletter Leistungsbeeinträchtigung und Verringerung des Eigenmittelanteils gleichbleibend oder sinkend
VD	in Abhängigkeit von weiteren Faktoren bis zur Reduktion des Eigenmittelanteils auf 25% steigend, abnehmend oder gleichbleibend; dann abnehmend
wF	gleichbleibend oder abnehmend für einen sinkenden Eigenmittelanteil
Rückwirkungen	bis zu einer Reduktion des Eigenmittelanteils von 50% seltener; dann wieder häufiger aufgrund des zunehmenden Anteils der zeitlichen Verzögerung

Kenn-zahl	gleichbleibender Anteil der zeitlichen Verzögerung, abnehmender Eigenmittelanteil
DR	in Abhängigkeit von weiteren Faktoren bis zur Reduktion des Eigenmittelanteils auf 50% steigend, abnehmend oder gleichbleibend; dann abnehmend
RD	bei partieller Leistungsbeeinträchtigung tendenziell abnehmend oder gleichbleibend; in Abhängigkeit von weiteren Faktoren zunehmend, gleichbleibend oder steigend, wenn der Eigenmittelanteil und der Anteil der zeitlichen Verzögerung unter 50%; bei kompletter Leistungsbeeinträchtigung gleichbleibend oder abnehmend
VD	in Abhängigkeit von weiteren Faktoren bis zur Reduktion des Eigenmittelanteils auf 25% steigend, abnehmend oder gleichbleibend; dann abnehmend
wF	gleichbleibend oder abnehmend für einen sinkenden Eigenmittelanteil
Rückwirkungen	abnehmend, wenn der Anteil der zeitlichen Verzögerung unter 50%; in Abhängigkeit von weiteren Faktoren sonst abnehmend oder zunehmend

5.3.3 Analyse zur Bestimmung der situationsgerechten Handlungsmaßnahmen

Für die Herstellung des Zusammenhangs zwischen den Einflussfaktoren der Risikobewältigung und den Einflussfaktoren eines Risikoereignisses werden im Folgenden die situationsbezogenen Vergleiche durchgeführt. Die Ergebniswerte einer Handlungsmaßnahme werden den Ergebniswerten der Unterlassungsalternative gegenübergestellt. Dieser Vergleich erfolgt für alle in Tabelle 35 aufgeführten Situationen. Die Anzahl der einem Vergleich zugrunde liegenden Simulationsläufe variiert dabei in Abhängigkeit von der Situation.

Ermittlung der situationsspezifischen **Wirkungen** der Handlungsmaßnahmen in **Situation 1:**

Situation 1 ist gekennzeichnet durch die komplette Leistungsbeeinträchtigung. In Abhängigkeit vom Eintrittszeitpunkt eines Risikoereignisses und in Abhängigkeit von der Beeinträchtigungsdauer lässt sich Situation 1 in insgesamt sechs weitere Situationen unterteilen. Allen Situationen ist gemeinsam, dass während der Beeinträchtigungsdauer kein Durchsatz erzielt wird. Die Ergreifung von Handlungsmaßnahmen ist somit auf die beschleunigte Rückkehr in den Normalbetrieb und die Vermeidung von Rückwirkungen auf das GVZ gerichtet. Weitere Kennzahlen werden für Situation 1 bei der Ergebnisformulierung nicht berücksichtigt.

Ergebnis 1:

Allen Situationen ist gemeinsam, dass sich gegenüber der Unterlassungsalternative Situationsverbesserungen durch die Erhöhung des Fremdmittelanteils erzielen lassen. Diese wirkt sich verkürzend auf die Rückkehrdauer in den Normalbetrieb aus. Auch lassen sich dadurch die Rückwirkungen auf das GVZ zwar nicht unbedingt vermeiden, aber zumindest verringern. Ist bei den folgenden Ausführungen nichts anderes notiert, so lassen sich Rückwirkungen auf das GVZ bei Beeinträchtigungsdauern von über einem halben Tag nur noch vermeiden, wenn alle Waren über Fremdmittel abgefertigt werden. Die Rückkehr in den Normalbetrieb kann immer beschleunigt werden, sobald Fremdmittel in Anspruch genommen werden.

In **Situation 1–2** ist von Beginn an eine Erhöhung des Fremdmittelanteils anzustreben. Ab Beeinträchtigungsdauern von über vier Stunden ist das Ausmaß des Fremdmittelanteils abhängig von der trotz Leistungsbeeinträchtigung in das Terminal fahrenden Anzahl an Fahrzeugen. Zudem kann bereits ab einer sehr kurzen Beeinträchtigungsdauer damit gerechnet werden, dass frühestens am nächsten Tag der Normalbetrieb wieder hergestellt werden kann. Ab einer Beeinträchtigungsdauer von über zwölf Stunden ist erst am übernächsten Tag eine **Rückkehr** in den Normalbetrieb zu erwarten. Bei Beeinträchtigungsdauern von bis zu vier Stunden sollten 50% der Waren, bei Beeinträchtigungsdauern von bis zu einem halben Tag sogar 75% der Waren über Fremdmittel abgefertigt werden, um **Rückwirkungen auf das GVZ** zu vermeiden. Die zeitlich verzögerte Abfertigung der Waren trägt zu einer Entlastung der Situation bei. In **Situation 1–3** erfolgt die **Rückkehr** in den Normalbetrieb zum selben Zeitpunkt wie in Situation 1–2, obwohl die Beeinträchtigungsdauern der sich nur in ihrem Eintrittszeitpunkt unterscheidenden Szenarien sechs Stunden später enden als in Situation 1–2. Situationsverbesserungen treten bereits bei einem geringeren Fremdmittelanteil ein. Auch ist eine etwas ausgedehntere Entlastung der Situation durch die zeitlich verzögerte Abfertigung von Waren möglich. Zur Vermeidung von infrastrukturellen **Rückwirkungen auf das GVZ** ist das Ausmaß des Fremdmittelanteils wie in Situation 1–2 zu gestalten. Zusätzlich ist eine zeitliche Entlastung der Situation möglich. In **Situation 1–4** kann die **Rückkehr** in den Normalbetrieb bis zu Beeinträchtigungsdauern von unter einem halben Tag noch am selben Tag erfolgen. Sobald Waren über Fremdmittel abgefertigt werden, ist eine beschleunigte Rückkehr in den Normalbetrieb möglich. Eine weitere Entlastung der Situation durch die zeitlich verzögerte Abfertigung ist gegeben. Zur Vermeidung von infrastrukturellen **Rückwirkungen auf das GVZ** sind bei Beeinträchtigungsdauern von über acht Stunden mindestens 75% der Waren örtlich umzuleiten. In **Situation 1–6** kann die **Rückkehr** in den Normalbetrieb bis zu Beeinträchtigungsdauern von unter einem halben Tag durch die Erhöhung des Fremdmittelanteils beschleunigt werden. Der Fremdmittelanteil ist dabei in Abhängigkeit vom Eigenmittelanteil zu gestalten. Eine Situationsentlastung durch die zeitlich verzögerte Abfertigung von Waren ist ebenfalls möglich. Zur Vermeidung von infrastrukturellen **Rückwirkungen auf das GVZ** sind bei Beeinträchtigungsdauern von bis zu einem halben Tag keine Maßnahmen erforderlich. Für **Situation 1–7** liegen die Ergebniswerte für lediglich einen Simulationslauf vor. Für diesen Simulationslauf gilt, dass bei Beeinträchtigungsdauern von bis zu einem Tag die **Rückkehr** in den Normalbetrieb nur dann geringfügig beschleunigt werden kann, wenn mindestens 50% der Waren über Fremdmittel abgefertigt werden. Zudem sollte der Anteil der zeitlichen Verzögerung den Fremdmittelanteil nicht übersteigen. **Rückwirkungen auf das GVZ** treten unabhängig von einem Maßnahmenbündel nie auf. In **Situation 1–8** kann die **Rückkehrdauer** in den Normalbetrieb nur geringfügig beschleunigt werden. Bis zu einer Beeinträchtigungsdauer von acht Stunden ist dies möglich, wenn entweder der Eigenmittelanteil oder der Anteil der zeitlichen Verzögerung 0% und der Fremdmittelanteil über 25% beträgt. Bei darüber hinausgehenden Beeinträchtigungsdauern ist ein Fremdmittelanteil von mindestens 50% erforderlich, um eine beschleunigte Rückkehr in den Normalbetrieb zu erzielen. Infrastrukturelle **Rückwirkungen auf das GVZ** treten nie auf.

Die Gestaltung der Eigenmittelanteile (E), der Fremdmittelanteile (F) und der Anteile der zeitlichen Verzögerung (Z) für Situation 1 sind in Tabelle 39 enthalten. Diese sind in Abhängigkeit von der Beeinträchtigungsdauer formuliert. Es sind die Anteilsbereiche aufgeführt, in welchen sich die Einflussfaktoren bewegen können, um die identifizierten Handlungsbedarfe zu erfüllen. Auch bestehende Interdependenzen zwischen den Faktoren sind aufgeführt.

Enthält eine Zelle keinen Eintrag, so ist entweder kein Bedarf vorhanden oder es sind keine eindeutigen Aussagen möglich. Ein Eigenmittelanteil von über 0% bedeutet, dass Fahrzeuge trotz Leistungsbeeinträchtigung in das Terminal fahren, jedoch nicht abgefertigt und auch nicht umgeleitet werden. Denkbar ist dieser Fall beispielsweise kurz nach Schadenseintritt oder bei Erwartung einer kurzen Beeinträchtigungsdauer.

Tabelle 39: Situationsbedarf und Maßnahmenwirkung für Situation 1 [Quelle: Eigene Darstellung]

Situationsbedarf	**Situation 1–2**			
	bis 4h	**bis 8h**	**bis 12h**	**bis 24h**
Rückkehr beschleunigen	$E = 0\%, F > 0\%$ oder $0\% < E < 75\%, F > Z$ oder $E \geq 75\%, F > Z$	$F \geq 25\%$		$F > 0\%$
Rückwirkungen vermeiden	$F \geq 50\%, F > Z$	$F \geq 75\%$	$E = 0\%$, $F \geq 75\%$	$F = 100\%$
Situationsbedarf	**Situation 1–3**			
	bis 4h	**bis 8h**	**bis 12h**	**bis 24h**
Rückkehr beschleunigen	$F > 0\%$, $Z \geq 0\%$	$E = 0\%, F > 0\%$ oder $0\% < E < 75\%, F \geq Z$ oder $E \geq 75\%$, $F \leq 25\%$	$E = 0\%, F > 0\%$ oder $0\% < E < 75\%$, $F > Z$ oder $E \geq 75\%$, $F \leq 25\%, F > Z$	$F > 0\%$
Rückwirkungen vermeiden	$F \geq 50\%$, $F \geq Z$,	$F \geq 75\%$		$F = 100\%$
Situationsbedarf	**Situation 1–4**			
	bis 8h	**bis 12h**		**bis 24h**
Rückkehr beschleunigen	$E = 0\%, F > 0\%$ oder $E > 0\%, F > Z$			$F > 0\%$
Rückwirkungen vermeiden	$F > 0\%$	$F \geq 75\%$		$F = 100\%$
Situationsbedarf	**Situation 1–6**			
	bis 12h			**bis 24h**
Rückkehr beschleunigen	$E = 0\%, F \geq Z$ oder $0\% < E < 75\%, F \geq 25\%$			$F > 0\%$
Rückwirkungen vermeiden	-			$F = 100\%$
Situationsbedarf	**Situation 1–7**			
	bis 24h			
Rückkehr beschleunigen	$F \geq 50\%, F \geq Z$			
Rückwirkungen vermeiden	-			
Situationsbedarf	**Situation 1–8**			
	bis 8h			**bis 12h**
Rückkehr beschleunigen	$E = 0\%, F \geq 25\%, Z = 0\%$ oder $Z = 0\%, F \geq 25\%$, $E > 0\%$			$F > 50\%$
Rückwirkungen vermeiden	-			

Ermittlung der situationsspezifischen **Wirkungen** der Handlungsmaßnahmen in **Situation 2:**
Situation 2 ist gekennzeichnet durch den Eintritt eines Risikoereignisses zu Betriebsbeginn und eine partielle Leistungsbeeinträchtigung. Aufgrund von Tabelle 36 bestehen Handlungsbedarfe hinsichtlich der Durchsatzerhöhung, der beschleunigten Rückkehr in den Normalbetrieb und der Situationsentlastung zur Vermeidung von Rückwirkungen auf das GVZ. Auch die Senkung der Verweildauern und der Anzahl wartender Fahrzeuge ist erforderlich.

Ergebnis 2:
In Abhängigkeit von der Beeinträchtigungsdauer ist in Situation 2 gegenüber der Unterlassungsalternative eine Erhöhung oder zumindest ein gleichbleibender **Durchsatz** durch eine Reduktion der über Eigenmittel abzufertigenden Waren möglich. Eine Erhöhung ist bis zu einer Beeinträchtigungsdauer von vier Stunden, ein gleichbleibender Durchsatz bis zu einer Beeinträchtigungsdauer von einem halben Tag möglich. Für Beeinträchtigungsdauern von über einem halben Tag sind keine eindeutigen Aussagen bezüglich des Durchsatzes möglich. Dies liegt an dem in der Simulation unterstellten Dauerbetrieb, durch welchen alle sich in dem Terminal befindenden Fahrzeuge abgefertigt werden; dadurch wird der Durchsatz für die Dauer der Beeinträchtigung erhöht. Aufgrund der Entwicklung der **Verweildauer** und der **Anzahl wartender Fahrzeuge** ist jedoch eine Reduktion der über Eigenmittel abzufertigenden Fahrzeuge ab Beeinträchtigungsdauern von über vier Stunden wünschenswert, wodurch beide Kennzahlen abnehmen. Insgesamt gilt unabhängig von der Beeinträchtigungsdauer: Je größer der Anteil der alternativ abgefertigten Waren, desto mehr sinkt die Verweildauer und auch die Anzahl der wartenden Fahrzeuge. Die **Rückkehrdauer** in den Normalbetrieb kann im Vergleich zur Unterlassungsalternative nur dann reduziert werden, wenn die Inanspruchnahme von Fremdmitteln, unter Umständen in Kombination mit einer zeitlich verzögerten Abfertigung von Waren, erfolgt. **Rückwirkungen auf das GVZ** können in Abhängigkeit von der Art der Entlastung (zeitlich und/oder örtlich) verringert oder sogar vermieden werden, wobei der Fremdmittelanteil größer oder gleich dem Anteil der zeitlichen Verzögerung sein sollte. Je länger die Beeinträchtigungsdauer, desto größer sollte der Fremdmittelanteil sein.

Die Gestaltung eines Maßnahmenbündels für Situation 2 ist unter Berücksichtigung der identifizierten Handlungsbedarfe in Tabelle 40 notiert. Bestehende Interdependenzen zwischen den Faktoren sind berücksichtigt. Enthält eine Zelle keinen Eintrag, so ist kein Bedarf vorhanden.

Tabelle 40: Situationsbedarf und Maßnahmenwirkung für Situation 2 [Quelle: Eigene Darstellung]

<table>
<tr><th rowspan="2">Situations-bedarf</th><th colspan="4">Situation 2</th></tr>
<tr><th>bis 4h</th><th>bis 8h</th><th>bis 12h</th><th>bis 24h</th></tr>
<tr><td>Durchsatz erhöhen</td><td>$E \geq 50\%$</td><td>$E \geq 75\%$</td><td>$50\% < E < 75\%$</td><td>-</td></tr>
<tr><td>Rückkehr beschleunigen</td><td colspan="2">$E > 0\%, F \geq Z, Z \leq 25\%$, unverändert: $E > 50\%$ und $F = 0\%$</td><td>$E > 0\%, F \geq Z, Z \leq 25\%$</td><td>$50\% < E < 75\%, Z = 0\%$</td></tr>
<tr><td>Verweildauer senken</td><td>-</td><td colspan="3">$E < 50\%$</td></tr>
<tr><td>Anzahl wartender Fahrzeuge reduzieren</td><td>-</td><td>$E < 100\%$</td><td colspan="2">$E < 75\%$</td></tr>
<tr><td>Rückwirkungen vermeiden</td><td>$E > 25\%$</td><td>$F > Z$</td><td>$E < 75\%, F > Z$</td><td>$E < 75\%, Z = 0\%$</td></tr>
</table>

Ermittlung der situationsspezifischen **Wirkungen** der Handlungsmaßnahmen in **Situation 3:**

Situation 3 ist gekennzeichnet durch den Eintritt eines Risikoereignisses um die Mittagszeit und eine partielle Leistungsbeeinträchtigung. Aufgrund der Ergebnisse in Kapitel 5.3.1 bestehen Handlungsbedarfe insbesondere hinsichtlich der Durchsatzerhöhung, der Beschleunigung der Rückkehr in den Normalbetrieb und der Senkung der Verweildauern. Unter Umständen ist auch die Reduktion der Anzahl wartender Fahrzeuge geboten.

Ergebnis 3:

Werden in Situation 3 Waren zeitlich verzögert oder über Fremdmittel abgefertigt, hat dies für die Dauer der Beeinträchtigung tendenziell eine Reduktion des **Durchsatzes** im Vergleich zur Unterlassungsalternative zur Folge. Die **Verweildauern** steigen dadurch in der Regel sogar an, während die **Anzahl wartender Fahrzeuge** leicht gesenkt wird. Erst bei Beeinträchtigungsdauern von über einem halben Tag kann durch die Reduktion der über Eigenmittel abzufertigenden Waren um mindestens 25% eine Senkung der **Verweildauer** sowie eine Reduktion der **wartenden Fahrzeuge** erzielt werden. Auch hinsichtlich der **Rückkehr** in den Normalbetrieb ist im Vergleich zur Unterlassungsalternative zunächst keine Beschleunigung durch die Reduktion der über Eigenmittel abzufertigenden Fahrzeuge möglich. Lediglich die Abfertigung von mindestens 25% der von einer Beeinträchtigung betroffenen Waren über Fremdmittel beschleunigt die Rückkehr in den Normalbetrieb. Sobald Waren zeitlich verzögert abgefertigt werden, erhöht sich die Rückkehrdauer in den Normalbetrieb, dies allerdings nur dann, wenn der Fremdmittelanteil den Anteil der zeitlich verzögert abgefertigten Waren übersteigt. Die **Rückwirkungen auf das GVZ** treten bei Beeinträchtigungsdauern bis zu einem halben Tag unabhängig von der Gestaltung eines Maßnahmenbündels nie auf. Für längere Beeinträchtigungsdauern ergeben sich Rückwirkungen auf das GVZ, wenn der Anteil der zeitlichen Verzögerung gleich oder größer dem Fremdmittelanteil ist.

Die Gestaltung eines Maßnahmenbündels für Situation 3 ist in Tabelle 41 enthalten. Dabei sind Abhängigkeiten von der Beeinträchtigungsdauer und die bestehenden Handlungsbedarfe berücksichtigt. Auch bestehende Interdependenzen zwischen den Faktoren sind aufgeführt. Enthält eine Zelle keinen Eintrag, so ist kein Bedarf vorhanden.

Tabelle 41: Situationsbedarf und Maßnahmenwirkung für Situation 3 [Quelle: Eigene Darstellung]

Situationsbedarf	**Situation 3**			
	bis 4h	**bis 8h**	**bis 12h**	**bis 24h**
Durchsatz erhöhen	gleichbleibend, unabhängig von E, F, Z	$50\% < E < 75\%$	$E > 75\%$	$75\% < E < 100\%$
Rückkehr beschleunigen	$F > 0\%$ und/oder $Z > 0\%$	$E = 0\%, F \geq Z$ oder $0\% < E < 75\%, Z \leq 50\%$ oder $E \geq 75, F > Z$	$Z = 0\%$	$F > Z$
Verweildauer senken	$E = 0\%$			
Anzahl wartender Fahrzeuge reduzieren	$E < 75\%$		$E < 100\%$	
Rückwirkungen vermeiden	-			$E < 100\%, F > Z, F > 0\%$

<u>Ermittlung der situationsspezifischen **Wirkungen** der Handlungsmaßnahmen in **Situation 4:**</u>

Situation 4 ist gekennzeichnet durch den Eintritt eines Risikoereignisses außerhalb der Betriebszeit und eine partielle Leistungsbeeinträchtigung. Aufgrund der Ergebnisse in Kapitel 5.3.1 bestehen Handlungsbedarfe hinsichtlich der Beschleunigung der Rückkehr in den Normalbetrieb. In Abhängigkeit von der Beeinträchtigungsdauer bestehen Handlungsbedarfe bezüglich der Situationsentlastung zur Vermeidung von Rückwirkungen auf das GVZ und die Senkung der Verweildauern. Auch die Reduktion der Anzahl wartender Fahrzeuge ist erforderlich.

Ergebnis 4:
In Situation 4 kann bei Beeinträchtigungsdauern von bis zu einem halben Tag durch die Reduktion der über Eigenmittel abzufertigenden Waren auf bis zu 50% keine Veränderung des **Durchsatzes** erzielt werden. Für längere Beeinträchtigungsdauern ist aufgrund des in der Simulation unterstellten Dauerbetriebs keine eindeutige Aussage bezüglich des Durchsatzes möglich. Jedoch kann im Vergleich zur Unterlassungsalternative durch die Reduktion des Eigenmittelanteils eine beschleunigte **Rückkehr** in den Normalbetrieb erzielt werden. Dies gilt allerdings nur dann, wenn die Inanspruchnahme von Fremdmitteln, unter Umständen in Kombination mit einer zeitlich verzögerten Abfertigung von Waren, erfolgt. Dadurch sinken auch die **Verweildauer** und die **Anzahl der wartenden Fahrzeuge**. Bis zu einer Beeinträchtigungsdauer von acht Stunden treten unabhängig von der Maßnahmenergreifung keine **Rückwirkungen auf das GVZ** auf. Für Beeinträchtigungsdauern bis zu einem halben Tag treten Rückwirkungen auf, wenn mindestens 50% der von einer Beeinträchtigung betroffenen Waren zeitlich verzögert abgefertigt werden und der Anteil der zeitlichen Verzögerung den Eigenmittelanteil übersteigt. Für Beeinträchtigungsdauern von bis zu einem Tag ist neben diesen Bedingungen zudem der Eigenmittelanteil um über 25% zu reduzieren, um Rückwirkungen auf das GVZ zu vermeiden.

Die Gestaltung möglicher Maßnahmenbündel für Situation 4 ist in Tabelle 42 in Abhängigkeit von der Beeinträchtigungsdauer dargestellt. Berücksichtigt sind die bestehenden Handlungsbedarfe und die Interdependenzen zwischen den Faktoren. Enthält eine Zelle keinen Eintrag, so ist kein Bedarf vorhanden oder es sind keine eindeutigen Aussagen möglich.

Tabelle 42: Situationsbedarf und Maßnahmenwirkung für Situation 4 [Quelle: Eigene Darstellung]

<table>
<tr><th rowspan="2">Situations-bedarf</th><th colspan="4">Situation 4</th></tr>
<tr><th>bis 4h</th><th>bis 8h</th><th>bis 12h</th><th>bis 24h</th></tr>
<tr><td>Durchsatz erhöhen</td><td colspan="3">gleichbleibend für $E \geq 50\%$</td><td>-</td></tr>
<tr><td>Rückkehr beschleunigen</td><td colspan="2">$E > 0\%$, $F > Z$ oder
$E = 0\%$, $F \geq Z$
unverändert: $E \geq 25\%$ und $F \leq Z$</td><td>$E > 25\%$, $F > Z$ oder $E \geq 50\%$</td><td>$F > 0\%$, $Z = 0\%$</td></tr>
<tr><td>Verweildauer senken</td><td colspan="3">-</td><td>$E < 50\%$</td></tr>
<tr><td>Anzahl wartender Fahrzeuge reduzieren</td><td colspan="3">-</td><td>$E < 75\%$</td></tr>
<tr><td>Rückwirkungen vermeiden</td><td colspan="2">-</td><td>$E \geq 50\%$ oder
$0\% < E < 50\%$,
$F > Z$</td><td>$50\% < E < 75\%$
oder
$E < 50\%$: $F > Z$</td></tr>
</table>

Ermittlung der situationsspezifischen **Wirkungen** der Handlungsmaßnahmen in **Situation 6**:

Situation 6 ist gekennzeichnet durch den Eintritt eines Risikoereignisses zum Betriebsende und eine partielle Leistungsbeeinträchtigung. Aufgrund der Ergebnisse in Tabelle 36 besteht ein Handlungsbedarf hinsichtlich einer beschleunigten Rückkehr in den Normalbetrieb. In Abhängigkeit von der Beeinträchtigungsdauer ist eine Situationsentlastung zur Vermeidung von Rückwirkungen auf das GVZ sowie die Senkung der Verweildauern notwendig.

Ergebnis 5:

Bei Beeinträchtigungsdauern von bis zu einem halben Tag ist durch die Ergreifung von Maßnahmen während der Beeinträchtigung keine Situationsverbesserung möglich, die Kennzahlen sind für alle Maßnahmen identisch. Der **Durchsatz** des Normalbetriebes wird dabei nicht erzielt, die **Verweildauer** und die **Anzahl wartender Fahrzeuge** sind höher als im Normalbetrieb, jedoch in einem akzeptablen Bereich. **Rückwirkungen auf das GVZ** treten keine auf, jedoch ist die **Rückkehrdauer** in den Normalbetrieb doppelt so lang wie die Beeinträchtigungsdauer. Bei Beeinträchtigungsdauern von über einem halben Tag ist durch die Reduktion des Eigenmittelanteils um 25% bis 50% eine geringfügige Erhöhung des **Durchsatzes** möglich bei einer gleichzeitig geringfügigen Verringerung der **Verweildauer** und einer Abnahme der **Anzahl wartender Fahrzeuge**. Die **Rückkehr** in den Normalbetrieb kann dann verringert werden, wenn mindestens 25% über Fremdmittel abgefertigt werden. Sonst eintretende **Rückwirkungen auf das GVZ** lassen sich dadurch ebenfalls vermeiden.

Die Gestaltung möglicher Maßnahmenbündel für Situation 6 ist in Tabelle 43 in Abhängigkeit von der Beeinträchtigungsdauer dargestellt. Handlungsbedarfe und Interdependenzen zwischen den Faktoren sind berücksichtigt. Enthält eine Zelle keinen Eintrag, so ist kein Bedarf vorhanden oder es sind keine eindeutigen Aussagen möglich.

Tabelle 43: Situationsbedarf und Maßnahmenwirkung für Situation 6 [Quelle: Eigene Darstellung]

<table>
<tr><th rowspan="2">Situationsbedarf</th><th colspan="4">Situation 6</th></tr>
<tr><th>bis 4h</th><th>bis 8h</th><th>bis 12h</th><th>bis 24h</th></tr>
<tr><td>Durchsatz erhöhen</td><td colspan="3">gleichbleibend, unabhängig von E, F, Z</td><td>-</td></tr>
<tr><td>Rückkehr beschleunigen</td><td colspan="3">-</td><td>$Z < 50\%$</td></tr>
<tr><td>Verweildauer senken</td><td colspan="3">-</td><td>$E < 50\%$</td></tr>
<tr><td>Anzahl wartender Fahrzeuge reduzieren</td><td colspan="4">-</td></tr>
<tr><td>Rückwirkungen vermeiden</td><td colspan="3">-</td><td>$E < 100\%, Z < 25\%, F \geq Z$</td></tr>
</table>

5.3.4 Schlussfolgerungen aus den Analysen zu den Handlungsmaßnahmen

Die aus den Analysen in den Kapiteln 5.3.1 bis 5.3.3 abgeleiteten Schlussfolgerungen sind nachfolgend aufgeführt:

Schlussfolgerung 1:
Es sind 13 Situationen definiert, von denen zehn Situationen einen Handlungsbedarf erfordern. Handlungsbedarfe bestehen hinsichtlich der Erhöhung des Durchsatzes, der Beschleunigung der Rückkehr in den Normalbetrieb, der Vermeidung von Rückwirkungen auf das GVZ, der Senkung der Verweildauer sowie der Senkung der Anzahl wartender Fahrzeuge. Basierend auf den Ergebnissen 1 bis 5 aus Kapitel 5.3.1 ist allen Situationen, die einen Handlungsbedarf erfordern, gemeinsam, dass bei Eintritt eines Risikoereignisses der Durchsatz erwartungsgemäß hinter demjenigen im Normalbetrieb zurückbleibt. Durch die Erhöhung des Durchsatzes in der Risikosituation kann jedoch eine beschleunigte Rückkehr in den Normalbetrieb erreicht werden. Eine Handlungsmaßnahme soll somit dazu beitragen, den Durchsatz zu erhöhen bzw. diesen zumindest nicht abzusenken. Dadurch kann eine beschleunigte bzw. zumindest nicht verzögerte Rückkehr in den Normalbetrieb erzielt werden. Hinsichtlich der Verweildauern, der Anzahl wartender Fahrzeuge und der Rückwirkungen auf das GVZ treten in Abhängigkeit von der Situation Handlungsbedarfe auf. Innerhalb einer Situation sind in Abhängigkeit von der Beeinträchtigungsdauer ebenfalls unterschiedliche Handlungsbedarfe festzustellen.

Schlussfolgerung 2:
Aufgrund von Ergebnis 1 aus Kapitel 5.3.2 ist festzustellen, dass sich bei alleiniger Betrachtung eines Einflussfaktors sowohl die örtliche Umleitung von Waren als auch die verzögerte Abfertigung von Waren im Vergleich zur Unterlassungsalternative reduzierend auf den Durchsatz, die Verweildauern und die Anzahl wartender Fahrzeuge auswirkt. Dieser Zusammenhang gilt für die Dauer der Beeinträchtigung. Die Inanspruchnahme von Fremdmitteln wirkt erwartungsgemäß beschleunigend auf die Rückkehr in den Normalbetrieb und trägt zu einer Verringerung von Rückwirkungen auf das GVZ bei. Durch die zeitlich verzögerte Abfertigung von Waren wird der Durchsatz über Eigenmittel erhöht, allerdings erst nach dem Beeinträchtigungsende.

Schlussfolgerung 3:
Basierend auf den Ergebnissen 2 bis 4 aus Kapitel 5.3.2 kann festgestellt werden, dass situationsunabhängig lediglich die Anzahl wartender Fahrzeuge durch die Reduktion des Eigenmittelanteils verringert werden kann. Bei einer Leistungsbeeinträchtigung von 100% kann zudem die Rückkehr in den Normalbetrieb immer dann beschleunigt werden, wenn Fremdmittel genutzt werden. Die Entwicklungen der anderen Kennzahlen können nicht unabhängig von der Situation und/oder von der Gestaltung des Maßnahmenbündels beurteilt werden.

Schlussfolgerung 4:
Durch die Ergebnisse 1 bis 5 aus Kapitel 5.3.3 werden die **Interdependenzen zwischen** einer **Risikosituation** und einem **Maßnahmenbündel** berücksichtigt. Dabei ist festzustellen, dass sich in einer Situation unterschiedliche Handlungsbedarfe in Abhängigkeit von der Beeinträchtigungsdauer ergeben. Weiterhin ist festzustellen, dass die Kennzahlen in Abhängigkeit von der Situation unterschiedlich stark auf die Einflussfaktoren zur Risikobewältigung und auf die Einflussfaktoren eines Risikoereignisses reagieren. Für die Formulierung einer situationsgerechten Handlungsempfehlung sind daher für jede Situation in Abhängigkeit von der Beeinträchtigungsdauer Wertebereiche definiert, in denen sich der Anteil eines Einflussfaktors am Maßnahmenbündel bewegen kann, so dass ein Situationsbedarf erfüllt ist. Die Wertebereiche der Einflussfaktoren zur Erfüllung der verschiedenen Bedarfe in einer Situation sind nicht zwingend kongruent.

Auf Basis der Ergebnisse und Schlussfolgerungen in Kapitel 5.3 kann in Zusammenhang mit der Zielpriorisierung in Kapitel 4.1 die Formulierung situationsgerechter Handlungsempfehlungen erfolgen. Dabei werden zunächst die Wertebereiche der Einflussfaktoren so festgelegt, dass das oberste Ziel erfüllt ist. Sind die Wertebereiche untergeordneter Ziele nicht kompatibel mit einem oder mehreren der übergeordneten Ziele, so wird durch einen gesonderten Kommentar darauf hingewiesen. Im Falle eines Risikoeintritts hat ein Entscheidungsträger dadurch die Möglichkeit, eine eigene Gewichtung der Ziele vorzunehmen.

Da bei einer kompletten Leistungsbeeinträchtigung kein Durchsatz über das KV-Terminal stattfinden kann, werden bei Beeinträchtigungsdauern von bis zu einem Tag keine Aussagen zu einem Maßnahmenbündel getroffen. In diesen Fällen ist lediglich notiert, wie die Rückkehr in den Normalbetrieb beschleunigt und/oder Rückwirkungen auf das GVZ vermieden werden können. In Tabelle 44 sind die Situationsnummer, die erwartete Beeinträchtigungsdauer, die Nummer der Handlungsempfehlung, das Maßnahmenbündel und zusätzliche Angaben zu einem Maßnahmenbündel aufgeführt. Insgesamt sind 28 Handlungsempfehlungen formuliert. Am Beispiel des ersten Tabelleneintrags soll verdeutlicht werden, wie die Tabelle zu lesen ist:

Die zu Situation 1–2 (Leistungsbeeinträchtigung von 100%, Risikoeintritt zwischen 5:00 Uhr und 12:00 Uhr) notierte Handlungsempfehlung 1 besagt, dass bei einer erwarteten Beeinträchtigungsdauer von vier Stunden ein Eigenmittelanteil von mindestens 75% beibehalten werden sollte, um einen größtmöglichen Durchsatz zu erzielen. Werden Fremdmittel in Anspruch genommen, so sollte der Fremdmittelanteil den Anteil der zeitlichen Verzögerung übersteigen, welcher wiederum unter 25% betragen sollte.

Rückwirkungen auf das GVZ ergeben sich dagegen, wenn der Fremdmittelanteil unter 50% liegt oder der Anteil zeitlich verzögert abgefertigter Waren den Fremdmittelanteil übersteigt.

Tabelle 44: Situationsgerechte Handlungsmaßnahmen [Quelle: Eigene Darstellung]

Situation Nr.	Beeinträchtigungsdauer	Nr.	Maßnahmenbündel			Anmerkung
			Eigenmittel (E)	Fremd mittel (F)	zeitliche Verzögerung (Z)	
1–2	bis 4h	1	$E \geq 75\%$	$F > Z$	$Z < 25\%$	Rückwirkungen: $F < 50\%$ und $Z \geq F$
	bis 8h	2	$E < 75\%$	$F \geq 25\%$	$Z < F$	Rückwirkungen: $F < 75\%$
	bis 12h	3	$E < 75\%$	$F \geq 25\%$	$Z < F$	Rückwirkungen: $F < 75\%$ und $E > 0\%$
	bis 24h	4	-	-	-	Rückwirkungen: $F < 100\%$ beschleunigte Rückkehr: $F > 0\%$
1–3	bis 4h	5	$E < 100\%$	$F > 0\%$	$Z \geq 0\%$	Rückwirkungen: $F < 50\%$ und $Z > F$ beschleunigte Rückkehr: $F > 0\%$
	bis 8h	6	$E \geq 75\%$	$F \leq 25\%$	$Z > 0\%$	Rückwirkungen: $F < 75\%$ beschleunigte Rückkehr: $F > 0\%$ und/oder $F \geq Z$
	bis 12h	7	$E \geq 75\%$	$F \leq 25\%$	$Z < F$	Rückwirkungen: $F < 100\%$ beschleunigte Rückkehr: $F > 0\%$ und/oder $F > Z$
	bis 24h	8	-	-	-	Rückwirkungen: $F < 100\%$ beschleunigte Rückkehr: $F > 0\%$
1–4	bis 8h	9	$E < 100\%$	$F > Z$	$Z \geq 0\%$	Rückwirkungen: $F = 0\%$ beschleunigte Rückkehr: $F > 0\%$
	bis 12h	10	$E < 100\%$	$F > Z$	$Z \geq 0\%$	Rückwirkungen: $F < 75\%$ beschleunigte Rückkehr: $F > 0\%$
	bis 24h	11	-	-	-	Rückwirkungen: $F < 100\%$ beschleunigte Rückkehr: $F > 0\%$
1–6	bis 12h	12	$0\% < E < 75\%$	$F \geq Z$	$Z \geq 0\%$	beschleunigte Rückkehr: $F > 25\%$
	bis 24h	13	-	-	-	Rückwirkungen: $F < 100\%$ beschleunigte Rückkehr: $F > 0\%$
1–7	bis 24h	14	-	-	-	beschleunigte Rückkehr: $F \geq 50\%$, $F \geq Z$
1–8	bis 12h	15	$E < 75\%$	$F \geq 25\%$	$Z = 0\%$	beschleunigte Rückkehr: $F \geq 50\%$

Situation Nr.	Beeinträchtigungsdauer	Nr.	Maßnahmenbündel			Anmerkung
			Eigenmittel (E)	Fremd mittel (F)	zeitliche Verzögerung (Z)	
2	bis 4h	16	$E \geq 50\%$	$F > Z$	$Z \leq 25\%$	Rückwirkungen: $Z > 50\%$ und $E = 0\%$ verzögerte Rückkehr: $E \leq 50\%$ und $Z > 25\%$
	bis 8h	17	$75\% \leq E < 100\%$	$F > 0\%$	$Z < F$	Rückwirkungen: $F < Z$ verzögerte Rückkehr: $E \leq 50\%$ und $Z > 25\%$ zu hohe Verweildauer: $E \geq 50\%$
	bis 12h	18	$50\% < E < 75\%$	$F > Z$	$Z \leq 25\%$	Rückwirkungen: $E \geq 75\%$ oder $Z > F$ verzögerte Rückkehr: $Z > F$ zu hohe Verweildauer: $E \geq 50\%$
	bis 24h	19	$50\% < E < 75\%$	$25\% \leq F \leq 50\%$	$Z = 0\%$	Rückwirkungen: $E \geq 75\%$ oder $Z > 0\%$ verzögerte Rückkehr: $Z > 0\%$ zu hohe Verweildauer: $E \geq 50\%$ zu hohe Anzahl wartender Fahrzeuge: $E \geq 75\%$
3	bis 4h	20	$E = 100\%$	$F = 0\%$	$Z = 0\%$	beschleunigte Rückkehr: $Z > 0\%$ und/oder $F > 0\%$. zu hohe Verweildauer: $E > 0\%$ zu hohe Anzahl wartender Fahrzeuge: $E \geq 75\%$
	bis 8h	21	$50\% < E < 75\%$	$F \geq 0\%$	$Z \leq 50\%$	verzögerte Rückkehr: $Z > 50\%$ oder $E \geq 75\%$ und $Z > F$ zu hohe Verweildauer: $E > 0\%$ zu hohe Anzahl wartender Fahrzeuge: $E \geq 75\%$
	bis 12h	22	$75\% < E < 100\%$	$0\% \leq F \leq 25\%$	$Z = 0\%$	verzögerte Rückkehr: $Z > 0\%$ zu hohe Verweildauer: $E > 0\%$
	bis 24h	23	$75\% < E < 100\%$	$F > 0\%$	$Z < F$	Rückwirkungen: $F = 0\%$, $E = 100\%$ oder $Z > F$ verzögerte Rückkehr: $Z > F$ zu hohe Verweildauer: $E > 0\%$

Situation Nr.	Beeinträchtigungsdauer	Nr.	Maßnahmenbündel			Anmerkung
			Eigenmittel (E)	Fremd mittel (F)	zeitliche Verzögerung (Z)	
4	bis 8h	24	$E = 100\%$	$F = 0\%$	$Z = 0\%$	beschleunigte Rückkehr: $Z < F$
	bis 12h	25	$E = 100\%$	$F = 0\%$	$Z = 0\%$	Rückwirkungen: $E < 50\%$ und $Z > F$ verzögerte Rückkehr: $Z > F$ und $E \leq 25\%$
	bis 24h	26	$50\% < E < 75\%$	$F > 0\%$	$Z = 0\%$	Rückwirkungen: $E < 50\%$ und $Z > F$ oder $E \geq 75\%$ verzögerte Rückkehr: $Z > 0\%$ und/oder $F = 0\%$
6	bis 12h	27	$E = 100\%$	$F = 0\%$	$Z = 0\%$	-
	bis 24h	28	$E < 100\%$	$F \geq Z$	$Z < 25\%$	Rückwirkungen: $E \geq 75\%$ oder $Z > 25\%$ und $Z \geq F$ verzögerte Rückkehr: $Z \geq 50\%$ zu hohe Verweildauer: $E \geq 50\%$

5.3.5 Interaktive Entscheidungsbäume zur Feststellung der situationsgerechten Handlungsmaßnahmen

Aufgrund der Schlussfolgerungen in Kapitel 5.3.4 lassen sich interaktive Entscheidungsbäume zu den Situationen 1 bis 4 und 6 formulieren. In Abhängigkeit von den erwarteten Beeinträchtigungsdauern ergeben sich dabei unterschiedliche Konsequenzen. Für die Ermittlung einer situationsgerechten Handlungsempfehlung werden verschiedene interaktive Entscheidungsbäume entwickelt.

Für Situation 1 werden zunächst die Fragen B, C, D, F und G aus Kapitel 5.2.4 gestellt, um den Eintrittszeitpunkt als erstes Kriterium für die Situationsunterteilung bei einer Leistungsbeeinträchtigung von 100% festzustellen. Für die weitere Bestimmung der vorliegenden Situation werden die Beeinträchtigungsdauern abgefragt. Die Fragen sind dahingehend formuliert, dass zunächst die längste Beeinträchtigungsdauer abgefragt wird. Insgesamt ergeben sich dadurch drei verschiedene Fragen, die in Abhängigkeit von der betrachteten Situation gestellt werden:

- Frage H: Wird eine Beeinträchtigungsdauer von über einem halben Tag erwartet?
- Frage I: Wird eine Beeinträchtigungsdauer von über acht Stunden erwartet?
- Frage J: Wird eine Beeinträchtigungsdauer von über vier Stunden erwartet?

In Situation 1 werden neben den bereits genannten Fragen noch die Frage H viermal, die Frage I dreimal und die Frage J zweimal gestellt. Insgesamt werden 15 situationsgerechte Handlungsbedarfe und -empfehlungen für Situation 1 bestimmt. In den Situationen 2 und 3 erfolgt die Ermittlung der situationsgerechten Handlungsbedarfe und -empfehlungen über die Fragen H, I und J. In Situation 4 werden die Fragen H und I, in Situation 6 die Frage H gestellt.

Am Ende eines jeden Entscheidungsbaumes sind als Konsequenzen die situationsgerechten Handlungsempfehlungen notiert. Außerdem werden Wertebereiche für die Kennzahlenentwicklungen ausgegeben. Dadurch hat ein Entscheidungsträger die Möglichkeit, seine Zielsetzung und ein durch eine Handlungsempfehlung vorgeschlagenes Maßnahmenbündel an aktuelle Gegebenheiten anzupassen.

Die verschiedenen Entscheidungsbäume sind mit den Empfehlungen des ersten Entscheidungsbaumes zur Feststellung eines Handlungsbedarfs aus Kapitel 5.2.4 verknüpft. In Abbildung 40 ist der Entscheidungsbaum zu Situation 2 dargestellt.

Abbildung 40: Interaktiver Entscheidungsbaum zur Ermittlung einer situationsgerechten Handlungsempfehlung [Quelle: Eigene Darstellung]

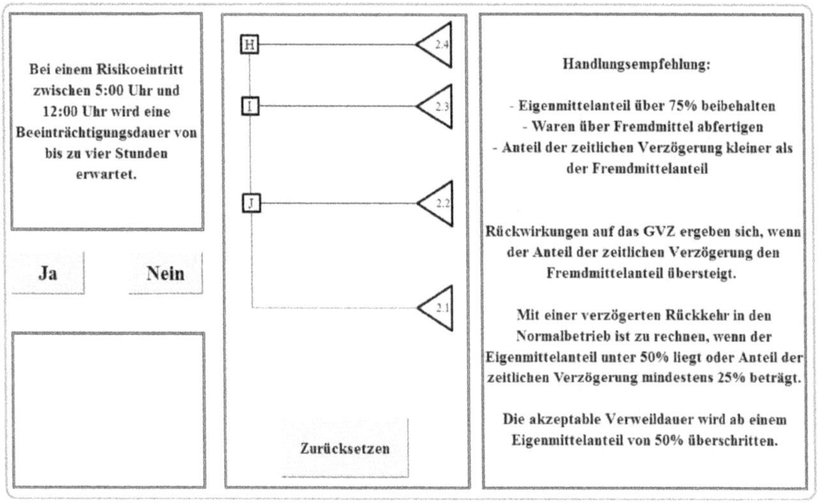

5.4 Evaluation der Handlungsstrategien

Für die Auswahl einer Handlungsstrategie ist zunächst deren Aufbau und Struktur im Zeitverlauf zu bestimmen, bevor die zu einem bestimmten Zeitpunkt zu ergreifenden Maßnahmen festgelegt werden. Dazu wird auf die strukturelle und die inhaltliche Gestaltung der Handlungsstrategien eingegangen.

Es werden zunächst der Betrachtungshorizont, die Entscheidungspunkte und damit die Reichweiten und die Zeitabstände festgelegt:

- Definition des **Betrachtungshorizonts**, in welchem verschiedene Maßnahmen im Zeitverlauf zu ergreifen sind.

- Definition der **Entscheidungszeitpunkte**, zu welchen der eingetretene Umweltzustand überprüft und die Maßnahmen für das nächste Zeitintervall ausgewählt werden.
- Definition der **Reichweite** von Entscheidungen und der **Zeitabstände** zwischen zwei Maßnahmen, welche aus der Definition der Entscheidungszeitpunkte resultieren.

Die sukzessive Ermittlung und Bewertung der Handlungsstrategien erfordert neben den bereits definierten zeitpunkt- und zeitraumbezogenen Elementen auch die Definition der möglichen Umweltzustände:

- Definition der möglichen **Umweltzustände** in Abhängigkeit von den Umweltentwicklungen vorhergehender Zeitintervalle.

Weiterhin werden in diesem Kapitel der Aufbau und die Struktur einer Handlungsstrategie bestimmt:

- Ermittlung der **Maßnahmenintervalle** einer Handlungsstrategie: Aneinanderreihung der zeitpunkt- und zeitraumbezogenen Elemente im Zeitverlauf.

Bei der nachfolgenden Bestimmung der intervallbezogenen Maßnahmen ist zu berücksichtigen, dass die Handlungsstrategien auf den bisherigen Handlungsalternativen basieren. Für die sukzessive Ermittlung und Bewertung der Handlungsalternativen sind daher entsprechend der Vorgehensweise in Kapitel 5.3.3 für jedes Maßnahmenintervall die folgenden Vergleiche durchzuführen:

- Ermittlung der **situationsspezifischen Wirkungen** der Handlungsmaßnahmen: Vergleich der Ergebniswerte der simulierten Handlungsalternativen in Bezug auf eine Situation und in Abhängigkeit von der Kombination aus Entscheidungszeitpunkt und Umweltzustand.

Liegen die Ergebniswerte zu jeder Reichweite vor, kann eine Handlungsstrategie in Abhängigkeit von den eingetretenen Umweltzuständen zusammengesetzt und bewertet werden:

- Ermittlung der **Gesamtwirkung** einer Handlungsstrategie: Vergleich der Daten einer zusammengesetzten Handlungsstrategie mit den Ergebniswerten der Unterlassungsalternative und des Normalbetriebs.

Die in Kapitel 5.3.3 ermittelten Handlungsempfehlungen gelten nur für die Dauer der Beeinträchtigung. Daher wird auch der folgende Vergleich durchgeführt:

- Ermittlung der **Veränderungswirkung** einer Handlungsstrategie gegenüber einer für die Dauer der Beeinträchtigung ergriffenen Einzelmaßnahme: Vergleich der Ergebniswerte einer in Kapitel 5.3.3 ermittelten Handlungsempfehlung mit den durch eine Handlungsstrategie erzielten Ergebniswerten bei sonst gleichen Rahmenbedingungen.

Durch die Kombination von verschiedenen Maßnahmen im Zeitverlauf ergeben sich zahlreiche Handlungsstrategien. Für jedes Risikoszenario und somit für jeden Simulationslauf sind bei h Entscheidungspunkten, z möglichen Umweltzuständen und a Handlungsalternativen insgesamt

$$(a^z)^h \text{ mögliche Handlungsstrategien}$$

zu berücksichtigen. Werden fünf Entscheidungszeitpunkte und je Entscheidungszeitpunkt drei mögliche Umweltzustände unterstellt, so sind bei 37 zu berücksichtigenden Simulationsszenarien und 15 Handlungsalternativen insgesamt

$$37 \cdot (15^3)^5 = 1{,}6 \cdot 10^{19} \text{ Handlungsstrategien}$$

zu simulieren und zu evaluieren.

Aufgrund des rechentechnischen Aufwandes wird auf die Simulation und die Darstellung der gesamten Ergebnisse an dieser Stelle verzichtet. Vielmehr wird im Folgenden die Vorgehensweise zur Evaluation der Handlungsstrategien erläutert und anhand des Simulationslaufs 2 exemplarisch dargelegt.[732]

Die Ergebniswerte der Handlungsstrategien, welche den Analysen dieses Kapitels zugrunde liegen, sind in Anhang 4.3 aufgeführt.

5.4.1 Analyse zur Bestimmung der Maßnahmenintervalle im Zeitverlauf

Eine Handlungsstrategie setzt sich aus verschiedenen Maßnahmen zusammen, die im Zeitverlauf ergriffen werden und für einen gewissen Zeitraum gelten. Für die Ermittlung einer Handlungsstrategie sind daher zunächst die Zeitpunkte zu bestimmen, in denen sich für ein bestimmtes Zeitintervall Änderungen in den Handlungsmaßnahmen und somit Änderungen für die Handlungsstrategie ergeben.

Aufgrund der Ausführungen in Kapitel 4.3.3.3 startet der **Betrachtungshorizont** mit Eintritt eines Risikoereignisses und endet, wenn der Normalbetrieb wieder erreicht ist. **Planbare Entscheidungszeitpunkte** sind der Start und das Ende des Geschäftsbetriebs sowie Start und Ende der zwei identifizierten kritischen Zeitfenster und des Betriebsbeginns. **Nicht planbare Entscheidungszeitpunkte** sind der Eintritt eines Risikoereignisses, das Ende der durch ein Risikoereignis ausgelösten Beeinträchtigungsdauer sowie der Zeitpunkt, an welchem wieder der Normalbetrieb herrscht. Planbare und nicht planbare Entscheidungszeitpunkte können dabei übereinstimmen.

732 Simulationslauf 2 ist durch den Risikoeintritt zu Betriebsbeginn, eine partielle Leistungsbeeinträchtigung und eine Beeinträchtigungsdauer von vier Stunden gekennzeichnet. Werden keine Maßnahmen ergriffen, so beträgt die Rückkehrdauer 14,0 Stunden.

Der **Zeitabstand** ist definiert als das Zeitintervall zwischen zwei planbaren, nicht planbaren oder zwischen einem planbaren und einem nicht planbaren Entscheidungszeitpunkt und stellt gleichzeitig die **Reichweite** dar. Die Anzahl der zu berücksichtigenden Reichweiten bzw. Maßnahmenintervalle ist um eins geringer als die Anzahl der sich unterscheidenden Entscheidungszeitpunkte.

Für die Definition der **Umweltzustände** sind die Kriterien zu berücksichtigen, anhand derer Maßnahmen ausgewählt und ergriffen werden. Ausschlaggebend für die Maßnahmenauswahl sind die vorhandenen Kapazitäten und die Anzahl der insgesamt abzufertigenden Waren.

Die **verfügbaren Kapazitäten** sind durch das Risikoszenario vorgegeben. Die **Anzahl der insgesamt abzufertigenden Waren** setzt sich zusammen aus

- den Rückständen des einem Umweltzustand vorhergehenden Intervalls und
- den abzufertigenden Waren eines dem Umweltzustand nachfolgenden Intervalls.

In Abhängigkeit von diesen beiden Kriterien und in Anlehnung an die Formulierung der Handlungsalternativen können die zu berücksichtigenden Umweltzustände entsprechend der in Tabelle 45 notierten Beschreibung formuliert werden:

Tabelle 45: Definition möglicher Umweltzustände [Quelle: Eigene Darstellung]

Nr. Umweltzustand	Beschreibung
1	insgesamt abzufertigende Waren überschreiten vorhandene Kapazitäten um bis zu 25%
2	insgesamt abzufertigende Waren überschreiten vorhandene Kapazitäten um bis zu 50%
3	insgesamt abzufertigende Waren überschreiten vorhandene Kapazitäten um bis zu 75%
4	insgesamt abzufertigende Waren überschreiten vorhandene Kapazitäten um bis zu 100%
5	insgesamt abzufertigende Waren überschreiten vorhandene Kapazitäten um über 100%

Ermittlung der Maßnahmenintervalle einer Handlungsstrategie:
Für die Ermittlung der Maßnahmenintervalle sind zunächst die planbaren und nicht planbaren Entscheidungszeitpunkte anhand der obigen Ausführungen zu bestimmen. Diese sind mit ihren Ausprägungen exemplarisch für Simulationslauf 2 in Tabelle 46 aufgeführt. Als Zeitpunkt, für welchen wieder Normalbetrieb herrscht, wird derjenige Zeitpunkt herangezogen, für welchen mit der Unterlassungsalternative die Rückkehr in den Normalbetrieb erfolgt.

Tabelle 46: Entscheidungszeitpunkte der Handlungsstrategien für Simulationslauf 2 [Quelle: Eigene Darstellung]

Entscheidungszeitpunkte		Ausprägung
geplant	Betriebsbeginn	6:00 Uhr
	Beginn erster Engpass	9:00 Uhr
	Ende erster Engpass	10:00 Uhr
	Beginn zweiter Engpass	12:00 Uhr
	Ende zweiter Engpass	15:00 Uhr
	Betriebsende	20:00 Uhr
ungeplant	Eintritt Risikoereignis	6:00 Uhr
	Ende Risikoereignis	10:00 Uhr
	Rückkehr in den Normalbetrieb	20:00 Uhr

Der Betrachtungshorizont und die Maßnahmenintervalle resultieren aus der chronologischen Sortierung der Entscheidungszeitpunkte.

Ergebnis 1:
Für Simulationslauf 2 ergeben sich insgesamt sechs verschiedene Entscheidungszeitpunkte und fünf Maßnahmenintervalle. Die Struktur der resultierenden Handlungsstrategien ist in Abbildung 41 dargestellt.

Abbildung 41: Struktur der Handlungsstrategien für Simulationslauf 2 [Quelle: Eigene Darstellung]

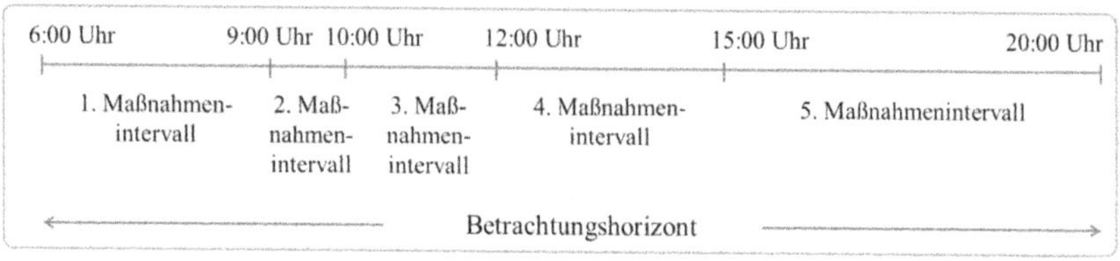

Unter der Annahme, dass am Ende des Betrachtungshorizontes keine weiteren Entscheidungen getroffen und somit auch keine weiteren Maßnahmen ausgewählt werden, ergeben sich für Simulationslauf 2 bei (6−1) = 5 Entscheidungszeitpunkten, in welchen fünf verschiedene Situationen möglich sind, insgesamt $(15^5)^5 = 2{,}5 \cdot 10^{29}$ Handlungsstrategien.

Ergebnis 2:
Bereits für einen relativ kurzen Betrachtungshorizont von etwa einem halben Tag und unter Berücksichtigung von lediglich fünf Entscheidungszeitpunkten ist es nicht möglich, alle Handlungsstrategien zu simulieren und zu evaluieren.[733]

Für die Analyse von Handlungsstrategien, welche aus der Kombination von Maßnahmen im Zeitverlauf resultieren, sind daher vereinfachende Annahmen zu treffen.

5.4.2 Analyse der Wirkung von Handlungsstrategien

Zur Analyse der Wirkung von Handlungsstrategien werden zunächst die Wirkungen der Handlungsalternativen für jedes Maßnahmenintervall und in Abhängigkeit von verschiedenen Kombinationen aus Entscheidungszeitpunkt und Umweltzustand betrachtet.

Ermittlung der **situationsspezifischen Wirkungen** der Handlungsmaßnahmen:
Aufgrund der Ergebnisse 1 und 2 in Kapitel 5.4.1 ist der Rechenaufwand für die Ermittlung der Ergebniswerte zur Bewertung der situationsspezifischen Wirkungen der Handlungsmaßnahmen zu hoch. Es sind daher verschiedene Einschränkungen vorzunehmen. Diese beziehen sich auf die Handlungsalternativen, auf die Anzahl der möglichen Umweltzustände und auf die Anzahl der Entscheidungszeitpunkte. Es werden die folgenden vereinfachenden Annahmen getroffen:

Für die Maßnahmenintervalle wird eine Mindestdauer von drei Stunden angenommen. Der **Entscheidungszeitpunkt** um 10:00 Uhr entfällt somit. Insgesamt sind vier Maßnahmenintervalle zu berücksichtigen. In jedem Entscheidungszeitpunkt werden statt 15 **Handlungsalternativen** lediglich drei Handlungsempfehlungen für ein Maßnahmenintervall berücksichtigt, welche auf den Analysen und Schlussfolgerungen aus Kapitel 5.3 basieren und in Tabelle 44 notiert sind. Für die Formulierung einer Handlungsstrategie stehen in einem Entscheidungszeitpunkt die folgenden drei Strategien zur Bestimmung einer Handlungsmaßnahme zur Verfügung:

- Strategie 1: Es wird die für das vorliegende Simulationsszenario formulierte Handlungsempfehlung ausgewählt.
- Strategie 2: Basierend auf dem vorliegenden Simulationsszenario wird diejenige Handlungsempfehlung ausgewählt, deren berücksichtigte Beeinträchtigungsdauer der restlichen Dauer bis zum Ende des Betrachtungshorizonts entspricht.
- Strategie 3: Basierend auf dem vorliegenden Simulationsszenario wird diejenige Handlungsempfehlung ausgewählt, deren berücksichtigte Beeinträchtigungsdauer der Dauer des Maßnahmenintervalls entspricht.

733 Wird je Simulationslauf eine Dauer von zwei Minuten für die Simulation unterstellt, so würde allein die Simulation der Handlungsstrategien zu Simulationslauf 2 insgesamt $9{,}6 \cdot 10^{23}$ Jahre benötigen.

Weiterhin wird angenommen, dass für Zeitintervalle außerhalb der Betriebszeit keine Maßnahmen ergriffen werden.

In Bezug auf die Berücksichtigung möglicher **Umweltzustände** wird vereinfachend angenommen, dass die zu einem Zeitpunkt formulierte Handlungsempfehlung mit Sicherheit umgesetzt wird und somit nur ein Umweltzustand zu berücksichtigen ist.

Die aus diesen Annahmen abgeleiteten Handlungsempfehlungen sind in Tabelle 47 für die vier Maßnahmenintervalle des Simulationslaufs 2 aufgeführt. Die Nummerierungen der Handlungsempfehlungen sind Tabelle 44 aus Kapitel 5.3.4 zu entnehmen.

Tabelle 47: Handlungsempfehlungen zur Formulierung der Handlungsstrategien für Simulationslauf 2 [Quelle: Eigene Darstellung]

Startzeitpunkt Maßnahmen-intervall	**Strategie 1**	**Strategie 2**	**Strategie 3**
06:00 Uhr	Handlungs-empfehlung 16	Handlungs-empfehlung 19	Handlungs-empfehlung 16
09:00 Uhr	Handlungs-empfehlung 16	Handlungs-empfehlung 18	Handlungs-empfehlung 16
12:00 Uhr	Handlungs-empfehlung 16	Handlungs-empfehlung 17	Handlungs-empfehlung 16
15:00 Uhr	Handlungs-empfehlung 16	Handlungs-empfehlung 17	Handlungs-empfehlung 17
20:00 Uhr	-	-	-

Ergebnis 1:

Auf Basis der vereinfachenden Annahmen ergeben sich bei vier Entscheidungszeitpunkten, drei Auswahlstrategien und einem zu berücksichtigenden Umweltzustand $(4^1)^3 = 64$ Handlungsstrategien. Da die drei Strategien teilweise zu derselben Handlungsempfehlung führen, kann die Anzahl der zu berücksichtigenden Handlungsstrategien noch reduziert werden. Aus Tabelle 47 ist dabei ersichtlich, dass in jedem Entscheidungszeitpunkt zwei Handlungsempfehlungen zur Verfügung stehen. Insgesamt ergeben sich somit $2^4 = 16$ Handlungsstrategien. Deren inhaltliche Gestaltung lässt sich auf Basis von Tabelle 47 ermitteln.

Die weiteren Analysen werden exemplarisch für drei Handlungsstrategien durchgeführt. Es werden im Folgenden diejenigen Handlungsstrategien betrachtet, die über den gesamten Betrachtungshorizont dieselbe Strategie für die Maßnahmenauswahl verfolgen. Diese sind in Tabelle 48 notiert.

Tabelle 48: Handlungsstrategien für Simulationslauf 2 [Quelle: Eigene Darstellung]

Ausgewählte Handlungsstrategien für Simulationslauf 2				
Bezeichnung	**6:00 Uhr bis 9:00 Uhr**	**9:00 Uhr bis 12:00 Uhr**	**12:00 Uhr bis 15:00 Uhr**	**15:00 Uhr bis 20:00 Uhr**
Handlungs-strategie 1	Handlungs-empfehlung 16	Handlungs-empfehlung 16	Handlungs-empfehlung 16	Handlungs-empfehlung 16
Handlungs-strategie 2	Handlungs-empfehlung 19	Handlungs-empfehlung 18	Handlungs-empfehlung 17	Handlungs-empfehlung 17
Handlungs-strategie 3	Handlungs-empfehlung 16	Handlungs-empfehlung 16	Handlungs-empfehlung 16	Handlungs-empfehlung 17

Ermittlung der **Gesamtwirkung** einer Handlungsstrategie:
Für die Bewertung der Gesamtwirkung der Handlungsstrategien werden die Ergebniswerte der Unterlassungsalternative, des Normalbetriebs und der Handlungsstrategien 1 bis 3 für Simulationslauf 2 herangezogen und miteinander verglichen. Für diesen Vergleich werden die durchschnittlichen Kennzahlenwerte über den gesamten Betrachtungshorizont ermittelt. Die Ergebniswerte sind in Tabelle 67 in Anhang 4.3[734] aufgeführt.

Ergebnis 2:
Handlungsstrategie 1 basiert auf der starren Planung mit einer simultanen Vorgehensweise. Eine einmal ergriffene Maßnahme wird nicht mehr verändert und für den gesamten Betrachtungshorizont beibehalten. Handlungsstrategie 2 folgt dem Verständnis der rollierenden Planung. Durch die in einer Handlungsempfehlung berücksichtigte Beeinträchtigungsdauer werden nachfolgende Zeitintervalle indirekt einbezogen. Einmal getroffene Entscheidungen werden dann revidiert, wenn sich Änderungen bei der Rückkehrdauer in den Normalbetrieb ergeben. Handlungsstrategie 3 basiert wie Handlungsstrategie 2 auf der starren Planung mit sukzessiver Vorgehensweise. Da die Entscheidungsreichweite einem Zeitintervall zwischen zwei Entscheidungszeitpunkten entspricht, folgt Handlungsstrategie 3 dem Verständnis der Anschlussplanung. Eine einmal getroffene Maßnahme wird nicht revidiert.

734 Für die Simulationen werden für Handlungsempfehlung 16 ein Eigenmittelanteil von 80% und ein Fremdmittelanteil von 20%, für Handlungsempfehlung 17 ein Eigenmittelanteil von 90% und ein Fremdmittelanteil von 10% unterstellt. Handlungsempfehlung 18 ist mit einem Eigenmittelanteil von 70%, einem Fremdmittelanteil von 20% und einem Anteil der zeitlichen Verzögerung von 10% umgesetzt. Handlungsempfehlung 19 ist in der Simulation mit einem Eigenmittelanteil von 60% und einem Fremdmittelanteil von 40% übernommen.

Ergebnis 3:
Erwartungsgemäß ist durch die Ergreifung einer Handlungsstrategie eine beschleunigte **Rückkehr** in den Normalbetrieb gegenüber der Unterlassungsalternative möglich. Allerdings ist der über das KV-Terminal stattfindende **Durchsatz** durch die Inanspruchnahme von Fremdmitteln geringer als mit der Unterlassungsalternative. Hinsichtlich der **Verweildauer** und der **Anzahl wartender Fahrzeuge** treten keine bzw. nur geringe Änderungen in den Ergebniswerten auf. **Rückwirkungen** auf das GVZ ergeben sich nie.

Ergebnis 4:
Gegenüber dem Normalbetrieb findet mit allen drei Handlungsstrategien ein etwas geringerer **Durchsatz** über Eigenmittel statt. Die **Verweildauer** und die Anzahl der **wartenden Fahrzeuge** sind höher als im Normalbetrieb. Beim Vergleich der Handlungsstrategien untereinander fällt auf, dass sich die Handlungsstrategien 1 und 3 für den betrachteten Simulationslauf lediglich in der Maßnahme des letzten Zeitintervalls unterscheiden. Es werden für die Kennzahlen die identischen Ergebniswerte über den Betrachtungshorizont erzielt. Gegenüber Handlungsstrategie 2 ergeben sich im Vergleich mit den Handlungsstrategien 1 und 3 geringe Unterschiede in den Ergebniswerten. Handlungsstrategie 2 weist dabei über alle Kennzahlen einen etwas geringeren Ergebniswert auf.

<u>Ermittlung der **Veränderungswirkung** einer Handlungsstrategie gegenüber einer für die Dauer der Beeinträchtigung ergriffenen Einzelmaßnahme:</u>
Für die Bewertung der Veränderungswirkung einer Handlungsstrategie werden die Ergebniswerte der Handlungsstrategien den Ergebniswerten der in Kapitel 5.3.4 formulierten Handlungsempfehlung gegenübergestellt. Für die hier getroffenen Annahmen bedeutet dies, dass Handlungsempfehlung 16 für die Dauer der Beeinträchtigung umgesetzt wird. Die dabei erzielten Ergebniswerte werden den Handlungsstrategien 1 bis 3 gegenübergestellt.

Ergebnis 5:
Bei dem betrachteten Simulationslauf treten durch die Erweiterung des Maßnahmenzeitraums nicht unbedingt günstigere Ergebniswerte auf. Erwartungsgemäß ist der **Durchsatz** mit der Einzelmaßnahme höher als mit den Handlungsstrategien, da auf Fremdmittel nur während der Beeinträchtigungsdauer zurückgegriffen wird. Die **Rückkehr** in den Normalbetrieb kann jedoch beschleunigt werden. Die **Verweildauern** sind mit den Handlungsstrategien 1 und 3 sogar höher als mit der Einzelmaßnahme, mit Handlungsstrategie 2 jedoch geringer. Die Anzahl der **wartenden Fahrzeuge** ist durch die Ergreifung einer Handlungsstrategie geringer. Infrastrukturelle **Rückwirkungen** auf das GVZ ergeben sich nie.

5.4.3 Schlussfolgerungen aus den Analysen der Handlungsstrategien

Aus den Analysen in den Kapiteln 5.4.1 bis 5.4.2 lassen sich die nachfolgend aufgeführten Schlussfolgerungen ableiten:

Schlussfolgerung 1:
Die Ergebnisse 1 und 2 des Kapitels 5.4.1 verdeutlichen die starke Zunahme des Rechenaufwands zur Lösung des Entscheidungsproblems, wenn Handlungsstrategien berücksichtigt werden. Die Simulation und Bewertung aller Handlungsstrategien ist nicht möglich. Auf Basis der Ergebnisse 1 und 2 des Kapitels 5.4.2 folgt, dass durch die vereinfachenden Annahmen bei der Maßnahmenauswahl, die auf den in Kapitel 5.3 ermittelten Handlungsempfehlungen basieren, der Rechenaufwand sich deutlich reduzieren lässt. Eine weitere Reduktion des Rechenaufwandes erfolgt dadurch, dass dem Prinzip der starren Planung gefolgt wird.

Schlussfolgerung 2:
Bedingt durch die geringen wertmäßigen Unterschiede der Ergebniswerte und auch aufgrund ihrer geringen Anzahl lassen sich aus den hier vorgestellten Ergebnissen 3 bis 5 des Kapitels 5.4.2 keine allgemeingültigen Aussagen ableiten. Auf Basis von Ergebnis 5 ist für Simulationslauf 2 festzustellen, dass durch die Ergreifung der für die Beeinträchtigungsdauer günstigsten Handlungsempfehlung nicht unbedingt die besten Kennzahlenwerte über den gesamten Betrachtungshorizont folgen. Dieser Zusammenhang gilt auch dann, wenn während der Beeinträchtigungsdauer noch andere Maßnahmen ergriffen werden. Weitere Simulationen und die daraus ermittelten Ergebniswerte weisen jedoch darauf hin, dass Situationsverbesserungen dann auftreten, wenn bei der Maßnahmenauswahl die erwartete Beeinträchtigungsdauer und die erwartete Dauer bis zur Wiederherstellung des Normalbetriebs von Beginn an berücksichtigt werden.

Schlussfolgerung 3:
Durch die Einbeziehung unterschiedlicher Umweltzustände in den Entscheidungspunkten lassen sich mit der hier vorgestellten Vorgehensweise zur Ermittlung der Zeitintervalle einer Handlungsstrategie beliebig lange Betrachtungshorizonte und somit Handlungsstrategien berücksichtigen. Für die Auswahl einer Handlungsmaßnahme erfolgen in jedem Entscheidungszeitpunkt die Bewertung des aktuellen Umweltzustands und die Bewertung der erwarteten Dauer bis zur Rückkehr in den Normalbetrieb. Auch die erneute Bewertung des Beeinträchtigungsausmaßes und der Dauer der Beeinträchtigung kann vorgenommen werden. Dadurch lassen sich im Zeitverlauf auftretende Veränderungen, die zu einer Situationsverbesserung oder -verschlechterung führen, berücksichtigen.

5.4.4 Interaktiver Entscheidungsbaum

Die interaktiven Entscheidungsbäume zur Ermittlung einer Handlungsstrategie sind so konzipiert, dass sowohl dem Prinzip der starren als auch dem Prinzip der flexiblen Planung gefolgt werden kann. Dazu sind zunächst die interaktiven Entscheidungsbäume aus Kapitel 5.3.5 zu erweitern. In jeder Situation werden zwei weitere Fragen gestellt:

- Frage K: Soll nur für die Dauer der Beeinträchtigung eine Einzelmaßnahme ergriffen werden?
- Frage L: Soll eine Handlungsstrategie dem Prinzip der starren Planung folgen?

Die in Kapitel 5.3.5 formulierten Handlungsempfehlungen stellen die Konsequenzen zu Frage K dar. Dieser Sachverhalt ist in Abbildung 42 skizziert.

Abbildung 42: Auszug eines interaktiven Entscheidungsbaumes zur Bestimmung einer Handlungsstrategie [Quelle: Eigene Darstellung]

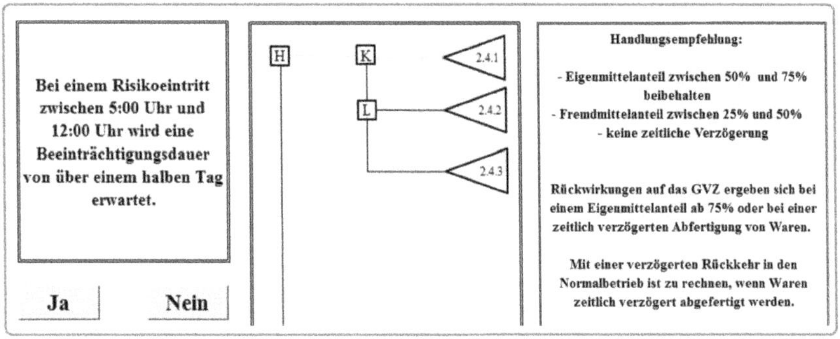

Die Konsequenzen zu Frage L ergeben sich aus den Analysen der Handlungsstrategien. Die vollständige Umsetzung der in Kapitel 5.4 geschilderten Vorgehensweise führt zu den Konsequenzen der Frage L, wenn diese bejaht wird. Exemplarisch könnte an dieser Stelle die in Kapitel 5.4.2 definierte Handlungsstrategie 2 stehen. Wird die Frage L verneint, ist als Konsequenz die erste Maßnahme der bereits ermittelten Handlungsstrategie als Empfehlung anzuführen. Ist Handlungsstrategie 2 die Konsequenz bei Bejahung der Frage L, so ist die Konsequenz bei Verneinung dieser Frage die erste Maßnahme der Handlungsstrategie 2, hier also Handlungsempfehlung 19.

Für die Berücksichtigung weiterer Maßnahmen im Zeitverlauf und die Möglichkeit zu ihrer flexiblen Anpassung, ist ein gesonderter interaktiver Entscheidungsbaum zu entwickeln.

In diesem sind zunächst alle Kombinationen aus den in Tabelle 45 notierten Umweltzuständen und den im Tagesverlauf bestimmten Entscheidungszeitpunkten abzufragen. Die erste Frage ist exemplarisch formuliert und würde lauten:

- Frage M: Überschreiten die insgesamt abzufertigenden Waren die vorhandenen Kapazitäten um bis zu 25% und entspricht der aktuelle Entscheidungszeitpunkt dem Betriebsbeginn?

Ist der eingetretene Umweltzustand bewertet und das Maßnahmenintervall definiert, so ist eine der drei in Kapitel 5.4.2 definierten Strategien, anhand derer die Maßnahmenauswahl erfolgen soll, auszuwählen. Für die Strategien 1 und 3 kann an dieser Stelle bereits eine Handlungsempfehlung formuliert werden. Wird Strategie 2 verfolgt, so ist über mehrere Entscheidungsknoten noch die restliche Dauer bis zur Wiederherstellung des Normalbetriebs und damit die Dauer bis zum Ende des Betrachtungshorizontes abzufragen, bevor eine Handlungsempfehlung gegeben werden kann.

Für die flexible Anpassung von Handlungsstrategien im Zeitverlauf hat nur die erste Maßnahme einen direkten Bezug zum eingetretenen Risikoszenario. Alle anderen Empfehlungen werden in Abhängigkeit von der aktuellen Situation und der erwarteten Dauer bis zur Wiederherstellung des Normalbetriebs getroffen.

5.5 Zwischenfazit

Ziel der Evaluation ist die Gewinnung von Erkenntnissen über die Zusammenhänge und Interdependenzen zwischen den verschiedenen Einflussfaktoren in Risikosituationen.

Dazu sind zunächst die bereits in Kapitel 4 festgelegten Kennzahlen genauer definiert und spezifiziert. Auch ist das Vorgehen der Evaluation erläutert (vgl. Kapitel 5.1). Diese ist auf die Beantwortung der Fragen nach dem Erfordernis eines Handlungsbedarfs, der situationsspezifischen Ausgestaltung des Handlungsbedarfs, der situationsabhängigen Wirkung von Handlungsmaßnahmen und der Wirkung von zeitlich-vertikalen Handlungsstrategien gerichtet.

Die Beantwortung der Frage nach dem Erfordernis eines Handlungsbedarfs erfolgt über die Bewertung der Gesamtauswirkungen von Risikoereignissen und durch die Bewertung des Einflusses verschiedener Faktoren auf die Risikoauswirkung (vgl. Kapitel 5.2).

Aufbauend auf diesen Erkenntnissen erfolgt die Formulierung des situationsabhängigen Handlungsbedarfs. Weiterhin sind die Wirkungen der verschiedenen Handlungsmaßnahmen analysiert und situationsabhängige Wirkungen herausgearbeitet. Situationsgerechte Handlungsempfehlungen resultieren aus der Verknüpfung von Maßnahmenwirkungen und Situationsmerkmalen (vgl. Kapitel 5.3).

Anpassungen der Handlungsmaßnahmen an veränderte Bedingungen im Zeitverlauf basieren auf den Erkenntnissen der vorhergehenden Kapitel und erlauben die Formulierung von Handlungsstrategien (vgl. Kapitel 5.4).

Wichtige erzielte Erkenntnisse sind:

- Der **Eintrittszeitpunkt eines Risikoereignisses** spielt eine große Rolle bei der Risikobewältigung: Aus einem zu Beginn des Geschäftsbetriebs eingetretenem

Risikoereignis resultiert eine verhältnismäßig lange Dauer bis zur Wiederherstellung des Normalbetriebs. Selbst die Auswirkungen kurzer Beeinträchtigungsdauern von bis zu vier Stunden werden nicht unbedingt am selben Tag aufgefangen. In der Regel sind bei einem Risikoeintritt zu diesem Zeitpunkt auch infrastrukturelle Rückwirkungen auf das GVZ zu erwarten.
- Ist mit **Beeinträchtigungsdauern** von über einem halben Tag zu rechnen, so nehmen die Risikoauswirkungen zu und die Aufarbeitung von Rückständen und damit auch die Risikobewältigung gestalten sich schwieriger.
- Das Erfordernis für einen **Handlungsbedarf** kann am Eintrittszeitpunkt eines Risikoereignisses oder durch die Kombination aus Eintrittszeitpunkt und kritischem Zeitfenster festgemacht werden.
- Für die Formulierung der **Handlungsempfehlungen** sind zunächst der Eintrittszeitpunkt und dann insbesondere das Beeinträchtigungsausmaß und die erwartete Dauer der Beeinträchtigung von Bedeutung.
- Wird bei der Generierung einer **Handlungsstrategie** bei jeder Maßnahmenauswahl der komplette Zeitraum bis zur erwarteten Wiederherstellung des Normalbetriebs berücksichtigt, kann die Risikosituation entspannt und schneller beendet werden.

Die gezielte Nutzung der erlangten Erkenntnisse ist durch die Entwicklung der interaktiven Entscheidungsbäume sichergestellt. In diesen sind die gesamten Erkenntnisse strukturiert und für einen Entscheidungsträger einfach zugänglich und leicht verständlich aufbereitet. Basierend auf den Erkenntnissen der Kapitel 5.2 bis 5.4 unterstützen die interaktiven Entscheidungsbäume die Entscheidungsfindung nach Eintritt eines Risikoereignisses und erleichtern die Beantwortung der folgenden Fragen:

- Ist ein Handlungsbedarf gegeben?
- Welche Maßnahmen sind geeignet, um den Bedarf zu erfüllen?
- Welche Handlungsstrategien stehen im Zeitverlauf zur Verfügung?

Die Vorgehensweise zur Ermittlung, Bewertung und Umsetzung der Ergebnisse in interaktive Entscheidungsbäume ist für den Eintritt eines Risikoereignisses in einem KV-Terminal dargelegt. Aber auch für andere GVZ-Akteure, einen Verbund von GVZ-Akteuren und das gesamte GVZ können mit dieser Vorgehensweise interaktive Entscheidungsbäume entwickelt werden. Die dafür benötigten Daten sind in dem Simulationsmodell enthalten.

Im Simulationsmodell sind dazu Anpassungen hinsichtlich des Schadensobjektes, der Datenerhebungspunkte und unter Umständen auch hinsichtlich der Datenerhebungszeiträume vorzunehmen. Diese sind vor dem Start der Simulationsläufe festzulegen. Als Schadensobjekte können akteursspezifische und gemeinschaftlich genutzte Ressourcen und Infrastrukturen herangezogen werden. Die Datenerhebungspunkte können sich auf das Schadensobjekt direkt, aber auch auf andere Akteure beziehen, um akteursübergreifende Auswirkungen bzw. Wechselwirkungen zu ermitteln. Durch die Datenerhebungszeiträume wird festgelegt, ob Daten in einem bestimmten Zeitintervall oder bei Nutzung einer Ressource oder Infrastruktur erhoben werden.

Die Sicherstellung der Wertschöpfung in GVZ zielt neben der Verringerung des Schadensausmaßes innerhalb dieses Logistikknotens insbesondere auch darauf, eine Ausbreitung von Risiken über nachfolgende Partner in der Supply Chain zu vermeiden. Beispielsweise ist zu erwarten, dass sich durch infrastrukturelle Rückwirkungen in einem GVZ die Anzahl der von einem Risikoereignis betroffenen Akteure erhöht; dadurch kann es unter Umständen zu einer Ausbreitung von Risiken über weitere Supply Chains kommen. Probleme bei der Aufarbeitung von Rückständen können auch bei nachfolgenden Supply Chain Partnern Folgewirkungen verursachen und das Schadensausmaß für die Supply Chain erhöhen.

Durch die Umsetzung der formulierten Handlungsempfehlungen und die dadurch verfolgte Aufrechterhaltung und Fortführung des laufenden Betriebes in einem logistischen Knotenpunkt kann somit Einfluss auf die Effizienz und Effektivität verschiedener Supply Chains genommen werden, in deren Wertschöpfungsprozesse ein Logistikknoten eingebunden ist. Die Handlungsempfehlungen selbst können dabei als Ausgangsbasis für vorbeugende Maßnahmen herangezogen werden. Diese liefern Hinweise darauf, welche Mittel in einer Risikosituation zur Verfügung stehen sollten, und es lassen sich im Vorfeld Fragen klären, inwiefern die Unterstützung von Fremdmitteln durch Supply Chain Partner benötigt wird, ob diese im Falle eines Risikoeintritts durch Supply Chain Partner gegeben ist oder ob beispielsweise auf Fremdmittel außerhalb der Supply Chain zugegriffen oder in Eigenmittel investiert werden sollte.

6 Zusammenfassung und Ausblick

Gegenstand dieser Arbeit ist die Entwicklung eines interaktiven Instruments zur Entscheidungsunterstützung in unvorhergesehenen Risikosituationen, welches als Ziel die **Bewältigung von Risikoauswirkungen** in Logistikknoten und im Speziellen in GVZ verfolgt. Im Vordergrund stehen die den Warenfluss betreffenden Prozesse. Ziel ist es, Entscheidungsträgern eine schnelle, angemessene und systematische Entscheidungsfindung zu ermöglichen, um unvorhergesehene Risiken zügig zu bewältigen und den mit ihnen verbundenen negativen Auswirkungen adäquat zu begegnen. Dazu erfolgen bereits im Vorfeld die Bewertung von Risiken und die Formulierung von situationsgerechten Handlungsempfehlungen, die im Falle eines Risikoeintritts durch das interaktive Instrument zur Verfügung stehen.

Für die Zielerreichung sind in **Kapitel 2** zunächst die wesentlichen theoretischen Grundlagen dargelegt. Der Entscheidungstheorie kommt dabei die Aufgabe zu, betriebliche Entscheidungsprobleme zu analysieren und Handlungsempfehlungen an Entscheidungsträger zu formulieren. Je nach Gestaltung des Risikoereignisses sind unterschiedliche Handlungsmaßnahmen erforderlich. Die Auswahlentscheidung bezüglich einer Handlungsmaßnahme erfolgt durch das operative Risikomanagement, welches für die Geschäftsabläufe und die diesen zugrunde liegenden Prozessen verantwortlich ist. Zur Überprüfung der Anwendbarkeit der entwickelten Methodik zur Entscheidungsunterstützung sind GVZ als Anwendungsfall vorgestellt.

Die Entwicklung der Konzeption in **Kapitel 3** baut auf den Aspekten Komplexitätsreduktion und Beherrschung von Dynamiken auf. Im Ergebnis sind die risikorelevanten Informationen und die situationsbestimmenden Einflussfaktoren ermittelt und strukturiert erfasst. Weiterhin sind die Verkehrsmittel für den Warentransport mit ihren unterschiedlichen Kapazitäten bestimmt und verschiedene Verkehrsformen berücksichtigt. Durch die Kenntnis über die verwendeten Verkehrsmittel und über die vorherrschenden Verkehrsformen lassen sich die Veränderungen des Warenflusses im Tages- und Wochenverlauf ermitteln. Zur Bestimmung einer Handlungsstrategie sind verschiedene zeitpunkt- und zeitraumbezogene Elemente definiert.

Die Lösung des Entscheidungsproblems erfolgt durch die ereignisorientierte Simulation und ist Gegenstand von **Kapitel 4**. In dem Modell der Entscheidungsunterstützung sind die risikorelevanten Informationen und Abhängigkeiten zwischen verschiedenen Einflussfaktoren in Risikosituationen ebenso berücksichtigt wie Veränderungen im Zeitverlauf. Für die Überprüfung der Methodik auf den in dieser Arbeit betrachteten Anwendungsfall sind verschiedene Risikoszenarien, Handlungsmaßnahmen und Handlungsstrategien implementiert.

Durch das Modell der Entscheidungsunterstützung sind sowohl die Simulation und Analyse des Normalbetriebs, aber auch der Risikoauswirkungen möglich. Ebenso kann die Wirkung von Handlungsmaßnahmen und -strategien simuliert und bewertet werden.

Neben dem Simulationsmodell ist weiterhin ein interaktiver Entscheidungsbaum zur strukturierten Aufbereitung der Ergebnisse entwickelt. Die konkrete Gestaltung des interaktiven Entscheidungsbaumes ist abhängig von den in der Simulation erzeugten Ergebnissen und den daraus abgeleiteten Erkenntnissen.

Die Auswertungen zur Ermittlung der Ergebnisse sind in **Kapitel 5** durchgeführt. Als Resultat sind die Handlungsbedarfe unter Anwendung von Ceteris-Paribus-Bedingungen festgestellt und situationsgerechte Handlungsempfehlungen aufgrund der kombinierten Simulation und Analyse von Handlungsmaßnahmen und Situationsmerkmalen formuliert. Ebenso ist die Struktur von Handlungsstrategien definiert. Die inhaltliche Gestaltung einer Handlungsstrategie ist davon abhängig, ob eine starre oder eine flexible Planung verfolgt wird.

Der Einsatz des interaktiven Entscheidungsbaumes erlaubt innerhalb von Sekunden erste Handlungsempfehlungen bei Eintritt eines Risikoereignisses in einem KV-Terminal. Dabei sind die Einflussfaktoren des Risikoereignisses ebenso berücksichtigt wie die zeitlichen Veränderungen des Warenflusses und verschiedene Umweltentwicklungen im Zeitverlauf.

Neben einer Handlungsempfehlung werden einem Entscheidungsträger weitere Informationen zur alternativen Gestaltung von Maßnahmen und deren Wirkungen im Risikofall zur Verfügung gestellt. In einer Risikosituation wird dadurch die Entscheidungskomplexität bei gleichzeitiger Berücksichtigung von dynamischen Veränderungen im Zeitverlauf reduziert. Durch die vorbeugende Absicherung und die Auseinandersetzung mit Risiken für sensible Bereiche können Folgewirkungen auf nachfolgende Partner in der Supply Chain verringert werden.

Die theoretische Auseinandersetzung mit möglichen Risikosituationen und der Entwicklung von Handlungsempfehlungen steigert das Risikobewusstsein von Entscheidungsträgern und deren Verständnis für Entwicklungen und Interdependenzen in Risikosituationen. Sind Entscheidungsträger gegenüber Risiken sensibilisiert, kann dies zur frühzeitigen Identifikation von praktischen Handlungsfeldern führen. Die entwickelten Handlungsempfehlungen können weiterhin als Ausgangspunkt für die praktische Umsetzung von vorbeugenden Maßnahmen in der Praxis herangezogen werden.

Die vorgestellte Methodik stellt somit einen wichtigen Baustein im operativen Supply Chain Risikomanagement dar. Es werden schnelle, angemessene und systematische Entscheidungen ermöglicht, um eingetretene Risiken zügig zu bewältigen und den mit ihnen verbundenen negativen Auswirkungen adäquat zu begegnen. Insgesamt leistet diese Arbeit somit einen Beitrag zur Entscheidungsunterstützung im Rahmen eines anwendungsbezogenen Supply Chain Risikomanagements bei Eintritt eines Schadensereignisses. Im Mittelpunkt stehen die Handhabung der Auswirkungen von unvorhergesehenen Risikoereignissen und die Ergreifung situationsgerechter Handlungsmaßnahmen und -strategien, welche in einem interaktiven Entscheidungsbaum als Handlungsempfehlungen einem Entscheidungsträger zur Verfügung stehen.

Für zukünftige Forschungen kann die Methodik zur Bewältigung von Risiken auf andere Cluster in einem GVZ, aber auch auf das komplette GVZ übertragen werden. Da GVZ vergleichbare Strukturen aufweisen, kann durch die Nutzung der Netzwerkpotenziale von GVZ die Methodik durch Bildung eines Verbundsystems für verschiedene GVZ herangezogen werden.

Zusätzliche interessante Forschungsfelder ergeben sich auch aus der Übertragung der Methodik auf einen anderen Anwendungsbereich. In Betracht kommen beispielsweise verkehrliche Infrastrukturen im Nah- und Fernverkehr und die Analyse der Auswirkungen von dort auftretenden Risikoereignissen. Daneben kann auch untersucht werden, ob die hier vorgestellte Vorgehensweise auf Industrieunternehmen, auf einzelne Lieferketten oder auf Kritische Infrastrukturen übertragen werden kann.

Da eine komplette Risikovermeidung nicht möglich ist, sollten sich zukünftige Forschungen auf die Absicherung von sensiblen Bereichen konzentrieren, um dadurch die Ausbreitung von Risikowirkungen über nachfolgende Partner in der Supply Chain oder im geographischen Umfeld zu vermeiden oder zumindest zu verringern.

Weitere zukünftige Forschungen können zudem auf die Unterstützungsmöglichkeiten von Business Intelligence-Lösungen fokussieren. Beispielhafte Anwendungsbereiche können die Gewinnung von Daten, die Datenaufbereitung sowie die automatisierte Entwicklung und flexible Anpassung der interaktiven Entscheidungsbäume aufgrund geänderter Rahmenbedingungen sein.

Die Handhabung und Bewältigung von Risikoauswirkungen in einem zunehmend unsicheren Wirtschaftsumfeld wird auch in Zukunft große praktische Relevanz besitzen. Dies zeigen nicht zuletzt die zahlreichen Normen, Verordnungen und Richtlinien, die sich mit Sicherheitsaspekten befassen.

Bei allen Ausführungen zur Unterstützung der Entscheidungsfindung und der Entwicklung von Handlungsstrategien im Falle eines Risikoeintritts darf ein Aspekt nicht vernachlässigt werden: Es muss sichergestellt sein, dass ein Entscheidungsträger die von einem Instrument der Entscheidungsunterstützung vorgeschlagenen Handlungsempfehlungen akzeptiert und anerkennt. Es können eine Reihe von Handlungsempfehlungen und Handlungsstrategien vorgeschlagen werden, umsetzen muss diese der Mensch.

Literaturverzeichnis

Aberle, G. (2009): Transportwirtschaft: einzelwirtschaftliche und gesamtwirtschaftliche Grundlagen, München: Oldenbourg

Adam, V. (2006): Hochwasser-Katastrophenmanagement: Wirkungsprüfung der Hochwasservorsorge und -bewältigung österreichischer Gemeinden, Wiesbaden: Dt. Univ.-Verlag, (zugl. Dissertation Universität Zürich, 2006)

Allweyer, T. (2009): BPMN 2.0 - Business Process Model and Notation: Einführung in den Standard für die Geschäftsprozessmodellierung, Norderstedt: Books on Demand

Allweyer, T. (2005): Geschäftsprozessmanagement: Strategie, Entwurf, Implementierung, Controlling, Herdecke/Bochum: W3L

Altenähr, V., Ngyuen, T. und F. Romeike (2009): Risikomanagement kompakt, Karlsruhe: VVW

Altendeitering, M., Breuer, C., Dotzlaff, R, Prinzbach, J., Reusch, M., Scherer, A. und G. Siestrup (2011): Konzeptionierung eines prozessorientierten Referenzmodells für sensible Logistikknoten - dargestellt am Beispiel von GVZ, in: Furtwanger Beiträge zur Logistik, Heft 1, S. 1–37, http://www.hs-furtwangen.de/studierende/fakultaeten/wirtschaftsinformatik/forschung/logistik-an-der-hfu/projekte/logistikprojekte-hfu/aktuelle-projekte/furtwangener-beitraege-zur-logistik.html, Zugriff am 26.03.2015

Arnold, D. (2008): Außerbetriebliche Logistik: Außerbetriebliche Logistikketten, in: Arnold, D., Isermann, H., Kuhn, A., Tempelmeier, H. und K. Furmans (Hrsg.): Handbuch Logistik, Berlin/Heidelberg: Springer, S. 727

Ausschuss für Gefahrstoffe (1998): Leitfaden für das Risikomanagement des AGS bei Entscheidungen mit weitreichenden Auswirkungen, Dortmund: Bundesanstalt für Arbeitsschutz und Arbeitsmedizin

Bach, N. (2008): Effizienz der Führungsorganisation deutscher Konzerne, Wiesbaden: Gabler, (zugl. Habilitation Universität Gießen 2007)

Badke-Schaub, P. und E. Frankenberger (2004): Management Kritischer Situationen: Produktentwicklung erfolgreich gestalten, Berlin u. a.: Springer

Baetge, J. (1974): Betriebswirtschaftliche Systemtheorie: Regelungstheoretische Planungs-Überwachungsmodelle für Produktion, Lagerung und Absatz, Opladen: Westdeutscher Verlag

Balzert, H. (2009): Lehrbuch der Softwaretechnik: Basiskonzepte und Requirements Engineering, Heidelberg: Spektrum Akademischer Verlag

Bamberg, G., Coenenberg, A. G. und M. Krapp (2012): Betriebswirtschaftliche Entscheidungslehre, München: Vahlen

Bangsow, S. (2008): Fertigungssimulation mit Plant Simulation und SimTalk: Anwendung und Programmierung mit Beispielen und Lösungen, München/Wien: Carl Hanser

Baudach, J., Voll, R., Eufinger, L., Meier, F., Sender, J., Goedicke, I. und C. Thaller (2013): Modellentwicklung, in: Clausen, U. und C. Geiger (Hrsg.): Verkehrs- und Transportlogistik, Berlin/Heidelberg: Springer, S. 327–404

Bause, F., Beilner, H. und J. Kriege (2009): ProC/B: Eine Modellierungsumgebung zur prozessketten-orientierten Beschreibung und Analyse logistischer Netze, in: Buchholz, P. und U. Clausen (Hrsg.): Große Netze der Logistik: Die Ergebnisse des Sonderforschungsbereichs 559, Berlin/Heidelberg: Springer, S. 19–57

Bauseler, A., Dilling, C., Schulze im Hove, A. und F. Stüllenberg (2003): Ausgestaltung der Netzwerk-Balanced Scorecard für Güterverkehrszentren, Technical Report 03015, Sonderforschungsbereich 559, Universität Dortmund, https://eldorado.tu-dortmund.de/bitstream/2003/5501/1/0315.pdf, Zugriff am 27.01.2014

BBK (1981): Katastrophenschutz-Dienstvorschrift 100: Führung und Einsatz, http://gsb.download.bva.bund.de/BBK/KatS_Dv_100.pdf, Zugriff am 30.10.2014

Becker, J. und V. Meise (2005): Strategie und Ordnungsrahmen, in: Becker, J., Kugeler, M. und M. Rosemann (Hrsg.): Prozessmanagement: Ein Leitfaden zur prozessorientierten Organisationsgestaltung, Berlin/Heidelberg: Springer, S. 105–154

Becker, T. (2013): Qualitätsmanagement in der zivilen Gefahrenabwehr: Optimierung von Führungsprozessen durch interaktive SOPs, Online-Ressource, (zugl. Dissertation Universität Paderborn, 2013), http://digital.ub.uni-paderborn.de/urn/urn:nbn:de:hbz:466:2-12597, Zugriff am 27.04.2015

Betsch, T., Funke, J.und H. Plessner (2011): Denken - Urteilen, Entscheiden, Problemlösen: Allgemeine Psychologie für Bachelor, Berlin/Heidelberg: Springer

Birkmann, J., Bach, C., Guhl, S., Witting, M, Welle, T. und M. Schmude (2010): State of the Art der Forschung zur Verwundbarkeit Kritischer Infrastrukturen am Beispiel Strom/Stromausfall, in: Schriftenreihe Sicherheit Nr. 2, Berlin: Freie Universität

Blackhurst, J., Craighead, C. W., Elkins, D. und R. B. Handfield (2005): An empirically derived agenda of critical research issues for managing supply-chain disruptions, in: International Journal of Production Research, Vol. 43, Nr. 19, S. 4067–4081

BMI (2008): Schutz Kritischer Infrastrukturen - Leitfaden für Unternehmen und Behörden, http://www.asw-online.de/downloads/Leitfaden_Schutz_kritischer_Infrastrukturen.pdf, Zugriff am 28.11.2013

BMI (2005): Schutz Kritischer Infrastrukturen - Basisschutzkonzept: Empfehlungen für Unternehmen, http://www.bmi.bund.de/cae/servlet/contentblob/131040/publicationFile/13132/Basisschutzkonzept_kritische_Infrastrukturen.pdf, Zugriff am 18.11.2013

BMU (2005): Zwölfte Verordnung zur Durchführung des Bundes-Immissionsschutzgesetzes (Störfall-Verordnung - 12. BImSchV), http://www.bmu.de/service/publikationen/downloads/details/artikel/12-bimschv-stoerfall-verordnung-zwoelfteverordnung-zur-durchfuehrung-des-bundes-immissionsschutzgesetzes/, Zugriff am 28.11.2013

Bolstorff, P. A., Rosenbaum, R. G. und R. G. Poluha (2007): Spitzenleistungen im Supply Chain Management: Ein Praxishandbuch zur Optimierung mit SCOR, Berlin u. a.: Springer

Bretzke, W.-R. (2010): Logistische Netzwerke, Berlin/Heidelberg: Springer

Breuer, C. und G. Siestrup (2013): Verbundprojekt PreparedNET: Agentenbasierte Simulation und Erforschung eines Notfallkonzeptes zum Schutz von sensiblen Logistikknoten; Teilvorhaben: Referenzmodellbildung und Simulation von GVZ-Prozessen zur Unterstützung eines Supply Chain Risk Managements, Abschlussbericht, http://www.bbk.bund.de/DE/Service/Fachinformationsstelle/Informationsangebote/Forschungsberichte/ForschungsprogrammSicherheitsforschung/Sicherung_von_Warenketten/PREPAREDnet/PREPAREDnet_node.html, Zugriff am 27.03.2015

Breuer, C., Dotzlaff, R. und G. Siestrup (2012): Risikomanagement für sensible Logistikknoten, in: Forschungsbericht 2012/2013 der Hochschule Furtwangen, Augsburg: vmm Wirtschaftsverlag, S. 54–58

Breuer, C., Haasis, H.-D. und G. Siestrup (2015): Operational risk response for business continuity in logistics agglomerations, in: Dethloff, J., Haasis, H.-D., Kopfer, H., Kotzab, H. und J. Schönberger (Hrsg.): Logistics Management: Products, Actors, Technology - Proceedings of the German Academic Association for Business Research, Bremen, 2013, Cham: Springer International Publishing, S. 107–120

Breuer, C., Siestrup, G. und H.-D. Haasis (2012): Operational Risk Issues and Time-Critical Decision-Making for Sensitive Logistics Nodes, in: Chan, H. K., Lettice, F. and O. Durowoju (Hrsg.): Decision-Making for Supply Chain Integration, London: Springer, S. 123–143

Breuer, C., Siestrup, G. und H.-D. Haasis (2014): Decision-Support for Responsible Risk Handling in Logistics Agglomerations, in: Pawar, K. S. und M. Nkhoma (Hrsg.): Proceedings of the 19th International Symposium on Logistics (ISL 2014): Designing Responsible and Innovativ Global Supply Chains, S. 271–277

Breuer, C., Siestrup, G., Haasis, H.-D. und H. Wildebrand (2013): Collaborative risk management in sensitive logistics nodes, in: Team Performance Management, Vol. 19, Nr. 7/8, S. 331–351

Breuer, C., Castine, J. D., Siestrup, G., Haasis, H.-D. und H. Wildebrand (2013): Risk-oriented decision support in sensitive logistics nodes, in: Pawar, K. S. und H. Rogers (Hrsg.): Proceedings of the 18th International Symposium on Logistics (ISL 2013): Resilient Supply Chains in an Uncertain Environment, S. 213–221

Brokmann, J. und R. Rossaint (2010): Repetitorium Notfallmedizin: Zur Vorbereitung auf die Prüfung »Notfallmedizin«, Berlin/Heidelberg: Springer

Brühwiler, B. (2011): Risikomanagement als Führungsaufgabe: ISO 31000 mit ONR 49000 wirksam umsetzen, Bern u. a.: Haupt

Brunner, A. und J. Luthiger (2009): Corporate Risk Management: KMU nachhaltig sichern durch operatives Risikomanagement, in: KMU-Magazin 4, S. 10–14

BSI (2008): BSI-Standard 100–4: Notfallmanagement, https://www.bsi.bund.de/SharedDocs/Downloads/DE/BSI/Publikationen/ITGrundschutzstandards/standard_1004_pdf.pdf?__ blob=publicationFile, Zugriff am 02.12.2013

Bürkner, H.-J. (2010): Vulnerabilität und Resilienz: Forschungsstand und sozialwissenschaftliche Untersuchungsperspektiven, Working Paper, Erkner: Leibniz-Institut für Regionalentwicklung und Strukturplanung, www.irs-net.de/download/wp_vr.pdf, Zugriff am 07.12.2013

Büter, C. (2013): Außenhandel: Grundlagen internationaler Handelsbeziehungen, Berlin/Heidelberg: Springer Gabler

Bungartz, H.-J., Zimmer, S., Buchholz, M. und D. Pflüger (2013): Modellbildung und Simulation: Eine anwendungsorientierte Einführung, Berlin/Heidelberg: Springer Spektrum

Buscher, U., Wels, A. und D. Winter (2007): Eine bibliographische Analyse zum Supply Chain Risikomanagement unter besonderer Berücksichtigung der Risikoquantifizierung, in: Otto, A. und R. Obermaier (Hrsg.): Logistikmanagement 2007: Analyse, Bewertung und Gestaltung logistischer Systeme, Wiesbaden: Gabler, S. 347–375

Cavinato, J. L. (2004): Supply chain logistics risks - from the back room to the board room, in: International Journal of Physical Distribution and Logistics Management, Vol. 34, Nr. 5, S. 383–388

Christopher, M. und H. Peck (2004): Building the resilient supply chain, in: International Journal of Logistics Management, Vol. 15, Nr. 2, S. 1–13

Czaja, L. (2009): Qualitätsfrühwarnsysteme für die Automobilindustrie, Wiesbaden: Gabler, (zugl. Dissertation Universität Erlangen-Nürtingen, 2008)

Dabidian, P. und S. Langkau (2013): Straßengüterverkehr, in: Clausen, U. und C. Geiger (Hrsg.): Verkehrs- und Transportlogistik, Berlin/Heidelberg: Springer, S. 137–159

Dallmeyer, J. (2014): Simulation des Straßenverkehrs in der Großstadt: Das Mit- und Gegeneinander verschiedener Verkehrsteilnehmertypen, Wiesbaden: Springer Vieweg

Dangelmaier, W. (2009): Theorie der Produktionsplanung und -steuerung: Im Sommer keine Kirschpralinen?, Berlin/Heidelberg: Springer

Dangelmaier, W., Pape, U. und M. Rüther (2004): Agentensysteme für das Supply Chain Management: Grundlagen – Konzepte – Anwendungen, Wiesbaden: Dt. Univ.-Verlag

Dani, S. (2009): Predicting and Managing Supply Chain Risks, in: Zsidisin, G. A. und B. Ritchie (Hrsg.): Supply Chain Risk: A Handbook of Assessment, Management and Performance, Bosten/MA: Springer US, S. 53–66

DCP Bremen (2014): http://www.dcp-bremen.de/index.php, Zugriff am 25.05.2014

Deutsche Gesellschaft zur Rettung Schiffbrüchiger (DGzRS) und Havariekommando (2004): Führung und Leitung zur Gefahrenabwehr auf See in den Bereichen Brandbekämpfung, Verletztenversorgung und SAR-Dienst: Führungssystem, http://www.schleswig-holstein.de/IM/DE/InnereSicherheit/Feuerwehr/Downloads/dv_100_see__blob=publicationFile.pdf, Zugriff am 02.11.2014

Deutscher Manager-Verband (2004): Handbuch soft skills, Band 3, Zürich: vdf Hochschulverlag

DGG (2014a): http://www.gvz-org.de/index.php?id=48&no_cache=1, Zugriff am 26.01.2014

DGG (2014b): Standortkarte der DGG, internes Dokument

Diederichs, M. (2012): Risikomanagement und Risikocontrolling, München: Vahlen

Dietrich, J. (2006): Entwicklung einer Methodik zur systemanalytischen Unterstützung adaptierbarer Entscheidungsprozesse bei der integrierten Flussgebietsbewirtschaftung, Online-Ressource, (zugl. Dissertation Universität Bochum, 2006), http://www-brs.ub.ruhr-uni-bochum.de/netahtml/HSS/Diss/DietrichJoerg/, Zugriff am 23.09.2013

DIN ISO 31000 (2011): Risikomanagement - Grundsätze und Leitlinien (ISO 31000:2009)

DIN SPEC 91291 (2013): Notfallkonzept für sensible Logistikagglomerationen - Konfiguration, Simulation und Implementierung (DIN SPEC 91291:2013–12)

Dinkelbach, W. (2005): http://www.uni-saarland.de/fak1/fr13/emeriti/dinkelbach/introduction/efp.html, Zugriff am 17.10.2013

Domschke, W. und A. Drexl (2005): Einführung in Operations Research, Berlin u. a.: Springer

Domschke, W. und A. Scholl (2005): Grundlagen der Betriebswirtschaftslehre: Eine Einführung aus entscheidungsorientierter Sicht, Berlin: Springer

Duden: Deutsches Universalwörterbuch (2011), Mannheim u. a.: Dudenverlag

Duden: Das Bedeutungswörterbuch (2002), Mannheim u. a.: Dudenverlag

Eisenführ, F. und M. Weber (2003): Rationales Entscheiden, Berlin/Heidelberg: Springer

Eley, M. (2012): Simulation in der Logistik: Eine Einführung in die Erstellung ereignisdiskreter Modelle unter Verwendung des Werkzeuges „Plant Simulation", Berlin/Heidelberg: Springer Gabler

Engel, H. (2009): Absicherung der Supply Chain durch ein unternehmensweites Business Continuity Management, in: Hilz-Ward, R. M. und O. Everling (Hrsg.): Risk Performance Management, Wiesbaden: Gabler, S. 75–86

Engels, W. (1962): Betriebswirtschaftliche Bewertungslehre im Licht der Entscheidungstheorie, Köln u. a.: Westdt. Verlag, (zugl. Dissertation Universität Köln, 1961)

Faisal, M. N., Banwet, D. K. und R. Shankar (2006): Supply chain risk mitigation: modeling the enablers, Business Process Management Journal, Vol. 12, Nr. 4, S. 535–552

Falkinger, A. M. (2007): Risikomanagement im strategischen Fit, Frankfurt am Main: Peter Lang, (zugl. Dissertation Universität Tübingen, 2006)

Fandel, G., Giese, A. und H. Raubenheimer (2009): Supply Chain Management: Planungsansätze - Strategien - Controlling, Berlin/Heidelberg: Springer

Federal Aviation Administration (2000) System Safety Handbook. http://www.atcvantage.com/docs/FAA_System_ Safety_Handbook_2001.pdf, Zugriff am 29.05.2011

Fettke, P. und P. Loos (2004): Referenzmodellierungsforschung - Langfassung eines Aufsatzes, in: ISYM - Information Systems and Management, Paper 16, S. 1–52, http://isym.bwl.uni-mainz.de/downloads/Publikationen/Fettke_Loos_2004_Referenzmodellierungsforschung.pdf, Zugriff am 21.10.2010

Fettke, P. und P. Loos (2002): Methoden zur Wiederverwendung von Referenzmodellen - Übersicht und Taxonomie, in: Becker, J. und R. Knackstedt (Hrsg.): Wissensmanagement mit Referenzmodellen: Konzepte für die Anwendungssystem- und Organisationsgestaltung, Heidelberg: Physica, S. 9–33

Fey, M. (2011): Trauma 9/11 und die normative Ordnung der amerikanischen Sicherheitspolitik, in: Jäger, T. (Hrsg.): Die Welt nach 9/11: Auswirkungen des Terrorismus auf Staatenwelt und Gesellschaft, Wiesbaden: VS-Verlag, S. 32–52

Fiege, S. (2006): Risikomanagement- und Überwachungssystem nach KonTraG: Prozess, Instrumente, Träger, Wiesbaden: Dt. Univ.-Verlag, (zugl. Dissertation Technische Universität Berlin, 2005)

Figgener, O. und M. ten Hompel (2007): Beitrag zur Prozessstandardisierung in der Intralogistik, in: Logistics Journal, April 2007, S. 1–12

Fleischmann, B. (2008): Grundlagen: Begriff der Logistik, logistische Systeme und Prozesse: Begriffliche Grundlagen, in: Arnold, D., Isermann, H., Kuhn, A., Tempelmeier, H. und K. Furmans (Hrsg.): Handbuch Logistik, Berlin/Heidelberg: Springer, S. 3–12

Fleßa, S. (2010): Planen und Entscheiden in Beruf und Alltag, München: Oldenbourg

Forschungsgesellschaft für Straßen- und Verkehrswesen/Arbeitsgruppe Verkehrsplanung (2004): Hinweise für die Entwicklung von Güterverkehrszentren (GVZ), Köln: FGSV

Frank, U. und B. L. van Laak (2003): Anforderungen an Sprachen zur Modellierung von Geschäftsprozessen, Arbeitsberichte des Instituts für Wirtschaftsinformatik Nr. 34, Universität Koblenz-Landau, http://www.wi-inf.uni-duisburg-essen.de/FGFrank/documents/Arbeitsberichte_Koblenz/Nr34.pdf, Zugriff am 01.06.2014

Frankfurter Allgemeine (08.03.2015): Tiefseehafen: Im Jade-Weser-Port hat erstmals das weltgrößte Containerschiff angelegt, http://www.faz.net/aktuell/wirtschaft/unternehmen/tiefseehafen-im-jade-weser-port-hat-erstmals-das-weltgroesste-containerschiff-angelegt-13470579.html, Zugriff am 24.03.2015

Freund, J. und B. Rücker (2012): Praxishandbuch BPMN 2.0, München/Wien: Carl Hanser

Fürst, R., Sattelberger, T. und O. P. Heil (2007): 3D-Krisenmanagement: Bewältigung von Krisen in Krisen, München/Wien: Oldenbourg

Fürstenberg, F. und F. Tentrop (2008): Entwicklung eines fachlichen Referenzmodells für internationale Logistiknetze: Abschlussbericht zum Themenfeld 1 im Rahmen des Verbundforschungsprojektes SOALOG, Berlin: Univ.-Verl. der TU, http://opus4.kobv.de/opus4-tuberlin/frontdoor/deliver/index/docId/1865/file/FArstenberg_Tentrop_Entwicklung_eines_fachlichen_Referenzmodells_fAr_interna.pdf, Zugriff am 19.06.2014

Funk, B., Gómez, J. M., Niemeyer, P. und F. Teuteberg (2010): Geschäftsprozessintegration mit SAP: Fallstudien zur Steuerung von Wertschöpfungsprozessen entlang der Supply Chain, Heidelberg u. a.: Springer

Gadatsch, A. (2012): Grundkurs: Geschäftsprozess-Management: Methoden und Werkzeuge für die IT-Praxis; eine Einführung für Studenten und Praktiker, Wiesbaden: Springer Vieweg

Gahlen, M. und M. Kranaster (2008): Krisenmanagement: Planung und Organisation von Krisenstäben, Stuttgart: Kohlhammer

Gehring, H. und A. Gadatsch (1999): Ein Rahmenkonzept für die Modellierung von Geschäftsprozessen und Workflows, Fachbereichsbericht Nr. 274, FernUniversität Hagen, http://www.econbiz.de/archiv/ha/fuha/winformatik/rahmenkonzept_modellierung_geschaeftsprozessen.pdf, Zugriff am 01.06.2014

Geiger, C. (2013): Logistikdienstleister, in: Clausen, U. und C. Geiger (Hrsg.): Verkehrs- und Transportlogistik, Berlin/Heidelberg: Springer, S. 61–70

Geldermann, J., Bertsch, V. und F. Gering (2008): Risikomanagement und Mehrzielentscheidungsunterstützung unter Unsicherheit am Beispiel der Planung effizienter Notfallmaßnahmen nach kerntechnischen Störfällen, Research Paper Nr. 3, Universität Göttingen, S. 1–36

Glaser, J. (1993): Güterverkehrszentren: Konzepte zwischen Euphorie und Skepsis, in: Läpple, D. (Hrsg.): Güterverkehr, Logistik und Umwelt: Analysen und Konzepte zum interregionalen und städtischen Verkehr, Berlin: Edition Sigma

Gleißner, H. und C. Femerling (2008): Logistik: Grundlagen - Übungen - Fallbeispiele, Wiesbaden: Gabler

Gleißner, W. (2011): Grundlagen des Risikomanagements im Unternehmen: Controlling, Unternehmensstrategie und wertorientiertes Management, München: Vahlen

Gleißner, W. und F. Romeike (2005): Risikomanagement: Umsetzung - Werkzeuge - Risikobewertung, München: Haufe

Gluchowski, P., Gabriel, R. und C. Dittmar (2008): Management Support Systeme und Business Intelligence: Computergestützte Informationssysteme für Fach- und Führungskräfte, Berlin/Heidelberg: Springer

Götze, U. und B. Mikus (2007): Der Prozess des Risikomanagements in Supply Chains, in: Vahrenkamp, R. und C. Siepermann (Hrsg.): Risikomanagement in Supply

Chains: Gefahren abwehren, Chancen nutzen, Erfolg generieren, Berlin: Erich Schmidt, S. 29–58

Goll, J. (2011): Methoden und Architekturen der Softwaretechnik, Wiesbaden: Vieweg + Teubner

Gould, J. E., Macharis, C. und H.-D. Haasis (2010): Emergence of security in supply chain management literature, in: Journal of Transportation Literature, Vol. 3, Nr. 4, S. 287-302

Gouvernal, E., Lavaud-Letilleul, V. und B. Slack (2011): Transport and Logistics Hubs: Separating Fact from Fiction, in: Hall, P., McCalla, R. J., Camtois, C. und B. Slack (Hrsg.): Integrating seaports and trade corridors, Farnham/Burlington: Ashgate Publishing, S. 65–80

Grochla, E. (1974): Integrierte Gesamtmodelle der Datenverarbeitung: Entwicklung und Anwendung des Kölner Integrationsmodell (KIM), München/Wien: Carl Hanser

Grünig, R. und R. Kühn (2013): Entscheidungsverfahren für komplexe Probleme: ein heuristischer Ansatz, Berlin: Springer

Grundig, C.-G. (2014): Fabrikplanung: Planungssystematik - Methoden - Anwendungen, München: Hanser

Gudehus, T. (2012): Logistik 2: Netzwerke, Systeme und Lieferketten, Berlin/Heidelberg: Springer Vieweg

Haasis, H.-D. (2008a): Produktions- und Logistikmanagement: Planung und Gestaltung von Wertschöpfungsprozessen, Wiesbaden: Gabler

Haasis, H.-D. (2008b): Knowledge Management in Intermodal Logistics Networks, in: Haasis, H.-D., Kreowski, H.-J. und B. Scholz-Reiter (Hrsg.): Dynamics in Logistics: First International Conference LDIC 2007 (Bremen), Berlin/Heidelberg: Springer, S. 269–275

Hanssmann, F. (1987): Einführung in die Systemforschung: Methodik der modellgestützten Entscheidungsvorbereitung, München/Wien: Oldenbourg

Harland, C., Brenchley, R. und H. Walker (2003): Risk in supply networks, in: Journal of Purchasing & Supply Management, Vol. 9, S. 51–62

Hedtstück, U. (2013): Simulation diskreter Prozesse: Methoden und Anwendungen, Berlin/ Heidelberg: Springer Vieweg

Hegmanns, T. (2008): Prozesse in Logistiknetzwerken - Supply Chain Management, in: Arnold, D., Isermann, H., Kuhn, A., Tempelmeier, H. und K. Furmans (Hrsg.): Handbuch Logistik, Berlin/Heidelberg: Springer, S. 459–486

Heidmeier, S. und J. Siegmann (2008): Außerbetriebliche Logistik: Eisenbahngüterverkehr, in: Arnold, D., Isermann, H., Kuhn, A., Tempelmeier, H. und K. Furmans (Hrsg.): Handbuch Logistik, Berlin/Heidelberg: Springer, S. 743–757

Heinen, E. (1991): Industriebetriebslehre: Entscheidungen im Industriebetrieb, Wiesbaden: Gabler

Henke, M. (2009): Supply Risk Management: Planung, Steuerung und Überwachung von Supply Chains, Berlin: Erich Schmidt

Hertel, J., Zentes, J. und H. Schramm-Klein (2011): Supply-Chain-Management und Warenwirtschaftssysteme im Handel, Berlin/Heidelberg: Springer

Hochschule Furtwangen (2011): internes Dokument zum Workshop vom 21./22. Juni 2011.

Hopp, W. J., Iravani, S. M. R. und Z. Liu (2012): Mitigating the Impact of Disruptions in Supply Chains, in: Gurnani, H., Mehrotra, A. und S. Ray (Hrsg.): Supply Chain Disruptions: Theory and Practice of Managing Risk, London: Springer, S. 21–49

Hotwagner, B. (2008): Supply Chain Risk Management und dessen systematische Umsetzung in Unternehmen, in: Wirtschaft und Management, Heft Mai/2008, S. 23–39

Hrdliczka, V., Jakobi, H. A., Schumacher, R. und S. Wenzel (1997): Leitfaden für Simulationsbenutzer in Produktion und Logistik, ASIM-Mitteilungen, Fachgruppe 4.5.6, http://www.uwe-pret.de/fabrikplanung/doku/asim-leitfaden.pdf, Zugriff am 09.05.2015

Huber, S., Klauenberg, J. und B. Lenz (2013): Bestehende Ansätze und Anforderungen zur Integration logistischer Knoten in der Nachfragemodellierung des Güterverkehrs, in: Thaller, C. und U. Clausen (Hrsg.): Wirtschaftsverkehr 2013: Datenerfassung und verkehrsträgerübergreifende Modellierung des Güterverkehrs als Entscheidungsgrundlage für die Verkehrspolitik, Berlin/Heidelberg: Springer, S. 74–89

Hummeltenberg, W. und D. B. Preßmar (1989): Vergleich von Simulation und Mathematischer Optimierung an Beispielen der Produktions- und Ablaufplanung, in: OR Spektrum 11, S. 217–229

Jacobsen, A. (2001): Die gesellschaftliche Wirklichkeit der Polizei: eine empirische Untersuchung zur Rationalität polizeilichen Handelns, Online-Ressource, (zugl. Dissertation Universität Bielefeld, 2002), http://pub.uni-bielefeld.de/publication/2304180, Zugriff am 08.07.2015

Jonen, A. (2007): Semantische Analyse des Risikobegriffs – Strukturierung der betriebswirtschaftlichen Risikodefinitionen und literaturempirische Auswertung, in: Beiträge zur Controlling-Forschung Nr. 11, Online-Ressource, https://kluedo.ub.uni-kl.de/frontdoor/deliver/index/docId/1811/file/11_Hauptdokument_Risikodefinition.pdf, Zugriff am 08.07.2015

Jüttner, U., Peck, H. und M. Christopher (2003): Supply Chain Risk Management: Outlining an Agenda for Future Research, in: International Journal of Logistics: Research and Applications, Vol. 6, Nr. 4, S. 197–210

Jung, H. (2010): Allgemeine Betriebswirtschaftslehre, München: Oldenbourg

Jung, J. und L. Kirchner (2001): Logistische Prozesse im Handwerk - Begriffliche Grundlagen und Referenzmodelle, Arbeitsberichte des Instituts für Wirtschaftsinformatik Nr. 29, Universität Koblenz-Landau, S. 1–54, http://www.wi-inf.uni-due.de/FGFrank/documents/Arbeitsberichte_Koblenz/Nr29.pdf, Zugriff am 19.06.2014

Jungermann, H., Pfister, H.-R. und K. Fischer (2005): Die Psychologie der Entscheidung: Eine Einführung, Heidelberg: Spektrum Akademischer Verlag

Kadachi, M. (2004): Kriterien für eine simulationskonforme Abbildung von Materialflusssystemen, München: Utz, (zugl. Dissertation der Techn. Univ. München, 2003)

Kaffka, J. (2013): Kombinierter Verkehr, in: Clausen, U. und C. Geiger (Hrsg.): Verkehrs- und Transportlogistik, Berlin/Heidelberg: Springer, S. 253–274

Kajüter, P. (2007): Risikomanagement in der Supply Chain: Ökonomische, regulatorische und konzeptionelle Grundlagen, in: Vahrenkamp, R. und C. Siepermann (Hrsg.): Risikomanagement in Supply Chains: Gefahren abwehren, Chancen nutzen, Erfolg generieren, Berlin: Erich Schmidt, S. 13–27

Kersten, W., Böger, M., Hohrath, P. und H. Späth (2006): Supply Chain Risk Management: Development of a Theoretical and Empirical Framework, in: Kersten, W. und T. Blecker (Hrsg.): Managing risks in supply chains: How to build reliable collaboration in logistics, Berlin: Erich Schmidt, S. 3–18

Kersten, W., Hohrath, P. und M. Winter (2008): Risikomanagement in Wertschöpfungs-netzen - Status Quo und aktuelle Herausforderungen, in: Wirtschaft und Management, Heft Mai/2008, S. 7–21

Kessler, S., Krause, S. und L. Nagel (2009): Nutzungsmöglichkeiten der Workbench zur Unterstützung des Planungsprozesses von Güterverkehrszentren, in: Buchholz, P. und U. Clausen (Hrsg.): Große Netze der Logistik: Die Ergebnisse des Sonderforschungsbereichs 559, Berlin/Heidelberg: Springer, S. 271–295

Kistner, K.-P. und M. Steven (2001): Produktionsplanung, Heidelberg: Physica

Klein, R. und A. Scholl (2011): Planung und Entscheidung: Konzepte, Modelle und Methoden einer modernen betriebswirtschaftlichen Entscheidungsanalyse, München: Vahlen

Kless, T. (1998): Beherrschung der Unternehmensrisiken: Aufgaben und Prozesse eines Risikomanagements, in: Deutsches Steuerrecht, Heft 3/1998, S. 93–96

Klesse, M., Melchert, F. und E. von Maur (2003): Corporate Knowledge Center als Grundlage integrierter Entscheidungsunterstützung, in: Reimer, U., Abecker, A., Staab, S. und G. Stumme (Hrsg.): Proceedings der WM 2003: Professionelles Wissensmanagement - Erfahrungen und Visionen, Luzern, S. 115–126

Klinger, A. und S. Wenzel (2000): Referenzmodelle - Begriffsbestimmung und Klassifikation, in: Wenzel, S. (Hrsg.): Referenzmodelle für die Simulation in Produktion und Logistik, Ghent: SCS, S. 13–29

Knothe, T. (2000): Referenzmodell Auftragsdurchlauf für Dienstleistung und Verwaltung, in: Wenzel, S. (Hrsg.): Referenzmodelle für die Simulation in Produktion und Logistik, Ghent: SCS, S. 99–118

Koch, H., Münch, S., Nestler, S. und T. Nobel (2010): Ranking der europäischen GVZ-Standorte - Benchmarking der europäischen Erfahrungen, in: Makrologistische Knoten, Band 1, Berlin: wvb

Koch, S. (2011): Einführung in das Management von Geschäftsprozessen: Six Sigma, Kaizen und TQM, Heidelberg u. a.: Springer

Kocian, C. (2011): Geschäftsprozessmodellierung mit BPMN 2.0: Business Process Model and Notation im Methodenvergleich, HNU Working Paper Nr. 16, Hochschule Neu-Ulm, https://www.hs-neu-ulm.de/fileadmin/user_upload/Forschung/HNU_Working_Paper/HNU_WP16_Kocian_Geschaeftsprozessmodellierung.pdf, Zugriff am 02.06.2014

Kofler, M. und R. Nebelo (2014): Excel programmieren: Abläufe automatisieren, Apps und Anwendungen entwickeln mit Excel 2007 bis 2013, München: Hanser

Krampe, H., Lucke, H.-J. und M. Schenk (2012): Grundlagen der Logistik: Theorie und Praxis logistischer Systeme, München: Huss

Kruse, C. und A.-W. Scheer (1992): Modellierung und Analyse dynamischen Systemverhaltens, Institut für Wirtschaftsinformatik im Dt. Forschungszentrum für künstliche Intelligenz (DFKI), Saarbrücken, http://www.uni-saarland.de/fileadmin/user_upload/Professoren/fr13_ProfLoos/IWi-Hefte/IWi-Heft_Nr._94.pdf, Zugriff am 09.05.2015

Künzer, L., Knigge, I. und G. Hofinger (2012): Gemeinsame Lagebilder und gemeinsame mentale Modelle in Stäben, in: Hofinger, G. (Hrsg.): Kommunikation in kritischen Situationen. Im Auftrag der Plattform „Menschen in komplexen Arbeitswelten", Frankfurt a. M.: Verlag für Polizeiwissenschaft Lorei, S. 129–147

Kuhn, A. und S. Wenzel (2008): Simulation logistischer Systeme, in: Arnold, D., Isermann, H., Kuhn, A., Tempelmeier, H. und K. Furmans (Hrsg.): Handbuch Logistik, Berlin/Heidelberg: Springer, S. 73–94

Kujath, H. J. (2003): Logistik und Raum - Neue regionale Netzwerke der Güterverteilung und Logistik, Working Paper, Erkner: Leibniz-Institut für Regionalentwicklung und Strukturplanung, http://www.irs-net.de/download/LogistikuRaum.pdf, Zugriff am 16.01.2014

Kummer, S. (2006): Einführung in die Verkehrswirtschaft, Wien: Facultas

Kummer, S. und I. Sudy (2007): Management von Transport- und Lagerrisiken in Supply Chains, in: Vahrenkamp, R. und C. Siepermann (Hrsg.): Risikomanagement in Supply Chains: Gefahren abwehren, Chancen nutzen, Erfolg generieren, Berlin: Erich Schmidt, S. 255–272

Lanza, G., Peter, K. und A. Jondral (2010): Anwenderfreundliche und komplexitätsreduzierte Bewertung und Robustheitsuntersuchung von Lean-Methoden bei kleinen und mittleren Unternehmen, in: Zülch, G. und P. Stock (Hrsg.): Integrationsaspekte der Simulation: Technik, Organisation und Personal, Karlsruhe: KIT Scientific Publishing, S. 189–196

Lasch, R. und C. G. Janker (2007): Risikoorientiertes Lieferantenmanagement, in: Vahrenkamp, R. und C. Siepermann (Hrsg.): Risikomanagement in Supply Chains: Gefahren abwehren, Chancen nutzen, Erfolg generieren, Berlin: Erich Schmidt, S. 111–131

Lassmann, W. (2006): Entscheidungsunterstützung, in: Lassmann, W. (Hrsg.): Wirtschaftsinformatik: Nachschlagewerk für Studium und Praxis, Wiesbaden: Gabler, S. 410–444

Latki, B., Pitsch, H., Greinert, C. und C. Meyr (2010): Prozess-Simulation als Methodenwerkzeug für den Funktionsnachweis komplexer Infra- und Suprastrukturplanungen am Beispiel eines Terminals für den intermodalen Ladungsverkehr, in: Zülch, G. und P. Stock (Hrsg.): Integrationsaspekte der Simulation: Technik, Organisation und Personal, Karlsruhe: KIT Scientific Publishing, S. 245–252

Laux, H., Gillenkirch, R. M. und H. Y. Schenk-Mathes (2012): Entscheidungstheorie, Berlin: Springer

Leung, K. und P. Forster (2007): DHL in China: The Role of Logistics governance, in: Lee, H. L. und C.-Y. Lee (Hrsg.): Building Supply Chain Excellence in Emerging Economies, New York: Springer, S. 241–262

Löffler, H. F., Bömelburg, P. und T. Augsten (2011): Exklusive Benchmarkstudie zu Stand und Perspektiven des Risikomanagements in deutschen (Familien-) Unternehmen, http://www.risknet.de/risknet-elibrary/kategorien/oprisk/?L=3, Zugriff am 27.11.2012

LUB Consulting GmbH und Institut für Seeverkehrswirtschaft und Logistik (2010): Gutachten: „Effekte der Güterverkehrszentren (GVZ) in Deutschland“: Schlussbericht, Dresden/Bremen

Lucke, H.-J., Clausen, U., Eisenkopf, A., Frindik, R., Lüsch, J., Peter, U. und H. Stabenau (2012): Transportlogistik, in: Krampe, H., Lucke, H.-J. und M. Schenk (Hrsg.): Grundlagen der Logistik: Theorie und Praxis logistischer Systeme, München: Huss, S. 301–354

Luczak, H. und J. Becker (2003): Workflowmanagement in der Produktionsplanung und -steuerung: Qualität und Effizienz der Auftragsabwicklung steigern, Berlin/Heidelberg: Springer

Mattern, F. und H. Mehl (1989): Diskrete Simulation - Prinzipien und Probleme der Effizienzsteigerung durch Parallelisierung, in: Informatik-Spektrum 12, S. 198–210

Meier, F., Sender, J. und R. Voll (2013): Schienengüterverkehr, in: Clausen, U. und C. Geiger (Hrsg.): Verkehrs- und Transportlogistik, Berlin/Heidelberg: Springer, S. 161–177

Mertins, K., Finke, I. und R. Orth (2009): Ein Referenzmodell für Wissensmanagement, in: Mertins, K. und H. Seidel (Hrsg.): Wissensmanagement im Mittelstand: Grundlagen - Lösungen - Praxisbeispiele, Berlin/Heidelberg: Springer, S. 15–22

Mesarović, M. D., Macko, D. und Y. Takahara (1970): Theory of Hierarchical, Multilevel Systems, New York u. a.: Academic Press

Meyer, A. (2013): Referenzmodell für eine branchenorientierte Energieeffizienzsoftware für KMU, in: Gómez, J. M., Lang C. und V. Wohlgemuth (Hrsg.): IT-gestütztes Ressourcen- und Energiemanagement: Konferenzband zu den 5. BUIS-Tagen, Berlin/Heidelberg: Springer, S. 11–19

Michel-Schwartze, B. (2007): Konzeptionsentwicklung als Steuerungsmethode, in: Michel-Schwartze, B. (Hrsg.): Methodenbuch Soziale Arbeit: Basiswissen für die Praxis, Wiesbaden, GWV, S. 293–316

Müssigmann, N. (2007): Strategische Liefernetze: Evaluierung, Auswahl, kritische Knoten, Wiesbaden: Dt. Univ.-Verlag

Muschkiet, M. (2013): Binnenschiffgüterverkehr, in: Clausen, U. und C. Geiger (Hrsg.): Verkehrs- und Transportlogistik, Berlin/Heidelberg: Springer, S. 179–202

Nissen, V. (2002): Supply Chain Event Management, in: Wirtschaftsinformatik, Vol. 44, Nr. 5, S. 477–480

Nobel, T. (2008): Boom in der Logistikbranche, in: Unsere Wirtschaft, 01/2008, S. 32–35

Nobel, T. (2004): Entwicklung der Güterverkehrszentren in Deutschland: eine am methodischen Instrument Benchmarking orientierte Untersuchung, Bremen: Institut für Seeverkehrswirtschaft und Logistik, (zugl. Dissertation Universität Bremen, 2004)

Norrman, A. und R. Lindroth (2004): Categorization of Supply Chain Risk and Risk Management, in: Brindley, C. (Hrsg.): Supply Chain Risk, 2004, Aldershot/Burlington: Ashgate Publishing Limited, S. 14–27

Nuhn, H. und M. Hesse (2006): Verkehrsgeographie, Paderborn u. a.: Schöningh

Page, B. (1991): Diskrete Simulation: Eine Einführung mit Modula-2, Berlin u. a.: Springer

Patt, H. und P. Gonsowski (2011): Wasserbau: Grundlagen, Gestaltung von wasserbaulichen Bauwerken und Anlagen, Heidelberg u. a.: Springer

Paulsson, U. (2004): Supply Chain Risk Management, in: Brindley, C. (Hrsg.): Supply Chain Risk, Aldershot/Burlington: Ashgate Publishing Limited, S. 79–96

Pfohl, H.-C. (2002): Risiken und Chancen: Strategische Analyse in der Supply Chain, in: Pfohl, H.-C. (Hrsg.): Risiko- und Chancenmanagement in der Supply Chain: proaktiv - ganzheitlich - nachhaltig, Berlin: Erich Schmidt, S. 1–58

Pfohl, H.-C. (1977): Problemorientierte Entscheidungsfindung in Organisationen, Berlin: de Gruyter

Pfohl, H.-C., Köhler, H. und D. Thomas (2010): State of the art in supply chain risk management research: empirical and conceptual findings and a roadmap for the implementation in practice, in: Logistics Research, Vol. 2, Nr. 1, S. 33–44

Podbregar, N., Schwanke, K. und H. Frater (2009): Wetter, Klima, Klimawandel: Wissen für eine Welt im Umbruch: Berlin/Heidelberg: Springer

Poluha, R. G. (2010): Quintessenz des Supply Chain Managements, Heidelberg u. a.: Springer

Pulter, N., Nimis, J. und P. C. Lockemann (2010): Störungsmanagement in offenen, getakteten Logistiknetzen, in: Künstliche Intelligenz, Vol. 24, Nr. 2, S. 131–136

Rall, B. (2008): Außerbetriebliche Logistik: Güterverkehrszentren, in: Arnold, D., Isermann, H., Kuhn, A., Tempelmeier, H. und K. Furmans (Hrsg.): Handbuch Logistik, Berlin/Heidelberg: Springer, S. 778–781

Rajamani, D., Sriskandarajah, C., Pickens, T. und S. Hameed (2006): A Framework for Risk Management in Supply Chains, Working paper, http://som.utdallas.edu/centers/c4isn/documents/c4isn-framework-August06.pdf, Zugriff am 25.05.2011

Recke, G. (2005): Entscheidungsanalyse unter Risiko und Unsicherheit: Entscheidungscharakteristika in ökonomischen Netzwerken, Göttingen: Duehrkohp und Radicke, (zugl. Habilitation Universität Göttingen, 2001)

Regenfus, T. und K. Vieweg (2010): Sicherheits- und Risikoterminologie im Spannungsfeld von Technik und Recht, in: Winzer, P., Schnieder, E. und F.-W. Bach (Hrsg.): Sicherheitsforschung - Chancen und Perspektiven, Berlin/Heidelberg: Springer, S. 131–144

Rennemann, T. (2007): Logistische Lieferantenauswahl in globalen Produktionsnetzwerken: Rahmenbedingungen, Aufbau und Praxisanwendung eines kennzahlenbasierten Entscheidungsmodells am Beispiel der Automobilindustrie, Wiesbaden: Dt. Univ.-Verlag, (zugl. Dissertation Universität Eichstätt, 2007)

Riesenhuber, M. (2006): Die Fehlentscheidung: Ursache und Eskalation, Wiesbaden: Dt. Univ.-Verlag, (zugl. Dissertation Wissenschaftliche Hochschule für Unternehmensführung, Vallendar, 2006)

Ritchie, B. und C. Brindley (2009a): SCRM and Performance - Issues and Challenges, in: Zsidisin, G. A. und B. Ritchie (Hrsg.): Supply Chain Risk: A Handbook of Assessment, Management and Performance, Bosten/MA: Springer US, S. 249–270

Ritchie, B. und C. Brindley (2009b): Effective Management of Supply Chains: Risks and Performance, in: Wu, T. und J. Blackhurst (Hrsg.): Managing Supply Chain Risk and Vulnerability: Tools and Methods for Supply Chain Decision Makers, London: Springer, S. 9–28

Roden, H. und C. Klaus (2010): Lean Six Sigma Taschenbuch: Erfolg durch Verbesserung, Aachen: Shaker

Romeike, F. (2005): Modernes Risikomanagement: die Markt- Kredit- und operationellen Risiken zukunftsorientiert steuern, Weinheim: Wiley-VCH

Romeike, F. (2003): Der Prozess des strategischen und operativen Risikomanagements, in: Romeike, F. und R. Finke (Hrsg.): Erfolgsfaktor, Risiko-Management: Chance für Industrie und Handel, Wiesbaden: Gabler, S. 147–161

Rosemann, M. (1997): Prozessmodell, in: Mertens, P. (Hrsg.): Lexikon der Wirtschaftsinformatik, Berlin u. a.: Springer, S. 334

Rosemann, Michael und R. Schütte (1997): Grundsätze ordnungsmäßiger Referenzmodellierung, in: Becker, J., Rosemann, M. und R. Schütte (Hrsg.): Entwicklungsstand und Entwicklungsperspektiven der Referenzmodellierung, Arbeitsbericht Nr. 52 des Instituts für Wirtschaftsinformatik der Westfälischen Wilhelms-Universität Münster, S. 16–33, http://miami.uni-muenster.de/servlets/DerivateServlet/Derivate-4685/052_arbeitsberichte_wirtschaftsinformatik.pdf, Zugriff am 10.01.2011

Rosenkranz, F. und M. Missler-Behr (2005): Unternehmensrisiken erkennen und managen: Einführung in die quantitative Planung, Berlin u. a.: Springer

Rupp, C. und S. Queins (2012): UML 2 glasklar: Praxiswissen für die UML-Modellierung, München/Wien: Hanser

Rust, T. (2010): Rollierende Produktions- und Beschaffungsplanung in einer kooperativen Kunden-Lieferanten-Beziehung mit Quotenbezug, Online-Ressource, (zugl. Dissertation Universität Paderborn, 2010), http://digital.ub.uni-paderborn.de/hs/content/titleinfo/1871, Zugriff am 18.06.2015

Saliger, E. (2003): Betriebswirtschaftliche Entscheidungstheorie: Einführung in die Logik individueller und kollektiver Entscheidungen, München: Oldenbourg

Sauer, J. und A. Hahn (2009): VirtualPort – Simulation von logistischen Prozessen in Containerterminals, in: Fischer, S., Maehle, E. und R. Reischuk (Hrsg.): Proceedings der GI: Informatik 2009: Im Focus das Leben, Lübeck, S. 3581–3589

Sharp, A. und P. McDermott (2009): Workflow Modeling: Tools for Process Improvement and Application Development, Norwood: Artech House

Schäfer, M. (2015): Erfolgsfaktor Kanzleikommunikation: Magnet für Mandanten und Mitarbeiter, Wiesbaden: Springer Gabler

Schawel, C. und F. Billing (2012): Top 100 Management Tools: Das wichtigste Buch eines Managers. Von ABC-Analyse bis Zielvereinbarung, Wiesbaden: Springer Gabler

Scheer, A.-W. (1997): ARIS - House of Business Engineering: Konzept zur Beschreibung und Ausführung von Referenzmodellen, in: Becker, J., Rosemann, M. und R. Schütte (Hrsg.): Entwicklungsstand und Entwicklungsperspektiven der Referenzmodellierung, Arbeitsbericht Nr. 52 des Instituts für Wirtschaftsinformatik der Westfälischen Wilhelms-Universität Münster, S. 3–15, http://miami.uni-muenster.de/servlets/DerivateServlet/Derivate-4685/052_arbeitsberichte_wirtschaftsinformatik.pdf, Zugriff am 10.01.2011

Scheer, A.-W. (1990): Wirtschaftsinformatik: Informationssysteme im Industriebetrieb, Berlin/Heidelberg u. a.: Springer

Schierenbeck, H. und M. Lister (2002): Value Controlling: Grundlagen Wertorientierter Unternehmensführung, München/Wien: Oldenbourg

Schild, U. (2005): Lebenszyklusrechnung und lebenszyklusbezogenes Zielkostenmanagement: Stellung im internen Rechnungswesen, Rechnungsausgestaltung und modellgestützte Optimierung der intertemporalen Kostenstruktur, Wiesbaden: Dt. Univ.-Verlag, (zugl. Dissertation Universität Göttingen, 2004)

Schlick, C. M., Bruder, R. und H. Luczak (2010): Arbeitswissenschaft, Heidelberg u. a.: Springer

Schmelzer, H. und W. Sesselmann (2008): Geschäftsprozessmanagement in der Praxis: Kunden zufrieden stellen, Produktivität steigern, Wert erhöhen, München: Carl Hanser

Schmitt, M. (2010): Betriebliches Notfallmanagement: Maßnahmen zur betrieblichen Gefahrenabwehr und Schadensbegrenzung, Heidelberg: ecomed Sicherheit

Schneck, O. (2010): Risikomanagement: Grundlagen, Instrumente, Fallbeispiele, Weinheim: Wiley-VCH

Schneider, O., Hohenstein, F. und W. A. Günthner (2011): Bewertung von Methoden hinsichtlich einer ganzheitlichen Prozessdarstellung, in: Logistics Journal: Not reviewed publication, http://www.logistics-journal.de/not-reviewed/2011/10/3144/schneider.pdf, Zugriff am 02.07.2015

Schnieder, E. und L. Schnieder (2013): Verkehrssicherheit: Maße und Modelle, Methoden und Maßnahmen für den Straßen- und Schienenverkehr, Berlin/Heidelberg: Springer

Schönsleben, P. (2011): Integrales Logistikmanagement: Operations und Supply Chain Management innerhalb des Unternehmens und unternehmensübergreifend, Heidelberg u. a.: Springer

Scholl, A., Klein, R. und L. Häselbarth (2003): Planung im Spannungsfeld zwischen Informationsdynamik und zeitlichen Interdependenzen, in: Jenaer Schriften zur Wirtschaftswissenschaft, Nr. 14/2003, Friedrich-Schiller-Universität Jena, S. 1–15, http://www.wiwi.uni-jena.de/Papers/wp-sw1403.pdf, Zugriff am 18.06.2015

Scholz, I. (2000): Referenzmodell für Umschlag und Kommissionierung, in: Wenzel, S. (Hrsg.): Referenzmodelle für die Simulation in Produktion und Logistik, Ghent: SCS, S. 211–231

Scholz-Reiter, B., de Beer, C., Freitag, M., Hamann, T., Rekersbrink, H. und J. T. Tervo (2008): Dynamik logistischer Systeme, in: Nyhuis, P. (Hrsg.): Beiträge zu einer Theorie der Logistik, Berlin/Heidelberg: Springer, S. 109–138

Schorr, M. (2011): Ein modellbasiertes, lebenszyklusorientiertes Datenmanagement-Konzept für Straßen- und Brückenbauprojekte, München: Lehrstuhl für Fördertechnik Materialfluss Logistik der Techn. Univ., (zugl. Dissertation der Techn. Univ. München, 2011)

Schulte, C. (2013): Logistik: Wege zur Optimierung der Supply Chain, München: Vahlen

Schulze, M. (2007): Prozesskostenorientierte Gestaltung von Wertschöpfungsprozessen, Wiesbaden: Dt. Univ.-Verlag, (zugl. Dissertation Universität Oldenburg, 2007)

Schuster, T. (2012): Modellierung, Integration und Analyse von Ressourcen in Geschäftsprozessen, Karlsruhe: KIT Scientific Publishing, (zugl. Dissertation Karlsruher Institut für Technologie, 2012)

Schwarz, F. (2009): Modellierung und Analyse trimodaler Seehafenhinterlandverkehre unter Einsatz eines intermodalen geographischen Informationssystems, in: Buchholz, P. und U. Clausen (Hrsg.): Große Netze der Logistik: Die Ergebnisse des Sonderforschungsbereichs 559, Berlin/Heidelberg: Springer, S. 381–401

Seibold, H. (2006): IT-Risikomanagement, München/Wien: Oldenbourg

Servatius, H.-G. (2006): Risikomanagement als umfassende Krisenprävention, in: Information Management & Consulting, Vol. 21, Nr. 4, S. 69–77

Simon, H. A. (1960): The New Science of Management Decision, New York: Harper & Row

Smith, D. (2003): Business Continuity and Crisis Management, in: Management Quarterly 18, S. 27–33

Sonntag, H., Meimbresse, B., Eckstein, W. und J. Lattner (1999): Städtischer Wirtschaftsverkehr und logistische Knoten. Wirkungsanalyse von Verknüpfungen der Güterverkehrsnetze auf den städtischen Wirtschafts- und Güterverkehr, Bremerhaven: Wirtschaftsverlag NW

Spekman, R. E. und E. W. Davis (2004): Risky business: expanding the discussion on risk and the extended enterprise, in: International Journal of Physical Distribution & Logistics Management, Vol. 34, Nr. 5, S. 414–433

Spengler, T. (2006): Modellgestützte Personalplanung, Working Paper Nr. 10, Magdeburg: Faculty of Economics and Management, www.ufo.ovgu.de/ufo_media/Lehre/Personalplanung/Modellgestuetzte_Personalplanung.pdf, Zugriff am 18.06.2015

Staehle, W. H. (1976): Der situative Ansatz in der Betriebswirtschaftslehre, in: Ulrich, H. (Hrsg.): Zum Praxisbezug der Betriebswirtschaftslehre: in wissenschaftstheoretischer Sicht, Bern/Stuttgart: Haupt, S. 33–50

Statistisches Bundesamt (2014): Statistisches Jahrbuch Deutschland 2014: Transport und Verkehr, Wiesbaden: Statistisches Bundesamt, S. 581–601

Staud, J. (2006): Geschäftsprozessanalyse: Ereignisgesteuerte Prozessketten und objektorientierte Geschäftsprozessmodellierung für Betriebswirtschaftliche Standardsoftware, Berlin/Heidelberg: Springer

Stein, A. (2012): Umschlagsprozesse in der Logistik, in: Klaus, P., Krieger, W. und M. Krupp (Hrsg.): Gabler Lexikon Logistik: Management logistischer Netzwerke und Flüsse, Wiesbaden: Springer Gabler

Steven, M. und I. Pollmeier (2007): Management von Kooperationsrisiken in Supply Chains, in: Vahrenkamp, R. und C. Siepermann (Hrsg.): Risikomanagement in Supply Chains: Gefahren abwehren, Chancen nutzen, Erfolg generieren, Berlin: Erich Schmidt, S. 273-286

Sucky, E. (2008): Netzwerkmanagement, in: Arnold, D., Isermann, H., Kuhn, A., Tempelmeier, H. und K. Furmans (Hrsg.): Handbuch Logistik, Berlin/Heidelberg: Springer, S. 934–945

Sudy, I., Kummer, S. und E. Lehner (2013): Risk Response Measures for the Management of Theft Risk in Road Freight Transport Chains, in: Eßig, M., Hülsmann, M., Kern, E.-M. und S. Klein-Schmeink (Hrsg.): Supply Chain Safety Management: Security and Robustness in Logistics, Berlin/Heidelberg: Springer, S. 153–166

Svensson, G. (2002): Dyadic Vulnerability in Companies` Inbound and Outbound Logistics Flows, in: International Journal of Logistics: Research and Application, Vol. 5, Nr. 1, S. 13–43

Sydow, J. (2010): Management von Netzwerkorganisationen - Zum Stand der Forschung, in: Sydow, J. (Hrsg.): Management von Netzwerkorganisationen: Beiträge aus der Managementforschung, Wiesbaden: Gabler, S. 373–470

Tandler, S. und M. Eßig (2013): Supply Chain Safety Management - The Concept, in: Eßig, M., Hülsmann, M., Kern, E.-M. und S. Klein-Schmeink (Hrsg.): Supply Chain Safety Management: Security and Robustness in Logistics, Berlin/Heidelberg: Springer, S. 3-40

Tandler, S. und M. Eßig (2011): Supply Chain Safety Management - Konzeption und Gestaltungsempfehlungen, in: Bogaschewsky, R., Eßig, M., Lasch, R. und W. Stölzle (Hrsg.): Supply Management Research, Wiesbaden: Springer Gabler, S. 57–91

Thaller, C., Klauenberg, J., Clausen, U. und B. Lenz (2013): Charakterisierung logistischer Knoten mittels logistik-, verkehrs- und betriebsspezifischer empirischer Daten: Analyse zur Integration logistischer Knoten in die Verkehrsnachfragemodellierung des Güterverkehrs, in: Thaller, C. und U. Clausen (Hrsg.): Wirtschaftsverkehr 2013: Datenerfassung und verkehrsträgerübergreifende Modellierung des Güterverkehrs als Entscheidungsgrundlage für die Verkehrspolitik, Berlin/Heidelberg: Springer, S. 49–73

Thiel, C. und C. Thiel (2010): Business Continuity Management für KMU, in: Datenschutz und Datensicherheit, Vol. 34, Nr. 6, S. 404–407

Thomas, O. (2009): Fuzzy Process Engineering: Integration von Unschärfe bei der modellbasierten Gestaltung prozessorientierter Informationssysteme, Wiesbaden: Gabler

Thomas, O. (2006): Das Referenzmodellverständnis in der Wirtschaftsinformatik: Historie, Literaturanalyse und Begriffsexplikation, Institut für Wirtschaftsinformatik im Dt. Forschungszentrum für künstliche Intelligenz (DFKI), Saarbrücken, http://scidok.sulb.uni-saarland.de/volltexte/2006/636/pdf/IWi-Heft_187.pdf, Zugriff am 09.06.2014

Töpfer, A. (2007): Betriebswirtschaftslehre: Anwendungs- und prozessorientierte Grundlagen, Berlin/Heidelberg: Springer

VDI-Richtlinien 3633, Blatt 1 (2014): Simulation von Logistik-, Materialfluss- und Produktionssystemen: Grundlagen

VDI-Richtlinien 3633 (2013): Simulation von Logistik-, Materialfluss- und Produktionssystemen: Begriffe (Entwurf 2013–12)

Völker, S. und P.-M. Schmidt (2010): Simulationsbasierte Optimierung von Produktions- und Logistiksystemen mit Tecnomatix Plant Simulation, in: Zülch, G. und P. Stock (Hrsg.): Integrationsaspekte der Simulation: Technik, Organisation und Personal, Karlsruhe: KIT Scientific Publishing, S. 93–100

Voigt, K.-I. (2010): Risikomanagement im Anlagenbau: Konzepte und Fallstudien aus der Praxis, Berlin: Erich Schmidt

Voigt, K.-I. (2008): Industrielles Management: Industriebetriebslehre aus prozessorientierter Sicht, Berlin/Heidelberg, Springer

vom Brocke, J. (2003): Referenzmodellierung: Gestaltung und Verteilung von Konstruktionsprozessen, Berlin: Logos, (zugl. Dissertation Universität Münster, 2002)

von Haaren, B. (2008): Konzeption, Modellierung und Simulation eines Supply-Chain-Risikomanagements, Dortmund, Online-Ressource, (zugl. Dissertation Universität Dortmund, 2009), http://d-nb.info/997425067/34, Zugriff am 07.12.2013

von Rössing, R. (2005): Betriebliche Kontinuität als Teil eines integrierten Risikomanagements, in: RiskNews 5, S. 14–19

von Werder, A. und A. Nestler (1998): Organisation des Umweltschutzes im Mittelstand: Konzeption - Praxiserfahrungen - Gestaltungsempfehlungen, Wiesbaden: Gabler

Wagner, S., Kemmerling, R., Kersten, W. und M. Böger (2010): Supply Chain Risikomanagement: Besonderheiten und Herausforderungen für kleine und mittlere Unternehmen, in: Engelhardt-Nowitzki, C., Nowitzki, O. und H. Zsifkovits (Hrsg.): Supply Chain Network Management: Gestaltungskonzepte und Stand der praktischen Anwendung, 2010, Wiesbaden: Gabler, S. 97–116

Wagner S. M. und C. Bode (2009): Dominant Risks and Risk Management Practices in Supply Chains, in: Zsidisin, G. A. und B. Ritchie (Hrsg.): Supply Chain Risk: A Handbook of Assessment, Management and Performance, Bosten/MA: Springer US, S. 271–290

Wagner, S. M. und C. Bode (2007a): Empirische Untersuchung von SC-Risiken und SC-Risikomanagement in Deutschland, in: Vahrenkamp, R. und C. Siepermann (Hrsg.): Risikomanagement in Supply Chains: Gefahren abwehren, Chancen nutzen, Erfolg generieren, Berlin: Erich Schmidt, S. 59–79

Wagner, S. M. und C. Bode (2007b): An empirical investigation into supply chain vulnerability, in: Journal of Purchasing & Supply Management 12, S. 301–312

Wagner, S. M. und N. Neshat (2009): Assessing the vulnerability of supply chains using graph theory, in: International Journal Production Economics 126, S. 121–129

Wagner, T. (2008): Analysen der Logistikbranche in der Metropolregion Hamburg, Teil III: Verkehrserzeugung von Logistikgebieten: Ergebnisse von Verkehrszählungen der Gewerbegebiete Allermöhe und Valluhn-Gallin, ECTL Working Paper 39, Hamburg: European Centre for Transportation and Logistics, S. 7–29

Waters, D. (2011): Supply chain risk management: vulnerability and resilience in logistics, London: KoganPage

Weigert, G., Rose, O., Gocev, P. und G. Mayer (2010): Kennzahlen zur Bewertung logistischer Systeme, in: Zülch, G. und P. Stock (Hrsg.): Integrationsaspekte der Simulation: Technik, Organisation und Personal, Karlsruhe: KIT Scientific Publishing, S. 599–606

Welp, H. (2010): Perspektiven von Logistikstandorten im nördlichen Westfalen: Entwicklungsvarianten für das Güterverkehrszentrum GVZ Rheine, in: GeKo Aktuell, Nr. 1, S. 1–56

Werner, H. (2013): Supply Chain Management: Grundlagen, Strategien, Instrumente und Controlling, Wiesbaden: Springer Gabler

Werners, B., Thorn, J. und S. Freiwald (2001): Innerbetriebliche Transportoptimierung für ein Paketzentrum der Deutschen Post World Net, in: OR-Spektrum 23, S. 507–523

Wiendahl, H.-H. (2011): Auftragsmanagement der industriellen Produktion: Grundlagen, Konfiguration, Einführung, Berlin/Heidelberg: Springer

Wiesinger, G. F. (2010): Prozessorientierte Konstruktionsmethode für Industrieparks der Automobilindustrie, Dortmund, Online-Ressource, (zugl. Dissertation Universität Dortmund, 2010), http://d-nb.info/1007024429/34, Zugriff am 17.01.2014

Wildebrand, H., Haasis, H.-D., Zimmermann, F. und M. Plöger (2011): Security Simulation for Critical Infrastructure of Freight Villages Using Software Agents, in: Proceedings of the 6th Future Security Research Conference, Berlin, 5.-7. September 2011, S. 479–484

Wildemann, H. (2009): Schaubild: Bausteine, http://z-corp-online.de/index.php?option=com_docman&task=doc_download&gid=24, Zugriff am 20.03.2014

Wildemann, H. (2007): Supply Chain Management, in: Köhler, R., Küpper, H.-U. und A. Pfingsten (Hrsg.): Handwörterbuch der Betriebswirtschaft, 2007, Stuttgart: Schäffer-Poeschel, S. 1721–1730

Winkler, H. und B. Kaluza (2007): Überlegungen zu einem integrierten Supply Chain Performance- und Risikomanagement, in: Vahrenkamp, R. und C. Siepermann (Hrsg.): Risikomanagement in Supply Chains: Gefahren abwehren, Chancen nutzen, Erfolg generieren, Berlin: Erich Schmidt, S. 319–335

Wittenbrink, P. (2012): Ergebnisse der Umfrage „Risikomanagement in Transport und Logistik 2015“, http://www.bme.de/fileadmin/bilder/Wittenbrink_BME_2012_Lang-fassung_Stand_09_11_2012.pdf, Zugriff am 07.12.2012

Wöhe, G. und U. Döring (2010): Einführung in die allgemeine Betriebswirtschaftslehre, München: Vahlen

Wolf, K. und B. Runzheimer (2003): Risikomanagement und KonTraG: Konzeption und Implementierung, Wiesbaden: Gabler

Zalewski, A., Sztandera, P., Ludzia, M. und M. Zalewski (2008): Modeling and analyzing disaster recovery plans as business processes, in: Harrison M. D. und M.-A. Sujan (Hrsg.): Computer Safety, Reliability and Security: 27th International Conference, SAFECOMP 2008, Berlin/Heidelberg: Springer, S. 113–125

Zerres, C. und M. Zerres (2011): Methoden einer Marketing-Planung: Marketing-Methodik II, Online-Ressource, http://rybarecords.de/eBooks/Marketing/methoden-einer-marketing-planung-2.pdf, Zugriff am 08.07.2015

Anhang 1: Tagesganglinien

In Tabelle 49 sind die im Simulationsmodell eingepflegten Tagesganglinien für die Cluster enthalten, bezogen auf den Montag und ohne Berücksichtigung der Gewichtungsfaktoren für die Akteure innerhalb eines Clusters. In der ersten Spalte ist die Startzeit eines Stundenintervalls notiert. Es sind dabei nur diejenigen Stundenintervalle berücksichtigt, in welchen auch Verkehre stattfinden. Die Daten basieren auf den in einer Studie ermittelten Tagesganglinien für das GVZ Bremen (vgl. Kapitel 4.3.3.2).

Tabelle 49: Verwendete Tagesganglinien [Quelle: Eigene Darstellung]

KV-Terminal			
Zeit	**Anzahl Fahrzeuge**	**Fahrzeugart**	**Beladung**
ab 05:00 Uhr	5 3	Sattelanhänger Wechselbrücke	leer leer
ab 06:00 Uhr	2 1 3 3	Sattelanhänger Wechselbrücke Sattelanhänger Wechselbrücke	beladen beladen leer leer
ab 07:00 Uhr	3 3 6 5	Sattelanhänger Wechselbrücke Sattelanhänger Wechselbrücke	beladen beladen leer leer
ab 08:00 Uhr	3 2 3 3	Sattelanhänger Wechselbrücke Sattelanhänger Wechselbrücke	beladen beladen leer leer
ab 09:00 Uhr	2 2 4 3	Sattelanhänger Wechselbrücke Sattelanhänger Wechselbrücke	beladen beladen leer leer
ab 10:00 Uhr	4 3 4 3	Sattelanhänger Wechselbrücke Sattelanhänger Wechselbrücke	beladen beladen leer leer

KV-Terminal			
Zeit	**Anzahl Fahrzeuge**	**Fahrzeugart**	**Beladung**
ab 11:00 Uhr	4	Sattelanhänger	beladen
	3	Wechselbrücke	beladen
	2	Sattelanhänger	leer
	2	Wechselbrücke	leer
ab 12:00 Uhr	4	Sattelanhänger	beladen
	3	Wechselbrücke	beladen
	3	Sattelanhänger	leer
	2	Wechselbrücke	leer
ab 13:00 Uhr	3	Sattelanhänger	beladen
	2	Wechselbrücke	beladen
	4	Sattelanhänger	leer
	3	Wechselbrücke	leer
ab 14:00 Uhr	4	Sattelanhänger	beladen
	3	Wechselbrücke	beladen
	2	Sattelanhänger	leer
	2	Wechselbrücke	leer
ab 15:00 Uhr	3	Sattelanhänger	beladen
	2	Wechselbrücke	beladen
	1	Sattelanhänger	leer
	1	Wechselbrücke	leer
ab 16:00 Uhr	3	Sattelanhänger	beladen
	3	Wechselbrücke	beladen
	1	Sattelanhänger	leer
	1	Wechselbrücke	leer
ab 17:00 Uhr	2	Sattelanhänger	beladen
	2	Wechselbrücke	beladen
	1	Sattelanhänger	leer
ab 18:00 Uhr	2	Sattelanhänger	beladen
	2	Wechselbrücke	beladen

Hafenterminal			
Zeit	**Anzahl Fahrzeuge**	**Fahrzeugart**	**Beladung**
ab 06:00 Uhr	2	Sattelanhänger	beladen
	1	Wechselbrücke	beladen
ab 07:00 Uhr	3	Sattelanhänger	beladen
	3	Wechselbrücke	beladen

Hafenterminal			
Zeit	**Anzahl Fahrzeuge**	**Fahrzeugart**	**Beladung**
ab 08:00 Uhr	3 2	Sattelanhänger Wechselbrücke	beladen beladen
ab 09:00 Uhr	2 2	Sattelanhänger Wechselbrücke	beladen beladen
ab 10:00 Uhr	4 3	Sattelanhänger Wechselbrücke	beladen beladen
ab 11:00 Uhr	4 3	Sattelanhänger Wechselbrücke	beladen beladen
ab 12:00 Uhr	4 3	Sattelanhänger Wechselbrücke	beladen beladen
ab 13:00 Uhr	3 2	Sattelanhänger Wechselbrücke	beladen beladen
ab 14:00 Uhr	4 3	Sattelanhänger Wechselbrücke	beladen beladen
ab 15:00 Uhr	3 2	Sattelanhänger Wechselbrücke	beladen beladen
ab 16:00 Uhr	3 3	Sattelanhänger Wechselbrücke	beladen beladen
ab 17:00 Uhr	2 2	Sattelanhänger Wechselbrücke	beladen beladen
ab 18:00 Uhr	2 2	Sattelanhänger Wechselbrücke	beladen beladen
KEP-Dienstleister			
Zeit	**Anzahl Fahrzeuge**	**Fahrzeugart**	**Beladung**
ab 03:00 Uhr	3	Sattelanhänger	beladen
ab 04:00 Uhr	7	Sattelanhänger	beladen
ab 12:00 Uhr	3	LKW klein	beladen
ab 17:00 Uhr	38	LKW klein	beladen
ab 18:00 Uhr	25	LKW klein	beladen
ab 19:00 Uhr	3	LKW klein	beladen

LDL Non-Food			
Zeit	**Anzahl Fahrzeuge**	**Fahrzeugart**	**Beladung**
ab 00:00 Uhr	1	Sattelanhänger	beladen
ab 01:00 Uhr	2	Sattelanhänger	beladen
ab 02:00 Uhr	3	Sattelanhänger	beladen
ab 03:00 Uhr	4	Sattelanhänger	beladen
ab 04:00 Uhr	3	Sattelanhänger	beladen
ab 05:00 Uhr	2	Sattelanhänger	beladen
ab 12:00 Uhr	4	LKW mittel	beladen
ab 13:00 Uhr	3	LKW mittel	beladen
ab 14:00 Uhr	6	LKW mittel	beladen
ab 15:00 Uhr	10	LKW mittel	beladen
ab 16:00 Uhr	5	LKW mittel	beladen
ab 17:00 Uhr	4	LKW mittel	beladen
ab 18:00 Uhr	2	LKW mittel	beladen
ab 23:00 Uhr	2	Sattelanhänger	beladen
LDL Food			
Zeit	**Anzahl Fahrzeuge**	**Fahrzeugart**	**Beladung**
ab 05:00 Uhr	4	Sattelanhänger	beladen
ab 06:00 Uhr	6	Sattelanhänger	beladen
ab 07:00 Uhr	7	Sattelanhänger	beladen
ab 08:00 Uhr	2	Sattelanhänger	beladen
ab 13:00 Uhr	1	Sattelanhänger	beladen
ab 14:00 Uhr	1	Sattelanhänger	beladen
ab 15:00 Uhr	2	Sattelanhänger	beladen
ab 16:00 Uhr	2	Sattelanhänger	beladen
ab 17:00 Uhr	2	Sattelanhänger	beladen
ab 18:00 Uhr	2	Sattelanhänger	beladen
ab 19:00 Uhr	1	Sattelanhänger	beladen
ab 20:00 Uhr	1	Sattelanhänger	beladen
ab 21:00 Uhr	1	Sattelanhänger	beladen

Postfracht			
Zeit	**Anzahl Fahrzeuge**	**Fahrzeugart**	**Beladung**
ab 00:00 Uhr	3	Sattelanhänger	beladen
ab 01:00 Uhr	3	Sattelanhänger	beladen
ab 02:00 Uhr	9	Sattelanhänger	beladen
ab 03:00 Uhr	2	Sattelanhänger	beladen
ab 04:00 Uhr	7	Sattelanhänger	beladen
ab 05:00 Uhr	2	Sattelanhänger	beladen
ab 07:00 Uhr	8	LKW klein	beladen
ab 08:00 Uhr	1	LKW klein	beladen
ab 09:00 Uhr	1	LKW klein	beladen
ab 10:00 Uhr	1	LKW klein	beladen
ab 11:00 Uhr	1	LKW klein	beladen
ab 12:00 Uhr	1	LKW klein	beladen
ab 13:00 Uhr	6	Sattelanhänger	beladen
ab 14:00 Uhr	4 7	Sattelanhänger LKW klein	beladen beladen
ab 15:00 Uhr	4 15	Sattelanhänger LKW klein	beladen beladen
ab 16:00 Uhr	24	LKW klein	beladen
ab 17:00 Uhr	6	LKW klein	beladen
ab 18:00 Uhr	3	LKW klein	beladen
Container Packing			
Zeit	**Anzahl Fahrzeuge**	**Fahrzeugart**	**Beladung**
ab 05:00 Uhr	3	LKW mittel	beladen
ab 06:00 Uhr	4	LKW mittel	beladen
ab 07:00 Uhr	4	LKW mittel	beladen
ab 08:00 Uhr	4	LKW mittel	beladen
ab 09:00 Uhr	5	LKW mittel	beladen
ab 10:00 Uhr	4	LKW mittel	beladen
ab 11:00 Uhr	4	LKW mittel	beladen

Container Packing			
Zeit	**Anzahl Fahrzeuge**	**Fahrzeugart**	**Beladung**
ab 12:00 Uhr	1 3	Sattelanhänger LKW mittel	beladen beladen
ab 13:00 Uhr	1	Sattelanhänger	beladen
ab 14:00 Uhr	2	Sattelanhänger	beladen
ab 15:00 Uhr	1	Sattelanhänge	beladen
ab 16:00 Uhr	2	Sattelanhänge	beladen
ab 17:00 Uhr	2	Sattelanhänger	beladen
ab 18:00 Uhr	2	Sattelanhänger	beladen
logistikintensive Produktionsunternehmen			
Zeit	**Anzahl Fahrzeuge**	**Fahrzeugart**	**Beladung**
ab 07:00 Uhr	2	Sattelanhänge	beladen
ab 09:00 Uhr	2	Sattelanhänge	beladen
ab 11:00 Uhr	1	Sattelanhänger	beladen
ab 13:00 Uhr	2	Sattelanhänger	beladen

Anhang 2: Simulationsszenarien

Tabelle 50: Simulationsszenarien [Quelle: Eigene Darstellung]

Simulationsszenarien für ein Schadensobjekt				
Simulations-lauf	**Beein-trächtigung**	**Dauer**	**Startzeit**	**Anmerkung**
1	50%	4h	00:00 Uhr	
2	50%	4h	06:00 Uhr	
3	50%	4h	12:00 Uhr	
4	50%	4h	18:00 Uhr	
5	50%	8h	00:00 Uhr	
6	50%	8h	06:00 Uhr	
7	50%	8h	12:00 Uhr	
8	50%	8h	18:00 Uhr	
9	50%	8h	18:00 Uhr	Freitag
10	50%	12h	00:00 Uhr	
11	50%	12h	06:00 Uhr	
12	50%	12h	12:00 Uhr	
13	50%	12h	18:00 Uhr	
14	50%	12h	18:00 Uhr	Freitag
15	50%	24h	00:00 Uhr	
16	50%	24h	06:00 Uhr	
17	50%	24h	12:00 Uhr	
18	50%	24h	18:00 Uhr	
19	50%	24h	18:00 Uhr	Freitag
20	50%	48h	00:00 Uhr	
21	50%	48h	00:00 Uhr	Freitag
22	50%	72h	00:00 Uhr	
23	100%	4h	00:00 Uhr	
24	100%	4h	06:00 Uhr	
25	100%	4h	12:00 Uhr	

Simulationsszenarien für ein Schadensobjekt				
Simulations-lauf	**Beein-trächtigung**	**Dauer**	**Startzeit**	**Anmerkung**
26	100%	4h	18:00 Uhr	
27	100%	8h	00:00 Uhr	
28	100%	8h	06:00 Uhr	
29	100%	8h	12:00 Uhr	
30	100%	8h	18:00 Uhr	
31	100%	8h	18:00 Uhr	Freitag
32	100%	12h	00:00 Uhr	
33	100%	12h	06:00 Uhr	
34	100%	12h	12:00 Uhr	
35	100%	12h	18:00 Uhr	
36	100%	12h	18:00 Uhr	Freitag
37	100%	24h	00:00 Uhr	
38	100%	24h	06:00 Uhr	
39	100%	24h	12:00 Uhr	
40	100%	24h	18:00 Uhr	
41	100%	24h	18:00 Uhr	Freitag
42	100%	48h	00:00 Uhr	
43	100%	48h	00:00 Uhr	Freitag
44	100%	72h	00:00 Uhr	

Anhang 3: Ausgestaltung der Handlungsalternativen

Tabelle 51: Ausgestaltung der Handlungsmaßnahmen [Quelle: Eigene Darstellung]

Maßnahmenbündel			
Handlungs-alternative	**Anteil Eigenmittel**	**Anteil Fremdmittel**	**zeitliche Verzögerung**
0[735]	100%	0%	0%
1	0%	0%	100%
2	0%	25%	75%
3	0%	50%	50%
4	0%	75%	25%
5	0%	100%	0%
6	25%	0%	75%
7	25%	25%	50%
8	25%	50%	25%
9	25%	75%	0%
10	50%	0%	50%
11	50%	25%	25%
12	50%	50%	0%
13	75%	0%	25%
14	75%	25%	0%

735 Die Handlungsalternative 0 stellt die Unterlassungsalternative dar.

Anhang 4: Ergebnistabellen

Im Folgenden sind verschiedene Ergebnistabellen zu den in Kapitel 5 durchgeführten Evaluationen dargestellt. Die nachfolgenden Tabellen enthalten Ergebniswerte für die definierten Kennzahlen, welche sich aus der Aggregation von mehreren Simulationswerten ergeben.

Anhang 4.1: Ergebnisse zur Bewertung der Risikoauswirkungen

In Tabelle 52 sind die Ergebniswerte der Kennzahlen zur Bewertung der Gesamtauswirkungen bei Zugrundelegung der Unterlassungsalternative enthalten. Neben der Nummer des Simulationslaufs sind dies die Verweildauer, die Anzahl wartender Fahrzeuge und die Anzahl der Umschläge für die Dauer der Beeinträchtigung. Weiterhin sind die Rückkehrdauer in den Normalbetrieb, bezogen auf den Eintrittszeitpunkt eines Risikoereignisses, und ein Vermerk, ob es durch rückstauende Fahrzeuge im KV-Terminal zu Auswirkungen auf das GVZ kommt, notiert.

Sind zwei Werte in einer Spalte enthalten, so entspricht der erste Ergebniswert je Spalte dem Kennzahlenwert der Unterlassungsalternative. Die Werte in den Klammern stellen die Ergebniswerte bei Normalbetrieb dar.

Ergebniswerte der Unterlassungsalternative und die Ergebniswerte im Normalbetrieb:

Tabelle 52: Gesamtauswirkungen der verschiedenen Risikoereignisse [Quelle: Eigene Darstellung]

Simulationslauf	Verweildauer [Min.]	wartende Fahrzeuge im KV-Terminal [Anzahl]	Fahrzeuge im GVZ	Umschläge [Anzahl]	Rückkehrdauer [Stunden]
1	0,0 (0,0)	0 (0)	nein	0 (0)	0
2	70,3 (39,6)	10,0 (3,8)	nein	24 (39)	14,0
3	100,4 (68,9)	22,2 (14,8)	nein	27 (42)	8,2
4	44,6 (27,4)	0,5 (0,3)	nein	10 (10)	0,8
5	43,9 (20,0)	1,0 (0,2)	nein	20 (26)	19,2
6	86,1 (53,4)	21,7 (8,2)	ja	51 (80)	15,5
7	103,5 (65,7)	23,7 (9,9)	nein	54 (73)	9,5
8	44,6 (27,4)	0,2 (0,2)	nein	10 (10)	0,8

Simulations-lauf	Verweil-dauer [Min.]	wartende Fahrzeuge im KV-Terminal [Anzahl]	Fahrzeuge im GVZ	Umschläge [Anzahl]	Rückkehr-dauer [Stunden]
9	84,6 (55,4)	1,0 (0,7)	nein	14 (14)	1,5
10	73,9 (44,4)	8,6 (3,1)	nein	46 (67)	20,7
11	92,2 (42,8)	30,6 (9,6)	ja	78 (122)	16,8
12	106,8 (65,7)	17,4 (6,6)	nein	73 (73)	10,2
13	32,2 (14,7)	0,2 (0,1)	nein	15 (20)	25,2
14	84,6 (9,0)	0,7 (0,5)	nein	14 (14)	1,5
15	92,3 (5,3)	23,6 (4,9)	ja	128 (140)	24,8
16	92,3 (5,2)	23,1 (4,9)	ja	137 (142)	37,2
17	95,8 (5,2)	14,3 (5,0)	nein	117 (145)	33,3
18	91,9 (5,3)	18,7 (5,2)	ja	94 (145)	29,5
19	26,2 (4,3)	0,3 (0,2)	nein	36 (36)	1,5
20	94,8 (5,3)	25,5 (5,0)	ja	268 (285)	49,2
21	89,8 (5,0)	16,0 (3,3)	ja	170 (170)	27,2
22	95,8 (9,1)	26,2 (5,1)	ja	412 (429)	73,2
23	0,0 (0,0)	0 (0)	nein	0 (0)	0
24	247,2 (39,6)	22,9 (3,8)	ja	0 (39)	16,5
25	- (68,9)	35,4 (14,8)	ja	0 (42)	10,7
26	264,6 (27,4)	6,6 (0,3)	nein	0 (10)	4,7
27	178,0 (20,0)	4,8 (0,2)	nein	0 (26)	21,2
28	496,6 (53,4)	45,2 (8,2)	ja	0 (80)	20,5
29	- (65,7)	50,7 (9,9)	ja	0 (73)	14,7
30	504,6 (27,4)	6,8 (0,2)	nein	0 (10)	8,7
31	537,6 (55,4)	11,8 (0,7)	nein	0 (14)	9,0
32	429,1 (44,4)	21,8 (3,1)	ja	0 (67)	25,2
33	736,6 (42,8)	55,2 (9,6)	ja	0 (122)	38,3
34	- (65,7)	57,5 (6,6)	ja	0 (73)	32,5
35	534,9 (14,7)	7,4 (0,1)	nein	0 (20)	26,5
36	777,6 (9,0)	11,8 (0,5)	nein	0 (14)	13,0
37	1149,1 (5,3)	48,4 (4,9)	ja	0 (140)	51,2

Simulations-lauf	Verweil-dauer [Min.]	wartende Fahrzeuge im KV-Terminal [Anzahl]	Fahrzeuge im GVZ	Umschläge [Anzahl]	Rückkehr-dauer [Stunden]
38	1456,6 (5,2)	65,1 (4,9)	ja	0 (142)	64,2
39	- (5,2)	65,4 (5,0)	ja	0 (145)	58,3
40	1266,1 (5,3)	35,9 (5,2)	ja	0 (145)	52,3
41	1497,6 (4,3)	18,4 (0,2)	nein	0 (36)	27,2
42	2589,1 (5,3)	61,7 (5,0)	ja	0 (285)	117,2
43	2597,3 (5,0)	62,2 (3,3)	ja	0 (170)	64,5
44	4029,1 (9,1)	66,1 (5,1)	ja	0 (429)	143,2

Anhang 4.2: Ergebnisse zur Bewertung der Handlungsalternativen

In den nachfolgenden Tabellen sind die Ergebniswerte der Kennzahlen zur Bewertung der Handlungsalternativen 1 bis 14 bei Eintritt der verschiedenen Risikoereignisse enthalten. Neben der Nummer des Simulationslaufes sind die Verweildauer in Minuten, die Anzahl der wartenden Fahrzeuge im KV-Terminal sowie die Anzahl der Umschläge in der Tabelle enthalten. Weiterhin sind die Rückkehrdauer in den Normalbetrieb in Stunden und ein Vermerk, ob es durch rückstauende Fahrzeuge im KV-Terminal zu Auswirkungen im GVZ kommt, notiert. In den Tabellen sind nur die Simulationsszenarien berücksichtigt, die einen Handlungsbedarf erfordern.

Ergebniswerte der Handlungsalternative 1:

Tabelle 53: Wirkungen der Handlungsalternative 1 [Quelle: Eigene Darstellung]

Simulations-lauf	Verweil-dauer [Min.]	wartende Fahrzeuge im KV-Terminal [Anzahl]	Fahrzeuge im GVZ	Umschläge [Anzahl]	Rückkehr-dauer [Stunden]
2	26,1	0,1	ja	9	15,7
3	94,4	10,0	nein	27	8,2
5	30,1	0,3	nein	17	19,2
6	26,1	0,1	ja	9	15,5
7	80,9	6,3	nein	50	9,5
10	30,1	0,2	ja	17	20,7
11	25,2	0,1	ja	28	16,8

Simulations-lauf	Verweil-dauer [Min.]	wartende Fahrzeuge im KV-Terminal [Anzahl]	Fahrzeuge im GVZ	Umschläge [Anzahl]	Rückkehr-dauer [Stunden]
12	80,9	4,2	nein	50	10,2
13	32,2	0,2	nein	15	25,2
15	30,9	0,2	ja	41	24,8
16	24,8	0,1	ja	38	37,2
17	70,4	2,1	ja	60	33,3
18	28,8	0,1	ja	39	29,5
20	30,9	0,2	ja	75	49,2
21	25,4	0,1	ja	57	27,2
22	30,9	0,2	ja	109	73,2
24	0	0	ja	0	16,5
25	0	12,0	ja	0	10,7
26	0	3,0	nein	0	4,5
27	0	0	ja	0	21,2
28	0	0	ja	0	20,5
29	0	12,0	ja	0	14,7
30	0	3,0	nein	0	8,7
31	0	7,0	nein	0	9,0
32	0	0	ja	0	25,2
33	0	0	ja	0	38,3
34	0	12,0	ja	0	32,5
35	0	3,0	nein	0	26,5
36	0	7,0	nein	0	13,0
37	0	0	ja	0	51,2
38	0	0	ja	0	64,2
39	0	12,0	ja	0	58,3
40	0	3,0	ja	0	52,3
41	0	7,0	nein	0	27,2
42	0	0	ja	0	117,2
43	0	0	ja	0	64,5
44	0	0	ja	0	143,2

Ergebniswerte der Handlungsalternative 2:

Tabelle 54: Wirkungen der Handlungsalternative 2 [Quelle: Eigene Darstellung]

Simulations-lauf	Verweil-dauer [Min.]	wartende Fahrzeuge im KV-Terminal [Anzahl]	Fahrzeuge im GVZ	Umschläge [Anzahl]	Rückkehr-dauer [Stunden]
2	26,1	0,1	ja	9	15,3
3	94,4	10,0	nein	27	8,0
5	30,1	0,3	nein	17	19,5
6	26,1	0,1	ja	9	19,2
7	80,9	6,3	nein	50	9,8
10	30,1	0,2	ja	17	23,3
11	25,2	0,1	ja	28	21,3
12	80,9	4,2	nein	50	13,8
13	32,2	0,2	nein	15	25,2
15	30,9	0,2	ja	41	46,7
16	24,8	0,1	ja	38	46,2
17	70,4	2,1	ja	60	38,3
18	28,8	0,1	ja	39	34,3
20	30,9	0,2	ja	75	94,5
21	25,4	0,1	nein	57	57,7
22	30,9	0,2	ja	109	129,3
24	0	0	ja	0	16,3
25	0	12,0	ja	0	10,5
26	0	3,0	nein	0	4,5
27	0	0	nein	0	21,0
28	0	0	ja	0	20,0
29	0	12,0	ja	0	14,5
30	0	3,0	nein	0	8,5
31	0	7,0	nein	0	9,0
32	0	0	ja	0	24,8
33	0	0	ja	0	37,8

Simulations-lauf	Verweil-dauer [Min.]	wartende Fahrzeuge im KV-Terminal [Anzahl]	Fahrzeuge im GVZ	Umschläge [Anzahl]	Rückkehr-dauer [Stunden]
34	0	12,0	ja	0	32,3
35	0	3,0	nein	0	26,5
36	0	7,0	nein	0	13,0
37	0	0	ja	0	50,5
38	0	0	ja	0	63,7
39	0	12,0	ja	0	57,7
40	0	3,0	ja	0	51,7
41	0	7,0	nein	0	27,2
42	0	0	ja	0	115,8
43	0	0	ja	0	63,5
44	0	0	ja	0	141,3

Ergebniswerte der Handlungsalternative 3:

Tabelle 55: Wirkungen der Handlungsalternative 3 [Quelle: Eigene Darstellung]

Simulations-lauf	Verweil-dauer [Min.]	wartende Fahrzeuge im KV-Terminal [Anzahl]	Fahrzeuge im GVZ	Umschläge [Anzahl]	Rückkehr-dauer [Stunden]
2	26,1	0,1	nein	9	14,7
3	94,4	10,0	nein	27	7,5
5	30,1	0,3	nein	17	19,0
6	26,1	0,1	ja	9	17,0
7	80,9	6,3	nein	50	9,3
10	30,1	0,2	ja	17	21,8
11	25,2	0,1	ja	28	19,0
12	80,9	4,2	nein	50	13,3
13	32,2	0,2	nein	15	25,2
15	30,9	0,2	ja	41	44,3
16	24,8	0,1	ja	38	43,7

Simulations-lauf	Verweil-dauer [Min.]	wartende Fahrzeuge im KV-Terminal [Anzahl]	Fahrzeuge im GVZ	Umschläge [Anzahl]	Rückkehr-dauer [Stunden]
17	70,4	2,1	ja	60	36,3
18	28,8	0,1	ja	39	31,8
20	30,9	0,2	ja	75	75,7
21	25,4	0,1	ja	57	55,2
22	30,9	0,2	ja	109	121,5
24	0	0	ja	0	15,3
25	0	12,0	nein	0	9,7
26	0	3,0	nein	0	4,5
27	0	0	nein	0	20,2
28	0	0	ja	0	17,7
29	0	12,0	ja	0	13,3
30	0	3,0	nein	0	8,5
31	0	7,0	nein	0	8,8
32	0	0	ja	0	23,0
33	0	0	ja	0	21,3
34	0	12,0	ja	0	31,2
35	0	3,0	nein	0	25,8
36	0	7,0	nein	0	12,8
37	0	0	ja	0	47,3
38	0	0	ja	0	46,3
39	0	12,0	ja	0	40,7
40	0	3,0	ja	0	34,7
41	0	7,0	nein	0	26,7
42	0	0	ja	0	95,0
43	0	0	ja	0	59,7
44	0	0	ja	0	129,8

Ergebniswerte der Handlungsalternative 4:

Tabelle 56: Wirkungen der Handlungsalternative 4 [Quelle: Eigene Darstellung]

Simulations-lauf	Verweil-dauer [Min.]	wartende Fahrzeuge im KV-Terminal [Anzahl]	Fahrzeuge im GVZ	Umschläge [Anzahl]	Rückkehr-dauer [Stunden]
2	26,1	0,1	nein	9	13,3
3	94,4	10,0	nein	27	6,5
5	30,1	0,3	nein	17	18,5
6	26,1	0,1	nein	9	14,2
7	80,9	6,3	nein	50	8,7
10	30,1	0,2	nein	17	19,7
11	25,2	0,1	nein	28	15,7
12	80,9	4,2	nein	50	12,7
13	32,2	0,2	nein	15	25,2
15	30,9	0,2	nein	41	27,2
16	24,8	0,1	ja	38	40,5
17	70,4	2,1	nein	60	32,8
18	28,8	0,1	nein	39	28,0
20	30,9	0,2	ja	75	68,8
21	25,4	0,1	nein	57	51,7
22	30,9	0,2	ja	109	96,7
24	0	0	nein	0	13,5
25	0	12,0	nein	0	8,2
26	0	3,0	nein	0	4,5
27	0	0	nein	0	19,3
28	0	0	nein	0	14,3
29	0	12,0	nein	0	11,5
30	0	3,0	nein	0	8,5
31	0	7,0	nein	0	8,8
32	0	0	nein	0	20,3
33	0	0	nein	0	16,8

Simulations-lauf	Verweil-dauer [Min.]	wartende Fahrzeuge im KV-Terminal [Anzahl]	Fahrzeuge im GVZ	Umschläge [Anzahl]	Rückkehr-dauer [Stunden]
34	0	12,0	nein	0	15,5
35	0	3,0	nein	0	25,7
36	0	7,0	nein	0	12,8
37	0	0	ja	0	43,0
38	0	0	ja	0	41,8
39	0	12,0	ja	0	36,0
40	0	3,0	ja	0	30,0
41	0	7,0	nein	0	25,8
42	0	0	ja	0	72,3
43	0	0	ja	0	54,2
44	0	0	ja	0	116,0

Ergebniswerte der Handlungsalternative 5:

Tabelle 57: Wirkungen der Handlungsalternative 5 [Quelle: Eigene Darstellung]

Simulations-lauf	Verweil-dauer [Min.]	wartende Fahrzeuge im KV-Terminal [Anzahl]	Fahrzeuge im GVZ	Umschläge [Anzahl]	Rückkehr-dauer [Stunden]
2	26,1	0,1	nein	9	12,5
3	94,4	10,0	nein	27	6,5
5	30,1	0,3	nein	17	18,5
6	26,1	0,1	nein	9	12,5
7	80,9	6,3	nein	50	6,8
10	30,1	0,2	nein	17	18,5
11	25,2	0,1	nein	28	12,5
12	80,9	4,2	nein	50	6,8
13	32,2	0,2	nein	15	25,2
15	30,9	0,2	nein	41	18,5
16	24,8	0,1	nein	38	37,2

Simulations-lauf	Verweil-dauer [Min.]	wartende Fahrzeuge im KV-Terminal [Anzahl]	Fahrzeuge im GVZ	Umschläge [Anzahl]	Rückkehr-dauer [Stunden]
17	70,4	2,1	nein	60	30,5
18	28,8	0,1	nein	39	24,5
20	30,9	0,2	nein	75	42,5
21	25,4	0,1	nein	57	19,2
22	30,9	0,2	nein	109	66,5
24	0	0	nein	0	12,5
25	0	12,0	nein	0	6,0
26	0	3,0	nein	0	4,3
27	0	0	nein	0	18,5
28	0	0	nein	0	12,5
29	0	12,0	nein	0	9,0
30	0	3,0	nein	0	8,3
31	0	7,0	nein	0	8,7
32	0	0	nein	0	18,5
33	0	0	nein	0	12,5
34	0	12,0	nein	0	13,0
35	0	3,0	nein	0	25,2
36	0	7,0	nein	0	12,7
37	0	0	nein	0	18,5
38	0	0	nein	0	12,5
39	0	12,0	nein	0	30,5
40	0	3,0	nein	0	24,5
41	0	7,0	nein	0	24,7
42	0	0	nein	0	42,5
43	0	0	nein	0	19,2
44	0	0	nein	0	66,5

Ergebniswerte der Handlungsalternative 6:

Tabelle 58: Wirkungen der Handlungsalternative 6 [Quelle: Eigene Darstellung]

Simulations-lauf	Verweil-dauer [Min.]	wartende Fahrzeuge im KV-Terminal [Anzahl]	Fahrzeuge im GVZ	Umschläge [Anzahl]	Rückkehr-dauer [Stunden]
2	31,0	0,5	nein	23	14,3
3	101,1	15,1	nein	27	8,2
5	33,5	0,5	nein	20	19,2
6	26,6	0,3	ja	39	16,7
7	109,6	13,2	nein	53	9,7
10	34,9	0,5	ja	39	21,5
11	25,6	0,2	ja	62	18,5
12	110,3	8,8	nein	58	13,3
13	32,2	0,2	nein	15	25,2
15	33,0	0,4	ja	75	43,8
16	25,3	0,1	ja	72	43,2
17	76,3	4,6	ja	94	35,5
18	29,2	0,3	ja	77	31,2
20	32,2	0,4	ja	147	74,7
21	27,0	0,1	ja	95	55,0
22	31,9	0,4	ja	219	119,7
24	201,6	7,1	ja	0	16,5
25	-	21,3	ja	0	10,7
26	273,6	4,9	nein	0	4,7
27	142,9	1,8	nein	0	21,2
28	448,1	15,7	ja	0	20,5
29	-	28,1	ja	0	14,8
30	513,6	5,0	nein	0	8,7
31	537,6	9,9	nein	0	9,0
32	389,3	8,3	ja	0	25,2
33	693,5	23,9	ja	0	38,3

Simulationslauf	Verweildauer [Min.]	wartende Fahrzeuge im KV-Terminal [Anzahl]	Fahrzeuge im GVZ	Umschläge [Anzahl]	Rückkehrdauer [Stunden]
34	-	31,1	ja	0	32,5
35	365,6	5,2	nein	0	26,5
36	777,6	10,0	nein	0	13,0
37	1114,4	27,7	ja	0	51,2
38	1413,4	36,0	ja	0	64,2
39	-	38,6	ja	0	58,3
40	1045,5	20,6	ja	0	52,3
41	1497,6	12,9	nein	0	27,2
42	2553,6	47,9	ja	0	117,2
43	2554,4	43,1	ja	0	64,5
44	3993,6	57,0	ja	0	143,2

Ergebniswerte der Handlungsalternative 7:

Tabelle 59: Wirkungen der Handlungsalternative 7 [Quelle: Eigene Darstellung]

Simulationslauf	Verweildauer [Min.]	wartende Fahrzeuge im KV-Terminal [Anzahl]	Fahrzeuge im GVZ	Umschläge [Anzahl]	Rückkehrdauer [Stunden]
2	31,0	0,5	nein	23	14,3
3	101,1	15,1	nein	27	8,0
5	33,5	0,5	nein	20	19,2
6	26,6	0,3	nein	39	16,3
7	109,6	13,2	nein	53	9,5
10	34,9	0,5	ja	39	21,3
11	25,6	0,2	ja	62	18,2
12	110,3	8,8	nein	58	13,2
13	32,2	0,2	nein	15	25,2
15	33,0	0,4	ja	75	43,5
16	25,3	0,1	ja	72	43,0

Simulations-lauf	Verweil-dauer [Min.]	wartende Fahrzeuge im KV-Terminal [Anzahl]	Fahrzeuge im GVZ	Umschläge [Anzahl]	Rückkehr-dauer [Stunden]
17	76,3	4,6	ja	94	35,3
18	29,2	0,3	ja	77	30,8
20	32,2	0,4	ja	147	74,0
21	27,0	0,1	ja	95	54,5
22	31,9	0,4	ja	219	118,8
24	201,6	7,1	ja	0	16,5
25	-	21,3	ja	0	10,5
26	273,6	4,9	nein	0	4,7
27	142,9	1,8	nein	0	21,2
28	448,1	15,7	ja	0	20,2
29	-	28,1	ja	0	14,7
30	513,6	5,0	nein	0	8,7
31	537,6	9,9	nein	0	9,0
32	389,3	8,3	ja	0	25,2
33	693,5	23,9	ja	0	38,2
34	-	31,1	ja	0	32,5
35	365,6	5,2	nein	0	26,3
36	777,6	10,0	nein	0	13,0
37	1114,4	27,7	ja	0	50,8
38	1413,4	36,0	ja	0	63,8
39	-	38,6	ja	0	58,0
40	1045,5	20,6	ja	0	51,8
41	1497,6	12,9	nein	0	27,2
42	2553,6	47,9	ja	0	116,3
43	2554,4	43,1	ja	0	64,0
44	3993,6	57,0	ja	0	142,0

Ergebniswerte der Handlungsalternative 8:

Tabelle 60: Wirkungen der Handlungsalternative 8 [Quelle: Eigene Darstellung]

Simulations-lauf	Verweil-dauer [Min.]	wartende Fahrzeuge im KV-Terminal [Anzahl]	Fahrzeuge im GVZ	Umschläge [Anzahl]	Rückkehr-dauer [Stunden]
2	31,0	0,5	nein	23	13,3
3	101,1	15,1	nein	27	7,5
5	33,5	0,5	nein	20	18,8
6	26,6	0,3	nein	39	14,2
7	109,6	13,2	nein	53	9,0
10	34,9	0,5	nein	39	19,7
11	25,6	0,2	nein	62	15,7
12	110,3	8,8	nein	58	12,7
13	32,2	0,2	nein	15	25,2
15	33,0	0,4	nein	75	27,2
16	25,3	0,1	ja	72	40,5
17	76,3	4,6	nein	94	32,8
18	29,2	0,3	nein	77	28,0
20	32,2	0,4	ja	147	68,8
21	27,0	0,1	nein	95	51,7
22	31,9	0,4	ja	219	96,7
24	201,6	7,1	nein	0	15,0
25	-	21,3	nein	0	9,7
26	273,6	4,9	nein	0	4,7
27	142,9	1,8	nein	0	20,3
28	448,1	15,7	ja	0	17,5
29	-	28,1	ja	0	13,5
30	513,6	5,0	nein	0	8,7
31	537,6	9,9	nein	0	9,0
32	389,3	8,3	ja	0	23,0
33	693,5	23,9	ja	0	21,0

Simulations-lauf	Verweil-dauer [Min.]	wartende Fahrzeuge im KV-Terminal [Anzahl]	Fahrzeuge im GVZ	Umschläge [Anzahl]	Rückkehr-dauer [Stunden]
34	-	31,1	ja	0	31,3
35	365,6	5,2	nein	0	26,0
36	777,6	10,0	nein	0	13,0
37	1114,4	27,7	ja	0	47,7
38	1413,4	36,0	ja	0	46,5
39	-	38,6	ja	0	40,8
40	1045,5	20,6	ja	0	34,8
41	1497,6	12,9	nein	0	26,5
42	2553,6	47,9	ja	0	95,7
43	2554,4	43,1	ja	0	59,8
44	3993,6	57,0	ja	0	131,8

Ergebniswerte der Handlungsalternative 9:

Tabelle 61: Wirkungen der Handlungsalternative 9 [Quelle: Eigene Darstellung]

Simulations-lauf	Verweil-dauer [Min.]	wartende Fahrzeuge im KV-Terminal [Anzahl]	Fahrzeuge im GVZ	Umschläge [Anzahl]	Rückkehr-dauer [Stunden]
2	31,0	0,5	nein	23	12,5
3	101,1	15,1	nein	27	6,5
5	33,5	0,5	nein	20	18,5
6	26,6	0,3	nein	39	12,5
7	109,6	13,2	nein	53	8,2
10	34,9	0,5	nein	39	18,5
11	25,6	0,2	nein	62	12,5
12	110,3	8,8	nein	58	8,2
13	32,2	0,2	nein	15	25,2
15	33,0	0,4	nein	75	18,5
16	25,3	0,1	nein	72	37,2

Simulations-lauf	Verweil-dauer [Min.]	wartende Fahrzeuge im KV-Terminal [Anzahl]	Fahrzeuge im GVZ	Umschläge [Anzahl]	Rückkehr-dauer [Stunden]
17	76,3	4,6	nein	94	30,5
18	29,2	0,3	nein	77	24,5
20	32,2	0,4	nein	147	42,5
21	27,0	0,1	nein	95	19,2
22	31,9	0,4	nein	219	66,5
24	201,6	7,1	nein	0	13,5
25	-	21,3	nein	0	8,2
26	273,6	4,9	nein	0	4,5
27	142,9	1,8	nein	0	19,2
28	448,1	15,7	nein	0	14,3
29	-	28,1	nein	0	11,5
30	513,6	5,0	nein	0	8,5
31	537,6	9,9	nein	0	8,8
32	389,3	8,3	nein	0	20,3
33	693,5	23,9	ja	0	16,8
34	-	31,1	nein	0	15,5
35	365,6	5,2	nein	0	25,7
36	777,6	10,0	nein	0	12,8
37	1114,4	27,7	ja	0	43,0
38	1413,4	36,0	ja	0	41,8
39	-	38,6	ja	0	36,0
40	1045,5	20,6	ja	0	30,0
41	1497,6	12,9	nein	0	25,8
42	2553,6	47,9	ja	0	72,3
43	2554,4	43,1	ja	0	54,2
44	3993,6	57,0	ja	0	115,8

Ergebniswerte der Handlungsalternative 10:

Tabelle 62: Wirkungen der Handlungsalternative 10 [Quelle: Eigene Darstellung]

Simulationslauf	Verweildauer [Min.]	wartende Fahrzeuge im KV-Terminal [Anzahl]	Fahrzeuge im GVZ	Umschläge [Anzahl]	Rückkehrdauer [Stunden]
2	60,5	4,7	ja	25	14,0
3	100,4	18,5	nein	27	8,2
5	37,6	0,8	nein	20	19,2
6	82,3	9,4	nein	50	15,5
7	103,7	18,5	nein	54	9,5
10	70,3	4,3	nein	46	20,7
11	88,8	12,4	ja	78	17,0
12	107,3	12,9	nein	66	12,3
13	32,2	0,2	nein	15	25,2
15	90,9	8,2	nein	109	26,8
16	87,1	7,5	ja	106	40,0
17	94,3	9,4	ja	110	34,0
18	91,4	8,5	ja	93	29,7
20	92,9	9,0	ja	220	67,7
21	83,7	4,9	nein	132	51,7
22	93,6	9,2	ja	331	94,8
24	241,4	16,5	ja	0	16,5
25	-	29,1	ja	0	10,7
26	273,6	4,9	nein	0	4,7
27	164,7	3,2	nein	0	21,2
28	492,9	33,7	ja	0	20,5
29	-	40,9	ja	0	14,7
30	513,6	5,0	nein	0	8,7
31	537,6	9,9	nein	0	9,0
32	415,8	15,2	ja	0	25,2
33	728,2	47,0	ja	0	38,3

Simulations-lauf	Verweil-dauer [Min.]	wartende Fahrzeuge im KV-Terminal [Anzahl]	Fahrzeuge im GVZ	Umschläge [Anzahl]	Rückkehr-dauer [Stunden]
34	-	45,9	ja	0	32,5
35	320,9	5,3	nein	0	26,5
36	777,6	10,0	nein	0	13,0
37	1134,0	44,1	ja	0	51,2
38	1448,2	61,0	ja	0	64,2
39	-	55,5	ja	0	58,3
40	1052,1	31,2	ja	0	52,3
41	1497,6	15,5	nein	0	27,2
42	2574,0	59,6	ja	0	117,2
43	2586,9	60,2	ja	0	64,5
44	4014,0	64,7	ja	0	143,2

Ergebniswerte der Handlungsalternative 11:

Tabelle 63: Wirkungen der Handlungsalternative 11 [Quelle: Eigene Darstellung]

Simulations-lauf	Verweil-dauer [Min.]	wartende Fahrzeuge im KV-Terminal [Anzahl]	Fahrzeuge im GVZ	Umschläge [Anzahl]	Rückkehr-dauer [Stunden]
2	60,5	4,7	nein	25	14,0
3	100,4	18,5	nein	27	8,0
5	37,6	0,8	nein	20	19,2
6	82,3	9,4	nein	50	15,2
7	103,7	18,5	nein	54	9,5
10	70,3	4,3	nein	46	20,5
11	88,8	12,4	nein	78	16,5
12	107,3	12,9	nein	66	12,3
13	32,2	0,2	nein	15	25,2
15	90,9	8,2	nein	109	26,5
16	87,1	7,5	ja	106	39,8

Simulations-lauf	Verweil-dauer [Min.]	wartende Fahrzeuge im KV-Terminal [Anzahl]	Fahrzeuge im GVZ	Umschläge [Anzahl]	Rückkehr-dauer [Stunden]
17	94,3	9,4	ja	110	33,8
18	91,4	8,5	ja	93	29,2
20	92,9	9,0	ja	220	67,2
21	83,7	4,9	nein	132	50,8
22	93,6	9,2	ja	331	94,0
24	241,4	16,5	ja	0	16,5
25	-	29,1	ja	0	10,5
26	273,6	4,9	nein	0	4,7
27	164,7	3,2	nein	0	21,2
28	492,9	33,7	ja	0	20,2
29	-	40,9	ja	0	14,5
30	513,6	5,0	nein	0	8,7
31	537,6	9,9	nein	0	9,0
32	415,8	15,2	ja	0	25,2
33	728,2	47,0	ja	0	38,2
34	-	45,9	ja	0	32,5
35	320,9	5,3	nein	0	26,3
36	777,6	10,0	nein	0	13,0
37	1134,0	44,1	ja	0	50,8
38	1448,2	61,0	ja	0	63,8
39	-	55,5	ja	0	58,0
40	1052,1	31,2	ja	0	51,8
41	1497,6	15,5	nein	0	27,2
42	2574,0	59,6	ja	0	116,3
43	2586,9	60,2	ja	0	64,0
44	4014,0	64,7	ja	0	142,0

Ergebniswerte der Handlungsalternative 12:

Tabelle 64: Wirkungen der Handlungsalternative 12 [Quelle: Eigene Darstellung]

Simulations-lauf	Verweil-dauer [Min.]	wartende Fahrzeuge im KV-Terminal [Anzahl]	Fahrzeuge im GVZ	Umschläge [Anzahl]	Rückkehr-dauer [Stunden]
2	60,5	4,7	nein	25	12,8
3	100,4	18,5	nein	27	7,5
5	37,6	0,8	nein	20	18,0
6	82,3	9,4	nein	50	12,8
7	103,7	18,5	nein	54	8,8
10	70,3	4,3	nein	46	18,8
11	88,8	12,4	nein	78	13,8
12	107,3	12,9	nein	66	9,2
13	32,2	0,2	nein	15	25,2
15	90,9	8,2	nein	109	21,0
16	87,1	7,5	nein	106	37,2
17	94,3	9,4	nein	110	31,3
18	91,4	8,5	nein	93	26,3
20	92,9	9,0	nein	220	45,3
21	83,7	4,9	nein	132	21,5
22	93,6	9,2	nein	331	69,3
24	241,4	16,5	nein	0	15,2
25	-	29,1	nein	0	9,7
26	273,6	4,9	nein	0	4,5
27	164,7	3,2	nein	0	20,2
28	492,9	33,7	ja	0	17,5
29	-	40,9	ja	0	13,2
30	513,6	5,0	nein	0	8,5
31	537,6	9,9	nein	0	8,8
32	415,8	15,2	ja	0	23,0
33	728,2	47,0	ja	0	21,2

Simula-tions-lauf	Verweil-dauer [Min.]	wartende Fahrzeuge im KV-Terminal [Anzahl]	Fahrzeuge im GVZ	Umschläge [Anzahl]	Rückkehr-dauer [Stunden]
34	-	45,9	ja	0	31,2
35	320,9	5,3	nein	0	25,8
36	777,6	10,0	nein	0	12,8
37	1134,0	44,1	ja	0	47,2
38	1448,2	61,0	ja	0	46,3
39	-	55,5	ja	0	40,7
40	1052,1	31,2	ja	0	34,5
41	1497,6	15,5	nein	0	26,7
42	2574,0	59,6	ja	0	95,0
43	2586,9	60,2	ja	0	59,7
44	4014,0	64,7	ja	0	129,8

Ergebniswerte der Handlungsalternative 13:

Tabelle 65: Wirkungen der Handlungsalternative 13 [Quelle: Eigene Darstellung]

Simula-tions-lauf	Verweil-dauer [Min.]	wartende Fahrzeuge im KV-Terminal [Anzahl]	Fahrzeuge im GVZ	Umschläge [Anzahl]	Rückkehr-dauer [Stunden]
2	67,8	8,5	nein	25	14,0
3	100,6	21,2	nein	27	8,2
5	43,0	1,0	nein	20	19,2
6	85,8	18,9	ja	51	15,5
7	107,5	22,7	nein	52	9,7
10	73,5	7,5	nein	46	20,7
11	93,9	26,8	ja	76	17,0
12	110,4	16,7	nein	71	10,2
13	32,2	0,2	nein	15	25,2
15	96,0	20,9	ja	123	25,3
16	95,0	20,3	ja	130	37,7

Simulations-lauf	Verweil-dauer [Min.]	wartende Fahrzeuge im KV-Terminal [Anzahl]	Fahrzeuge im GVZ	Umschläge [Anzahl]	Rückkehr-dauer [Stunden]
17	98,0	13,4	ja	114	33,5
18	94,3	16,6	ja	91	29,7
20	98,2	22,6	ja	255	50,3
21	91,8	12,9	ja	158	49,0
22	99,3	23,3	ja	391	74,8
24	247,2	21,6	ja	0	16,5
25	-	33,5	ja	0	10,7
26	264,6	6,6	nein	0	4,7
27	176,3	4,4	nein	0	21,2
28	497,7	43,6	ja	0	20,5
29	-	48,3	ja	0	14,8
30	504,6	6,8	nein	0	8,7
31	537,6	11,8	nein	0	9,0
32	427,8	20,4	ja	0	25,2
33	737,7	54,1	ja	0	38,3
34	-	54,8	ja	0	32,5
35	534,9	7,3	nein	0	26,5
36	777,6	11,8	nein	0	13,0
37	1147,8	47,7	ja	0	51,2
38	1457,6	64,5	ja	0	64,2
39	-	63,4	ja	0	58,3
40	1266,1	35,2	ja	0	52,3
41	1497,6	18,4	nein	0	27,2
42	2587,8	61,4	ja	0	117,2
43	2595,3	61,7	ja	0	64,5
44	4027,8	65,9	ja	0	143,2

Ergebniswerte der Handlungsalternative 14:

Tabelle 66: Wirkungen der Handlungsalternative 14 [Quelle: Eigene Darstellung]

Simulationslauf	Verweildauer [Min.]	wartende Fahrzeuge im KV-Terminal [Anzahl]	Fahrzeuge im GVZ	Umschläge [Anzahl]	Rückkehrdauer [Stunden]
2	67,8	8,5	nein	25	13,7
3	100,6	21,2	nein	27	8,0
5	43,0	1,0	nein	20	19,0
6	85,8	18,9	nein	51	15,0
7	107,5	22,7	nein	52	9,5
10	73,5	7,5	nein	46	20,3
11	93,9	26,8	ja	76	16,5
12	110,4	16,7	nein	71	10,2
13	32,2	0,2	nein	15	25,2
15	96,0	20,9	ja	123	24,7
16	95,0	20,3	ja	130	37,2
17	98,0	13,4	nein	114	33,0
18	94,3	16,6	ja	91	29,0
20	98,2	22,6	ja	255	49,0
21	91,8	12,9	ja	158	26,2
22	99,3	23,3	ja	391	73,0
24	247,2	21,6	ja	0	16,2
25	-	33,5	ja	0	10,5
26	264,6	6,6	nein	0	4,7
27	176,3	4,4	nein	0	21,0
28	497,7	43,6	ja	0	20,0
29	-	48,3	ja	0	14,5
30	504,6	6,8	nein	0	8,7
31	537,6	11,8	nein	0	9,0
32	427,8	20,4	ja	0	24,8
33	737,7	54,1	ja	0	37,8

Simulations-lauf	Verweil-dauer [Min.]	wartende Fahrzeuge im KV-Terminal [Anzahl]	Fahrzeuge im GVZ	Umschläge [Anzahl]	Rückkehr-dauer [Stunden]
34	-	54,8	ja	0	32,3
35	534,9	7,3	nein	0	26,5
36	777,6	11,8	nein	0	13,0
37	1147,8	47,7	ja	0	50,5
38	1457,6	64,5	ja	0	63,7
39	-	63,4	ja	0	57,7
40	1266,1	35,2	ja	0	51,7
41	1497,6	18,4	nein	0	27,2
42	2587,8	61,4	ja	0	115,8
43	2595,3	61,7	ja	0	63,5
44	4027,8	65,9	ja	0	141,3

Anhang 4.3: Ergebnisse zur Bewertung der Handlungsstrategien

In der nachfolgenden Tabelle sind die Ergebniswerte der Kennzahlen zur Bewertung der Handlungsstrategien für Simulationslauf 2 enthalten. Neben den Ergebniswerten der Handlungsstrategien sind auch die Ergebniswerte der Unterlassungsalternative, des Normalbetriebs und der in Kapitel 5.3 ermittelten Handlungsempfehlung aufgeführt. Als Kennzahlen sind die Verweildauer in Minuten, die Anzahl der wartenden Fahrzeuge im KV-Terminal, die Anzahl der Umschläge, die Rückkehrdauer in den Normalbetrieb in Stunden und ein Vermerk, ob es durch rückstauende Fahrzeuge im KV-Terminal zu infrastrukturellen Auswirkungen im GVZ kommt, berücksichtigt. Die Kennzahlen beziehen sich auf den kompletten Betrachtungshorizont.

Ergebniswerte für Simulationslauf 2:

Tabelle 67: Gesamtauswirkungen ausgewählter Handlungsstrategien und -maßnahmen für Simulationslauf 2 [Quelle: Eigene Darstellung]

Kennzahl / Handlungsalternative bzw. -strategie	Verweildauer [Min.]	wartende Fahrzeuge im KV-Terminal [Anzahl]	Fahrzeuge im GVZ	Umschläge [Anzahl]	Rückkehrdauer [Stunden]
Unterlassungsalternative	69,6	19,8	nein	129	14,0
Normalbetrieb	56,5	8,3	nein	132	-
Handlungsstrategie 1	69,6	15,3	nein	125	13,5
Handlungsstrategie 2	66,3	12,7	nein	123	13,2
Handlungsstrategie 3	69,6	15,3	nein	125	13,5
Einzelmaßnahme[736]	69,0	16,9	nein	129	13,7

736 Umsetzung der Handlungsempfehlung 16 aus Kapitel 5.3 als Einzelmaßnahme für die Dauer der Beeinträchtigung.

Wertschöpfungsmanagement
Value-Added Management

Herausgegeben von/ Edited by Hans-Dietrich Haasis

Band 1 Hans-Dietrich Haasis (Hrsg.): Nachhaltige Innovation in Produktion und Logistik. 2007.

Band 2 Sebastian Gabriel: Prozessorientiertes Supply Chain Risikomanagement. Eine Untersuchung am Beispiel der Construction Supply Chain für Offshore-Wind-Energie-Anlagen. 2007.

Band 3 Christian Geßner: Unternehmerische Nachhaltigkeitsstrategien. Konzeption und Evaluation. 2008.

Band 4 Hendrik Wildebrand: Kundenindividuelle Massenproduktion zur Bewältigung überkapazitätsbedingter Unternehmenskrisen. 2009.

Band 5 Annika Stelter: Siedlungsentwicklung und Energielogistik in Deutschland im Spannungsfeld von Zentralität und Dezentralität. 2009.

Band 6 Hans-Dietrich Haasis / Marco Plöger (Hrsg.): Flexible Lagersysteme. Von der Bestandshaltung zur produktionssynchronen Versorgung. 2009.

Band 7 Matthias Schmidt: Mass Customization auf dem Chinesischen Automobilmarkt. Logistische und produktionswirtschaftliche Handlungserfordernisse für Auslandswerke. 2009.

Band 8 Matthias Bastian Theubert: Steuerung der Leercontainerströme. Simultane, dezentral koordinierte Allokation verfügbarer Ressourcen auf Basis der Vickrey-Auktion. 2010.

Band 9 Sebastian Lorenz: Wissensmanagement in unternehmensübergreifenden Forschungsprojekten im internationalen Umfeld. 2010.

Vol. 10 Michael Wehrheim: The Buy or Lease Decision. An Enhanced Theoretical Model Based on Empirical Analyses with Implications for the Container Financing Decision of Shipping Lines. 2011.

Band 11 Marco Plöger: Informationsintegration in der Just-in-Sequence-Logistik. Koordinationsansätze des Lean Managements zur logistischen Prozesssynchronisation. 2011.

Band 12 Thomas Baumann: Kommunikation, Kooperation und Lernen. Ihre Bedeutung für die Wertschöpfung unter Berücksichtigung neurobiologischer Aspekte. Konkretisiert am Beispiel der Automobilindustrie. 2011.

Band 13 Kai Barwig: Entwicklung und betriebswirtschaftliche Bewertung eines Business Engineering-Ansatzes zur Übertragung und Anwendung von Selbststeuerungssystemen in der Transportlogistik. 2013.

Band 14 Falko Zimmermann: Daie operative Steuerung von Cross-Docking-Centern mit Multiagentensystemen. 2015.

Band 15 Claudia Breuer: Entscheidungsunterstützung für ein operatives Supply Chain Risikomanagement. 2016.

www.peterlang.com

www.ingramcontent.com/pod-product-compliance
Ingram Content Group UK Ltd.
Pitfield, Milton Keynes, MK11 3LW, UK
UKHW021836290926
8980IPUK00004B/493